坂本治也 編
Haruya Sakamoto

田村哲樹・山本英弘・吉田忠彦・丹羽 功・藤田俊介
桜井政成・善教将大・小田切康彦・仁平典宏
岡本仁宏・森 裕亮・足立研幾・後 房雄・樋口直人

市民社会論

● 理論と実証の最前線

法律文化社

はじめに PREFACE

　毎年春になると，大学のキャンパス内では爽やかなリクルートスーツに身を包んだ就活生の姿が目立つようになる。「どこをめざしているの？」と尋ねてみると，だいたい「公務員です」か「民間です」と返ってくる。政府の役人として働くか，さまざまな業種の営利企業の従業員として働くか。その2つが日本の大学生が希望する進路としては王道のパターンである。

　しかしながら，わたしたちが暮らす世の中は政府と企業のみで成り立っているのではない。もう1つの重要な存在として，市民社会がある。具体的には，一般社団法人，公益財団法人，NPO法人，社会福祉法人などに代表される，さまざまな民間非営利組織を想定してもらったらよい。これらの組織は，公共的な問題に取り組むことはあるが，あくまで「民間」の立場であり，政府とは明確に異なる存在である。他方，「民間」の組織ではあるものの，利潤追求を主たる目標とする組織ではないために，一般的な営利企業ともやはり異なる存在といえる。

　政府でも企業でもない「第3の組織」としての市民社会は，現時点では日本の大学新卒人材の就職先としては十分認知されていないのかもしれない。それどころか，「市民」と聞いただけで，「ああ，あの反権力志向の面倒くさい人たちのことね」とレッテル貼りをして，拒絶反応を示してしまう者すらいるかもしれない（そのような認識は誤りであることは，本書をひも解けばわかる）。

　しかし，実際には日本においても市民社会は一定の規模をもってたしかに存在している。そして，多種多様な財やサービスを供給し，デモクラシーのより一層の充実に役立ち，わたしたちの豊かな日常生活を保障する基盤となっている。政府や企業の機能不全がしばしば指摘される現代において，市民社会の意義は今後ますます大きくなっていくことが予想される。否が応でも，わたしたちは時代の課題として，市民社会の可能性を問う営みと対峙しなければならないのである。

　ところで，残念ながら現在の社会科学において，市民社会を真正面から捉えようとする固有の学問領域は存在していない。ゆえに，法学，政治学，経済

学，経営学，社会学などの伝統的な学問領域の下位分野として市民社会論が議論されてきた。また，市民社会において実際に活躍中の実務家たちが，自らの経験に裏打ちされた独自の市民社会論を多様なかたちで展開してきた。

そのような経緯もあって，従来の市民社会論のテキストには一定のバイアスがあったと思われる。

第1に，テーマ上のバイアスである。「市民社会とは何か」という概念史や概念論争の探究，あるいは実務上のニーズがある非営利組織マネジメントの探究などに大きな比重が置かれてきた。また，ボランティア，国際NGO，熟議民主主義，ソーシャル・キャピタルなど，特定のトピックや理論にのみフォーカスしたテキストも多くみられた。

第2に，「運動」へのバイアスである。「市民による公益的な活動がもっと広まるべきだ」「市民はもっと政治参加，社会参加して『声』をあげるべきだ」といった強い信念をあらかじめもった研究者や実務家たちがこれまでの市民社会論をリードしてきた。それゆえ，純粋な学問的興味・関心にもとづいたテキストというよりは，「世の中かくあるべし」といった規範的メッセージが前面に出る「運動」の色彩が強いテキストが好まれる傾向があった。また，「運動」にエネルギーを割くことの代償として，海外の研究を含めた最先端の研究動向を必ずしもふまえていないテキストもなかにはみられた。

2つのバイアスが市民社会論に独自の魅力を与えてきた面もきっとあるだろう。しかしながら，他方で市民社会論が確固たる学問分野として自律し，発展していくうえでは，2つのバイアスはむしろ阻害要因となっている。

端的にいって，テーマに偏りがあると，先行研究の知見を体系的に蓄積していくことができなくなる。また，「運動」に強くとらわれていては，自由な発想で新奇性のある理論や実証を，あるいは真の意味で実務にインパクトを与えうる斬新な研究を，提起していくことは困難になる。

学術研究として当たり前のように兼ね備えていなければならない，先行研究の体系的把握と「運動」から一定の距離を置いた自由な発想にもとづく知的試行錯誤。これらが欠けてしまった市民社会論が今後も変わらず続いていくのであれば，市民社会論に学問としての未来はない。

以上のような問題意識から，本書は市民社会に関する理論と実証の最前線を体系的に解説し，「運動」と距離を置いた学術的な市民社会論の発展に役立つ

テキストとなるよう編まれたものである。

　具体的には，①概念整理の問題に拘泥せず，市民社会の実態を解明するための理論と実証の学習を重視する，②日本の文脈や狭義のNPOの話題に限定されない，より普遍的な視座で市民社会に迫る，③組織内部のマネジメントの議論を超えて，市民社会が外部にいかなるインパクトを与えうるかという機能の分析を重視する，④市民社会の盛衰に影響を与えうる諸要因を探究する，⑤特定のトピックに限定されない，より体系的な理論的視座を提示する，といった特色が本書にはある。

　本書は「市民社会論」「NPO・NGO論」「市民活動論」「政治社会学」「政治過程論」などの大学の授業で活用していただける内容となっている。基本的には市民社会論を学術的に探究したい学部生，大学院生，研究者を中心的な読者として想定した内容となっている。しかし，逆にそうであるからこそ，ぜひ一般読者や実務家の方々にも広く手に取っていただきたいと願っている。普段実社会にいるだけではみえない，学術的な「何か」が本書を通じて得られたならば，それこそ社会を変革していく手がかりになるかもしれないからである。

　「最低10年は読み継がれる市民社会論テキストの決定版を作りましょう！」この言葉を口説き文句に，まさにオールスターとでもいうべき第一線の研究者の方々に各章の執筆をご担当いただいた。また，若き有能な編集者である法律文化社の上田哲平氏による適切なご助言と献身的なサポートなしには本書が日の目をみることは決してなかった。すべての関係各位ならびに本書を手に取ってくださった読者の方々に，心より感謝を申し上げたい。

編者　坂本治也

目　次　CONTENTS

はじめに

第1章　市民社会論の現在——なぜ市民社会が重要なのか　1

- **1**　市民社会とは何か　1
- **2**　市民社会台頭の背景　7
- **3**　市民社会の3つの機能　12
- **4**　本書の構成　16

第Ⅰ部　市民社会の理論枠組

第2章　熟議民主主義論——熟議の場としての市民社会　20

- **1**　熟議民主主義とは何か　20
- **2**　なぜ熟議民主主義という視点が重要なのか　22
- **3**　理論・学説の展開過程　24
- **4**　日本の現状　32
- **5**　今後の課題　37

第3章　社会運動論——国家に対抗する市民社会　39

- **1**　社会運動と市民社会　39
- **2**　社会運動論の展開　41
- **3**　日本の社会運動　46
- **4**　今後の課題　51

第4章　非営利組織経営論——経営管理と戦略の重要性　55

- **1**　非営利組織と経営　55
- **2**　非営利組織の経営上の特徴　58
- **3**　非営利組織の経営戦略　63
- **4**　非営利組織の別の側面と戦略　66

| | 5 | 日本における非営利組織経営論と今後の課題 | 69 |

第5章 利益団体論——市民社会の政治的側面　72

	1	利益団体と市民社会	72
	2	利益団体論の展開	78
	3	日本における利益団体政治	84
	4	今後の課題	87

第6章 ソーシャル・キャピタル論——ネットワーク・信頼・協力の重要性　90

	1	ソーシャル・キャピタル論の基礎	90
	2	ソーシャル・キャピタル論の発展	94
	3	日本におけるソーシャル・キャピタル	99
	4	今後の課題	104

第II部　市民社会を左右する諸要因

第7章 ボランティアと寄付——市民社会を支える資源　110

	1	市民社会におけるボランティアと寄付の「価値」	110
	2	個人がボランティアと寄付を行う要因	113
	3	ボランティアと寄付の実態	117
	4	政治・経済的環境が与える影響：新自由主義を超えて	122

第8章 政治文化としての価値観——政治と市民社会をつなぐもの　125

	1	なぜ価値観を議論するのか	125
	2	価値観をめぐる議論	129
	3	日本における価値観の変動と現状	135
	4	今後の課題	139

第9章 協　働——官民関係は何を生み出すのか　143

	1	協働の潮流とその影響	143
	2	協働がもたらす影響をめぐる諸論	146
	3	日本における協働の影響	150

4　影響の評価と課題 ……………………………………………… 154

第10章　政治変容――新自由主義と市民社会　158

1　はじめに ……………………………………………………………… 158
2　自由主義から新自由主義へ ……………………………………… 159
3　新自由主義と市民社会 …………………………………………… 163
4　新自由主義と組織変容 …………………………………………… 167
5　日本における新自由主義と市民社会 …………………………… 172
6　今後の課題 ………………………………………………………… 176

第11章　法制度――市民社会に対する規定力とその変容　178

1　なぜ法制度の視点から市民社会を考えることに意義があるのか ……… 178
2　非営利団体・法制の基礎と基本論点 …………………………… 179
3　日本の法制度における動向と論点 ……………………………… 189
4　今後の課題 ………………………………………………………… 199

第12章　宗　教――市民社会における存在感と宗教法人制度　201

1　宗教から市民社会を考える ……………………………………… 201
2　宗教団体の現況と理論的課題 …………………………………… 204
3　宗教法人と公益法人制度改革 …………………………………… 213
4　今後の課題 ………………………………………………………… 223

第Ⅲ部　市民社会の帰結

第13章　ローカル・ガバナンス――地域コミュニティと行政　226

1　ガバナンスからみる市民社会・コミュニティ ………………… 226
2　ローカル・ガバナンスと市民社会 ……………………………… 228
3　ローカル・ガバナンスと自治会・町内会の役割 ……………… 231
4　ローカル・ガバナンスの担い手形成 …………………………… 237

第14章　国際社会における市民社会組織――世界政府なき統治の最前線　241

1　国際社会における市民社会組織 ………………………………… 241

目　次

　　2 グローバル・ガバナンス論の登場 …………………………………… 244
　　3 国際政治過程における市民社会組織 ………………………………… 246
　　4 国際社会における市民社会組織活動の新展開 ……………………… 250
　　5 国際社会で活動する市民社会組織の課題 …………………………… 254
　　6 今後の課題 ……………………………………………………………… 256

第15章　公共サービスと市民社会——準市場を中心に　　258

　　1 なぜ「公共サービス」から市民社会を論じるのか ………………… 258
　　2 公共サービスにおける政府－市民社会－市場関係の変遷 ………… 260
　　3 準市場の起源，普及，理論化 ………………………………………… 266
　　4 日本における準市場の導入と非営利組織 …………………………… 270
　　5 準市場と非営利組織をめぐる課題 …………………………………… 273

第16章　排外主義の台頭——市民社会の負の側面　　278

　　1 市民社会をめぐる善悪の彼岸 ………………………………………… 278
　　2 なぜ排外主義が台頭するのか：保守政治の変容と東アジア地政学 … 281
　　3 排外主義台頭の舞台裏：インターネットという自由空間の暗転 …… 287
　　4 排外主義と市民社会 …………………………………………………… 293

参考文献一覧

索　　引

編者・執筆者紹介

＊本文中で，たとえば「……（坂本 2010：65）。」と記載している場合，「坂本」は著者名あるいは編者名，「2010」は刊行年，「65」は引用ページ数を表している（引用ページ数は省略している場合がある）。

＊本文中で，たとえば「……（Putnam 1993＝2001：206）。」と記載している場合，「Putnam」は著者名あるいは編者名，「1993」は原書の刊行年，「2001」は翻訳書の刊行年，「206」は翻訳書の引用ページ数を表している（引用ページ数は省略している場合がある）。

＊書誌情報の詳細は，本書巻末の「**参考文献一覧**」に掲げている。

第 1 章　市民社会論の現在——なぜ市民社会が重要なのか

　本章では，次章以降の内容のイントロダクションとして，本書全体に関係する重要論点を扱う。第1に，「市民社会とは何か」について，市民社会概念の定義問題，隣接諸概念との異同，概念の規範性などの観点から検討する。第2に，1990年代以降の市民社会台頭の背景として，①政府，企業，家族の変容，②団体の噴出と参加の減少，③学術的な市民社会論の発展，の3点を確認する。第3に，市民社会が有する3つの機能として，アドボカシー機能，サービス供給機能，市民育成機能の意義をそれぞれ検討する。最後に，本書全体の構成を概観する。
　本章を読むことによって，市民社会を論じることの重要性と市民社会論の現在を学んでもらいたい。

1　市民社会とは何か

（1）　市民社会の概念定義

　市民社会（civil society）とはいったい何を指し示す概念なのだろうか。市民社会は，欧米の政治・社会思想史において，長年にわたって議論され続けてきた多義的かつ論争的な概念である。古代において，市民社会は「政治的・軍事的共同体である都市国家（ポリス）」と同義であった。近代においては，「文明化された社会」「国家から自立した市場経済社会」「物質的・利己的な欲望の体系」の意味で用いられた。戦後日本においても一部の論者によって，独自の概念定義がなされたこともあった（Ehrenberg 1999＝2001；山口 2004；植村 2010；今田 2014）。ゆえに，国や時代を超えて共通する普遍的な市民社会の定義は存在していない。
　しかしながら，1990年代以降，政治学，経済学，社会学などの社会科学において急速に発展していった，いわゆる「新しい市民社会論」の登場以後は，市民社会概念についての共通了解がある程度成立するようになった。

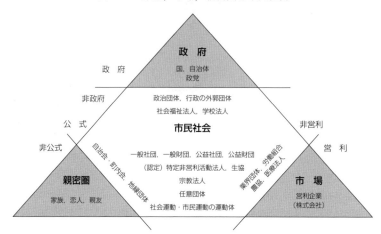

図1-1 政府，市場，親密圏と市民社会

出所：Pestoff（1998＝2000），重冨（2002），坂本・辻中（2012）などを参考に筆者作成。

| 市民社会の定義 | 今日的な文脈における市民社会は，政府，市場，親密圏（家族，恋人，親友関係）との対比において定義される。す

なわち，①中央・地方の統治機構による公権力の行使ないし政党による政府内権力の追求が行われる領域としての政府セクター，②営利企業によって利潤追求活動が行われる領域としての市場セクター，③家族や親密な関係にある者同士によってプライベートかつインフォーマルな人間関係が構築される領域としての親密圏セクター，という3つのセクター以外の残余の社会活動領域が市民社会である。

換言すれば，公権力ではないという非政府性（non-governmental），利潤（金銭）追求を主目的にしないという非営利性（not-for-profit），人間関係としての公式性（formal）という3つの基準を同時に満たす社会活動が行われる領域が市民社会である（図1-1）。そして，市民社会にはさまざまな団体，結社，組織が存在しており，それらは「市民社会組織（civil society organization, CSOと略記されることもある）」と呼ばれる。

| 市民社会組織の具体例 | 市民社会組織には，個々の市民によって自発的に活動が始められた福祉団体，環境保護団体，人権擁護団体，スポーツ・文化団体，宗教団体，ボランティア団体などはもちろん，政府セク

表1-1 法人格を有する団体，任意団体，運動体の一例

	具体例	活動目的	予算規模
特定の法律にもとづいた法人格を有する団体	一般財団法人日本国際協力センター	開発途上国を中心とした人材育成支援，国際協力	約85億円（2014年度）
	特定非営利活動法人ゆう・さぽーと	居宅介護事業・重度訪問介護事業・行動援護事業・移動支援事業などの障害者への福祉サービスの提供	約2,600万円（2016年度）
	大阪大学生活協同組合	組合員の生活の文化的経済的改善向上	約46.5億円（2015年度）
法人格を有さない任意団体	我孫子野鳥を守る会	野鳥の愛好，自然保護，人と鳥が共存する環境づくり，会員の親睦	約260万円（2016年度）
	子育て支援サークルほっと	子育て支援，託児付き子育てサロンの開催	約10万円（2015年度）
恒常的な組織がない運動体	SEALDs（自由と民主主義のための学生緊急行動）＊2016年8月15日に解散	立憲主義の尊重，生活保障の充実，対話と協調にもとづく平和的な外交・安全保障政策を訴えるために，政治的な提言・行動を行う	約100万円（2015年分）

出所：各団体・運動体のウェブサイト，政治資金収支報告書（総務省平成28年11月25日公表，平成27年分），およびCANPAN団体情報データベース（2016年9月18日アクセス）に掲載された情報をもとに筆者作成。

ター寄りとみなされる政治団体，行政の外郭団体，社会福祉法人，学校法人，市場セクター寄りとみなされる業界団体，労働組合，農協，医療法人，親密圏セクター寄りとみなされる自治会・町内会，地縁団体など，多様性に満ちた雑多な団体・組織が含まれる。

また，一般社団法人，一般財団法人，特定非営利活動法人，宗教法人，消費生活協同組合などの特定の法律にもとづいた法人格をもつ団体はもちろん，法人格を有さない任意団体であっても，通常は市民社会組織としてみなされる。さらに，さまざまな社会運動・市民運動においてみられる，恒常的な組織としての実体をもたない運動体も，市民社会内部の存在として位置づけられる（具体例は表1-1を参照）。

市民社会論では，政府，市場，親密圏とは異なる原理で構成される市民社会セクターの存在意義や独自性を問うこと，市民社会組織や市民社会内の運動体

の実態を記述すること，それらが政治，経済，社会にいかなるインパクトを与えるのかを検証すること，が中心的な分析課題となる。

（2） NPO概念との異同

市民社会と類似した概念としてNPO（民間非営利組織）という概念がある。一般の人々にとっては，市民社会よりもNPOのほうが馴染みのある概念といえよう。両者の間にはどのような差異があるのだろうか。

NPOは nonprofit organization という英語の略称である。しかし，「NPO」という呼称自体は，国際的にはほとんど普及しておらず，1990年代以降の日本国内でのみ普及した特殊な言い方である。国際的には，略さずに nonprofit organization と呼ぶか，nonprofits や nonprofit sector という言い方が一般的である（坂本・辻中 2012）。

> NPOの定義

NPOの定義としては，ジョンズ・ホプキンス大学のサラモンが中心となって行った非営利セクター国際比較研究プロジェクトにおける定義（以下，国際的定義と略記）が広く知られている。

国際的定義では，①組織化されており（organized），②民間であり（private），③事業等によって得た利潤を利害関係者間で分配しない（non-profit-distributing：利潤の非分配制約と呼ばれる[1]），④自己統治がなされた（self-governing），⑤自発的な（voluntary）組織をNPOとしている（Salamon and Anheier 1997）。

国際的定義によって示されるNPOの範囲はすべて市民社会組織とみなすことができる。NPOは市民社会の中核をなすともいえよう。しかし，逆に市民社会概念で表されるものすべてがNPO概念によって表現できるわけではない。

たとえば，組織化を要件とするNPOには，恒常的な組織を有さない社会運動体は含まれない。また，利潤の非分配制約という要件があることから，生協

---

[1] 「非営利」という言葉は誤解されがちである。「利潤を一切あげない」「対価を要求せず，無償でサービスを提供する」「そこで働く者はすべて無給のボランティアである」という意味だと勘違いする者がしばしばいる。しかし，それらはまったくの誤りである。市民社会論やNPO研究における「非営利（not-for-profit, non-profit）」は，「利潤追求を主目的にしない（主目的でなければ利潤をあげるための諸事業を行うことはできる）」という意味か，「利潤の非分配制約」という意味のどちらかで用いられるのが普通である。したがって，NPOの非営利性は，利潤をあげるための有償サービス事業を行うことやその組織に属する者が労働や責任に見合った給与・報酬を得ること自体でただちに損なわれるわけでは決してない。

や農協に代表される各種協同組合は，NPOには含まれない。協同組合では剰余金から出資額に応じた配当金（ただし，一定の上限が設定される）を受け取ることができるからである。同様の論理から，持分の定めのある医療法人（ただし，2007年施行の改正医療法で廃止され，今後新規設立はできない）は，法人解散時に残余財産から出資持分に応じた額の払い戻しを受け取ることができるため，NPOには含まれない。さらに，NPOには自己統治や自発性が要件とされることから，行政の外郭団体，業界団体，自治会・町内会などを含めてよいかどうかについては微妙な問題が生じる。

このように，NPO概念は市民社会概念で表されるものすべてを捉えたものではない。市民社会のほうがNPOよりも「利潤追求を主目的としない民間の団体や運動体」を包括的に表す概念として適しているのである。

> 日本の文脈における「NPO」

ところで，上記の国際的定義とは別に，日本の文脈では特有の意味合いでNPO概念が普及している点には注意を要する。日本では，歴史的な経緯から特定非営利活動法人や草の根の市民グループといった一部の市民団体のみを「NPO」と呼ぶ習慣が根づいている。しかし，それらの市民団体は，国際的定義によるNPOや市民社会全体からすれば一部分を占めるにすぎない。また，「何が『NPO』で，何がそうでないのか」の線引きは，この場合しばしば曖昧かつ恣意的に行われていることも問題である。

NPO概念をめぐる議論の混乱を避けるために，本書では以下，国際的定義で示されるNPOを「非営利組織」と呼ぶことにする。また，日本の文脈においても極力「NPO」という言葉を避け，特定非営利活動法人（NPO法人）や草の根の市民グループという，より特定化しやすい表現を用いることにしたい。

（3） 他の隣接諸概念との異同

市民社会と類似した概念は，非営利組織以外にもたくさんのものがある。たとえばNGO（非政府組織），チャリティ，フィランソロピー，自発的結社（voluntary association），利益団体，社会運動，非営利セクター，ボランタリーセクター，サードセクター，社会的経済（social economy），ソーシャルビジネス，社会的企業（social enterprise）[2]などである。

これら隣接諸概念と市民社会の異同について，詳細に検討を加えるだけの紙

幅の余裕はないが，1点だけ端的に指摘しておくならば，市民社会はこれら隣接諸概念のいずれよりも広い意味内容や対象範囲をもつ包括的概念だということである。逆にいえば，これらの隣接諸概念で捉えられる存在や現象は，ほとんどが市民社会の内部のものであり，市民社会論の分析対象に含まれる。

（4） 概念の規範性

「市民」や「市民社会」という概念は，しばしば特定の規範的立場にとっての理想的な状態や到達すべき目標を表すために用いられる。たとえば，「市民」を「自主独立の気概をもち，理性的な判断や議論ができ，能動的に政治参加や社会参加する人々」と限定的に定義するような場合である。あるいは，「市民社会」を「人々が相互に尊重し合い，理性にもとづいて対等に対話を行うことを通じて，公共問題を自主的に解決していこうとする社会」と定義するような場合である。

これらの場合，「市民」や「市民社会」は「民主主義にとって理想的な人々」「めざすべき善き社会」といった規範的ニュアンスを含むことになる。また，そのような条件を満たさない人々や社会は「市民」や「市民社会」ではない，ということになる。このような限定的用法で「市民」や「市民社会」を使おうとする傾向は，松下圭一や山口定などのこれまでの日本における代表的な市民社会論者の間で，とりわけ強くみられた（松下 1985；山口 2004）。

実際の政治空間においても，「市民」や「市民社会」概念は，一定のイデオロギーや党派性を帯びたものになりがちである。たとえば，「市民」や「市民社会」概念は旧共産圏や権威主義体制における民主化運動のシンボルとして用いられた（Cohen and Arato 1992；Edwards 2004=2008）。また，日本では伝統的に右派政党が「国民」や「国家」概念を重視する一方で，左派政党や左派色の強い運

2） ソーシャルビジネスや社会的企業という概念は，非営利組織や協同組合のみならず，営利企業の社会貢献活動や形式上は株式会社であるが社会問題解決を志向する企業・事業体までを視野に入れた概念である。いわば，市場セクターと市民社会セクターの双方にまたがるハイブリッドな概念である。同様のことは，近年急速に注目を集めている社会的投資（social investment）やソーシャル・インパクト・ボンドなどの概念にもあてはまる。これらの概念は「市場経済と市民社会の相互浸透・習合」という先端的な事象を捉えるうえで有益である。しかし，市民社会を中心的に論じることを目的とする本書の分析射程からは外れる。関心ある読者は，藤井ほか編（2013），山本編（2014），日本政策金融公庫総合研究所編（2015），Salamon（2014=2016）を参照されたい。

動体は「市民」や「市民社会」概念を強調してきた。[3]

　このように市民社会概念が一定の規範性を帯びてしまうことは避けがたいといえる。しかし，他方で市民社会の実態と機能を理論的ないし実証的に研究していくうえでは，ニュートラルな概念定義を自覚的に設定し，「善い」市民社会も「悪い」市民社会もすべて包括的に分析の射程内に収めていくことが重要である。言い換えると，限定性をもたせずに広く市民社会を定義することによって，多様な現象や実体を包括的に分析し，市民社会のどのような部分が有益で，どのような部分が問題なのかを丁寧に解明していく作業こそが求められているのである。すでに示した本書の市民社会定義は，そのような点を念頭に置いて設定されている。

2　市民社会台頭の背景

　市民社会は国や時代を問わず，古くより普遍的に存在し続けてきたものである。教会や宗教団体，宗教性を基盤とするさまざまな慈善活動団体，同業者組合，相互扶助組織，スポーツ・文化団体，大学組織などは古代・中世にはすでに存在し，近代以降，さらに大きく発展していった（テンニエス 1957；藤田 1988；今田編 2006；福田編 2006；金澤 2008）。また，フランスの思想家トクヴィルが1830年代の米国を旅して記した『アメリカのデモクラシー』（Tocqueville 1835=2015）のなかで，当時の新興民主主義国である米国において，きわめて豊かな結社生活が存在し，それが米国における民主政治の重要な活力源の1つとなっていることを指摘した事実は有名である。市民社会は，現代の市場経済や国民国家・福祉国家体制が高度に発達する前から，人々の日常生活を支え，公共問題を解決する基盤となってきたのである。

　しかし，市民社会の存在が人々の間で大きくクローズアップされ，本格的に検討されるようになってきたのは，1990年代初頭ごろからである。そして，今

3）　社民党や新党さきがけと自民党リベラル派の議員らによって主導され立法化された特定非営利活動促進法は当初「市民活動促進法」という名称であった。しかし，参議院での審議段階で「市民」という言葉を嫌う自民党保守派の強い抵抗にあい，調整の結果，リベラル系議員にとっては不本意ながら，現在の名称へと変更を余儀なくされた。このエピソードは非常に有名である（小島 2003）。

日に至るまでおよそ四半世紀の間，市民社会が一貫して注目され続け，重要概念として台頭するようになったことには，いくつかの背景がある。以下，それらを確認しておこう。

(1) 政府, 企業, 家族の変容

わたしたちの豊かな日常生活を守ってくれるものとして，政府，企業，家族の存在はきわめて大きい。しかしながら，多くの社会科学者たちが指摘しているように，1970年代後半以降，政府，企業，家族のあり方やそれらが担ってきた一定の役割はそれ以前の時代に比べると根源的に変化し始めた。そして，それらは現在なお大きな変容の過程にある。

政府，企業，家族の変容は，以下のようなかたちでまとめることができる。

① 政府： 経済成長の鈍化や財政赤字拡大を背景として，公共サービスの民営化や市場化，規制緩和，行財政改革といった新自由主義的改革が行われ，市場原理と民間活力を可能な限り利用しようとする「小さな政府」路線が多くの国で基調となった（Osborne and Gaebler 1992=1995；Harvey 2005=2007；坂井・岩永編 2011；八代 2011）。

② 企業： 経済活動のグローバル化が進展したことにより，経済競争の激化や金融の国際化・投機化が生じるようになり，多国籍企業や外資系企業が増え，企業組織，企業文化，雇用システムのあり方が以前よりも流動的かつ成果主義的になった（Steger 2009=2010；Strange 1986=2007；Reich 2007=2008；橘川・久保編 2010）。

③ 家族： 伝統的紐帯から解放された個人が自らの生を自由に選択するようになる「個人化」と，従来「自明」とされてきたことに人々が常に懐疑と見直しのまなざしを向けるようになる「再帰的近代化」の進展によって，また労働環境の変化によって，未婚，晩婚，核家族，共働き世帯，離婚などが増加し，家族関係の縮小化・弱化・流動化がみられるようになった（Beck et al. 1994=1997；Fukuyama 1999=2000；筒井 2016）。

> 変容の帰結と市民社会の役割

これらの変容は，公的支出抑制による財政再建，顧客志向による行政サービスの改善，経済活動の活性化・効率化，選択の自由や寛容性の増加，差別・偏見の弱化などの良い結果をもたらすことも多かった。

しかしながら，同時に政府が提供する福祉，医療，教育などの公共サービスの縮減や劣化，労働環境の悪化や不安定化，企業内福祉の削減，経済格差の拡大，家庭内で行われてきた相互承認，相互扶助，ケア労働，保育・教育機能の弱化といった新たな社会問題や公共課題を生じさせることにもなった。

これらの新たな問題群を解決する主体として，政府，企業，家族に期待できる余地は少ない。なぜなら，政府，企業，家族に期待される役割像自体が変化してしまったからである。

そこで，市民社会が有する独自の問題発見力や課題解決力に注目が集まるようになった。後述するように，市民社会はアドボカシー機能，サービス供給機能，市民育成機能という3つの機能を有する。市民社会の3つの機能は，政府，企業，家族の姿が変容し，それらだけではさまざまな社会問題や公共課題を解決できなくなってきている現代であればこそ，重視されているのである。

（2）団体の噴出と参加の減少

　増加する市民社会組織　　市民社会台頭の背景には，1990年代以降の各国において，実体としての市民社会組織，とりわけ法人格を有する非営利組織の数が大きく増加している事実が挙げられる。たとえば，日本では1998年に特定非営利活動法人制度が創設されて以来，18年ほどの間に実に51,343法人もの特定非営利活動法人が誕生した（2016年10月末時点の数値）。日割り計算すると，1日あたりおよそ7.8団体が誕生したことになり，爆発的な増加ペースといえる。

さらに，単なる団体数の増加のみならず，質的にも大規模化，専門職化（professionalization）した団体が多数登場し，各地で存在感を強めている事実も指摘できる。日本を含む世界36か国の市民社会セクターの経済規模を推計したサラモンらの研究によれば，90年代末時点での市民社会セクターの経済規模は36か国合計で実に1.3兆ドルにのぼる。これはGDPランキングで世界第6位であるフランス一国の経済規模にほぼ匹敵する大きさであるという。また，市民社会セクター内で有償労働を行っている者の数は36か国合計で2,530万人にも及ぶという（Salamon et al. 2004）。

サラモンは，この世界大で広がりつつある「団体の噴出」状況を「世界アソシエーション革命（a global "associational revolution"）」と表現し，19世紀後半の国民

国家システムの台頭と同様の世界史的意義をもつものとして高く評価した（Salamon 1994=1994）。

なぜ増加したのか なぜこのような「団体の噴出」状況が世界中でみられるようになったのだろうか。すでに指摘したように，政府，企業，家族によって満たされなくなったニーズに応える存在として市民社会組織が人々から必要とされ始めたことが影響しているのは間違いない。そのほかにも，①承認や自己実現を重視する価値観をもった人々が増加し，新たなアイデンティティのよりどころを求めるようになったこと（Inglehart 1990=1993；Berry 1999=2009），②情報通信技術の進歩や情報公開制度の普及によって，団体活動上の情報収集・発信コストや団体メンバーや支援者との間のコミュニケーション・コストが大きく低下したこと（山内 2004；Cortés and Rafter 2007），③法人格付与，租税減免措置，寄付税制措置，支援体制構築などに代表される団体活動を促進するためのさまざまな法制度の整備が進展したこと（雨宮 2002；Pekkanen 2006=2008），などが「団体の噴出」の促進要因として指摘されている。

参加の衰退 ところで，市民社会における「団体の噴出」が観察され始めた，まさに同時期に，一般の人々が従来ほど市民社会組織に積極的に参加しなくなった事実も指摘され始めた。これはきわめて逆説的な動きである。

　実際，米国や日本では伝統的に存続してきた教会，労働組合，政治団体，市民団体，業界団体，地縁団体などへの人々の参加率は近年低下していること，とりわけ若年世代にその傾向が強いことがさまざまな統計データから指摘されている（Putnam 2000=2006；Skocpol 2003=2007；森・久保 2014）。政党も含めた「脱組織化」の傾向は他の国でもさまざまなかたちで指摘されており（Dalton and Wattenberg 2000；Putnam 2002=2013；Biezen and Poguntke 2014），市民社会組織を運営する側からすれば，大きな課題となっている[4]。

　また，後述する市民社会のアドボカシー機能や市民育成機能の観点からいっても，参加の低下は「一部の市民の声のみが公共政策に反映される」「多くの市民が『望ましい市民』に育成されない」といった問題につながりかねず，危惧される問題となっている。

　このように，一部の熱心な活動家や支援者に支えられた「団体の噴出」がポジティブな現象として注目されるのと同程度に，市民社会組織が多くの一般市

民にとって身近な参加の場でなくなりつつあることがネガティブな現象として注目されている。市民社会は，期待の対象であると同時に，警鐘を鳴らす対象としても，人々の耳目を引いているのである。

（3） 学術的な市民社会論の発展

　市民社会の実際上の動きと連動するかたちで，1990年代以降，いくつかの画期的な学術的成果が契機となって，市民社会に関する理論的・実証的研究が目覚ましく進展した。このことも，市民社会台頭の背景として重要である。

　そもそも政治学や社会学においては，1950年代ごろから利益団体論，政治文化論，社会運動論，市民参加論などのかたちで市民社会研究は継続的になされてきた。それらの系譜に連なるかたちで，90年代以降，特に重要な研究成果や新しい理論が次々と登場した。

　なかでも，市民社会の概念史をまとめたコーエンとアレート，エーレンベルグの研究 (Cohen and Arato 1992；Ehrenberg 1999=2001)，公共圏の理論を定式化したハーバーマスの研究 (Habermas 1992＝2002/2003)，非営利セクターの国際比較の共同研究 (Salamon and Anheier 1996=1996；Salamon et al. 1999)，非営利組織と政府の関係を体系的に分析したサラモンの研究 (Salamon 1995=2007)，ソーシャル・キャピタル論を提起したパットナムの研究 (Putnam 1993=2001；Putnam 2000=2006)，階級横断的なメンバーシップ組織の衰退と寡頭制的なマネジメント重視組織の台頭を指摘したスコッチポルの研究 (Skocpol 2003=2007)，ガバナンス論の嚆矢となったクーイマンやローズの研究 (Kooiman 1993；Rhodes 1997)，体制民主化過程における市民社会の役割を指摘したダイアモンドの研究 (Diamond 1999)，市民団体によるアドボカシーの台頭を描いたベリーの研究 (Berry 1999=2009)，脱物質主義的価値観への変容を指摘したイングルハートの研究 (Inglehart 1990=1993)，熟議民主主義論を定着させたフィシュキンやエルスターの研究

4） 他方で，日本では人々の社会問題に対する関心や自らが社会貢献したいという意識は，むしろ以前より高まりつつある点にも留意が必要である。たとえば，「日頃，社会の一員として，何か社会のために役立ちたい」と思っている者の割合は2014年時点で65.3％であり，1980年代よりも20ポイント近く割合が高くなっている（内閣府「社会意識に関する世論調査」）。また，日本の若者は「自国のために役立つことをしたい」と思っている者の割合が諸外国と比べても多い（『平成26年版 子ども・若者白書』）。要するに，社会関心や社会意識がそれなりに高くても，それらが社会参加率の高さに必ずしも結実していない点こそが現在の問題といえる。

(Fishkin 1991；Elster 1998) などは，後続の研究に与えたインパクトの大きさという点で特筆すべき重要著作である。

　これらの学術的成果は，単にアカデミズム内部で消費されるだけにとどまらず，市民社会の実務家や政治家・行政官の発想やアイデアにも強い影響を与えるものとなった。学術的な市民社会論の発展が，市民社会台頭の強力な下支えとなったのである。

3 市民社会の3つの機能

　市民社会はアドボカシー機能，サービス供給機能，市民育成機能という3つの重要な機能を有している。これらの機能を有するがゆえに，市民社会は政治，経済，社会に一定のインパクトを与える存在として意義づけられる。

(1) アドボカシー機能

アドボカシーとは何か　アドボカシー (advocacy) とは，「公共政策や世論，人々の意識や行動などに一定の影響を与えるために，政府や社会に対して行われる主体的な働きかけ」の総称である。具体的には，①直接的ロビイング (direct lobbying) ＝議員・議会や行政機関に対する直接的な陳情・要請，②草の根ロビイング (grassroots lobbying) ＝デモ，署名活動，議員への手紙送付など，団体の会員や一般市民を動員するかたちでの政府への間接的働きかけ，③マスメディアでのアピール＝マスメディアへの情報提供，記者会見，意見広告の掲載など，④一般向けの啓発活動＝シンポジウムやセミナーの開催，統計データ公表，書籍出版など，⑤他団体との連合形成，⑥裁判闘争，といった多様な活動形態が含まれる (Reid 1999=2007；Avner 2013)。

アドボカシーの意義　市民社会のアドボカシーは，民主政治にとってきわめて重要な役割を果たす。アドボカシーによって社会に存在するさまざまな問題やニーズの所在が明らかとなり，通常の選挙過程では十分政府に伝達されない人々の要求や利害が政策過程に表出され，結果的に公共政策に変化が生じる (Truman 1951；Berry 1977；辻中 1988；Jenkins 2006)。また，アドボカシーが政府に対する一種の牽制として作用することによって，政府の暴走や腐敗が防止され，市民の自由や権利が擁護される側面もある (Cohen and Arato

1992；Geissel 2008；坂本 2010）。さらに，アドボカシーが人々の認知や意識を変えることによって，社会全体の文化や規範，行動様式が変化していくこともある。

このように，市民社会のアドボカシーはしばしば政治，経済，社会を変革する原動力となる。ハーバーマスに代表される，政治システムや経済システムから自律した公共圏の重要性を説く論者たちは，まさにこの市民社会のアドボカシー機能の意義を重くみているのである（Habermas 1992 = 2002/2003；齋藤 2000）。

（2） サービス供給機能

市民社会は，政府，企業，家族と同様に，さまざまな有償・無償の財やサービスを供給する。特に，市民社会の役割が大きいのは，福祉，介護，医療，環境，教育，文化芸術，スポーツなどの領域における対人サービス供給である。これらの領域では，政府，企業，家族では十分満たされなくなったニーズを，市民社会のサービス供給によって満たす動きが昨今強くみられるようになっている。

政府や市場と比べた場合，市民社会のサービス供給のあり方には一定の特徴がある。

無償と有償のミックス　政府が提供する公共サービスは無償（ないし安価）であり，基本的に必要に応じて誰でも利用できる。他方，市場が提供する私的サービスは基本的に有償であり，サービス内容に応じた対価を支払える者以外は利用できない。これらに対し，市民社会が提供するサービスは，無償の公共サービスである場合もあれば，有償の私的サービスである場合もある。どちらかに偏らず，無償と有償のサービスが混在している点に市民社会の特徴がある。

サービスの多様性，柔軟性，先駆性　「政府の失敗」の議論で指摘されるように，政府が提供する公共サービスは，公平性や平等性が重視されるために，どうしても平均的なニーズを想定して画一的に供給が行われがちになる。また，政府はモラルハザードや失敗した際の有権者からの非難回避という理由から，前例踏襲主義に陥りがちとなり，先駆的な新規サービスの提供に乗り出しにくい。それに対し，市民社会が提供する公共サービスは，個別のニーズに応じて，より多様かつ柔軟に行われる。また，創意工夫によって先駆的な新規

サービスの提供もより積極的に行われる（Weisbrod 1977；早瀬・松原 2004）。

<u>誠実なサービス供給</u>　サービスの供給者と消費者の間に「情報の非対称性」がみられ，供給者側に情報が遍在している場合，供給者側はその状況をうまく利用して，質の悪いサービスや不要なサービスを不当な価格で消費者に押しつけることができる。営利企業の場合は，利潤追求のために経営陣が「情報の非対称性」状況を悪用し，不誠実にサービス供給を行う可能性が高くなる。他方，市民社会組織の場合，利潤追求を主目的とせず，非営利組織では利潤の非分配制約もあるために，経営陣がそのような利己的・機会主義的行動をとる可能性が小さくなり，結果的に質が保たれた適正な価格のサービスが誠実に供給されることが多い（Hansmann 1980；塚本 2004）。

以上のような特徴をもつ市民社会のサービス供給は，量の面において政府や市場のサービス供給体制を補完するのみならず，質の面においても独自性を有するものとなっており，その意義が注目されている。

（3）　市民育成機能

市民社会は人々が出会い，集い，語らい，取引や交渉を行う社交の場である。家庭や職場に比べると，市民社会における人間関係は，より多様な年齢，職業，階層の人々と交わる可能性が高いものとなる。また，そこでの関係性は，基本的に公権力や貨幣価値の力によって義務的ないし強制的に発生するものではなくて，個人の自由意思にもとづいて，自発的に形成され，不要になったら解消されるものである場合が多い。

<u>「善き市民」育成の場</u>　このような多様かつ自発的な人間関係が育まれる市民社会組織への参加は，人々を民主主義に適合的な「善き市民」へと育成する機能があるとされる。

たとえば，市民社会組織へ参加することによって，先鋭的ではない穏健な政治意識や組織運営術ないし交渉術などのスキルが醸成されたり，政治に対する関心や政治参加意欲が身についたりすることが古くから指摘されてきた（Truman 1951；Almond and Verba 1963=1974；Verba et al. 1995）。

また，ソーシャル・キャピタル論が指摘するように，市民社会組織への参加はソーシャル・キャピタルの構成要素の1つであり，かつ他の構成要素である信頼や互酬性の規範（norms of reciprocity）が創出される源となる重要なものであ

る。つまり，市民社会組織への参加によってソーシャル・キャピタルが育まれ，豊かなソーシャル・キャピタルが存在することによって，自発的な協調の文化が形成され，その結果，集合行為問題はソフトに解決されて，政治・経済・社会のパフォーマンスは向上する（Putnam 1993=2001；Putnam 2000=2006；坂本 2010）。

　さらに，多様かつ自発的な人間関係が発生する市民社会は，熟議（deliberation）を行う場としても適しており，人々に熟慮と反省の契機を与え，より理性的な判断にもとづいた方向へと意見の変容を促す場にもなっている（Fung 2003；Öberg and Svensson 2012）。

　このように，市民社会は人々を「善き市民」へと育成する機能を有しているのである。

（4）機能を考える際の留意点

　以上みてきたように，市民社会はアドボカシー機能，サービス供給機能，市民育成機能という3つの重要な機能を有しているが，ここで3点ほど留意点を述べておきたい。

　機能と定義の区別　第1に，3つの機能を果たしていなければ，市民社会ではない，という考え方を本書はとらないことである。これらの機能は，あくまで市民社会全体で捉えた場合にみられるものであり，個々の市民社会組織が3つの機能を必ずしも有しているわけではない。なかには1つの機能も果たさない市民社会組織も存在しうる。市民社会の定義問題と市民社会が果たす機能の問題は，しばしば混同されがちであるが，本来は明確に分けて論ずべき問題である。本書は市民社会を広く定義したうえで，市民社会のどの部分が，どの機能を果たしているのか，どういう場合にその機能は発揮されやすくなるのか，を検証していくことに意義があると考えている。

　市民社会の逆機能　第2に，市民社会の3つの機能は，常に良い結果ばかりをもたらすわけではないという点である。たとえば，一部の市民社会組織のアドボカシーばかりが公共政策に強く影響することは，政治的平等の観点からいって決して望ましい事態ではない（Lowi 1979=1981）。団体のアドボカシーが強くなりすぎることによって，レントシーキング（働きかけによる特殊利益の追求活動）が横行し，かえって経済成長が阻害される可能性もあ

る (Olson 1982=1991)。また，市民社会組織のサービス供給は，組織の資源不足によって，アマチュア的に行われて不安定になりやすく，特定の対象にサービスが集中する個別主義 (particularism) に陥りやすい (Salamon 1995=2007)。さらに，特定の市民社会組織がファシストや差別主義者などの「困り者の市民」を育成してしまうこともある (Berman 1997)。さまざまな団体に重複加入することで，かえって政治参加が阻害される可能性もある (Mutz 2006)。

　このように，市民社会の3つの機能が逆機能として作用する場合もあることには留意しなければならない。市民社会を先験的に「善」とも「悪」とも決めつけず，どのような場合に逆機能の方向に作用するのか，逆機能を防ぎ，正機能を拡大するためには一体何が必要か，を丁寧に問うていく作業こそが重要である。

政府，市場の存在意義　　第3に，どれほど市民社会が拡大し，活性化しようとも，政府や市場の存在意義は今後も決して無くならないという点である。市民社会の逆機能や欠点をカバーするためにこそ，市民社会とは異なった原理で構成される政府や市場の存在は不可欠といえる。市民社会と政府や市場との関係は必ずしもゼロサム関係であるわけではない (Salamon 1995=2007)。市民社会の重要性を強調することと，政府や市場の存在意義を認めることは何ら論理的に矛盾しないのである。

4 本書の構成

　本書は，市民社会の実態と機能を理論的ないし実証的に理解するために必要な学術的知見を体系的に学べるように編まれたものである。

　本書の内容は大きく3つの部に分かれている。

　第Ⅰ部「市民社会の理論枠組」では，市民社会を考える際のベースとなる5つの基礎理論を解説している。具体的には，熟議民主主義論（**第2章**），社会運動論（**第3章**），非営利組織経営論（**第4章**），利益団体論（**第5章**），ソーシャル・キャピタル論（**第6章**）の5つである。これらの理論は相互に重なり合う部分をもちつつも，それぞれが独立した理論体系を構築しており，その理論枠組に沿って多様な知見が蓄積されている。従来は別々の学問的文脈で語られてきた5つの基礎理論を一挙に学べることは，本書の大きな特徴といってよい。

第Ⅱ部「市民社会を左右する諸要因」では，市民社会の盛衰を規定する諸要因のうち，特に重要と思われる6つの要因を取り上げて解説している。具体的には，ボランティアと寄付（第7章），政治文化としての価値観（第8章），協働（第9章），政治変容（第10章），法制度（第11章），宗教（第12章）の6つである。これらの要因についての先行研究の知見から学ぶことによって，市民社会を強くするには一体何が必要なのかを考えるヒントが得られるであろう。また，これまでの日本語で書かれた市民社会論やNPO研究のテキストでは，ボランティア・寄付，協働，法制度がサブ・テーマとして扱われることは多かったものの，政治文化・価値観，政治変容，宗教については触れられることが少なかった。重要でありながらも十分検討されてこなかった政治や宗教のテーマを扱うことも本書の特徴の1つである。

　第Ⅲ部「市民社会の帰結」では，市民社会がさまざまな局面でどのような帰結をもたらしているかの実態について，多様な角度から光をあてる。具体的には，ローカル・ガバナンス（第13章），国際政治（第14章），公共サービス供給・準市場（第15章），排外主義（第16章）といった切り口で，既存研究の蓄積を紹介する。従来のテキストでは，ローカルな視点に特化したり，逆に国際的な場面のみを想定したりしたものが多かったが，多層的な局面を包括的に学べるのが本書の特徴となっている。また，市民社会の逆機能の実例を学ぶという趣旨で，排外主義について取り上げていることも本書の特徴の1つである。市民社会の活性化が必ずしも良い帰結ばかりを生むのではなく，また別の問題を生じさせていることも，読者諸氏には考えてもらいたい。

　各章の執筆を担当しているのは，当該テーマについて国内最高峰といえる見識を有する第一線の研究者たちである。各章の記述は，必ずしも統一的な枠組に沿って書かれたものではないが，以下の4つの観点を読者が理解できるように配慮して書いてもらっている。

　① 分析視角の重要性：　なぜその視点から市民社会を考えることに意義があるのか。

　② 理論・学説の展開：　そのテーマについてどのような研究が出てきて，どういった論争があって，現在に至っているのか。

　③ 日本の現状：　その視点からみた場合に日本はどのような状態なのか，他国と比べてどういった特徴があるのか。

④ これからの課題：　そのテーマの最先端の動きや残された課題は何か。

　各章はそれぞれが独立しているため，どの章から読んでもらっても理解できるようになっている。気になる章だけを拾い読みすることも可能である。

　本書全体を通して読むことによって，市民社会に関する理論と実証の体系を包括的に理解することができる。加えて，日本の市民社会の現状と課題についても多様な角度から学ぶことができる。

　本書が学術的な市民社会論のより一層の発展に，ささやかながらも貢献するものとなれば幸いである。

📖 文献案内

▶ 今田忠，2014，『概説市民社会論』関西学院大学出版会．
▶ エドワーズ，マイケル，2008，堀内一史訳『「市民社会」とは何か――21世紀のより善い世界を求めて』麗澤大学出版会．
▶ 山口定，2004，『市民社会論――歴史的遺産と新展開』有斐閣．

【坂本治也】

第 I 部

市民社会の理論枠組

第 2 章　熟議民主主義論——熟議の場としての市民社会

　本章で扱うのは,「熟議民主主義 (deliberative democracy)」である。選挙で投票することも, 利益団体あるいは社会運動に参加して自らの要求や利害を実現するために活動することも, 民主主義のあり方である。そのなかで,「熟議」民主主義とは, 話し合い (talk) を重視する民主主義のことをいう。

　本章では, まず熟議民主主義とは何かについて概括的に説明し, 次に, 市民社会を考えるときに, なぜ熟議民主主義という理論枠組が重要なのかを述べる。続いて, 熟議民主主義に関する学説の展開過程を説明する。その展開過程は, ①政治理論・政治哲学としての展開, ②経験的分析の展開, ③熟議システム論の登場と自由民主主義との関係の再検討, として整理できる。その後, 日本における熟議民主主義の現状を, いくつかの場に分けて検討し, これからの課題について述べる。

1　熟議民主主義とは何か

(1)　理性・感情・反省性

　熟議のポイントは, 話し合いのなかで, 人々が他者の意見を聞いて自らの意見や立場について熟慮し, 一方的・強制的ではないかたちで互いにそれらを変化させることである。これを反省 (reflection) と呼ぶ。熟議のプロセスとは, 相互的なものである。したがって, 参加者のなかのある人々は反省的であるのに, 別の人々はそうではない (他者の意見を聞かない, 自らの意見を見直すことをしない) 場合には, 熟議とはいえない。

　熟議民主主義は, しばしば理性にもとづく民主主義だといわれる。それは, 熟議のプロセスが, 意見を述べる際には他の人々にも受け入れ可能と思われる「理由 (reason)」を述べ, その妥当性について相互に吟味するプロセスだと考えられているからである。この意味で, 熟議民主主義は, 民主主義を「数の力」でも「利益の調整」でもなく,「理由の検討」のプロセスとして捉えなおすものである (齋藤 2012)。そのため, のちに述べるように, この民主主義論は人々が抱く情念や感情を軽視しているとの批判も受けてきた。しかし,「理性か?

感情か？」という対立軸で熟議民主主義を理解しようとすることは，あまり建設的ではない。先に述べたように，熟議において重要なことは，反省性が確保され，人々が自らの意見を（強制的ではなく）見直す可能性が確保されているかどうかだからである。ある人がどれほど理路整然と話すことができるとしても，他者の意見を聞いて自分の意見を反省するという姿勢を見出せない場合，その人が熟議を行っているとはいいがたい。

（2） 熟議民主主義が望ましい理由

なぜ熟議民主主義なのだろうか。「数の力」＝多数決で決めるのは，「わかりやすい」決め方のように思える。「利益の調整」も，物事を前に進めるために不可欠の作業のように思える。これらに対して，熟議は，どのような根拠で望ましいといえるのだろうか。

> 正しい決定と熟議

よく指摘されるのは，次の２点である。第１は，より「正しい」（＝正当性のある）集合的決定をもたらすから，というものである。ここでの「正しさ」には，２つの意味がある (Swift 2006=2011：294-301)。１つは，事実認識における「正しさ」である。熟議を通じて，人々の「間違った」事実認識にもとづく判断が是正され，その結果，より「正しい」決定が導かれるというわけである。たとえば，ある国の対外援助について，その支出額が高額すぎるので反対といっていた人が，熟議の場で「正しい」支出額を知り，意見を改めるというケースがこれにあたる (Fishkin 2009=2011)。もう１つは，規範的な意味での「正しさ」である。つまり，熟議を行うことで，価値的により望ましい決定がなされる，ということである。たとえば，熟議を行うことで決定がより「正義」に適ったものになると考える場合である。とりわけ現代社会において，何が正義に適うかは自明ではない。そうであれば，熟議を通じて「何が正義か」を確定していく作業が必要なのである。

> 納得できる決定と熟議

第２は，より「納得できる」（＝正統性のある）集合的決定をもたらすから，というものである。たとえば，多数決という決定の仕方は，「自らの立場が少数派となっても，決定自体は受け入れる」という発想が全員に共有されていることを前提として行われるものである。しかし，実際には，多数決で少数派になった人々がその結果を素直に受け

入れることができない場合もみられる。この場合，多数決による決定は，正統性を欠いている。これに対して，熟議を経た決定は，その理由を妥当として参加者が納得して受け入れた結果であると推定できる。したがって，そのようにしてなされる決定はそうでない場合よりも，より正統性が高いと考えられるのである。

2 なぜ熟議民主主義という視点が重要なのか

(1) 熟議民主主義の場の1つとしての市民社会

　市民社会を考えるときに，なぜ熟議民主主義という視点から考えるべきなのだろうか。この問題に取り組むときに，まず注意すべきことは，熟議は必ずしも市民社会だけで行われるわけではないということである。冒頭で述べたように，熟議とは，ある種の話し合いでありコミュニケーションのタイプのことである。したがって，どこか特定の制度や場所だけが「熟議の場」なのではない。たとえば，議会などの国家の諸制度（統治機構）における熟議を考えることも可能である（大津留（北川）2010；柳瀬 2015）。

　それにもかかわらず，熟議民主主義論の主流は，市民社会をその主たる場として想定してきた。ある研究者は，「熟議」そのものは国家でも行われうるが，市民社会において行われるものだけが，熟議「民主主義」と呼ばれるにふさわしいと述べている（Warren 2002）。民主主義（democracy）とは「民衆（demos）」による統治であるから，熟議も「民衆」によって行われることで初めて熟議「民主主義」といえる。この考え方は，なぜ市民社会における熟議なのかという問いに対する1つの答えを提示している。つまり，市民社会における熟議によってこそ，熟議が民主主義と結びつくことになるのだ，というわけである。

　しかし，このような答えに対しても，なぜ熟議はそこまでして熟議「民主主義」でなければならないのか，という疑問が生じるだろう。この疑問に対しては，先に述べた熟議民主主義が望ましいとされる2つの理由――「正しい」決定と「納得のいく」決定の作成――も，それだけでは十分な回答を提示しているとはいえない。なぜなら，これらの理由だけでは，どうしてこのような性質を備えた決定のための熟議を市民社会ではない場（たとえば議会）で行うというのではだめなのか，という疑問が生じるからである。

（2） 国家と代議制民主主義への批判的視点

このような疑問に答えるためには，まず，市民社会における熟議を重視する熟議民主主義論が，いわゆる市民社会論と，国家および代議制民主主義に対する批判的視点を共有している，ということを確認することが必要である。1970年代後半から90年代にかけて盛んになった市民社会論においては，国家と代議制ではなく，市民社会を民主主義の場として考える傾向が強かった。市民社会論者が問題にしたことは，次の 2 点である（田村 2012；Cohen and Arato 1992）。第 1 に，国家は，社会に深く介入し人々の生活を規制・監視する点で問題だということである。この点では，第二次世界大戦後に西ヨーロッパに形成された福祉国家も，東ヨーロッパに形成された社会主義国家も，共通の問題を有しているとされた。第 2 に，代議制民主主義は，もはや市民の意見・利害を適切に集約・媒介することができていない，ということである。いわゆる「新しい社会運動（new social movements）」の勃興は，代議制民主主義の機能不全に対して，新たな政治の回路を求めるものだと理解された。ただし，市民社会における民主主義の提案が，必然的に国家と代議制民主主義の否定と結びついたわけではない。多くの市民社会論は，より民主化された市民社会と国家・代議制との間の適切な媒介回路の形成を模索していた（Habermas 1992=2002/2003；田村 2012；Cohen and Arato 1992）。以上のような意味での国家と代議制に対する批判的視点を，熟議民主主義論も共有している。

（3） 市民社会における熟議民主主義の必要性

そのうえで，熟議民主主義論は，市民社会における熟議の必要性を主張する。なぜなら，「市民社会」を単純にまとまりのある社会としてみることはできないからである。熟議民主主義論がみる現代の市民社会は，人々の意見・立場やアイデンティティの違いが顕著であり，誰もが「当たり前」として従うことのできるルールや規範の存在をもはや想定できない社会である。かつてならば，地域には「伝統的」なルールや慣習があり，当然のようにそれに従っていたかもしれない。あるいは，あなたが「学生」「労働者」，または「母親」「父親」であったとして，それぞれ「このように行動するべき」という規範があったかもしれない。しかし，現在ではこれらを「当たり前」とみなすことはできない。仮にルール・慣習・規範があったとしても，それらは常に見直しを求められる

し，わたしたちは，一人ひとりが自分なりの基準で判断することを求められる。これは社会学者たちによって，「再帰的近代化」とか「個人化」と呼ばれる状態である（Beck et al. 1994=1997）。「個人化」「再帰的近代化」する市民社会においては，熟議を通じて，人々が共有できるルール・慣習・規範を，誰もが納得できるかたちで創り出していかなければならない（田村 2008）。

また，市民社会における熟議民主主義の必要性は，国家と市民社会の新たな媒介回路という観点からも述べることができる。国家と社会とを媒介する代表的なアクターの1つは，利益団体である。利益団体は，政党・政治家や官僚への圧力行使と，構成員の数の力を背景とした選挙での政党・政治家支持活動とによって，それぞれの抱く「利益」の実現をめざす。このような利益団体による媒介では，政治は各自の個別利益実現のための活動とみなされる。各団体にとっては，自身の利益をいかに実現するかが最優先事項であるし，そのために自らのもつ人的・金銭的資源をいかに戦略的に投入するかがポイントにもなる。

熟議民主主義論が想定するのは，これとは異なる媒介の仕方である。第1に，熟議においては，「利益」や「数」の力ではなく，「理由の力」（齋藤 2012）にもとづいた「練られた意見」（Fishkin 2009=2011）が市民社会から国家へと媒介される。第2に，それは，集団ではなく，各「個人」から出発する。たとえば，熟議民主主義の具体的な制度として，無作為抽出で集めた人々が特定のテーマについて議論する「ミニ・パブリックス」がある（篠原編 2012）。無作為抽出であるため，この制度では，特定の立場の集団のメンバーがまとまって参加することはできない。むしろ，ミニ・パブリックスでは，さまざまな意見や考えをもった人々が「個人」として集まって熟議を行うことで，国家や自治体に媒介されるべき意見・要求を創り出すことが期待されている。仮にミニ・パブリックスにおける熟議の結果として「市民の利益」にもとづいた提案がなされるとしても，それは熟議以前にあらかじめ存在したものではなく，熟議を通じて形成されたものであると考えられる。

3 理論・学説の展開過程

本節では，熟議民主主義の理論・学説の展開過程を整理する。その展開は，大まかにいって，3つの段階に区別することができる。

（1） 民主主義論の熟議的転回：1980年代後半〜1990年代

　第1の段階は，1980年代後半から1990年代である。熟議民主主義論は，この時期に始まり発展して，民主主義論における一大潮流となった。そのため，この時期に民主主義論の「熟議的転回」が起こったという研究者もいる（Dryzek 2000）。

　|規範的政治理論としての熟議民主主義| この時期の熟議民主主義論は，主に政治理論的・政治哲学的な民主主義論として展開した。つまり，熟議民主主義は，望ましい政治の1つのあり方を示すものとして議論された。たとえば，コーエンは，ロールズの正義に関する哲学的考察を基礎としつつ，正義に適った政治体制とは熟議による意思決定にもとづく政治体制であることを論じた（Cohen 1989）。また，ハーバーマスは，「二回路モデル」論と呼ばれることになる議論によって，国家と市民社会・公共圏とを熟議によって媒介する構想を提示した（Habermas 1992=2002/2003）。そのポイントは，国家における「意思形成（意思決定）」と，公共圏・市民社会における「意見形成」とを区別したことにある。熟議民主主義は，基本的には公共圏・市民社会における「意見形成」の段階で行われるものである。そこでは，直接的な意思決定は求められない。そのため，市民は「ものごとを決定しなければならない」という圧力から解放され，自由な熟議が可能になる。ハーバーマスは，このように自由な環境の下での熟議を通じて形成される意見が国家へと媒介されることで，望ましい民主主義と国家が実現すると考えたのである。

　|理性中心性への批判| この時期には，熟議民主主義における理性中心性をめぐる論争も起こった。熟議民主主義において重要なのは，「理由（reason）」の提示とその妥当性についての相互検討のプロセスである。したがって，それは，理性的ないし合理的な論証をコミュニケーションの中心に置く民主主義論である。しかし，熟議民主主義のこのような理性中心的性格は，批判を受けるようになった。たとえば，ヤングは，熟議は社会的なマイノリティを民主主義の場から排除する危険性をもつと主張した（Young 1996）。理性的な議論によるコミュニケーションは，感情表現をともなっており「非理性的」とみなされやすいコミュニケーションにもとづく意見を受け入れることができない。その結果，そのようなコミュニケーション様式を用いる（とみなされやすい）人々の意見を，熟議から締め出すことになってしまう。具体的には，

女性や民族的マイノリティなどがこれにあたる。それに対して,「白人中間階級の男性」のコミュニケーション様式は「理性的」とみなされやすく,したがって彼らの意見は熟議の場で受け入れられやすい。その結果,熟議を通じて社会的不平等が再生産ないし強化されることになってしまうのである。

　また,ムフは,熟議民主主義論が「政治的なもの」を理解しそこなっていることを厳しく批判する(Mouffe 2000=2006)。「政治的なもの」とは,和解不可能な敵対関係のことである。しかし,熟議民主主義論はこのことを理解していない。たとえば,熟議民主主義では,熟議を通じた合意形成がめざされる。しかし,「政治的なもの」をふまえるならば,そのような合意は不可能であるし,またそもそも望ましくもない。なぜなら,合意形成は,必然的に合意できない存在を他者として排除することにつながるからである。結局のところ,熟議民主主義論は,民主主義を適切に理解することができていない。それが利益中心的な民主主義像を批判していることは正しい。しかし,熟議民主主義論は,利益とその集計プロセスを,理性と合理的論議によって置き換えているだけである。そこでは,情念・感情を基礎とした「政治的なもの」が見失われているのである。

熟議民主主義論からの応答　このように,この時期の熟議民主主義に対する主な批判は,その理性中心性と合意への志向性へと向けられていた。時期が少し後になるが,こうした批判に対する熟議民主主義の側からの応答は,主として2000年代以降に行われるようになる(田村 2008:第4章)。

　第1に,理性中心性批判への応答として,熟議におけるコミュニケーションは,必ずしも理性的論議だけではないとの主張がなされるようになった。先に熟議批判論として紹介したヤングは,感情を基礎としたコミュニケーション様式として,「あいさつ」「レトリック」「物語ること」などを提案していた(Young 1996)。熟議民主主義論のなかでも,この議論を継承する動向が出てくる。よく注目されるのは,レトリックである。たとえば,チェンバースは,熟議民主主義が一部の人々ではなく,多数の民衆のものとなるには,「熟議的レトリック」が重要であると主張した。それはレトリックではあるが,その聴き手に将来の行動についての「よく考えられた」反省を引き起こすものである(Chambers 2009)。ドライゼクも,レトリックが異なる立場の,しばしば分断的状況にさえあるような人々を架橋する可能性を論じた(Dryzek 2010:chap. 4)。

こうした議論は，そもそも熟議を理性を基礎としたものとして考えるべきなのか，という問いを生む。クラウスは，脳科学の知見とヒュームの哲学とを参照しつつ，理性とは常に感情と複雑に絡み合っているものだとした。だから，理性を基礎とするものとして熟議を考えることはできない (Krause 2008)。熟議が「理性的論議」を基礎とするものならば，これは熟議民主主義論にとってあまりうれしくない報せである。しかし，熟議民主主義論は，必ずしも「理性」にこだわる必要はないのかもしれない。なぜなら，熟議において重要なことは，コミュニケーションのプロセスにおいて，強制的ではないかたちで人々の間に自分の意見や選好の見直しが生じること，すなわち「反省性」だからである。そうだとすれば，「理性か，感情か」という問題は，二義的なものとなりうる。「理性的」であれ，「感情的」であれ，コミュニケーションのなかで反省性が確保されるならば，それを熟議民主主義だということができるからである（田村 2010b）。

　第2に，熟議における合意についても再検討が進んだ。1994年の時点で，ナイトとジョンソンは，2種類の合意を区別し，結論レベルの合意だけでなく，「紛争の次元についての合意」も重要であると論じていた (Knight and Johnson 1994)。これは，「何が争われているのか」についての合意である。たとえ結論レベルでの合意は得られなくとも，紛争の次元についての合意が得られるならば，熟議の意義は存在する。わたしたちが議論していて「話がかみ合っていない」「あの人とは議論できない」と感じるケースの多くは，「紛争の次元」について一致できていないからであろう。

　同様の議論は，ドライゼクとニーメイルも行っている (Dryzek and Niemeyer 2006)。彼らが提起するのは「メタ合意」の概念である。たとえば，価値についてのメタ合意とは，一見相反するような複数の価値が必ずしもそうではないことに人々が気づくことを指す。熱帯雨林に建設された道路を今後どうするかについて，環境保護という観点から道路を閉鎖すべきだとする意見と，当該道路によって恩恵を被っている現地のコミュニティの存在から道路を維持すべきだとする意見とが対立しているとしよう。この意見対立の下では，「環境保護」という価値と「コミュニティ繁栄」という価値とが対立しているようにみえる。しかし，熟議を行うことによって，多くの人は，実は「環境」も「コミュニティ」もどちらも大切だと思っていることに気づくことになる。存在するのは，「環

境か，コミュニティか」の二者択一ではなく，いずれかの相対的な優先性である。このように，相反すると思われた複数の価値が実は必ずしもそうとはいえないということを人々が気づくことが，価値についての「メタ合意」の意味である。

　以上のように，1980年代後半から1990年代にかけては，政治理論・政治哲学の分野で，望ましい民主主義の1つの構想としての熟議民主主義の研究が進んだ。そこで提起された論点の検討は，理性や合意などの鍵概念の再検討を通じて2000年代になっても行われている。そのなかで熟議民主主義像の修正が行われてきた。もっとも，その結果として何か1つの「ザ・熟議民主主義」像が確立したわけではない。当初の理性的論議による理由の妥当性の相互検討を基礎とした熟議民主主義像は，現在でも最も理想的な熟議民主主義像とみなされている。したがって，このような意味での理想的な熟議民主主義像と，修正を経た熟議民主主義像という2種類の熟議民主主義像が存在するといえる（Bächtiger et al. 2010）。

（2）　経験的転回：2000年代

　|ミニ・パブリックス|　2000年代になると，熟議民主主義のより経験的な研究が進展した。これは，熟議民主主義の「経験的転回」とも呼ばれる（Dryzek 2010）。すでに存在しているさまざまな市民参加の討論型フォーラムが熟議民主主義の具体的な場として「発見」され，研究されるようになった（小川編 2007；Gastil and Levine 2005=2013；篠原編 2012；Fung and Wright 2003）。そこでは，市民陪審，プランニング・セル（計画細胞会議），コンセンサス会議，討論型世論調査，参加型予算，市民討議会など，世界各国のさまざまな実践事例が取り上げられている。これらのなかの一部は，もともと「熟議」の名前を有している（なお，「討論型世論調査」は，英語ではDeliberative Polling®であり，熟議（deliberation）の用語を使用している）。しかし，そのすべてが最初から「熟議」を名乗っていたわけではない。それらは，熟議民主主義論の発展のなかで，熟議の具体例として位置づけられるようになったのである。これらの実践は，「ミニ・パブリックス（mini-publics）」と呼ばれることもある。何をミニ・パブリックスに含めるかについては，研究者の間で見解の相違がある。ただし，無作為抽出で人々を集めるタイプの制度を指して，ミニ・パブリックスと呼ぶことが多い。

> **計量分析の登場**

この時期には，計量的な手法を用いた熟議民主主義の比較研究も生まれた。たとえば，シュタイナーらは，ヨーロッパの複数国の議会審議を素材に，熟議とその条件の関係および熟議の政策アウトカムへの効果という2つの因果関係について，独自に作成した「討議クオリティ指標（discourse quality index）」を用いて統計的に分析している（Steiner et al. 2004）。その後，シュタイナーは，安定的な民主主義とは限らない国家・地域も含めた比較研究において，実験の手法を用いて熟議の可能性を探ってもいる（Steiner 2012）。

> **理論と実証の関係**

経験的研究のこのような進展は，政治理論・政治哲学としての熟議民主主義の理論研究と経験的・実証的な分析との関係についての議論も引き起こした。政治学の展開を振り返ると，一方の「事実」の解明・説明を科学的手法によって行う経験的研究と，他方の「価値」の解明・説明を哲学的・理論的に行う規範的研究とは，異なる分野に属すると考えられてきた。熟議民主主義論は，「経験的転回」によって，このような規範／経験の分断の再検討の中心的な舞台となった。そこで問われたのは，熟議という規範的命題をどのように経験的に研究するのかであり，また，規範的命題としての熟議が実証の結果否定された場合にはどのように考えればよいのか，ということであった。

特に，規範的命題とその経験的実証との関係は大きな論点である。たとえば，シュタイナーらは，経験的な調査によって規範的な構想としての熟議民主主義の証拠が見出されなかった場合に，それをどのように受け止めるべきかについて論じている（Steiner et al. 2004）。このような場合に，「規範的な構想は経験的には支持されなかった」とすることもできる。しかし，それでは規範的研究と経験的研究とを効果的に結びつけることはできない。経験的な研究によって，理想としての熟議から乖離した「現実」が明らかにされたとしても，それは，規範的な構想としての熟議民主主義に意味がないということを意味するのではない。そうではなく，規範的研究によって示される理想と，経験的研究によって解明される現実との隔たりを認識したうえで，どのようにその隔たりを埋めてゆくことができるかを考えればよいのである。

(3) システム論的転回から自由民主主義の再検討へ：2000年代後半以降

> ミニ・パブリックス
> 研究への疑問

熟議民主主義の経験的研究において，主たる研究対象は各種のミニ・パブリックスであった。しかし，このような研究動向は，疑問ももたらすようになった。たとえば，ミニ・パブリックスを熟議の場とみなすことは，熟議民主主義が市民全体を念頭に置いた民主主義の構想をあきらめることだという批判が提起された。たとえ無作為抽出だとしても，ミニ・パブリックスに参加するのは一部の市民にすぎないからである (Chambers 2009)。

> 熟議システム論

ここまでの批判ではなくとも，個々の熟議の場をみているだけでよいのかという疑問は，熟議民主主義論者の間でしだいに共有されていった。あるミニ・パブリックスをその単体だけでみることに，意味はあるのだろうか。そうではなく，重要なことは，そのミニ・パブリックスがよりマクロな政治体制のなかでどのような役割・機能を果たしている／果たしうるのかではないだろうか。このような関心から，2000年代後半になると，ミニ・パブリックスなどの熟議のフォーラムを，他の制度や実践との連関のなかでみる研究が現れるようになった (Goodin and Dryzek 2006；Hendriks 2006；Parkinson 2006)。

このような関心は，2010年代になると「熟議システム (deliberative system)」論として明示的に論じられるようになる (Dryzek 2010；Parkinson and Mansbridge 2012)。熟議システム論は，特定の場や実践ではなく，それらの連関をみようとする。したがって，熟議民主主義をミニ・パブリックスと同一視する見方は退けられる。これは，熟議民主主義論の「システム論的転回」(Dryzek 2010) とも呼ばれる。

> 非熟議的実践の
> 熟議的効果

熟議システム論がさまざまな場や実践を関連づけてみることは，熟議的ではない実践を熟議民主主義論のなかに位置づけることにもつながった。従来，利益団体による圧力行使活動や社会運動による抗議活動などは，非熟議的な実践とみなされがちであった。しかし，熟議システム論では，異なる考え方がとられる。仮にこれらの実践それ自体は強固な主張を掲げる非熟議的なものであっても，よりマクロな次元で広く社会・人々に対して反省的な効果をもつのであれば，熟議システムの1つの要素として位置づけることができる。非熟議的実践のマクロな熟議的効果である (Tamura 2014)。

自由民主主義の再検討へ

熟議システム論のもう1つのポイントは、熟議民主主義を自由民主主義と切り離して理解するための手がかりを提供していることである。熟議民主主義論は、自由民主主義の政治体制を前提とした民主主義論とみなされてきた。先に紹介したハーバーマスの「二回路モデル」論も、自由民主主義的な政治体制の下でのモデルであった。しかし、熟議民主主義を自由民主主義の枠組のなかでのみ考えていてよいのか、という疑問が生じるようになる。そのきっかけの1つが、中国における熟議民主主義についての研究が進んだことである。ここで、非自由民主主義体制と熟議民主主義との関係を考える必要が生じたのである。

熟議システム論において自由民主主義を相対化する試みは、ドライゼクにみられる。彼は、ある熟議システムは、①私的領域、②公共空間、③決定権限を付与された空間、④伝導、⑤アカウンタビリティ、⑥メタ熟議、⑦決定の確定性、という構成要素を有している必要があると述べた（Stevenson and Dryzek 2014）。重要なことは、これらの構成要素が抽象的な概念として語られていることである。そのことが、「自由民主主義的ではない熟議システム」を考える可能性を開く。たとえば、「決定権限を付与された空間」は、自由民主主義の政治体制では、選挙で選出された議員が集まる「議会」だろう。しかし、理論的には、この意味での「議会」以外の「決定権限を付与された空間」もありうる。同じように、「伝導」も、自由民主主義の政治体制では主には「政党」によって行われるであろうが、理論的には、「政党」以外による「伝導」もありうる。このように、ドライゼクの議論は、「非自由民主主義的な熟議民主主義（熟議システム）」もありうることを理論的に示すものである。この議論によって、自由民主主義と熟議民主主義との結びつきは再考されることになる。自由民主主義の下に熟議があるのではなく、「熟議システム」のいくつかの類型の1つとして「自由民主主義的な」熟議システムがあると考えるべきなのである。このように熟議システム論は、自由民主主義と熟議民主主義の関係の再検討にもつながったのである。

熟議システム論を通じた自由民主主義の再検討は、「私的領域」を熟議民主主義の場として考えることにもつながる。自由民主主義の特徴の1つは、公的領域と私的領域とを区別し、政治を公的領域に限定することにある。したがって、この2つの領域の区分の仕方を再考することは、自由民主主義の再考につ

ながる。マンスブリッジは，家族，友人関係，職場などにおける「日常的な話し合い (everyday talk)」も，熟議システムの重要な構成要素の1つであるとした (Mansbridge 1999)。私的領域の1つである家族において，構成員の間での熟議を通じて，家事・育児の分担のあり方についてある決定や変更がなされるならば，それも熟議民主主義の実践ということができるのである（田村 2010a）。

　マンスブリッジの議論は，「日常的な話し合い」を，あくまで国家などのよりマクロな熟議システムの要素の1つとしてのみ捉えるものであった。しかし，公私二元論の再検討をさらに進めることもできる。それは，熟議システムの単位を多層化することである。すなわち，「日常的な話し合い」を通じて意思決定や問題解決が行われているならば，家族や友人関係もまた，1つの熟議システムとして捉えることができるのである（田村 2013）。家族や友人関係は，一方でそれ自体が問題解決を行うための熟議システムであるとともに，他方で，よりマクロな熟議システムの構成要素の1つとして「意見形成」（ハーバーマス）が行われる場でもある（Tamura 2014）。

熟議文化論　この時期には，ほかにも，自由民主主義と熟議民主主義との関係の再検討を試みる議論動向が生まれた。それが，「熟議文化 (deliberative culture)」論である (Sass and Dryzek 2014)。熟議文化論では，熟議の理念そのものは普遍的だが，その具体的な形態は文脈／文化ごとに異なっているとされる。熟議はしばしば西欧的なものと考えられてきたが，西欧以外の場所でも，非西欧的な文脈／文化の下での熟議民主主義がありうるのである。たとえば，サスとドライゼクは，エジプトにおいて，カセットテープの普及によって日常生活において（イスラム）講話をめぐる熟議が発生していることに注目した。カセットテープの普及によって，タクシーのなかでも，運転手と乗客の間で教義に関する「深い反省と激しい議論」が引き起こされるようになったというのである (Sass and Dryzek 2014)。このように，熟議文化論は，非西欧的な熟議民主主義把握を通じて，自由民主主義と熟議民主主義との関係の再考をめざすのである。

4　日本の現状

　本節では，日本の市民社会における熟議民主主義の現状をみてみよう。取り

上げるのは，ミニ・パブリックス，社会運動，そして私的領域である。ミニ・パブリックスにはさまざまなタイプがある。本節で取り上げるのは，市民討議会と討論型世論調査である。

（1） 市民討議会

市民討議会は，ドイツで考案されたプランニング・セル（計画細胞会議）をモデルとして始められた（篠藤 2012）。2005年に最初の市民討議会が，東京青年会議所によって東京都千代田区で試験的に実施された。続く2006年には，三鷹市と三鷹青年会議所の共催で「みたかまちづくりディスカッション 2006」が実施された。その後も，全国で数多くの実施事例がある。

市民討議会の原則は，①参加者の無作為抽出，②参加者への謝礼の支払い，③公正・公平な運営機関，④小グループによる討議，⑤報告書の公表，とされている（篠藤ほか 2009：57-59）。取り上げられるテーマはさまざまで，たとえば，安全・安心なまちづくり，子育て，高齢者などである。高速道路の建設など，住民の間で意見が大きく分かれそうな問題が扱われる場合もある。開催期間は1〜2日が通例であり，扱われるテーマの専門家や問題の当事者による情報提供を受けての小グループによる討議が繰り返される。

市民討議会のあり方については，問題点も指摘されている。開催期間が短く1日だけのものも多いこと（本来のプランニング・セルでは4日間の開催），そのため，参加者への専門的情報の提供が十分とはいえないこと，無作為抽出を経ても参加者の構成に偏りがある場合が多いこと，そして，討議の成果である報告書の自治体の政策形成過程における位置づけが十分ではないこと，などである（篠藤 2012：112）。総じて，市民討議会は，開催回数の増加につれて「品質管理」が課題となっているといわれる（柳瀬 2015：122）。

とはいえ，市民討議会には，「サイレント・マジョリティ」の声を聴く有効な手法であるとの評価も存在する（篠藤 2012：111）。実際，ある調査によれば，市民討議会にはこれまでほとんど政治・行政に参加してこなかった人々も参加しており（井手 2010），政治・行政参加の新たな回路となっている可能性がある。

（2） 討論型世論調査

市民討議会に比べると，討論型世論調査はその開発者との関係で，かなり厳

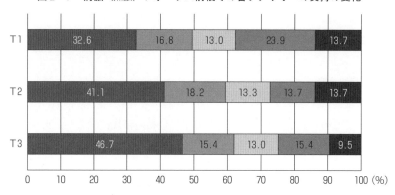

図2-1 討議（熟議）フォーラム前後での各シナリオへの支持の変化

■ゼロシナリオ支持　■15シナリオ支持　□20～25シナリオ支持　■複数支持　■積極支持なし
出所：柳瀬（2015：264）掲載の図表4-39を簡略化。

密に定められた手続きをもつ。その手続きは，次のとおりである（坂野 2012：15-16；柳瀬 2015：77-79）。①扱うテーマについて母集団を無作為抽出で選び，アンケート調査を行う（T1調査）。②T1調査の回答者のなかから，熟議を行う討論フォーラムへの参加者を募る。③参加予定者に，当該テーマについての情報提供として討論資料を配布し，事前学習してもらう。④2泊3日の討論（熟議）フォーラムの実施。ここでは，まず全体説明会を行い，その後に2回目のアンケート調査を行う（T2）。その後，よく訓練された司会者の下での小グループによる議論→テーマに詳しい専門家等との質疑応答（全体会議）を，何度か繰り返す。⑤最後にもう一度，当該テーマについてのアンケート調査を行う（T3）。

　討論型世論調査の主たる目的は，3回のアンケート調査の実施を通じて，討論（熟議）フォーラムの前後で，人々の意見がどのように変化したかを調べることである。単に3回アンケート調査を行うだけでは，たとえ意見の変容があっても，それを熟議の結果と推論することはできない。しかし，討論型世論調査では，厳密に制度設計された討論（熟議）フォーラム前後にアンケートを実施することによって，意見の変容は熟議によるものとの推論を可能にしているのである。

　討論型世論調査を経た参加者の意見の変容は，実際に生じている。2012年7月から8月にかけて実施された「エネルギー・環境の選択肢に関する討論型世

論調査」では，日本の原子力発電依拠率について，2030年までに，①０％にする（ゼロシナリオ），②15％程度にする（15シナリオ），③20～25％にする（20～25シナリオ），という３つの選択肢があらかじめ提示された。実施後の分析の結果，基礎的な知識についての理解が深まるとともに（「正しい」知識の獲得），図２-１が示すように，Ｔ１からＴ３にかけてゼロシナリオ支持の増加が確認されたのである（柳瀬2015：第４章）。

　討論型世論調査の主たる目的は，参加者の意見の熟議による変容を調べることである。したがって，それは基本的には政府の政策形成に直接影響を及ぼすことをめざすものではない。もちろん例外はある。日本でも，先に紹介した「エネルギー・環境の選択肢に関する討論型世論調査」は，最初から当時の民主党政権の政策形成の参考にすることを明示して実施された。実際，その結果をふまえて策定された「革新的・エネルギー環境戦略」（2012年９月）では，「2030年代に原発稼働ゼロ」との文言が書き込まれた。しかし，これは例外的といえる。主に期待されるのは，討論型世論調査の結果がマスメディアの報道などの結果として，間接的に政策形成に影響を及ぼすことであろう。

　よく設計されたミニ・パブリックスである討論型世論調査が，あまり実効性をもたないとすれば，それは意味のないしくみなのだろうか。しかし，考えてみれば，通常の世論調査も，それが直接的に政策形成に影響を及ぼしているわけではない。その実施と波及効果によって，「生の世論」ではなく，熟議を通じた「練られた世論」（Fishkin 2009=2011）が社会大に形成されることが，討論型世論調査の期待することである。

（3）　社会運動

　社会運動と熟議民主主義については，次の２つの関係を考えることができる。第１は，❸で述べた非熟議的な実践のマクロな熟議的効果である。仮に社会運動自体は熟議的な実践でないとしても，その主張や行動がマクロな社会全体に反省的な効果を及ぼすならば，それをある熟議システムの１つの要素として理解することができる。

　このような観点から2010年代の日本の社会運動を振り返ってみよう。この時期には，２つの社会的影響力の大きい社会運動が発生した。１つは反原発運動であり（小熊編 2013），もう１つは，とりわけ在日朝鮮人を主たる標的とした排

外主義運動である（樋口 2014）。両者は別個の社会運動であり，政治的立場もまったく異なる。しかし，運動関係者以外の人々や政治家に当該問題について考えなおす機会を提供したという点では，両者は共通している。反原発運動については，政府が先述の「エネルギー・環境の選択肢に関する討論型世論調査」を実施したことも，この運動の活性化と無関係とはいえない。排外主義運動については，それへの対抗運動（「カウンター運動」と呼ばれる）の興隆を経て，いわゆる「ヘイトスピーチ対策法」が制定されるに至った。これらは，「非熟議的な」実践がマクロには熟議的な効果を有した結果と解釈することができる。

　以上の書き方では，社会運動そのものは熟議的ではないというイメージを受け取るかもしれない。しかし，実際には必ずしもそうではない。つまり，社会運動を1つの目的に沿った一枚岩の組織としてではなく，しばしばその内部において熟議民主主義的な実践を行っている組織として理解すべきことが主張されている。社会運動そのものを，熟議民主主義が行われる場として理解することもできるのである（Della Porta and Rucht 2013；Tamura 2014）。

　日本の近年の社会運動を，熟議民主主義の場として理解することは可能だろうか。参考になるのは，富永京子による排外主義運動へのカウンター運動の分析である（富永 2015）。富永によれば，2010年代のカウンター運動を「経験運動」として把握することができる。経験運動とは，社会運動を同質性・同一性を有するものとして理解するのではなく，「ばらばらの目的や意識をもつ他者同士が同じ時，同じ場所に集合していることに注目する」ための概念である。カウンター運動の参加者を具体的に観察すれば，その人々が路上での運動に加えて，インターネット，学習会，交流会などを通じて，コミュニケートし議論を行うことで互いの経験を共有していくことがわかる。カウンター運動におけるこのようなコミュニケーション・議論を，熟議民主主義の実践として把握することもできるだろう。

(4) 私的領域

　最後に，私的領域における熟議民主主義についてである。❸で述べたように，私的領域も，熟議民主主義の場の1つとして捉えることができる。

　もっとも，日本の私的領域における熟議民主主義の現状について，よい報せをみつけることは難しい。家族についてのさまざまな研究やルポルタージュ

は，夫婦間で「熟議」と呼びうるようなコミュニケーションが成立していないことを指摘している。277組の中年期夫婦に対する調査によれば，夫と妻とでは，コミュニケーションの仕方に大きな違いがあり，夫は「威圧」や「無視・回避」のコミュニケーション態度が目立つ（平山・柏木 2001）。仕事と家庭の両立に苦慮しているある女性へのルポルタージュは，夫に対して家事や育児に協力してくれということさえもできない妻の苦悩を明らかにしている（萩原 2006）。総じて，私的領域における熟議民主主義に関する日本の現状は，あまり明るいものではない。

ただし，それがすべてというわけでもない。たとえば，育児休業を取ったある男性の手記では，その男性（夫）と妻との間で，育児のあり方をめぐって，時には対立しながらも話し合いを行ってきたことが描かれている（山田 2010）。男女それぞれの仕事・家族観やコミュニケーション観，あるいは男女をとりまく社会環境は変化しつつあるとも考えられる。したがって，今後，私的領域における熟議民主主義が活性化する可能性もある。

5 今後の課題

最後に，熟議民主主義論の今後の課題について，**3**で述べた3つの区分に沿って，まとめておこう。

第1に，政治理論・政治哲学研究における課題として，熟議と「正しさ」との関係を挙げておこう。**1**で述べたように，熟議による「正しさ」の担保という主張は元々存在する。ただし，熟議がコミュニケーションの手続きであり，かつ，民主主義が「みんな」による判断に依存する以上，熟議民主主義の結果が常に特定の「正しい」結論に到達するという保証はない。このことから，熟議民主主義論がどこまで「正しさ」を担保できるのか，という論点が発生するのである。こうした議論は，民主主義論のなかでは「認識的民主主義 (epistemic democracy)」論として議論されている。認識的民主主義論をふまえつつ，熟議民主主義論が「正しさ」とどのように向き合っていくのかは，今後の課題の1つである。

第2に，経験的研究については，**3**で述べた計量分析のほかに，さまざまな事例研究のための分析手法・アプローチの開発が必要であろう。計量分析は，

ミニ・パブリックスにおける熟議の程度やその効果を測定するために重要である。ミニ・パブリックスだけでなく，熟議に関する大規模なアンケート調査も，たとえば私的領域における熟議民主主義の実態を把握するためにも効果的であろう。同時に，たとえば，家族内や社会運動における組織のあり方をめぐる議論など，これまで「熟議」とは認識されていなかったさまざまな実践を「熟議民主主義」として把握するためには，そのためのインタビュー調査の手法の開発や解釈学的アプローチの意義を積極的に認めることも必要であると思われる。

　第3に，熟議システム論と熟議文化論について。これらは最も新しい研究動向であるために課題も多い。熟議システム論については，ある「システム」を「熟議的」と評価するための基準をどこに見出すのか，という点が問題となる。特に，それが「ミクロな非熟議的な実践のマクロな熟議的な効果」を唱える場合，この問題が生じる。熟議文化論については，その「文化」概念の融通無碍さが問題となる。何を「文化」とするのか，どこまで熟議を「文化」から考えることができるのかについては，なおも検討が必要であろう。

📖 文献案内

- ▶ 篠原一編, 2012, 『討議デモクラシーの挑戦——ミニ・パブリックスが拓く新しい政治』岩波書店.
- ▶ 田村哲樹, 2008, 『熟議の理由——民主主義の政治理論』勁草書房.
- ▶ フィシュキン, ジェイムズ, 2011, 曽根泰教監修, 岩木貴子訳『人々の声が響き合うとき——熟議空間と民主主義』早川書房.

【田村哲樹】

第3章 社会運動論——国家に対抗する市民社会

> 　人々が連帯し，さまざまな価値や利益を政治や社会に訴えかける社会運動は，市民社会の果たすべきアドボカシーの役割を体現している。社会運動研究では人々がどのようにして運動を起ち上げていくのか，また，運動がどのように展開していくのかという点に関心を寄せ，さまざまな理論が提唱されてきた。
> 　本章では，古典的な社会構造決定論，資源動員論，「新しい社会運動」論，政治的機会構造論，フレーム分析と文化の議論など，社会運動研究の主要な理論の展開を振り返っていく。
> 　さらに，それらをふまえつつ，住民運動，住民投票運動，反グローバリゼーション運動，脱原発運動など，1970年代以降の日本の主な社会運動を取り上げ，社会の変化とともに，どのような運動が現れたのか，その特徴を紹介していく。

1 社会運動と市民社会

(1) いろいろな社会運動

　2011年の福島第一原子力発電所事故を受けて，日本各地で脱原発を訴える人々の抗議活動が活発に行われた。とりわけ，2012年3月末からは毎週金曜日に首相官邸前で抗議活動が行われるようになり，6～7月には最大で20万人もの人々が参加したといわれる (小熊 2013)。また，2015年夏には，集団的自衛権の行使を容認する安全保障法制に対して抗議する活動が若者をはじめ幅広い年齢層の人々によって各地で盛り上がりをみせた。

　世界に目を向けてみよう。2011年にはチュニジア，エジプトなどの中東・北アフリカ諸国において，独裁政権に対する民衆の抗議運動が高まり，やがて政権を打倒するに至った (アラブの春)。また，同じく2011年には，ニューヨークのウォール街を人々が占拠し，わずかな人々に富が集中し，経済的格差の拡大や貧困問題が深刻化していることを訴えた (オキュパイ・ウォールストリート)。

　このように，近年，日本を含め世界中で集合的な抗議活動が大きな注目を集めている。こうした活動は「たたかいの政治 (contentious politics)」とも呼ばれ，

多くの人々の利害に関わる問題に対して，政府などを対象としながら，自らの主張や要求を政治的な意思決定に反映させようとして行われる（McAdam et al. 2001）。

　もっとも，社会運動は異議申し立てを行う抗議活動ばかりではない。同じく主張や要求を行うにしても，政党あるいは行政に働きかけたり，議会に議員を代表として送り込むこともある。また，必ずしも主張や要求を政治へと反映させるものばかりでなく，これまでにない新しいかたちのサービスを提供することによって，現代社会に問題提起することもある。さらには，セルフヘルプ・グループ（自助組織）のように，同様の問題を抱える当事者が悩みを打ち明けたり，受容し合うことで自己肯定感を得るような自己変革的な側面をもつものもみられる（石川1988；本郷2007）。

(2)　社会運動の特徴

　このように社会運動には多種多様な活動が含まれ，そのなかには非営利組織（第4章）や利益団体（第5章）とも共通する部分もみられる。それでは，社会運動の特徴といえるのはどのような点だろうか。

　第1に，何らかの問題状況の変革を志向している。冒頭の例でみたように，原子力発電，安全保障，民主主義，格差や貧困などのように，現代社会が抱える諸問題を解決するように社会を変えていくために運動が行われる。また，運動を通して参加者自身が変化していくことを志向することもある。

　第2に，さまざまな人々が集まって行う集合行動である。問題状況に対して，個人的な活動ではなく，人々の協力と連帯によって取り組まれる。参加する人々の間には集合的アイデンティティと呼ばれる「われわれ意識」が共有される。また，活動の基盤としての組織の整備が求められる。

　第3に，確立された政治的意思決定過程に組み込まれていない。議会に代表を出したり，政治的エリートと密接なつながりがあるものもあるが，多くの運動は主として政治過程の外部にいる人々によって行われる。

　これらの要素に着目してきたため，社会運動研究では，政治権力をもたない人々がどのようにして運動を起ち上げていくのかという発生の局面，さらには，運動がどのように展開していくのかというダイナミクスに関心が寄せられてきた。そこで本章でも，社会運動の発生，展開という観点から主要な理論を

紹介する。そして、それをふまえて、戦後の日本社会における社会運動の動向を振り返っていきたい。

2 社会運動論の展開

(1) 古典的な社会構造決定論

アメリカの社会学においては、従来、社会運動がなぜ発生するのかに対して、社会構造の変化に起因する心理的側面が注目されてきた。急激な産業化や都市化によって社会秩序がゆらぐなかで、人々は既成の価値観に従うことができず、不安や不満といった心理的緊張が高まっていく。こうした緊張状態を解消するために、何らかのきっかけによって集合行動が生じる。

代表的な理論として、集合行動論(ブルーマー)、価値付加の論理(スメルサー)、大衆社会論(コーンハウザー)、相対的剥奪論(デイビーズ、ガー)などを挙げることができる。大衆社会論を例にとろう。都市化によって社会の流動性が高まるのにともなって既存の中間集団による社会統合が弱化する。このような状況で人々は孤立して不安を強め、外部からの扇動に容易に応じやすくなる。その結果として、集合行動が発生するのである (Kornhauser 1959=1961)。

以上のアプローチでは、社会運動はパニックや暴動などと同じく逸脱的な行動だと捉えられている。また、社会構造の変化が個人の心理に直接影響することが想定されており、そこには個人をとりまく組織やネットワークという視点がない。むしろ、大衆社会論のように、そうした中間集団の欠如、いわばソーシャル・キャピタルの欠如が運動を生み出すのである (樋口 2015)。また、運動が生じる政治的、社会的文脈も考慮されていない。その意味では、社会運動を非市民社会的な活動と捉えるアプローチともいえるだろう。

(2) 資源動員論

資源動員論の登場 1950〜60年代には、アメリカでの公民権運動やベトナム反戦運動、他の先進諸国においても学生運動などさまざまな社会運動が大きな盛り上がりをみせた。こうした現実をふまえて、不満にもとづく集合行動という社会運動に対する見方が改められた。

社会運動の源となる不満は社会に絶えず存在しているため、それだけで運動

が発生するわけではない。むしろ運動を行うために必要なさまざまな資源（参加者，資金，物資，正当性，共感など）をいかにして調達するかが重要なのである。こうして1970年代以降，資源動員論（resource mobilization theory）が影響力をもつようになる（長谷川1985；塩原編1989；片桐1995など）。資源動員論の視点に立てば，社会運動は目的の達成のために戦略的にふるまい，必要な資源を調達する合理的行為である。

社会運動が資源を調達し，人々を動員するためには，組織基盤を整備しなければならない。そのため，運動の組織構造および組織の内外に広がるネットワークへの関心が高まるようになる。

また，個人の運動参加についても，それまでのアプローチが個々ばらばらの個人を想定していたのに対し，教会やサークルなど何らかの集団やネットワークに組み込まれている人々がまとまって参加すること（ブロックリクルートメント）が示された（Obershall 1978＝1989）。さらに，必ずしも運動の当事者ではないが共感を示す人々（良心的支持者）から，どのように支持や支援を得るのかも注目された（McCarthy and Zald 1977＝1989）。

フリーライダー問題 ところで，人々を社会運動に参加させるには困難がともなう。なぜなら，運動による成果が社会に広く行き渡るものならば，自分自身が参加しなくてもその成果を享受することができるからである。運動に十分な参加者がいるならば，自分1人くらいが参加していなくても成果にはほとんど影響を及ぼさないだろう。逆に，参加者が少なければ，自分が参加したところで運動が成功する見込みは小さいためにやはり参加しない。したがって，人々には社会運動に参加する誘因がないのである。これはフリーライダー問題と呼ばれ（Olson 1965＝1983），社会運動ばかりでなく集合的な社会現象全般にあてはまる問題である。

もっとも，論理的にはフリーライダー問題の可能性がありながらも，実際には社会運動に参加する人々が存在している。この謎が，運動参加をめぐる研究を大いに触発した。最も有力な解答の1つは，社会運動に参加しなければ得られない利益（選択的誘因）の存在である。たとえば，運動に参加して仲間との関係が深まること自体が参加者にとっては利益であり（連帯的誘因），むしろ，そのために運動に参加することが考えられる（Fireman and Gamson 1979＝1989）。その場合，運動全体の目的は，むしろ仲間との連帯という選択的誘因の副産物とし

て達成されるのである。こうした選択的誘因になりうるものはさまざまであるが，参加者をとりまくネットワークは重要なものの1つとして注目されてきた。

(3)「新しい社会運動」論

> マルクス主義的
> 社会運動論

ところで，ヨーロッパにおいては従来，社会運動は労働運動を中心に捉えられてきた。その背景にはマルクス主義的な階級闘争が想定されている。つまり，人々は生産手段を所有する資本家と，所有しない労働者という社会階級に分けられ，それぞれの階級ごとに利害や信条を共有する。そして，資本主義の成長とともに階級間の利害が対立し，労働者階級による集合行動として社会運動が発生するのである。したがって，運動のイシューとして主として取り上げられるのは，労働に関する物質的利益の配分であった。

> 新しい社会運動の登場

これに対して，1960年代以降，平和，環境，女性，地域主義，人権などの必ずしも物質的利益にもとづかないさまざまな価値や利益を主張する運動が大きな盛り上がりをみせた。それにともない，運動の担い手も，マイノリティ層など生産関係とは異なる利害をもつ人々が中心となった。これらの運動は，従来の労働運動との対比において「新しい社会運動」と呼ばれる。このような新しい社会運動にもとづき，トゥレーヌ，ハーバーマス，オッフェ，メルッチなどを主要な論者として，産業社会から脱産業社会への変化を洞察する諸理論（総称して「新しい社会運動」論）が登場する（梶田 1988；伊藤 1993など）。

脱産業社会においては，社会全体の方向性を決めるうえで国家が支配的な地位にある。ハーバーマスは「生活世界の植民地化」という印象深い表現を用いて，国家の管理や市場経済の浸透が，人々の生活のすみずみまで及ぶようになり，個人の自律性やアイデンティティが損なわれていることを指摘した（Habermas 1982＝1985-87）。こうした国家官僚（テクノクラート）の管理と計画に対して異議を唱え，新しい価値や文化を創造するのが新しい社会運動なのである。

> ネットワーキング

また，新しい社会運動には，必ずしも敵手と対決するばかりでなく，運動のスタイルやプロセスを通して，従来

とは異なる価値を表出し，自己実現をめざす側面もみられる。そのためには，人々の間のネットワーキングと呼ばれるゆるやかで水平的な連帯組織が志向される。複雑化して単一の集団をよりどころにできない現代社会においては，人々はさまざまな集団に所属しつつ，情報や知識を交換し，自己や集団としてのアイデンティティを構築していく。こうしたネットワーキングの存在は，ある社会問題が生じた際に集合行動が生じる基礎となるものである（Mellucci 1989 =1997）。

　以上のような新しい社会運動の特徴は，政治領域とも経済領域とも一線を画し，市民の連帯からなる公共領域を形成するという現在主流の市民社会観と共通するものだといえる（山口 2004）。

（4） 政治的機会構造論

　政治的機会構造論　資源動員論や「新しい社会運動」論を受けて，社会運動論の捉え方は大きく様変わりすることになる。こうした流れを引き継ぎ，さらなる展開がみられた。その1つは政治的機会構造（Political Opportunity Structure）論の台頭である。資源動員論が組織過程に焦点を合わせたのに対して，運動をとりまく外部の政治的環境の重要性を強調する。つまり，特定の政治的環境において成果をあげられる見込みが大きければ，人々は運動を行うのである（McAdam 1999；Tarrow 1998=2006）。

　このような政治的機会構造の要素としてさまざまなものが挙げられている（McAdam 1996）。たとえば，公的な政治制度がどの程度開放的かである。開放的でアクセスできるほうが運動にとって有利ではあるものの，あまりに開放的だと政治制度を介した要求だけで十分である。むしろアクセスが制限されているからこそ政治体の外部から社会運動を行うことが有効となる。そのため，状況によって異なりうるが，政治的機会構造が中程度に開放的であるときに運動の発生を促すと考えられる（Eisinger 1973）。

　また，政治的エリート間関係の構造（同盟／対立など）や安定性，あるいは運動の主張に理解のある政治的エリートの存在も重要である。政治的エリートの間に対立関係があり権力基盤が脆弱であるほど，また，運動の同盟者となる政治的エリートが影響力をもつほど，運動による政治体外部からの主張が効果的になると考えられる。このほか，国家が運動に対してどの程度抑圧的であるの

かや，運動を弾圧する可能性などといった要素も取り上げられてきた。

このように政治的機会構造の要素に着目することで，これらの変化によって運動が発生するタイミングを時系列的に分析したり，国際比較や地域比較分析によって運動が発生する政治的条件を分析する研究が盛んに行われた（Kriesi et al. 1995など）。

> 抗議サイクル

以上のように，資源動員という組織の内部過程に加えて，政治的機会構造という外部環境を考慮することで，運動の発生から終息までの一連のプロセスを描けるようになった。タロウ（1998＝2006）は「抗議サイクル（cycles of protest）」と呼ばれる運動のダイナミクスについて以下のように提唱する。まず，初発の抗議活動が発生することで政治的機会の開放が露呈し，後続の抗議活動が発生する。続いて，抗議活動が拡大するなかで，さまざまな集団間で人員などの資源獲得の競合が生じる。その過程で，新たな戦術の革新や集合行為の意味づけが生まれ，普及していく。抗議活動が一定の成果をあげると穏健な集団は政治体に包摂される。そして，抗議活動内部で穏健な集団と急進的な集団が分裂し，急進的な集団は国家によって弾圧される。こうして抗議活動は衰退していく（Tarrow 1989；Tarrow 1998＝2006）。

こうした研究はさらに，社会運動に限らず，「たたかいの政治」という概念によって，抗議，争議，集合行動の歴史的展開を分析する研究へと発展していった（McAdam et al. 2001）。

(5) フレーム分析・文化

資源動員論や「新しい社会運動」論を受けた，もう1つの理論的潮流として注目すべきはフレーム分析や運動文化の理論である。これらは参加者の主観的認知に焦点を合わせたアプローチである。先に述べたように，資源動員論では運動の原因となる不満は社会に常に存在していることを前提としていた。しかし，参加者となりうる人々が問題状況をどのように認識し，社会運動という行為にどのような意味づけを行うのかといった点は運動を理解するうえでやはり見過ごすことはできない（野宮編 2002）。

こうしたアプローチの代表的なものがフレーム分析（framing analysis）である。フレームとは，物事の解釈枠組のことを指す。人々が社会運動をどのように解釈するのかによって，それが解決されるべき社会問題と認識されるのかどうか

が異なりうる。たとえば，工場の煙突から出る煙を，経済が順調に発展している象徴と捉えるか，深刻な公害と捉えるかでは，人々の問題認識は大きく異なるだろう。運動組織はある現象に対する解釈を戦略的に提示することで(フレーミング)，参加者や支持者の獲得をめざしていく (Snow et al. 1986；Snow and Benford 1988)。

こうした戦略として，運動と同じような考え方をもちながら問題に対して意識的でない人々を運動の主張と結びつけるフレーム架橋，特定の争点やイベントに関する解釈を明確化するフレーム増幅，本来の対象ではない人々の利害や意見も取り込んでいくフレーム拡張，新しい諸価値を導入して誤った解釈を捨て去るフレーム転換が挙げられている (Snow et al. 1986)。運動体はこれらの戦略を用いながら，参加者や支持者となりうる人々と問題状況の解釈を調整していく。

フレームにはさらに，多くの異なる集団に適用できたり，個別のフレームの背後にある統括的な解釈枠組としてのマスター・フレームというものも想定できる (Snow and Benford 1992)。広く共有されるマスター・フレームがあることは，社会全体に運動が受容されたり，伝播していくうえで有効である。

このほかにも，参加者の主観的な認知に注目するアプローチでは，感情やモラル，アイデンティティ，記憶，規範といった諸要素や，主流の文化に対抗する文化が形成される場などが取り上げられている (野宮編 2002)。

❸ 日本の社会運動

(1) 戦後の社会運動の趨勢

❷でみた社会運動論の展開をふまえつつ，日本の社会運動の動向をみていくことにしよう。図3-1は，朝日新聞の記事をもとに，1945～95年の平和運動，労働運動，脱物質的な運動（環境，消費者，女性，差別，人権，福祉，医療，教育，文化，地域，宗教），および社会運動全体について，それぞれのイベント（集会やデモなどの社会運動の活動）数を示したものである（データについての詳細および，社会運動のイベント分析という研究手法については，山本・西城戸 (2004) を参照されたい）。

図3-1から，戦後の日本の社会運動には1960年と1968～69年の2つのピークがみられることが特徴的である。1960年は，いわゆる60年安保闘争であり，

図 3-1　社会運動イベント数の推移（1945〜95年）

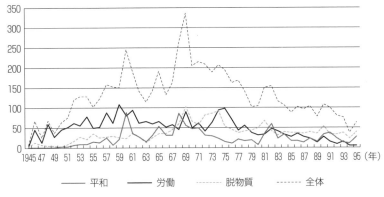

出所：筆者作成。

日米安全保障条約の改定に反対する社会党や共産党の革新政党，労働者，学生，市民などによる大規模な抗議活動が行われた。1968〜69年は新左翼諸派の学生運動，ベトナム反戦運動，70年安保闘争などが大きな盛り上がりをみせた（高畠 1979；大嶽 2007；小熊 2009；安藤 2013）。ただし，これらの運動が高まるにつれ，運動内部の分裂や暴力化が進み，一般の人々の共感を得られなくなってきた。図 3-1 に戻ると，これ以降，運動イベント全体の波も90年代に至るまで減少傾向が続いていることがわかる。

　イシュー別にみると，平和運動は1960年，68〜69年の2度の安保闘争時に多くみられる。労働運動は常に一定の数を保っているようにみえるが，1970年代中盤に一度高まりをみせて以降は減少傾向にある。その背景として，労働運動の主導権が政治経済体制の変革をめざす左派的な労働団体から，政権との距離を縮め，制度政治内での政策的要求を行う労働団体へと移行したことが挙げられる（久米 2005）。

　これに対して，物質的利益にもとづかないさまざまな運動は，1960年代後半から増加し，その後も一定の水準を維持していることがわかる。**2**でも触れたように，脱産業社会へと移行するのにともない，物質的利益以外のさまざまなイシューが存在感を示すようになったことがわかる。

　ここでは，1970年代以降に台頭した物質的利益にもとづかない運動の動向について振り返っていこう。

(2) 住民運動と市民参加

公害問題と住民運動　日本において，市民運動や住民運動が大きな盛り上がりをみせるのは，1960年代後半から70年代にかけてである。この時期には，急速な経済成長のひずみともいえるさまざまな社会問題が現れた。

急激な産業化・工業化により生じた深刻な公害問題に対する抗議運動が数多く発生し，四大公害病などの重篤なものについては被害を訴える裁判が提起された（宇井 1968；宮本 1970）。このような運動を受けて，1970年前後には公害防止の諸制度が整備され，環境庁（現・環境省）が新設された。

また，70年代には，新幹線や空港からの騒音や振動といった高速交通公害に対して，地域住民から異議申し立てが行われた（舩橋ほか 1985；舩橋ほか 1988など）。産業公害が被害者対民間企業という構図であったのに対して，高速交通公害では加害者が行政など公的主体であるために，公共性のあり方が争点とされた。

革新自治体と住民運動　一方，都市部においては，人口が急増したものの道路，水道，ごみ処理施設，図書館，保育所など社会インフラの整備が追いつかず，住環境は悪化していった。これらの問題に対して，地域社会を基盤として現実の生活に関わる問題を取り上げる異議申し立ての住民運動が数多く発生した（松原・似田貝編 1976）。

こうした運動と前後して，東京都，京都府，神奈川県など大都市を中心に各地で社会党や共産党といった革新政党の支持を背景とした知事や市長（革新自治体）が登場した。これらの自治体は社会問題に対処して生活・福祉を優先する政策を行ったほか，市民参加による自治体運営を標榜した（松下 1971；篠原 1977）。そして，審議会委員の公募や市長・知事との対話集会など，地方の行政過程において市民団体が行政と直接交渉するルートが開かれるようになった。このように，今日の市民参加やガバナンスに通じる参加民主主義の動きをみてとることができる（牛山 2006）。

しかしながら，革新自治体と市民運動・住民運動はともに石油ショック後の低成長期に入ると，退潮していった。公害問題や都市問題がある程度解決したこともあり，住民運動は停滞することとなった。また，革新自治体は住民生活や福祉政策を重視したため，財政難に陥った。その代わりに，官僚出身者によ

る保革相乗り型の首長が増え，財政規律重視型の自治体運営に転換していった（樋口ほか1998）。そのため，1980年代は，日本の住民運動の「冬の時代」ともいわれる（似田貝1991；樋口ほか1998）。

　もっとも，この時期には生活クラブ生協などの消費者運動にみられるように，新しいサービスのあり方を提案したり，自己実現をめざしたりする運動の実践もみられた（佐藤1988；佐藤ほか編1995）。

(3) 住民投票運動

　1990年代に入ると，市民運動や市民参加にいくつかの新しい動きがみられる。第1に，ボランティア活動の台頭である。特に，1995年の阪神・淡路大震災では災害救助のボランティア活動が盛んに行われ，それが契機となり市民活動やNPO活動の台頭に結びついた（似田貝編2008；山下・菅2002）。また，ひきこもりやニートといった新たな問題群に対する支援活動なども登場する（荻野2006）。

　とりわけ注目されたのが住民投票運動である。公共施設の建設をめぐって，地域住民自らが決定するために住民投票を求める動きが広がった。1996年の新潟県巻町（現・新潟市）における巻原発建設の是非を問う住民投票運動を契機に，産廃処理施設(岐阜県御嵩町)，吉野川可動堰(徳島市)，在日米軍基地施設(沖縄県，名護市，岩国市)など全国各地でみられた。さらには，市町村合併の是非を問う住民投票も数多く行われた。

　巻町や徳島市は保守（自民党）勢力の強い地域であり，このような地域で住民投票を求める運動が高まったのは衝撃的な出来事であった（中澤2004；久保田ほか2008）。また，吉野川可動堰建設に関する住民投票について，当時の建設大臣が「民主主義の誤作動」と発言したことからもわかるように，直接民主主義的な民意の表出に対する疑義もあり，民主主義のあり方そのものを問うものとして注目を集めた（中澤2004；伊藤ほか2005；中谷2005；久保田ほか2008）。もっとも，住民投票運動の成果として実際に投票が行われたとしても，行政の決定が必ずしもそれに従うものではない場合もみられる。

（4） 近年の動向：反グローバリズム・脱原発・反安保法制

> 反グローバリズム

2000年代に入り，世界的な社会運動の動向として注目すべきは，反グローバリズム運動の台頭である（野宮・西城戸編 2016）。新自由主義的なグローバリゼーションの進行にともなって生じた先進国と発展途上国との経済格差の拡大（南北問題），地球環境問題の深刻化，一部の先進国や国際機関による意思決定の独占などの問題に対して，異議を申し立てる活動が世界各地でみられるようになった。こうした運動は，1999年のシアトルでのWTO閣僚会議に際して大規模な抗議が大きな注目を集めたのを契機に，世界経済フォーラムやサミット（先進国首脳会議）のたびに生じている。国際会議に限らず，2003年のイラク戦争に対する世界同時抗議活動や，世界金融危機に端を発するギリシア，スペインなどの財政不安，非正規雇用など不安定労働者の増大にともなうプレカリアート運動なども人々の耳目を集めた。2008〜09年の年越し派遣村などで注目された反貧困を訴える諸活動も，このような新自由主義的なグローバリゼーションにともなう諸問題と関連づけることができるだろう。

反グローバリズム運動の特徴として挙げられるのが，国境を超えた（トランスナショナルな）運動だということである。これまで社会運動は1つの国家で生じ，その内部における変革を求めることが前提とされてきた。しかし，グローバリゼーションにともなう社会問題は一国だけで解決できるものではなく，国際的な対応が求められる。また，インターネットなどの情報通信技術の発達ともあいまって，世界の各地で同様の問題を抱える人々が情報を共有し，連帯できるようになった。

また，必ずしも政治的争議を全面に押し出さない自由な表現スタイルが用いられるようになった。音楽を鳴らすサウンドデモや，ドラムを叩いたり，仮装をしたり，カラフルなプラカードをもったりした人々が多くみられた。こうした動きは，日本では2003年のイラク戦争運動あたりからみられ（毛利 2009），後続の脱原発運動や安保法制への抗議活動でも注目された。

> 脱原発・反安保法制

現在の日本の社会運動の動向として注目すべきは，冒頭でも述べたように2011年3月の福島第一原発事故を契機とする脱原発運動の高まりである。事故によって原発という問題に公衆の関心が集まり，しだいに脱原発を訴える抗議活動が増え，地域的にも広がっていっ

た。数万人が参加する大規模なデモがたびたび起きるなど運動が盛り上がるなか，2012年3月末からは毎週金曜日に首都圏反原発連合主催による首相官邸前での抗議行動が行われるようになる。大飯原発の再稼働が決定された6月からは参加者が急増し，主催者発表で20万人に達することもあった（小熊 2013）。

この運動の特徴として挙げられるのが，これまでの運動参加経験のない人々，とりわけ，若者が多く参加したことである（平林 2013）。自由なスタイルやSNS（ソーシャル・ネットワーキング・サービス）の活用が，従来はあまり関心をもたなかった新たな層の参加につながったと考えられる。こうした若者の運動参加は，2015年夏に大きな盛り上がりをみせた安保法制への抗議運動にもみられる。この運動では，SEALDs（Students Emergency Action for Liberal Democracy -s）という学生ネットワークの活動が注目された。

4 今後の課題

本章では，社会運動論の展開と日本の社会運動の動向について振り返ってきた。これらをふまえつつ，現在の社会運動を捉えるうえで興味深い研究課題を提示しておこう。

(1) 日本における社会運動の小ささ

ペッカネンは「アドボカシーなきメンバーたち」という言葉で，日本の市民社会におけるアドボカシーの弱さを指摘した（Pekkanen 2006＝2008）。このことは社会運動にもあてはまる。

山田（2016）は，2010～14年に行われた世界価値観調査（World Value Survey）にもとづき，請願書・陳情書への署名，ボイコット（不買運動），平和的なデモ，ストライキについて，他国と比較した日本人の参加経験を示している。これによると，日本における署名経験者の割合は28.0％で，調査対象48国の平均である16.9％を上回り，全体の9位である。しかし，ボイコットの経験率は1.4％で44位（対象国の平均は4.8％），デモの経験率は3.6％で42位（同10.8％），ストライキの経験率は3.5％で33位（同7.1％）である（山田 2016：46-48）。このように，社会運動として行われることの多い非制度的な政治参加については他国と比べて低い水準であることがわかる。

日本ではなぜ社会運動への参加者が少ないのだろうか。1つの要因として，人々の社会運動に対する態度が考えられる。筆者の調査（2010年に日本，2012年に韓国，ドイツで実施したインターネットによる有権者調査）によると，日本では，相対的に社会運動の有効性を低く評価しており，社会運動が引き起こすかもしれない秩序の攪乱に不安を抱く人々が多い（山本2017）。つまり，日本では社会運動に対して好意を抱く人々が少ないようである。このことは，運動への参加ばかりでなく，社会全体で運動を受け入れる政治文化の問題ともいえる。

それでは，なぜ日本人は社会運動に好意的ではないのだろうか。1960年代後半の学生運動がその後過激化し，メディア報道などを通して，社会運動自体に対する一般の人々のイメージが悪化していったからだろうか（安藤2013）。また，近年の運動の盛り上がりは人々の運動に対するイメージを変えるのだろうか。社会運動に対する態度の形成プロセスを検討する必要があるだろう。

（2） 新しいメディアと社会運動

近年の社会運動の特徴の1つが，インターネット，とりわけSNSなどのソーシャルメディアの利用である（伊藤2012；五野井2012）。ツイッターやフェイスブック，あるいはユーチューブなどを介してデモなどの集合行動の情報が拡散していき，マスメディア等で取り上げられなくても，多くの人々に共有されるようになった。こうした新しいメディアにより，運動当事者は直接的な発信によって人々の運動への共感や支持を獲得するとともに，実際の活動参加へと誘導することができる。集団・組織の弱化がいわれる現在，個人単位での参加を促すツールは重要な動員手段となるだろう。さらに，運動が他地域へと伝播したり，運動同士が連携したりするうえでも効果的である。

ソーシャルメディアは，動員手段ばかりにとどまらない。参加者自身がメディアとなり，デモなどに参加している場から自分自身で情報発信できるようになった。これにより，デモが何らかの訴えを行うためばかりでなく，自分たちの自由な集合的表現の場となり，デモに参加すること自体が目的となる傾向が強まった（伊藤2012）。

このように，ソーシャルメディアは社会運動を変える可能性を秘めている。しかしながら，今のところ，その効果については正確な検証がなされているわけではない。たしかに，ソーシャルメディアには可能性があるものの，現状で

は社会のさまざまな層に及ぼす影響力ではやはりマスメディアのほうが大きいだろう。ソーシャルメディアの浸透およびそれにともなう社会の諸側面の変化に応じて，運動自体もどのように変化するのか，社会運動論とも照らし合わせながら研究を積み重ねる必要がある。

(3) 社会運動と制度政治との関わり

　近年みられる抗議運動の活発化を政治参加の大きなトレンドと捉えることもできる。メイヤーとタロウは，先進諸国において抗議活動が日常的で継続的な活動となる社会運動社会（Social Movement Society）の到来を論じた（Meyer and Tarrow 1998）。そこでは，多様な人々によって抗議活動が行われ，幅広い問題が取り上げられるようになり，運動組織の専門化と制度化が進んで制度政治と接続するようになる。

　もっとも，戦後の自民党長期政権下において，多くの社会運動は社会党，共産党，民主党など革新・リベラル系の野党と親和的であり，政策形成のメインルートとは別の系列に位置づけられてきた（村松1981；山本2010）。したがって，エリートとの同盟関係にはあるものの，必ずしも政策形成に影響力を行使できる立場になかった。その意味で，2009年の政権交代により民主党政権が誕生したことは，多くの社会運動にとって政治的機会構造の転機となりうるものだったと考えられる。しかしながら，2012年から自民党が再び安定的に政権運営している現状は，多くの社会運動にとって好ましい政治環境とはいえない。政治的機会構造の変化とそれに応答する社会運動との相互関係は今後も注視が必要である。

　地方政治に目を向けてみよう。これまでを振り返ってみても，住民運動や住民投票運動を経て，地方自治への市民参加の機会が拡大してきた。また，現在では地方分権やローカル・ガバナンスが注目され，市民の政治参加の重要性に対する認識が高まっている。そのなかで，自治基本条例などのかたちで情報公開，計画・審議会への住民参加，住民投票制度などを定める自治体も増えている。このように地方政治においては，政策形成過程にアクセスする回路が整いつつある。

　もっとも，運動の主張や要求が必ずしも政策というかたちで実現しているわけではない。たとえば，運動を経て実施された住民投票の有効性が認められな

かったり，投票結果が政策に反映されない事例もみられる（國分 2013）。また，参加機会が拡大し，要求回路を得たとしても，実際にどの程度影響力を行使できるのかはさまざまな政治的アクターとの相互関係に依存する。したがって，社会運動というかたちでの利益表出がどのように結実し，社会や政治に影響力を及ぼしうるのか，さまざまな事例を通しつつ検討を深めていく必要があるだろう。

📖 文献案内

▶ タロウ，シドニー，2006，大畑裕嗣監訳『社会運動の力』彩流社.
▶ 大畑裕嗣・道場親信・成元哲・樋口直人編，2004，『社会運動の社会学』有斐閣.
▶ クロスリー，ニック，2009，西原和久・郭基煥・阿部純一郎訳『社会運動とは何か——理論の源流から反グローバリズム運動まで』新泉社.

【山本英弘】

第4章 非営利組織経営論──経営管理と戦略の重要性

> 非営利組織はお金儲けを目的とはしないが，自ら掲げるミッションを実現するために，何らかの事業を行う。お金儲けではなくても，事業には「ヒト，モノ，カネ，情報」が必要となる。しかし，それらの資源は世の中にあり余っているわけではないので，その獲得をめぐって競争となる。したがって，資源獲得のための努力や工夫が必要となる。当然，獲得できた資源は有効に活用しなければならない。つまり，限られた資源を使って最大限の成果を導く努力，工夫も必要となる。これらの諸活動を「経営」，あるいは「経営管理」という。
>
> 一方，ミッションを実現するための事業は所与のものではなく，何がより有効にミッションを実現する事業となるかを，他の組織や社会の状況などを分析しながら選択せねばならない。ここに経営管理の範囲を超えた「戦略」という課題が生じる。
>
> しかし，非営利組織は多様であり，サービスを提供するというのではなく，社会の問題を世間に知らしめたり，代替方法をアピールしたりという「社会運動」や「アドボカシー」といわれる活動を行う組織や，課題を抱えた当事者たちが，寄り添い合う場としての組織もある。それらの組織における戦略は，社会に向けてサービスを提供するという組織とは正反対の方向に向くこともある。

1 非営利組織と経営

（1） 非営利組織とは

　非営利組織とは，文字どおりには営利を目的としない組織ということになるが，それは営利を目的とする組織に対比させたものであり，特定のカテゴリーを示しているというよりは，営利を目的とする組織，すなわち企業以外の組織全般を指していることになる。しかし，営利を目的としない組織といっても，行政組織と民間の組織とでは，組織の目的や活動内容はともかく，活動のやり方や存続の条件などは大きく異なり，同一のものとして論じることはできない。そのため，一般的には非営利組織と行政組織とは区別される。

　しかし，企業や行政組織と区分してもなお，非営利組織という言葉で括られる組織には非常に多様なものが含まれる。そのため，それぞれの学問や議論の

なかでは，より限定されたカテゴリーとして非営利組織が論じられる。

経済学においては，非営利組織は財の提供主体の1つとして，企業（市場）と行政（政府）との比較のなかでその優位性が認められる状況などが分析される。財を提供するなかで，「市場の失敗」や「政府の失敗」が生じる状況（経済学的にいえば市場）が分析され，そこでの非営利組織の比較優位性が論じられる。

政治学では，それぞれの立場の利害やアイデンティティを主張したり，その影響力を高めるために集合する市民団体や利益団体，あるいは圧力団体として論じられる。つまり政治のアクターとして論じられる。

行政学では，公共サービスの提供者として，行政との役割分担や協働のあり方が論じられる。また，社会ガバナンスが論じられる場合には，国家主導のガバナンスに代わるネットワーク・ガバナンスや自己組織化ガバナンスの主体の1つとして論じられる。

ボランティア論や福祉学では，サービスの提供主体としてだけではなく，当事者性や親密性の空間として論じられる場合もある。

このように，それぞれで論じる内容や側面が異なるため，同じ非営利組織という言葉を使いながらも，かなり性質の異なった組織を指していたり，イメージする姿が違うことが多い。そして，それらのどれが正しい，正しくないと断定することもできない。したがって，非営利組織を市民活動組織として論じることは間違いとはいえないが，市民活動組織だけが非営利組織であると限定してしまうのは間違いである。

こうした事情があるため，ここではとりあえず，非営利組織を「営利を主目的にしない民間の組織」と広く定義しておこう。

（2） 非営利組織にとっての経営

経営管理と経営戦略　非営利組織は，単に営利を主目的にしないというだけではなく，営利以外の何らかの主目的を実現するために，具体的な事業活動を行うものであり，そこにその事業を合理的，効率的に行うための経営が求められる。

しかし，その事業は最初から決まっているわけではない。目的を実現するための手段としての事業はいろいろなものが考えられ，それらのなかから実際に手がけるものを選択したり，それらの事業を複数で組み合わすことで目標の実

現をめざす。さらには，その目標を実現するための事業は，他の組織との共同，提携，集合的活動などのかたちをとることもある。

　これらのさまざまな活動の全体を指して経営という場合もあれば，目標を達成するための事業が特定されたうえで，その事業を限られた資源のなかでより合理的，効率的に進めることを「経営管理」とし，一方，事業を選択したり，変えたり，複数のものを組み合わせたりするよりダイナミックな行動に関わるものを「経営戦略」として，両者を区別して論じることもある。

　[組織の目的と事業]　経営学においては，目的を実現するために事業を選択し，その事業を限られた経営資源(ヒト，モノ，カネ，情報)を用いて実施し，成果をあげるという活動は，企業，行政，非営利組織を問わず，組織というものの本質とされる。人々が共通の目的のために集まり，その目的を達成するために活動を行うのが組織であり，ただ人が集まっているだけでは，あるいはただ同じ目標を有しているというだけでは組織とはみなされないのである。しかし，これがあらゆる組織にあてはまるわけではないことは，本章の後半でも触れるが，少なくとも経営について論じる場合は，こうした組織観が前提となる。

　要するに，非営利組織は営利を目的とはしないが，営利ではないまた別の何らかの目的をもっており，それを達成するために事業を選び，実施するのである。その事業は営利を目的とはしないが，限られた資源を最大限に活用し，より合理的，効率的に目的を達成することをめざして行われる。これらの一連の活動や，それに付随して行われる諸活動の全体が経営なのである。

　一方，企業にとっては営利が目的であり，その目的を実現するために有利と思われる事業が選択され，実施される。したがって，企業の世界ではそれらの諸活動，すなわちお金儲けのための活動が経営であるとされても間違いではない。しかし，営利ではないまた別の目的を主目的とする非営利組織における経営は，お金儲けのための活動ではない。たとえ非営利組織のなかでお金儲けの活動がなされるとしても，それは主目的のための下位的，部分的な活動にすぎない。それだけをもって経営とするのは間違いなのである。

2 非営利組織の経営上の特徴

（1） 非営利組織のミッションと事業

> それぞれの使命

非営利組織が達成や実現をめざす，営利ではない主目的は，しばしばミッション（Mission）と呼ばれる。このミッションという言葉は，任務，使命，役目といった意味で，かなり強い意思や方向性を含んだものである。当然，そうしたミッションは，それぞれの非営利組織ごとに異なる。

営利組織では，それぞれの組織で行われる事業は異なっていても，その最終の目的は営利であり，共通している。これに対して，非営利組織はそれぞれが異なった，それぞれの明確な目的をもっているのである。そのため，実際には，個々の組織が「非営利組織」と呼ばれたり，扱われたりすることはあまりなく，「子育て支援組織」「国際交流団体」「環境保護団体」「高齢者介護事業者」「反原発運動団体」といった，それぞれの目的や活動内容を表した名称が用いられる。少なくとも，「非営利」という目的やミッションを掲げる組織はない。「非営利」とは，ただ営利を目的としないというだけの意味であり，組織の目的や活動内容は表していないからである。あえて「非営利組織」という言葉が使われるのは，その組織の活動が営利目的でないことが強調される場合か，法人格，税制，会計などの制度的な違いが議論される場合である。

非営利組織の事業は，営利を目的として行われるものではなく，そのミッションの実現のために行われる。したがって，もし企業と同じ事業を行っていたとしても，その意図が企業とは異なるのである。事業を通して達成しようとする最終的な目的が異なるのである。同じ事業のようであっても，その対象や内容が企業とは異なる。企業の場合は，利益を獲得しやすい顧客をターゲットとしたり，利益を獲得しやすいサービスに絞り込んだりする。逆にいえば，利益機会が見込めない部分（顧客層，地域など）には手をつけないのである。しかし，そうした企業が手をつけない部分にもニーズがあり，そのニーズに応えようとするのが非営利組織の事業となるのである。

> ファンドレイジング

企業が手をつけない，すなわち利益が見込めない部分をあえて手がけるのでは組織を維持することが困難となる

ので，利益が見込める部分も副業的に手がける非営利組織も多い。そうした副業が難しい場合には，利益が見込めない本来の事業を継続するために，事業以外の方法によって財源を確保せざるをえない。それは，その非営利組織のミッションや事業の意図に賛同するスポンサー（会員，寄付者）を募ったり，行政や助成財団からの補助金を求めるということになる。こうした資金獲得のための活動は，ファンドレイジング（Fundraising）と呼ばれる。

図4-1 企業と顧客との交換関係

出所：筆者作成。

営利組織においては，その事業によって利益を得て，同時に組織を維持するための財源も確保することになるが，非営利組織においては，その本来の事業からは組織を維持するための財源を確保することが難しいことが多い。そのため，本来の事業に加えて，副業やファンドレイジングなどの活動も必要となるのである。

（2） 贈与の経済

非営利組織は非常に多様であるため，どの非営利組織にもあてはまる議論は難しい。ここではまず，慈善的なサービスを提供する組織をモデルとして，非営利組織の経営上の特徴を説明する。それは開発援助，人道的救済，被災地支援などの活動を行う組織で，物質的な見返りを求めないサービス提供を事業とする。非営利組織の典型の1つである。

これらの見返りを求めずにサービスを提供する組織の場合，そのサービスの受け手と支払い手は分離することが多い。サービスの支払い手とは，その組織の活動に共感，賛同し，寄付をしたり，会費を払う個人や，助成金を出す財団などの組織である。それらのサービスの支払い手もまた，物質的な見返りを期待せずにその組織にお金を提供する。つまり，ここでは資金提供者も，サービスの提供も，そしてサービスの受け取りも，すべてが交換関係ではなく，一方向への移転になっているのである。

図4-1は，企業とその顧客との関係を示したものである。企業とその顧客との関係は，財（モノやサービス）とお金との交換関係になっている。これに対

図4-2　非営利組織と関係者との贈与関係

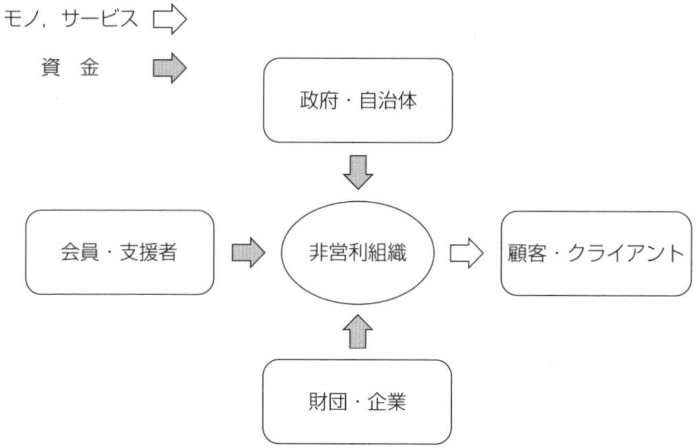

モノ，サービス ⇨
資　金　　　 ⇨

```
              ┌──────────┐
              │ 政府・自治体 │
              └──────────┘
                   ⇩
┌──────────┐   ┌──────────┐   ┌──────────────┐
│ 会員・支援者 │⇨ │ 非営利組織 │⇨ │ 顧客・クライアント │
└──────────┘   └──────────┘   └──────────────┘
                   ⇧
              ┌──────────┐
              │ 財団・企業 │
              └──────────┘
```

出所：筆者作成。

して，この種の非営利組織では，図4-2をみればわかるように，どの価値（資金やサービスなど）の流れも一方通行の贈与の関係になっているのである。これは経済的動機でもなければ，法律などのような権力にもとづく強制でもない。しばしばそれは自発性の原理ともいわれる。経済学者のボールディングは，贈与には2種類のものがあるとしている（Boulding 1973＝1974）。1つは贈り物（gift）であり，それは愛から生まれる。もう1つは貢ぎ物（tribute）であり，それは恐怖から生まれる。慈善的活動は愛から生まれる贈り物と考えられるが，より詳細にみれば何らかの恐怖に根ざす要素も含まれるかもしれない。また，もちろん慈善的なものだけが非営利組織ではない。

（3）マネジメント・サイクルと評価

PDCAサイクル　いずれにしても，交換関係ではない一方向への移転で構成される状況は，経営にとって重大な問題を生じさせる。経営とは組織の目的達成に向けての諸活動であるという場合，それは限られた資源を活用しながら目的を達成するための事業をより合理的，効率的に実施していくことであり，常に活動の状況と結果を監視しながらコントロールする活動を意味する。このような一連の活動は，PDCAサイクルと呼ばれ，経営

管理の基本的な考え方とされている。

図4-3に示されるように，Plan（計画）→ Do（実行）→ Check（評価）→ Act（改善）という4つの活動がスパイラル状に繰り返されながら全体のパフォーマンスを向上させていくというものである。ここでは1つのサークル状に描かれているが，サイクルの最後のAct（改善）の次は，その改善や見直しを織り込んだ次の段階のPlan（計画）となって次のサイクルに入るので，同じサイクルではなく，少しずつ進化した新しいサイクルとなる。

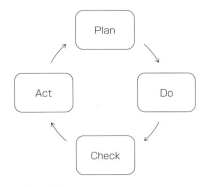

図4-3　PDCAサイクル

出所：筆者作成。

このマネジメント・サイクルの要となるのがCheck（評価）である。「100の言葉より1つの行動」ということでは，Do（実行）やAct（改善）こそが大切だと思われがちだが，ただ実行するだけではパフォーマンスは向上しないし，パフォーマンスを向上させるための改善は，何をどう改善すべきかがわかっていないとできないのである。事前の計画に沿って実行し，その結果である業績を測定し，計画とのギャップを分析してこそパフォーマンス向上のための改善方法が判明するのである。

評価の難しさ　営利を目的とする組織においては，このCheck（評価）は比較的に簡単で，PDCAサイクルも回しやすい。なぜならば，それらの組織においては営利こそが唯一最高の目的であり，それはまた数字で表現できるシンプルなものだからである。そのため業績（実行の結果）の測定が簡単で，次の改善の必要性や度合いがすぐに明らかになるからである。

これに対して非営利組織では，その目的は数字で表わすことが難しいものであることが大方で，そうなると業績の測定も難しくなる。それぞれの組織で目的は異なるうえに，個々の目的にしても，ひとつの尺度によってその達成度が測定できるような単純なものではない。何をもってうまくいっている，あるいはうまくいってないかが測定できなければ改善のしようがないのである。

さらに，慈善的非営利組織ではサービスの受け手と支払い手とが分離するこ

とで，さらにCheck（評価）が難しくなる。支払いをせずに受け取るサービスを，受け手が評価することは難しい。ほとんどの場合，無償の善意に対しては，ただ感謝するだけとなる。支払い手もまた，自分の支払いに対して何も受け取らないために評価が難しい。評価ができなければ，改善という活動は起こしにくいのである。

慈善的非営利組織では善いことが行われているのは確かであるにしても，それが良く行われているとは限らない。少なくとも，事業活動を改善していくことについては，非営利組織のほうが営利組織よりも構造的に難しいのである。

（4） 多元的な資源ソース

サービスの支払い手が多元的である点も，営利組織と比べた場合の非営利組織の大きな特徴である。その非営利組織のミッションや活動内容によっては，何らの見返りを期待せずに，資金をはじめとする資源をその非営利組織に提供しようとする個人や組織が存在するのである。寄付や会費を寄せる個人，助成金を提供する行政，企業，財団，さらに労働力や時間を提供するボランティアなど，多様な主体がその非営利組織のミッションや活動に共感し，資源の提供というかたちで自らもその活動に貢献しようとする。

また，こうした贈与以外にも，営利企業の場合と同様に，サービスの受け手から対価を得る場合もある。事業が継続できる程度の対価を求める場合や，支払い能力がある受け手からはある程度の利益を上乗せした対価を受け取り，支払い能力のない受け手からは対価を取らないという場合，さらには事業内容や提供するサービスを複数化し，対価の受け取り方を組み合わせるという場合もある。

いずれにしても，営利組織の場合には，組織の設立や増資といった場合を除けば，資源ソースは顧客からの対価以外のものはない。それに対して非営利組織では，対価のほかに寄付，寄贈，ボランティアといったかたちの資源提供の形態があり，しかもその提供主体が個人，営利組織，財団などの非営利組織，行政など多様なのである。

（5） 組織ガバナンスと組織間関係

いわゆるコーポレート・ガバナンスには2つの次元がある。1つは，企業が

営利追及ばかりに気を奪われ，社会的に逸脱してしまわないように牽制するしくみを考えるものであり，もう1つは，経営者たちが株主への利益還元よりも，自分たちにとって都合のよい投資などを優先してしまうような裏切りから株主たちを保護するためのしくみを考えるものである。いずれも，営利を追求するという企業の経営を超えた問題であるため，ガバナンスという言葉で議論されるようになった。

　非営利組織には持分のある株主は存在しないので，株主保護の視点での組織ガバナンスはありえない。しかし，非営利組織にも自分の資金などを託した寄付者などがおり，それらの関係者の期待を組織が裏切らないように監視し，牽制する工夫は必要である。また，組織がいくら社会に貢献するという思いをもって活動していても，社会一般からみて逸脱してしまう可能性もあるために，そうならないように監視したり，牽制するしくみをつくることが必要となる。

　非営利組織は多様な外部者に資源を依存するために，それを管理する活動が重要となる。しかしそれは，組織のガバナンスを保つ効果ももたらす。多様な外部者からの支持を得るために，情報をオープンにし，それら外部者の意見に耳を傾けざるをえないからである。

　また，社会の幅広い支持を獲得するために，多様な立場の人材を組織の役員に迎えることも多い。しかも，非営利組織の役員は無給であることが多いので，そうした経済的動機から離れた役員体制は組織のガバナンスを保つのに役立つ。

　しかし，こうした多様な外部への依存や，多様な立場の役員メンバーの受け入れは，その分だけ情報提供や意見調整などの手間を必要とし，また複雑であるために，非営利組織の経営をより難しいものにするという面ももつ。

3 非営利組織の経営戦略

(1) 戦略とは

> 多様な戦略論

　戦略は経営学におけるメイン・トピックの1つで，その概念や手法についてさまざまな議論がなされてきた。たとえば，今日の経営学の巨匠のひとりといわれるミンツバーグは，多様な戦略

論の学説を何とか10学派に分類し，その様を「戦略サファリ」と表現している（Mintzberg 2008＝2012）。

　戦略に関する議論を多様にさせる原因のひとつは，組織研究についてトンプソンが指摘したように，クローズド・システムの研究戦略とオープン・システムの研究戦略があるからだろう（Thompson 1967＝2012）。組織に対するクローズド・システムの視点とは，組織を限定された要因で構成されたシステムとみなし，その固定された要因間の相関関係を分析し，効率性や成果の向上をめざして各要因を操作する方法が探求されるというものである。実践的な処方箋を求める規範論としては，この方法が便利である。

　これに対してオープン・システムとは，組織に影響を及ぼす要因は多様で一度にはコントロールすることが難しく，また，もともとコントロール不可能なものなどがあるという立場である。より自然な組織の姿を記述することをめざす立場である。

　戦略についても同様で，企業を対象とした経営学での戦略論では，具体的な処方箋が求められることが多いため，クローズド・システムに立って議論されがちである。しかし，構造的にシンプルな企業においてさえ，要因を限定してそれらの関係を操作するのはなかなか難しい。実際，次から次へと経営戦略の目新しい手法やモデルが登場するという事実が，そのことを証明しているといってよいだろう。

　オープン・システムに立った組織論や戦略論は，経営学よりも社会学において研究がリードされてきた。「どうすれば組織をうまく経営し，成果をあげられるか」という問いに，直接に答えを与えようとするほど経営学は浅いものではないが，その土台となる現実の組織やその行動を分析するアイデアを，社会学，心理学，現象学などに求めてきたことは否定できない。

　結果として，今日の戦略論は，どうすれば成果をあげられるかという処方箋，あるいは活動の指針を与えようとするものから，結果として出現した組織の行動を解釈するもの，あるいは戦略というものを構成する具体的な実践活動を分析するもの，組織が制度形成の流れを参照しながら行動する様子を分析するものなどに広がっている。どれが正しいというものではなく，戦略を論じる目的や切り口の違いなのである。

(2) 競争戦略と協調戦略

> 競争戦略

非営利組織をサービスの提供主体として、その効率性を求めるという経営学的な視点に立つならば、その戦略もまた経営学で築かれてきた考え方や手法がある程度適用可能である。

事業がすでに確定されているならば、その事業の効率性は、一方で組織内部での資源の効率的な使用にかかっており、これは経営管理の問題である。もう一方で重要なのは、その事業の市場でのポジションである。その市場はどれくらいの規模で、今後どのような成長（あるいは衰退）が見込まれるのか、その市場での競争相手はどれくらい存在し、相手はどのような強みをもっているのかを分析し、自組織のその市場におけるポジションを検討することが必要となる。これは競争戦略、あるいは事業戦略とも呼ばれる。

非営利組織は営利を主目的にしないが、ミッションを実現するための事業を継続し、組織を存続させる必要があると考えるならば、量が限られる諸資源をめぐる競争に、ある程度の勝利をあげ続けていくことが必要となる。それはサービスの受け手の支持、サービスの支払い手の支持、社会的な認知などをめぐる競争であり、競争相手は同種の事業を行う他の非営利組織に限らず、場合によっては行政、企業ということもありうるだろう。実際、教育や保健などの分野では、公共セクター、民間営利セクター、非営利セクターの三者が競合する混合セクターになっている。

> 協調戦略

しかし、競争戦略の発想は、あくまでも自組織が競争を行っている目先の当該事業で成果をあげることをめざすものであり、そういう意味では近視眼的なものである。その当該事業の先にあるミッションに照らして組織のあり方を考えた場合、競争ではなく、他者と協調する道を探ることも重要となる。

トンプソンは、協調戦略として他者との契約締結、取り込み（コープテーション）、連合形成などをあげている（Thompson 1967＝2012）。しかしこれらにしても、あくまで自組織がその活動を行ううえでの不確実性を減少させることを目的とするものであり、非営利組織の行動視野はさらに広くとられてよいだろう。たとえば、飢餓、紛争、人権侵害、環境破壊といった深刻な課題を解決することをミッションとする場合、その組織の究極的なゴールはそれらの課題がなくなり、自分たちの仕事も、そして組織も必要でなくなることである。そこ

には自組織の存続，自組織の事業を前提とはしない組織観がある。こうした組織観を前提とすれば，非営利組織では積極的に他者との協調を図り，自組織よりもミッション実現に有効な事業を行う組織が確認された場合には，自ら進んでその事業から撤退したり，その組織と合流するという行動が戦略となるだろう。

4 非営利組織の別の側面と戦略

（1） サービス提供以外の活動

経済学，経営学の見方 ここまで非営利組織を何らかのサービスの提供主体として説明してきた。しかし，非営利組織が行っていること，あるいはその意図するところを理解するには，それだけでは不十分である。経営学や経済学で論じられる非営利組織が，実際の非営利組織を一定程度知る者からみれば，どうもリアリティがなく，一面的に感じられるのは，非営利組織をサービスの提供主体としかみていないからである。

　最初に説明したとおり，非営利組織というカテゴリーに括られている諸組織は非常に多様で，そのため非営利組織とは何かという定義からして難しい。法人格はひとつの目安にはなるが，しかし実際には，株式会社として活動する非営利組織もあれば，逆に法人格としては非営利法人に該当する形態をとりながら，実態としては関係者の利益を追求していたり，一族の資産の保全を目的としているものもある。

　経営学では，組織は共通の目的をもつ（あるいはその目的に合意する）人の集合であり，その目的を達成するために活動を行い，さらにその活動に有効となるシステムを備えたものと考えられる。めざすべき目的があるので，その達成に有効となる事業が模索され，実行される。しかし，その事業を実行するには資源が必要となるが，それは稀少性があるために，そこに効率性が求められる。ここに経営という課題意識が生まれるのである。

サービス提供を目的
としない組織 社会のニーズに応えて何らかのサービスを提供するという活動の場合には，こうした効率性が課題とされることは理解できる。ところが，現実の非営利組織を観察すると，そうした効率性が必ずしもプライオリティの高い課題とはされない場合があることに気づくだろ

う。その1つは，社会の変革をめざす運動やアドボカシーを中心とする組織である。そこではニーズに応えるためのサービス提供ではなく，むしろ社会にニーズの存在を気づかせるために活動が行われる。具体的には，人権，アイデンティティ，利害などが侵害されたり，無視されているような場合に，その状況を社会に知らしめたり，抗議したりするために，デモ，集会，署名活動，シンポジウム開催，勉強会などが行われる。

そしてもう1つは，何らかの理由で社会のなかで自分たちの居場所がない，生きるのが苦しいと感じる人々の居場所のような意味をもつ組織である。

（2）アドボカシー活動と戦略

> アドボカシー

アドボカシー（advocacy）とは，民間の組織が権利擁護活動，啓発活動，支援活動，政策提言などを行うことを指している。「唱道」という訳語もあるが，すでに「アドボカシー（活動）」で定着しつつある。運動とほとんど同じ意味で使われることもあるが，運動というと抗議，反対，告発といったどちらかといえばネガティブな活動レパートリーがイメージされるのに対して，アドボカシーといえば啓発，提言など建設的なイメージを帯びていることもあり，近年よく使われる。

非営利組織でも，あえて市民活動団体という言い方をする場合には，アドボカシー活動を専らとするか，サービス提供よりもアドボカシーに重点がある組織を指している。それは，反戦・平和運動，反原発運動，公害反対運動，環境を破壊する公共事業への反対運動といったものから，人種，国籍，HIV感染者，性的マイノリティなどに関わる人権擁護活動，住民・市民参加の推進，男女共同社会の推進，参加型まちづくりの推進など多岐にわたっている。また，ヘイトスピーチなどの運動に対抗するカウンターという活動もみられる。

それらの非営利組織の活動は，現状では望ましくない状況があることを世間に知らしめたり，特定のアイデンティティや利害や権利などを代弁したり，新しい価値観を啓発したりする。

> アドボカシーのための戦略

そこでの戦略は，同種の活動を行う組織との競争とは正反対の行動となることがある。つまり，社会を変える影響力を少しでも拡大するために，できるだけ多くの人々の参加，関心の引き寄せこそが重要となるので，同種の組織はもとより，さまざまな個人や組織をそ

の運動のなかに巻き込み，連帯していくことが戦略となる。そうした集合行動（Olson 1965＝1983）をどれだけ効果的なものにするかは，単に課題が存在するというだけではなく，その課題への対応や解決に向けての運動にどれだけの資源が動員できるか，どれだけのネットワークを形成することができるかにかかっている（McCarthy and Zald 1977＝1989；Crossley 2002＝2009）。それは課題をどう認識し，課題として位置づけるかにもかかっている。そうした解釈枠組をフレームと呼び，それを構成したり，操作することをフレーミングという（Tarrow 1998＝2006）。バラバラな状態でくすぶっている人々の怒り，疑問，不安などに共通のビジョン，解釈，意味を与え，それらを集合的行動に導くことが戦略なのである。

（3） 親密性のための非営利組織と戦略

親密性のための組織　アルコール依存症や薬物依存症の人々，障がいを抱えた人々，性的マイノリティの人々，そしてそれらの人々の家族など，同じ境遇の人々が励まし合い，助け合い，場合によっては共同生活を行うこともある。そうした集団は，しばしばセルフヘルプ・グループ（自助組織）と呼ばれ，法人格も取得した非営利組織となっていることがある。それは当事者同士の支え合いの場であり，そこではただ無条件に受け入れられること，承認されることが重要な意味をなしている（Honneth 1992＝2003）。

こうした組織では，不特定多数のためのサービス提供の活動は行われない。立派で大きな組織になることもめざされない。むしろ，組織として大きくなってしまうことが警戒され，それによって失われるおそれのあるものを維持する工夫が模索される。これらの組織の目的は，利益でもなければ，組織やその影響力の拡大でも，アイデンティティの主張でもない。ただそこに集まる一人ひとりが自分の居場所を自分で見出し，同じ仲間が居ることの安心感や親密性を得ること，そしてその状態を持続することなのである。

親密性のための戦略　そうした非営利組織における戦略は，いかに親密圏を守るか，親密性を維持するかが目的となるため，意図的な小規模の維持や，大きくなりかけた組織の分割などが行われる。その組織がある程度社会的に認められるようになると，より広範な地域からの参加希望者が出てくるため，飛び地戦略がとられることもある。ベラーのいうライフスタイ

ルの飛び地は社会のなかで孤独や阻害を生み出すものとして描かれたが (Bellah 1985=1991)，一般社会のなかでは排除されたり，疎外感を覚えたりせざるをえない境遇にあった人々にとっては，そうした状況から抜け出し，人間的な尊厳を取り戻すために，無条件に承認される場が必要なのである。そして，そうした場には親密性が維持される適切な規模が重要であるため，地域的に分散した飛び地が望ましいのである。

そういう意図から，セルフヘルプ・グループなどでは，同種の組織の模倣が生まれることを厭わないことが多い。自分たちが築き上げてきたプログラムがそのまま別名の看板を掲げる組織で導入されても，むしろそれを歓迎することもある。

親密性に重点を置く非営利組織は，自らは積極的に政治的なものに関わろうとはしないことが多いが，その存在自体がそこに課題やニーズがあることを社会に発信することもある。飛び地が増えていくにつれて，それらの間のネットワークが生まれ，何かの機会に利益団体として行動を起こすこともありうる。ただし，あくまでもその第1の目的は個々の当事者の生きる場をみつけることである。立派な大きな事業体や運動体ではなく，心を開くことのできる仲間がいる，こじんまりとした集団でなければならないのである。

5 日本における非営利組織経営論と今後の課題

(1) 日本における非営利組織経営論

日本における非営利組織の経営についての研究は，経営学や経営組織論自体がやはり企業を舞台にしたものが中心であったために，「特殊経営論」「ノンビジネス経営」というように，あくまでも周辺的なものとして扱われてきた (山城編 1980)。そこでは，学校，学級，行政，宗教団体など企業以外のあらゆるものが，企業以外の特殊なものとして一括して，あるいは個別特殊論として論じられていた。

そうした状況が変わったのは，日本の財界人にとりわけ人気が高かったドラッカーによる『非営利組織の経営』(Drucker 1990=1991) の翻訳書が出版されたことに象徴されるように，1990年代に入って，日本においても「非営利組織」，あるいは「NPO」という言葉が一般化し始めたこと，そして1995年に発

生した阪神・淡路大震災をきっかけに非営利組織に関する法人制度の見直しが進み，1998年に特定非営利活動促進法が成立し，いわゆる「NPO法人」が登場したことによる。

　もちろん，それ以前にも，たとえば会計，税制，マーケティング等の個別の分野においては実務的な必要性もあってそれなりに研究が進んでいたが，少なくとも非営利組織全体としての経営論はほとんどみられなかった。

　規範論的な経営論だけではなく，記述論的な研究や理論的な研究においても非営利組織が明示的な対象として扱われることは少なかった。組織論では，大学，病院，コミュニティ組織，慈善団体などが調査対象となることはあったが，それらにしても非営利組織の特性を分析するというよりも，組織一般論の研究のための調査対象として扱われていた。

　日本においてはその後も公益法人制度の改革やNPO法人に関する税制の改定などが続く一方，NPO法人や公益法人制度改革によって新たに生まれた一般社団法人，一般財団法人などが急成長していることもあり，それらを中心にした経営の手法の開発，教育，支援制度などが求められるようになっている。しかし，それに対して経営論，戦略論は十分には展開されていないのが現状である。

（2）　日本における非営利組織経営論の今後の課題

　実践への指針となることだけが経営論，戦略論の役割ではないだろうし，またそうした規範や指針を与えるためには，その裏づけとなる記述論，基礎理論が必要となるのはいうまでもない。そうした規範論と記述論との相互補完や分担の問題というのは，企業経営論でも同じであり，また政治，行政，福祉，医療，コミュニティ活動等の議論でも同様であろう。しかし，日本の非営利組織経営論については，それ以上にいくつかの課題が存在する。

　まず，対象の流動性である。何が非営利組織なのかは，何が企業なのか，何が自治体なのか，何が病院なのかということよりはるかに難しい問いになっている。法人格によって非営利組織として論じる対象を便宜的に区切ってしまうにも，その法人制度が1998年から20年ほどの間でかなり変動したし，今後もなお変わることが予測される。また，社会的企業などハイブリッドともいえるものがさらに増えつつある。

そして日本における「NPO」という用語の普及とその特殊性である。1980年代後半から，日本では「NPO」という言葉が使われ始め，阪神・淡路大震災後にできた新しい法人制度（特定非営利活動法人）に対して「NPO法人」という通称が広く一般化するに至って，欧米における非営利組織に比べてかなり限定されたカテゴリーの「NPO」概念ができてしまった。場合によっては，非営利組織の1つの典型ともいえる公益法人を「官製NPO」とし，それと対照させた位置づけが与えられていることもある。

こうした限定された非営利組織に対して，さらにその役割を限定的に捉えた議論がなされることもある。典型的には，社会サービスの提供機関として公的財源に頼ることなく，自立的な経営をめざすことがあるべき姿であるというものである。そうした非営利組織，そしてそうした経営は，ひとつのあり方にすぎない。それを一般論として論じるのは，あまりに雑な議論であろう。本章で論じたように，非営利組織はもっと多様であり，そのこともある程度は認識されていたにもかかわらず，非営利組織経営論ではそうした多様な姿を正面から扱ってこなかった。今後は，実際の非営利組織を改めて観察しなおすことによって，企業経営論からの借り物の理論を再構築することが必要だろう。経営戦略論ではすでに実践的転回が叫ばれ（Johnson et al. 2007＝2010），社会学でも批判的実在論（Archer 1995＝2007；Danermark et al. 2002＝2015）が論じられるようになって久しい。理論的にはかなり出遅れているといわねばならないが，よりマージナルな状況を観察しうる非営利組織においてこそ，新しい経営論，組織論が拓かれる可能性がある。

📖 文献案内

▶ 田尾雅夫・吉田忠彦，2009，『非営利組織論』有斐閣.
▶ ミンツバーグ，ヘンリーほか，2012，齋藤嘉則監訳『戦略サファリ 第2版――戦略マネジメント・コンプリート・ガイドブック』東洋経済新報社.
▶ トンプソン，J.D., 2012, 大月博司・廣田俊郎訳『行為する組織――組織と管理の理論についての社会科学的基盤』同文館.

【吉田忠彦】

第 5 章　利益団体論——市民社会の政治的側面

> 利益団体（interest groups）は，市民社会組織の政治的な側面を表す概念である。現代における政府活動の範囲の広さを考えると，市民社会組織の大半は国や地方の政府に関わりをもっているという意味で利益団体でもある。利益団体が自らの利害や主張を実現しようとする活動は政治の実質的な部分を構成すると考えられ，利益団体による政治がどのような性質をもつかについてさまざまな理論が発達してきた。
>
> 日本の市民社会組織もその多くは政治・行政と関わりをもつという意味で利益団体としての性格をもち，政党や行政との間に双方向の関係をもっている。だが最近の日本では，市民社会の台頭と利益団体の活動の停滞が同時に観察されており，この 2 つの現象の関係をどう考えるかが今後の課題となっている。

1　利益団体と市民社会

(1)　利益団体とは何か

利益団体の定義　利益団体とは，一般には政府の外側から公共政策に影響を与えるために活動する組織であると定義される（Wilson 2011）。この定義は機能的なものであり，社会に存在するさまざまな組織はその本来の目的や活動内容は別として，何らかの政策を実現するために政治過程で活動する場合に「利益団体」とみなされる，ということを意味している。

市民社会組織の多くは，政治活動を第 1 の目的とはしていない。だが市民社会組織がその活動を行っていく際に，政府が何らかの政策を決定し実施する（または決定しない）ことが組織にとって望ましい場合が往々にして存在する。たとえば，専門的な国家資格をもつ人々の組織は，自分のもつ資格や類似した資格の職務の範囲や報酬などについて，政府がどう決めるかに重大な関心をもっている。また，食の安全を促進したい団体にとっては，政府が添加物の規制や食品の検査をより厳格に行ってくれるほうが望ましい。このように

さまざまな市民社会組織が政府の政策と接点をもっており，そのために政策に影響を与えたいという動機をもっている。

市民社会組織が公共政策に影響を与えようと活動するときに，それは利益団体と認識される。つまり，利益団体は市民社会組織がもつさまざまな顔の1つであり，自らの目的のために政治や行政に関わっていく側面を捉えたものである。この考え方によれば，あらゆる市民社会組織は政治化して利益団体として活動する可能性をもつ（辻中編 2002）。

ただし，市民社会の歴史と比較すると利益団体の歴史は相対的に短く，その活動が生じてくるのは19世紀後半である。産業化や都市化によって農業中心の均質的な社会が変貌し，市民社会のなかに多様で異質な集団が存在するようになることで，利益団体が登場した。また政府の規模と役割が拡大し，政府の政策に社会の多くの部分が関わりをもつようになったことが利益団体の活動を促すことになった。

利益団体の世界 ところで，利益団体という場合にはメンバーシップをもつ組織が想定されている。利益団体のメンバーは個人である場合もあるし，企業や法人などの場合もある。だが公共政策に影響を与えるために政治過程で活動する社会集団は，利益団体に限定されない。社会運動のような定型的な組織をもたない集団に加えて，個々の企業や地方自治体，財団なども政治過程で活動を行っている。これらも含めた政治過程で活動するすべての集団・組織は「利益集団」という概念で表される（図5-1）。

社会集団と政治の関わりを考えるときに，利益集団が最も範囲の広い概念である。利益集団のなかでメンバーシップをもつものが利益団体であり，利益団体はその追求する目標が排他的かどうか，メンバーシップの範囲が制限されているかどうかなどにもとづいてさらに分類される。

最も簡素な分類は，団体のメンバーまたはその基礎となる集団にのみ関わる利益を目標とする団体を狭義の利益団体，メンバーに限定されない利益を追求する団体を公共利益団体（public interest groups）とするものである（Berry 1977）。本章では上記の分類のうち狭義の利益団体を2つに分けた，セクター団体・政策受益団体・価値推進団体という3類型を主に使用する（村松ほか 1986）。セクター団体とは，社会の経済的・職業的構成にメンバーシップの基礎を置く団体であり，農業団体や業界団体，労働組合などが該当する。政策受益団体とは，政府

図5-1　利益集団政治の範囲

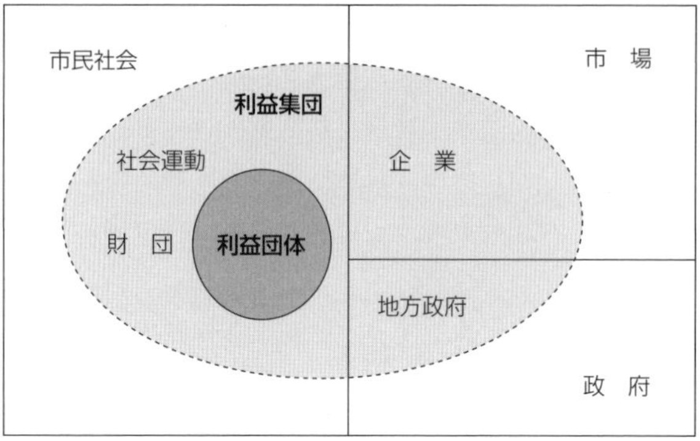

[図：市民社会・市場・政府・地方政府の4象限に、社会運動・財団・利益団体・企業を含む利益集団の楕円が描かれている]

出所：筆者作成。

の政策や活動に密着して存在する団体で，経済以外の何らかの区分に依拠して組織されている。高齢者の団体は年齢を基礎として組織され，自治会のような地縁団体は居住を基礎に組織されている。価値推進団体は社会の特定部分，あるいは団体のメンバーのみに限定されない利益や目標を実現しようとする団体であり，公共利益団体とほぼ同義である。価値推進団体のメンバーシップは限定されておらず，基本的には誰でも加入できる。

利益団体と市民社会　利益団体と市民社会は重なる部分が多いが，これまで市民社会論のなかで利益団体は十分に関心の対象とはなってこなかった。[1] 利益団体論は市民社会に関心をもち，市民社会の政治的な側面が利益団体であると考えているのに対し，市民社会論の側では，市民社会が政府と関わるような場面においても利益団体という言葉や概念をあまり使用しない。

市民社会論が利益団体に関心をもたなかった理由の1つは，「利益団体」という語によって意味されるものが，利益団体論と市民社会論で一致していないことである。市民社会論は一般に，政治過程で活動する団体のなかで経済活動に関わる利益を追求するような団体を利益団体とみなすとともに，それらを市民社会からは除外する，あるいは市民社会組織とは別のものだと考えてきた

---

1) たとえば，*The Oxford Handbook of Civil Society* には，利益団体やロビイングといった項目は存在しない。

（山口 2004；Tsujinaka and Pekkanen 2007）。

　この問題を先に言及したセクター団体・政策受益団体・価値推進団体という分類と関連づけて考えてみる。利益団体論は市民社会の政治的側面が利益団体であると考え，3種類の団体すべてを利益団体の一種と考えてきた。それに対して，市民社会論が利益団体に言及する場合には，利益団体という語でセクター団体を想定し，それは市民社会には含まないと考える場合が多かった。

　しかしながらこうした区分には曖昧さがつきまとう。セクター団体を市民社会から除外するような考え方は，セクター団体は営利事業を基礎に組織された団体なので非営利の市民社会に含まれないと説明する。だがセクター団体のメンバーである企業や業者が営利部門に属するとしても，その団体自体は営利事業をしているわけではない。また昨今の社会的企業への評価をみると，営利性の有無は市民社会の要件として決定的なものではないとも思われる。

　善悪二元論を超えて　上のような考えとは別に，日本の市民社会論の歴史のなかでは，高度成長期に登場した都市問題・環境問題などの解決をめざす「市民団体」がプラスの価値を与えられると同時に，政権党や官僚制と結びついて経済的な利益を求める団体が「圧力団体」としてマイナスの価値を付与されたという事情もある。このような考え方は現在でも存在し（明智 2015），市民社会とは多数の利益・公共の利益に関わるものであり，私的利益を追求する利益団体はそこに含まれないという，価値判断をともなった区分につながっている。

　こうした区分ができるほど団体の世界は単純ではない。たしかにある種の団体は善悪二元論になじみやすい特徴をもっている。マイノリティの権利を保障する政策を求める団体や，健康被害を招くような製品への規制を企業の利益のために阻止し続ける団体は，そうした例である。だが利益団体の活動の大半は，公共の利益あるいは私的利益とわりきれるような性質をもたない。たとえば，医療関係の専門職団体が社会保障支出の拡大を求めるのは基本的には自己利益にもとづく行動であるが，その行動は同時により良い医療サービスというかたちで広範囲の人々に便益をもたらすかもしれない。他方で自然保護や動物愛護は明らかに利他的な動機にもとづいた行動であるが，そうした目標を掲げて活動する団体のメンバーの趣味や自己満足という面がまったくないとは言い切れない。

このように，何らかの基準によって市民社会に含まれる団体と含まれない団体を分けることには，曖昧さや単純化といった問題がある。市民社会組織の多くは，団体の種類にかかわらず政治・行政と何らかの関わりをもっているので，その側面に関して利益団体とみなす（つまり市民社会に含まれる団体とそうでない団体があるとは考えない）ほうが，より適切な理解であると思われる。

(2) 利益団体の活動

ロビイング　利益団体が行う政治活動を指して，ロビイングということが多い。ロビイングとは，広い意味では公共政策に影響を与えようとする直接・間接のすべての行為であり，この場合にはアドボカシーとほぼ同じ意味である。より限定された意味では，団体の代表者が政策に関わる者と直接接触するか，あるいはメンバーを動員した活動によって，団体の政策上の位置や主張を伝達する行為をいう（Pekkanen 2013）。ロビイングの対象となるのは，議員・政党・行政職員といった公共政策を立案・決定・実施する権限をもつアクター（以下，政策アクター）である。利益団体の活動は歴史的には立法権をもつ議会と議員への働きかけから始まったが，現在では行政機関へのロビイングが重視されるようになっている。

ロビイングの最も主要な要素は情報の伝達であり，特定の社会問題・政策課題について団体がどう考えているか，どのような要望をもっているかを政策アクターに接触して伝えることをその内容とする。新たな情報を提供することで社会問題の存在を知らせたり，政策課題に対する政策アクターの認識を変えたりすることもそこに含まれる。また，団体がもつリソースの提供や協力を示唆することで，政策アクターの利害得失の計算を変化させるのも一種の情報伝達である。それらのコミュニケーションを通じて利益団体は政策アクターを説得し，その行為に影響を及ぼし，その結果として好ましい政策上の帰結が生じることをめざして活動する。

また，どのような見解をもつ相手に働きかけるかについてみると，利益団体は団体と類似した考えや選好をもつ相手に働きかける場合のほうが，異なった考えや選好をもつ相手に働きかける場合よりも多い（Leech 2010）。相手を説得して態度を変えさせるよりも，似たような考えをもっていたり目標を共有したりするアクターと接触しながら，公共政策に影響を与える機会をうかがうとい

うのが，実際のロビイングでは一般的である。組織力や資金力を背景として相手に圧力をかけて要求をのませるという利益団体のイメージは一部の団体にはあてはまっても，それは市民社会組織のなかでは少数派である。

> その他の政治活動

利益団体の活動は，政策過程におけるアクターへの働きかけにとどまらない。市民および世論に対する働きかけもその活動の1つである。市民の間で利益団体のイメージは一般的によくない。多くの市民は自分も何らかの組織に属しているにもかかわらず，それと「利益団体」は別のものだと考えて否定的なイメージをもっている。市民や世論が利益団体に対してもつイメージを改善し，彼らを敵対的でない状態にしておくことが，利益団体の活動を成功させるためには重要である。このために，利益団体は新聞広告やテレビCMなどを通じて，自らの主張が社会的にも有用であることを示そうとしている。

狭義のロビイングで成果を期待できない場合に用いられる手段が訴訟である。これは裁判の判決を通じて，団体が求める政策ないし状態を実現しようとする活動である。訴訟は必ず勝てるわけではないし時間がかかるが，ロビイングを行うのに十分なリソースやネットワークをもっていない団体にとっては，利用できる数少ない手段の1つである。

また，政策過程での活動に加えて，利益団体は選挙過程においても活動している。政治家・政党との交渉において団体のメンバーの票や資金は重要なリソースとなる。利益団体は組織票によって候補者を支援することに加え，自らの主張に賛同する者が候補者になれるよう活動したり，あるいは自らのメンバーをいずれかの政党から選挙に立候補させ，議員として国や地方の議会に送りこんだりもしている。こうした活動は，政府の外から働きかけるだけでなく，議員の構成を変えていくことで自らの利益・主張に好意的な状況をつくり出そうとする活動である。**第1章**でみたさまざまなアドボカシーの形態も含めて，利益団体の活動はロビイングのみに限られるものではなく，多様化してきている。

2 利益団体論の展開

(1) 集団理論と多元主義

政治の集団理論　利益団体の理論はアメリカを中心として発達してきた。19世紀にトクヴィルが観察したように，アメリカでは無数の自発的団体が発達していたが，それらの団体は19世紀後半から政治の場でも積極的に活動するようになる。分権的な政治制度や政党の組織の弱さ，階級対立以外の社会の亀裂の重要さなどが，団体の活動を促進した。

このような現実を受けて，政治の実質はさまざまな社会集団の活動であると考える「政治の集団理論」(group theory) が，20世紀初頭にベントレーによって提唱された。20世紀前半には議会に対する利益団体の活動が注目され，1950年代にはトルーマンがベントレーの理論の延長上に利益団体の理論を形成した（内田 1988）。

トルーマンは利益団体の定義，形成，組織，政治過程での活動，民主政治への影響といった問題について論じている（Truman 1951）。まず，「利益」とは何らかの問題や事柄についての態度であり，態度を共有し他の集団に要求を行うような人々の集合が利益集団である。何らかの大規模な社会変動（攪乱）が発生し，社会に存在する既存のさまざまな関係が不安定になると，その関係を安定させるために新しい利益集団が発生する。新たな集団の発生がまた社会的攪乱でもあるので，その影響を受けてまた別の集団が発生し，集団の形成は集団間の関係のバランスがもたらされるまで続く。

形成された利益集団は，集団内部の相互作用が増大したり，集団同士が接触したりすることで組織をもった利益団体となる。さらに社会のなかの他の集団だけでなく政府に対して要求を行う団体が政治的利益団体とみなされる。このようにトルーマンの理論では，活動を行っていない潜在集団〜未組織の利益集団〜組織をもつ利益団体〜政治過程で活動する政治的利益団体の4つの形態が区別され，どのように利益団体が発生してくるかが説明される。

政治過程での利益団体の活動の対象は，選挙，立法，行政，司法と多岐にわたり，政府の形態やその活動は利益団体の主張や活動を反映していると考えられた。また，特定の利益団体が強力になりすぎて民主政治を阻害するという危

懼に対しては，それを抑止するメカニズムが示されている。その1つは重複メンバーシップ，つまり個人は複数の集団に同時に所属しているので，どの利益団体もメンバーの全面的な忠誠を期待できないことである。もう1つが潜在集団の概念であり，未組織で活動していない集団もその利益が脅かされれば利益団体として活動すると考えられた。

ダールと多元主義パラダイム　集団理論とダールの多元主義的政治理論との組み合わせによって，利益団体政治の理論に多元主義パラダイムというべき学説が形成される。ダールの多元主義的政治理論は本来，地域政治の権力構造のモデルであり，政策決定構造の分析を通じて地域社会には一枚岩の支配エリートは存在しないことを主張したものである（Dahl 1961=1988）。ダールの主張は，選挙によって選出され社会的利益からは自律的な政治リーダーの役割を重視しており，この点は集団理論との重要な相違である。

だが集団理論とダールの多元主義的政治理論は，①利益を主観的なものとして把握する，②政治過程は利益をもつアクターの活動である，③政治過程は多元的であり複数の争点や領域に分かれている，④決定された政策はアクター間の競争の結果であるなど，多くの見解を共有している。これら両者の共通点を基礎として形成された利益団体政治のモデルを，本章では多元主義パラダイムと呼ぶ。[2]

多元主義パラダイムの内容は次のように表現できる（Marsh 1983；Lowery and Brasher 2004）。①利益団体は選挙のような公式の手段では表現しにくい利益を政策に反映させる手段として有益である。②利益団体は人々の必要に応じて発生するので，社会に存在する重要な利益はそれぞれ利益団体として活動している。③社会における権力と権力資源は広い範囲に分散しており，どのような社会集団も政治過程に参加し，自らの選好を政策に反映させるチャンスをもつ。④公共政策は利益団体間の競争の帰結であるが，競争の勝者と敗者は固定的ではなく流動的である。このように多元主義パラダイムは，利益団体政治の開放性を強調するような理論である。

---

2)　「多元主義パラダイム」という用語は一般的ではないが，ダールの政治理論とはやや異なる内容ながら，利益団体論のテキストで「多元主義」として整理されている内容をこのように呼ぶことにする。

(2) 多元主義パラダイム以後の利益団体の理論

> 集合行為論

多元主義パラダイムに対しては，さまざまな角度からの批判が存在した。まず，利益団体の形成については，すべての社会集団が必要に応じて組織化できるわけではないという批判がある。利益団体の世界では経済団体や専門家団体が過大に代表されており，社会全体の構成が利益団体の世界に正確に反映されていないという指摘がある(Schlozman et al. 2012)。

より有力な批判は，利益団体の形成過程に着目する集合行為論である。オルソンは合理的個人と公共財の概念を用いて，共通の利益の実現のために利益団体が形成されるという考え自体を批判した（Olson 1965=1983)。利益団体が実現しようとする目標は公共財としての性格をもつとオルソンは考える。公共財とは非競合性と非排除性という特徴をもつ財である。利益団体の目標も，それが政策として実現した場合には，政策の便益を受ける者は団体のメンバーに限定されない。このために利己的で合理的な個人は，利益団体に加入して活動するという対価を払うことなく便益だけを得ようとして，団体に加入しないことを選択するので，共通の利益を実現するという動機だけでは利益団体は存在できないことになる。

利益団体が組織化に成功し，存続していくためには，個人の動機と団体の目標の矛盾から発生する集合行為問題を解決する必要があり，その手段として強制や監視などの手段でフリーライダーを抑止するか，メンバーのみが利用できる選択的誘因を供給することが必要となる。

集合行為論は利益団体の組織化が困難であることを説明するが，利益団体は政策の実現をめざして組織される場合だけでなく，すでに存在する団体が政治化する場合もあることや，参加それ自体がメンバーの目的となっている団体があることを考慮していないという限界がある。だが経済的な利益を追求する団体に限定すれば，合理的な個人の仮定はそれほど不自然ではないし，サラリーマンや消費者といった広範囲の利益が組織されにくいことを説明するのにも有効である。このために集合行為論は，多元主義パラダイムの楽観的な利益団体政治の見方への批判として強い影響力をもった。

> 多元主義的政治の負の側面

開放的で競争的な利益団体政治という見解に対しても，いくつかの批判が存在する。1つは紛争範囲の操作とい

う考え方である。利益団体間の競争の結果は，競争に参加する団体の数と範囲によって左右される。同じ争点をめぐる紛争であっても，紛争の範囲が広く参加者が多い場合と紛争の範囲が狭く参加者が少ない場合では，誰が競争の勝利者となるかが異なってくる。利益団体は数的には社会における少数者であるので，自らが関係する紛争の範囲を限定することで，その結果を自らに有利なものにしようとする（Schattschneider 1960=1972）。利益団体政治が競争的であるというだけでは不十分であり，どのようなかたちの競争が起きているのかに注目する必要があるというのは重要な指摘である。

　さらに，多元主義パラダイムが考える権力の分散のネガティブな側面を描写するモデルを提起したのはロウィである。利益団体の競争や交渉の結果として形成される政策が公共の利益を実現するという考え方に対して，ロウィは利益団体リベラリズムと命名し，それが現代アメリカの公共哲学となっていると考えた。ただ現実の利益団体政治は，競争や交渉を通じて社会的に好ましい政策を実現してるわけではないとロウィは考える。

　ロウィは政策の種類に応じて異なった政治過程が存在すると考える（Lowi 1964）。このため政治過程全体では権力は分散していることになる。しかし多元主義パラダイムの想定とは異なり，それぞれの政策領域では特定のアクターによる政策過程の寡占が生じており，少数のアクターの間の交渉によって政策が決定されているとロウィは考える。その原因は積極国家化の進展にともなう行政府への権限の委任の増大であり，立法府が政策プログラムをチェックできないために個々の政策が少数の当事者によって占拠されている状態が批判される（Lowi 1979=1981）。ここで考えられている利益団体政治のモデルは，「鉄の三角形」「下位政府（subgovernment）」と呼ばれているものに近く，政策領域ごとに支配的なアクターは異なるという点で政治過程は全体としては多元的であるが，個々の政策領域は多元的でも競争的でもなく，少数の利益団体による寡占的な状況が存在しているというものである。

　　ネオ・プルラリズム　現在のアメリカ政治学では，多元主義批判の主張や論理も取り入れつつ，利益団体政治の性格については多元主義パラダイムとほぼ同様の見解をもつような研究が中心となっている。このような諸研究はネオ・プルラリズム（新しい多元主義）と呼ばれている。ネオ・プルラリズムは利益団体政治のマイナス面はたしかに存在するが解決は可能であ

ると考え，広範囲の参加や競争を実現する条件や機会構造・文脈を重視する点に特徴がある。

団体の組織化の問題については，集合行為問題は存在するものの，いくつかの方法で克服できると考えられている。利益団体をつくって活動することで政策が実現され，便益が期待できるような状況では，組織化の費用とリスクを引き受ける一方で，活動が成功した場合の利得を追求する政治的企業家が介在することによって，フリーライダーの問題を克服して組織化が可能になると考えられた (Salisbury 1969)。また，外部からの支援が主に財政面で存在することで，多くの利益団体が集合行為問題を乗り越えて形成され，維持されていることも示された (Walker 1991)。

政治過程についても，あらゆる利益団体が目標や主張を実現できるとは考えられていないが，それでも多くの政策領域は競争的な特徴をもつと考えられている。政策決定は少数のアクターからなる下位政府に独占されている場合よりも，専門知識で緩やかに結びついた開放的なイシュー・ネットワークのなかで行われる場合が多いという指摘がある (Heclo 1978)。紛争範囲の操作についても，影響力をもつ団体が紛争や抗議を抑圧するだけでなく，不利な状況にある団体もメディアを通じて注目を集め，紛争の範囲を拡大することで主張を実現するチャンスがあると考えられる (Baumgartner and Jones 1991)。

ネオ・プルラリズムが利益団体の理論として有力になった背景には，公共利益団体の台頭にみられるような利益団体政治の変化がある (井上 1999)。また利益団体の数が大幅に増加し，政治過程がより競争的な性格をもつように変化していることも，その主張に説得力を与えている。

その一方でネオ・プルラリズムはそれ以前の理論と異なり，利益団体政治の全体像を提示していない。政治過程はある領域では競争的であると同時に別の領域では集合行為問題や寡占が存在していると考えられ，利益団体政治全体の特徴を示すことよりも，政治過程の特徴を生み出す条件のほうに関心の焦点がある。このためにネオ・プルラリズムは利益団体政治の全体像を表すものとして市民社会の概念を必要とした。マクロな政治社会としては活動的な市民社会が想定され，ネオ・プルラリズムはそこで展開される利益団体政治の諸相を分析するという性格をもつ。

ネオ・コーポラティズム論とヨーロッパの利益団体論

ヨーロッパでは政治制度や社会構造の特徴のために，アメリカと同じような利益団体政治は発達してこなかった。両者の相違はヨーロッパ政治をみる視角として利益団体論は有効でないという考えを生むこともあったが，他方で独自の利益団体政治のモデルを生み出すことにもつながった。

1970年代にはヨーロッパの利益団体政治にもとづく理論モデルとして，ネオ・コーポラティズムが提唱された。スウェーデン，オーストリアなどの国では，経営・労働などのセクターごとにその分野を包括する単一の団体（頂上団体）が存在し，セクターを代表する地位を政府によって認められていた（Schmitter and Lehmbruch 1979=1984）。これら少数の頂上団体と政府による協調的な政策決定のメカニズムがネオ・コーポラティズムと呼ばれる。

このような政策決定がみられるのは主にマクロ経済政策の分野であり，国際競争力と生産性の維持，物価の安定と失業の抑制といった目標を達成するために，政府と労使の頂上団体の協議によって決定が行われる。政策過程は多数の利益団体の競争と対立ではなく，少数の頂上団体の間の交渉と協調を特徴としており，マクロ経済上の目標のために頂上団体は要求を主張するだけでなく自制することも必要となる。頂上団体は政策決定に関与するだけでなく政策の実施にも責任をもち，決定された政策にメンバーを従わせる役割をももつ。

ネオ・コーポラティズムのモデルは2つの点で注目の対象となった。1つは，アメリカとは異なった形態の利益団体政治が存在するという点である。利益団体が政策の決定や実施に関与することや，政府に代わって自主規制をすることは，実際にさまざまな場面で観察される。こうした現実を組み込むことで，ネオ・コーポラティズム論は利益団体論の関心を，対象となる国・対象となる活動の両面で拡大することになった。もう1つの注目を集めた点は，1970年代に先進諸国が直面した経済危機において，ネオ・コーポラティズム型の利益団体政治が存在する国のほうが相対的に良好な経済パフォーマンスを記録したことである。この事実はどのような形態の利益団体政治が社会的な利益をうまく政策過程に媒介できるのかという議論を引き起こした。

1990年代に入ると，ヨーロッパ政治の変化にともなってネオ・コーポラティズム論の有効性は低下する。欧州統合によってEU域内で共通の政策が各国に適用されるようになると，加盟諸国の利益団体はEUの機構を標的に活動を行

うようになり，一国単位のネオ・コーポラティズムの枠組の重要性は低下した。またネオ・コーポラティズム論は経済的セクターに焦点を合わせた理論であり，多様な市民社会団体の台頭を枠組に含めていない点でも限界があった。だが政策過程における社会的利益の調整のしくみ，政府と団体の垂直的ではない協調関係といったネオ・コーポラティズム論の要素は，その後のガバナンス論につながっていく[3]。

3 日本における利益団体政治

(1) 日本における利益団体の盛衰

「圧力団体」の台頭　日本における利益団体の活動は，明治初期から確認することができる。自由民権運動の時代には全国で2,000以上の政社・結社が設立された（新井 2006）。同時期には商法会議所（商工会議所の前身）や大日本農会などの経済団体も設立され，1890年代には労働組合が発足している。1920年代には最初の団体形成のピークがみられ，1930年代には産業統制政策の下で業界団体が発達した。終戦・占領期の1940年代後半は，日本の政治における最も激しい団体の増加の時期である（村松ほか 1986）。

　利益団体が「圧力団体」という名称で注目を集めるのは1950年代後半である。農協・医師会・中小企業団体・旧軍人団体などが政府に激しい要求活動を行い，新聞や月刊誌が特集を組むほどの注目を集めた。こうした政治活動の高まりの背景には，当時の日本で生じていた経済的・社会的変化への対応を社会の側が求めたこと，政府の活動範囲の拡大にともなって政策に利害関係をもつ社会集団が増加したことがある。

　このような動向を受けて，1960年前後には日本の利益団体について多くの研究が行われた。当時は利益団体研究が世界的にブームになっていた時期でもあるが，日本の場合に外国の理論の影響は限られたものであり，むしろ戦前政治の分析の影響下で，日本の利益団体が欧米と異なり特殊であること，特に組織の面で前近代的な特徴をもつことが強調された。そこでは利益団体が既存の社会集団を丸抱えして組織化される，リーダーシップへの白紙委任がみられるな

---

[3]　EUが民意を政策過程に反映する手段として利益団体を積極的に位置づけていることも，ガバナンス論の展開を後押ししている（Beyers et al. 2010）。

どの組織上の特徴や，政党との関係が固定的で系列化されていることが指摘された（石田 1961；田口 1969）。

高度成長期以降の利益団体　1960年代には環境や福祉の領域で活動する利益団体が登場する。当時の日本では経済的な利益に関わる団体を圧力団体と呼び，都市問題や環境問題など特定の業種や職業に限定されない争点で活動する団体を市民団体と呼んでいた。この分類が規範的な評価を含んでおり，現在まで影響を及ぼしているのは先にみたとおりである。

自民党の長期政権の下で，利益団体は政党・行政を媒介として政策への影響力を確立していく。1980年代の初めには，主要な利益団体の大半が政策の実現あるいは阻止に成功した経験をもち，自らが政策への影響力を相当程度にもっていると認識していた（村松ほか 1986）。1960年ごろに比べると，利益団体政治は静かだが効果的なものに変化した。ロウィのいう利益団体リベラリズムが日本でも現出したとみなすことも可能である（村松・久米編 2006）。

上のような構図が崩れるのは1990年代後半以降である。利益団体政治の世界では，2つの変化が同時に進行した。1つは利益団体政治に対する批判のなかで，利益団体と政党・政治家は以前に比べて疎遠になり，従来は有力であった団体の活動が停滞し，影響力も低下していることである。2000年代以降，農業・郵政事業・社会保障など，有力な利益団体が関係する分野で下位政府の解体や支出の削減が行われてきた。もう1つは非営利組織を中心とする新しい団体の台頭と政策過程への進出であり，制度の面でも協働やパブリック・コメントなどが新たに登場した。

（2）利益団体の現状

利益団体の数と構成　現在の日本にはどのくらいの利益団体が存在し，どの程度の活動を行っているのだろうか。利益団体は機能的な定義であり，「利益団体」という団体が存在するわけではないので，その正確な総数は把握することができない。アメリカやEUのようにロビーの登録制度があれば，登録をした団体というかたちで利益団体をある程度実体化して把握できるが，日本には同種の制度はない。そのために，市民社会組織についてのいくつかのデータを重ね合わせて利益団体の現状を推定する。

2014年の「経済センサス－基礎調査」によれば，「会社以外の法人」「法人で

ない団体」の合計は約45万である。このなかで医療法人・宗教法人・学校法人などは利益団体それ自体というよりも利益団体のメンバーとみなすほうが適切なので，それらを除外すると残りは約19万6,000という数になる。別の数字を挙げると，2000年代後半に行われたJIGS 2・社会団体調査では，電話帳への登録にもとづいて社会団体の数を9万1,101と算定している（辻中・森編 2010）。またこれらとは別に，自治会・町内会などの地縁組織が約29万8,000ある。これらの市民社会組織のなかで，政治過程での活動を行うものが利益団体となる。

市民社会組織のうちどのくらいが政治過程で活動しているかについてJIGS 2 調査の結果を参照すると，調査に回答した1万5,785団体のうち69.7％が政党と行政の少なくとも一方に接触している。市民社会組織のなかで，利益団体とみなしうる団体の比率はかなり高いとみてよい。

社会のなかのどの分野が利益団体によって代表されているかについては，日本は他国と比較して生産者セクターの比率が高いことが指摘されている（森・久保 2014）。その原因の1つは組織の形態である。農業協同組合などは地域単位で組織され，労働組合は企業別に組織されている。それらの単位組合の連合組織として全国組織があるために，1つの業種ないし職種の団体数が多くなる。そうした組織構造上の特徴を考慮に入れても，利益団体の世界においてセクター団体は，現在の日本の社会的構成と比較して過大に代表されているといってよい。また，セクター団体は資金・スタッフなど組織の面でも他の種類の団体に比べてより多くのリソースをもっている。

広義の利益集団政治をみると，欧米では企業や地方政府の政治活動の比重が高くなっている（Schlozman et al. 2012）。日本の場合には企業の政治活動は政治献金を除いて把握しにくく，地方政府による中央省庁や国会議員への陳情も頻繁であるが量的な把握は難しい。

政治活動の状態 利益団体の働きかけの対象としては，行政機関が相対的に重要である。日本の利益団体がロビイングを行う際には，行政のみに接触するか，または政党・行政両方に接触するかのどちらかの場合が大半を占め，政党のみに接触するという団体はわずかである。

通常，政党や政治家は法律というかたちでの政策決定に関与し，行政機関は政策決定の原案の作成や決定された政策の実施に従事する。政策の決定に関心をもつ団体は，その実施についても関心をもち，結果として政党と行政の両方

に接触することになる。政策の具体的な運用や規制の基準などの実施段階レベルの問題に関心のある団体は行政のみに接触する。利益団体による接触のパターンは，利益団体が政策過程のどこに関心をもち，何を求めているのかを反映している[4]。

利益団体が政党や行政に接触するだけでなく，政党や行政の側も団体に接触しており，JIGS 2 調査では半数弱の団体が接触を受けている。主要な利益団体に限ると，大半の団体は行政機関と情報交換を行っている。こうした双方向の関係が存在することによって，日本の利益団体と政党・行政の関係は，ロビイング登録のような定型的な枠組では捕捉しにくいものになっている。

利益団体と行政の関係が密接であることには，普遍的な側面と日本に固有の側面がある。積極国家化にともなう行政機関の裁量の拡大は先進国に共通の現象であり，そのために行政ロビイングの増大は普遍的な傾向である。その一方で，日本の中央省庁は伝統的に，行政の相手方である業界・業種を組織化し，業界団体を通じて政策の対象を指導していく方式を多用してきた。行政の側から積極的に社会に浸透するような特徴をもつことは，利益団体と行政の密接な関係を生む日本独自の要因である。

4 今後の課題

(1) 台頭する市民社会と衰退する政治組織？

本章の最後に，利益団体をめぐるいくつかの論点を指摘したい。現在の日本では，市民社会の台頭が観察され，その活動に対しても期待が寄せられている。その反面，政治過程において従来有力であった組織が衰退してきていることが指摘されている。政党や労働組合のような伝統的な組織がメンバーを減らしているのは先進国に共通の傾向であり，日本でも何らかの組織に所属する人々の数は1990年前後をピークに減少の一途をたどっている（森・久保 2014）。

市民社会の台頭と，「メンバーシップにもとづく政治の衰退」（Biezen and Poguntke 2014）の同時進行は，何を意味しているのか。楽観的な見方をするなら

---

[4] 本章では「NPOと行政」「新しい公共」といった，市民社会論で重視されるトピックを扱っていないが，それらの問題は本章で扱う市民社会組織による政策過程への関わりのなかの一部分を構成するものである。

ば，時代に合わなくなった団体や組織に代わって新しい市民社会組織が政治過程に参入してきた，あるいは影響力のリソースとして動員力や資金力よりも政策知識が重要になってきた，などの描写が可能だろう。だがこうした議論が成り立つためには，伝統的なタイプの利益団体が果たしてきた役割が現在では不要になっているか，依然として必要な場合には新しい種類の団体によって代替できていることが条件となる。この問題について満足できる議論を行うには，新旧の団体が何を代表し，どのような役割をもつのかをもう少し検討する必要がある。

（2） 参加か，成果か

　市民社会論の規範的な側面との関連では，参加と目標実現の関係をどう考えるかが問題となる。市民社会が重要と考えられる理由の1つに，人々が市民社会組織の活動や運営に参加することで，デモクラシーに習熟できることがある。デモクラシーの促進という観点からは，メンバーが団体活動に活発に参加することが望ましいということになる。

　だが市民社会組織が発展する一方で，メンバーは会費を払う以外に組織に関与せず，団体の代表者や専門スタッフが運営を独占しているような組織が増加している（Skocpol 2003 = 2007；辻中・森編 2010）。この現象は参加という面からは好ましくないが，問題は政治のアマチュアである一般メンバーを中心にして政治活動を行うよりも，ロビイストなどの専門家に活動を任せてしまったほうが，団体がめざす政策を実現するには有効な場合が多いことである。メンバーの市民的成熟と政策目標の実現がトレードオフの関係にあるとすれば，どちらを優先すべきなのかという問題が生じるであろう。

（3） ディシプリンの交流と発展に向けて

　市民社会の活性化は，伝統的な利益団体のイメージを変えていくような部分をもっている。利益団体論は主として，政治以外の目的でつくられた何らかの団体が利益団体として政治活動を行うことを想定してきた。だが市民社会論が主な関心対象としてきた団体の多くは，当初から政策上の目標を追求するために組織された団体である点で，利益団体についての伝統的な理解とは異なっている。団体の活動形態についても，市民社会組織は政党・行政への働きかけ以

外にも市民教育や政治的消費者主義などのさまざまな活動を展開している。ロビイングよりも広い範囲の活動を含むアドボカシーという概念が使用されるようになったのも,市民社会の台頭がもたらした理論の進化である。

　先に記したように,利益団体論は市民社会と市民社会論の発展に影響を受ける一方で,市民社会論の側の利益団体論に対する関心は高くはなかった。だが市民社会組織の活動は集合行為問題の克服が前提となるし,市民社会と政府との接点は参加や協働だけに限られない。また市民社会の活動が発展すれば,そのなかでの葛藤や紛争も当然生じてくる。これらの問題を考えるうえで,利益団体論が蓄積してきた知見とリアリズムは有益な視点を提供する。利益団体論が市民社会という概念を必要としたように,市民社会論も利益団体という視角から市民社会組織をみることで,市民社会の政治的な側面をより良く理解することができるようになるだろう。

文献案内

- ▶ 村松岐夫・伊藤光利・辻中豊,1986,『戦後日本の圧力団体』東洋経済新報社.
- ▶ 辻中豊・森裕城編,2010,『現代社会集団の政治機能』木鐸社.
- ▶ 山口二郎・宮本太郎編,2015,『リアル・デモクラシー』岩波書店.

【丹羽功】

第6章 ソーシャル・キャピタル論——ネットワーク・信頼・協力の重要性

　東日本大震災以降,さまざまな場所で社会における「絆」の重要性が指摘されるようになっている。そこで,本章では市民社会の分析枠組の1つとして人々の絆を重視するソーシャル・キャピタルを取り上げる。

　では,わたしたちはこうした絆の正体を学術的にどう理解すれば良いのだろうか。それらは,市民社会を考えるうえでどうして重要なのだろうか。さらに,そうした絆はわたしたちの社会を素晴らしいものにしてくれるのだろうか。本章では,はじめにこうした基本的論点を押さえつつ,ソーシャル・キャピタル研究の最先端までを概観する。

　そのうえで,わたしたちの多くにとって身近なケースである日本のソーシャル・キャピタルが,長期的にみて増えているのか,減っているのかといった点や,ソーシャル・キャピタルが,日本の市民社会にどのような影響を与えるのかといった点についても諸外国と日本の研究を比較しながら考えることにする。

　そして最後に,ソーシャル・キャピタル論の今後の発展に必要と思われる事柄について検討を加える。

1 ソーシャル・キャピタル論の基礎

　東日本大震災が発生した2011年,「今年の漢字」として日本漢字能力検定協会から発表された漢字を覚えているだろうか。投票の結果選ばれたその年の漢字は「絆」であった(公益財団法人日本漢字能力検定協会 2016)。本章のテーマであるソーシャル・キャピタル (social capital) は,この「絆」をより科学的に定義しなおしたものともいえる。以下では,ソーシャル・キャピタル論を市民社会論の枠組のなかに位置づけたうえで,ソーシャル・キャピタルがどのようなものであるのかを明らかにする。そして最後に,ソーシャル・キャピタルを生み出す具体的政策についてみてみることにする。

(1) 市民社会論におけるソーシャル・キャピタルの位置づけ

　本章のテーマであるソーシャル・キャピタルは，市民社会論全体のなかにどのように位置づけることができるのだろうか。そもそも，市民社会は民主主義の結果生じる多数者の暴走を抑制するという面からも（Tocqueville 1835＝2015），市民による熟議の場（Habermas 1989=1994）を保障するという面からも，民主主義の発展・成熟にとって必要不可欠な要素である。以下では，こうした市民社会におけるソーシャル・キャピタルの役割について考えてみることにしたい。

　ソーシャル・キャピタルとは，後に詳細を説明するように，ある集団の構成員間の「ネットワーク」「信頼」「協力」といった要素を１つの体系的な理論としてまとめ上げたものである。ソーシャル・キャピタル論の下において，人々は，結社に参加することで同じ結社に属する人々のネットワークのなかに組み込まれる。そこで彼（女）らは，さまざまな情報——政治的なものも非政治的なものも含む——やものの見方に触れ，時には結社のリーダーとしてふるまうことによってシビック・スキル（Verba et al. 1995）を獲得する。また，同じ結社のメンバーと活動を共にすることで，お互いに対する信頼関係が生まれ，それはさらに結社の範囲を超えた一般的信頼へとつながり，こうした信頼意識の高まりが，他者との協力をも促進する。その結果，人々は自分の利益のことだけを考えて行動するのではなく，広く全体の利益を考えて行動するようになり，ここに集合行為が実現するのである（Putnam 1993＝2001）。

　<u>ソーシャル・キャピタルが市民社会で果たす役割</u>　このようにみてくると，ソーシャル・キャピタルは，それまで「普通の」市民だった人々を他者のことを思いやり，公益のために行動する「真の」市民へと変革する機能を果たすものであるといえる。たとえば，ソーシャル・キャピタルの豊富な地域や人々は，投票に積極的に参加するなど市民としての義務を自発的に果たそうとするだろう。さらにそうした地域では，ゴミ出しのマナーから迷惑施設の建設に至るまで，地域のちょっとした困りごとや課題について積極的に意見を出し合い，地域の皆にとって最適な解決策を探ろうとする責任ある市民としての行動を多く観察することができるに違いない。民主主義における参加の重要性を指摘したダール（Dahl 1971=1981）を引用するまでもなく，市民の公的領域への積極的参加は，民主主義の発展・成熟を促すことになる。つまり，ソーシャル・キャピタルは，市民社会において「真の」市民を創り出すことで，民主主義の発展・成熟に貢

献しているといえるのである。

（2） ソーシャル・キャピタルとは何か

それでは次に，ソーシャル・キャピタルとはどのようなものなのかを少し詳しくみていくことにしよう。ソーシャル・キャピタルという概念自体は，決して新しいものではないが，現在のようなかたちでソーシャル・キャピタル論をつくり出し，それを研究に用いた最初の人物は，アメリカの政治学者パットナムである。彼は，ソーシャル・キャピタルを「調整された諸活動を活発にすることによって社会の効率性を改善できる，信頼，規範，ネットワークといった社会組織の特徴」(Putnam 1993=2001 : 206-207) と定義した。

そのうえでPutnam（1993=2001）は，信頼・互酬性の規範（協力）[1]・ネットワークというソーシャル・キャピタルの構成要素を相互補完的な関係として捉え，ソーシャル・キャピタルが人々の利己的行動を抑制し，集合行為問題を解決することで効率的な社会が実現すると論じている[2]。

> **ソーシャル・キャピタルの具体例**

ここでは，ある農村のコミュニティを例に，ソーシャル・キャピタルについて考えてみることにする。そのコミュニティでは，毎週1回農作業の進め方などについて話し合う会合がもたれており，その年のある会合ではお互いの田んぼの稲刈りの手伝いをすることが決められた。しばらくして，実際に稲刈りの日を迎えると，会合での決定どおり村人たちはその日稲刈りが行われる田んぼに集合し，共に汗を流した。その結果，稲刈りを手伝ってもらった村人は，他の村人のことを信頼するようになり，ひいてはコミュニティの範囲を超えた人間一般に対する信頼感をもつようになっていく。また，こうした信頼感は，この村人を他の村人の田んぼでの稲刈りにも積極的に協力しようという気持ちにさせる。なぜなら，今回稲刈りを手伝ってもらった村人は，他の村人の稲刈りを手伝うことで，自分が次に困ったときに他の村人の協力が得られるかもしれないと考えるようになるからである。さらに，こうした協力関係は新たなネットワーク——たとえば，道普請や

---

1) 本章では，わかりやすさを優先し，互酬性の規範を「協力」と言い換えることにする。
2) ただし，実際の分析ではこれら3つの要素のうち1つまたは2つをソーシャル・キャピタルの指標として利用する研究が多い。その理由については，鹿毛（2002 : 81）や，坂本（2010 : 65）などを参照。

共有地の管理のためのネットワーク——を生み出していくことになる。そして，このようなソーシャル・キャピタルの豊富なコミュニティでは，より効率的な社会——この例に即していえば，共同で稲刈りを実施することによる効率的な収穫作業——を実現することができるのである。

　Putnam（1993=2001）は，こうした理論を検証するためにイタリアを事例として分析を行った。その結果，ソーシャル・キャピタルの豊かな北イタリアでは，ソーシャル・キャピタルがそれほど豊かではない南イタリアと比べて，統治制度が効率的に機能していることが明らかとなった。こうしたパットナムのソーシャル・キャピタル論は，彼以外の論者によっても確認されるところとなり（たとえば，Knack and Keefer 1997），ソーシャル・キャピタルと良好な統治パフォーマンスを結びつける研究が相次いで公表されるようになった。

　また，ソーシャル・キャピタルが，統治パフォーマンスの改善にとどまらず，社会・経済的側面にも好影響をもたらす可能性も指摘されている。たとえば，Putnam（2000=2006）は，ソーシャル・キャピタルの豊富な地域では，そうでない地域と比べて，児童の発達，地域の安全性，経済発展や健康と主観的幸福感，政治問題についての活発な討議など公的生活への積極的参加に好ましい影響がみられると指摘している。

（3）　ソーシャル・キャピタルを生み出すための具体的政策

　これまでみたように，ソーシャル・キャピタルは，統治パフォーマンスの向上など，社会に良い影響をもたらすことが明らかとなっている。そこで，多くの国際機関や特定非営利活動法人（以下，特活法人）などさまざまな団体が，新たにソーシャル・キャピタルを生み出すべくさまざまな工夫を行っている。ここでは，途上国と先進国で行われている2つの事例を紹介する。

　途上国における マイクロファイナンス　マイクロファイナンスは，担保となる資産をもたないために銀行から融資を受けることができない貧困層に対して，無担保で少額の資金を貸し付ける制度である。大学教授であったユヌスによって立ち上げられたバングラデシュのグラミン銀行に代表されるこうしたしくみは，現在，世界銀行など開発援助機関の支援によって多くの途上国で実施されており，その副次的効果として地域のソーシャル・キャピタルを豊かにする可能性が指摘されている（Sanyal 2009）。

たとえば，ネパールでのマイクロファイナンスを分析した青木（2012）によれば，少額であっても定期的かつ頻繁に返済を求められるマイクロファイナンスは，グループ内での他者に対する信頼を高める効果がみられるだけでなく，規範意識を高めることにもつながるという。さらに，毎月一度のミーティングに参加することで，人々の間のネットワーク強化にもつながるとされている。

こうした，途上国におけるマイクロファイナンスのようなプログラムは，貧困問題の解決だけにとどまらず，さまざまな社会問題の解決につながるソーシャル・キャピタルの源泉ともなっているのである。

先進国における時間銀行　他方，先進国においてソーシャル・キャピタルを生み出すための政策として注目を集めているのが時間銀行（time banking）である。これは，ある個人が自分にできる仕事を登録しておき，実際に依頼を受けてその仕事を行うと，働いた時間分だけ，自分の頼みごとを他者に依頼することができる一種の相互扶助組織のようなしくみである。たとえば，1時間かけて高齢者の代わりに買い物に行くと，1タイムクレジットが与えられ，それを利用して自分の家の草刈りを誰かに1時間分やってもらうことができるようになる。つまり，自分が相手に何かをしてあげれば，時間銀行に対して時間の「貸し」ができ，自分が何かをしてもらえば，時間銀行に「借り」ができるということになる。

こうしたしくみは，アメリカでロースクールの教授を務めていたカーンによって創設されたものであるが，アメリカやイギリスをはじめ，日本においてもソーシャル・キャピタルを生み出すための有効な施策として実際に利用されている。たとえば，イギリスではこうした時間銀行のしくみを利用して地域のネットワーク，すなわちソーシャル・キャピタルを強化することで，地域の人々の健康維持や効率的なコミュニティ開発を実現しようとしている（Timebanking UK 2016）。また，日本でも現在，特活法人など39団体によってこうした取り組みが行われているのが確認されており，ソーシャル・キャピタルを生み出すことに貢献しているという（斎藤・原 2010）。

2 ソーシャル・キャピタル論の発展

前節では，ソーシャル・キャピタル論の基本的部分を概観した。こうした点

をふまえて，ここではソーシャル・キャピタル論がパットナムの『哲学する民主主義』以後，どのような発展を遂げていったのかについて検討してみたい。さらに，ここ 5 年以内に行われたソーシャル・キャピタル研究を紹介することで，その研究の最先端にも触れてもらいたい。

(1) パットナムのソーシャル・キャピタル論をめぐる論争

　パットナムのソーシャル・キャピタル論は，その言葉の新規性やさまざまな要因が重なり，学界だけでなく実務家の間でも有用な理論として一世を風靡することとなった。しかし，その一方で，ソーシャル・キャピタル論にはいくつかの批判も投げかけられるようになった。本項では，ソーシャル・キャピタルをめぐる 3 つの論争を取り上げて検討してみることにしたい。

ソーシャル・キャピタルの規定要因をめぐる論争　Putnam (1993=2001) のなかで，南北イタリアの間におけるソーシャル・キャピタルの格差の原因は，その歴史的背景にあるとされていた。しかし，こうした議論は歴史決定主義的であり，南イタリアが北イタリアに追いつくためには，さらに数世紀が必要であるという結論を導きかねないことから，大きな批判を浴びた (佐藤 2003)。

　こうした批判をふまえ，Putnam (2000=2006) ではソーシャル・キャピタルの変動をより短期的に捉えられる社会・経済的要因を重視した説明が採用された。イタリアからアメリカへと分析対象を移したこの本のなかで，彼は，アメリカにおけるソーシャル・キャピタル低下の原因を主に世代効果とテレビの影響に求めている。

　彼によれば，おおよそ1910年から1940年に生まれた長期市民世代の人々は，それ以降に生まれた若者よりもコミュニティに深く関わり，一般的信頼も高かったという。しかし，こうした長期市民世代が徐々に若者世代によって取って代わられていくことで，ソーシャル・キャピタルが低下したと指摘する (Putnam 2000=2006：309-310)。また，テレビの登場によって，それまでコミュニティ活動や市民参加にあてられていた時間が，テレビの視聴に費やされるようになったこともソーシャル・キャピタル低下の一因であるとされている (Putnam 2000=2006：287-290)。このほかにも，ソーシャル・キャピタルの規定要因として，社会・経済的要因 (Verba et al. 1995；Hall 1999) や制度的・政策的要因 (Skocpol 2002；Kumlin and Rothstein 2005；Kage 2011) に着目した研究が数多く公表されている。

> ソーシャル・キャピタルの
> 負の側面

　第2点目として挙げられるのは，ソーシャル・キャピタルの負の側面についての指摘である。たとえば，Fine (2001) は，ソーシャル・キャピタルをネットワーク・信頼・協力といった要素から考えた場合，ギャング——ネットワークをもち，そのネットワーク内ではお互いに対する信頼・協力関係で結ばれている——などのように社会全体にとって好ましくない結果をもたらす集団もソーシャル・キャピタルの源泉となってしまうことを批判した。

　こうした指摘に対して，Putnam (2000=2006) はソーシャル・キャピタルを橋渡し (bridging) 型と結束 (bonding) 型に分類することで対応した。パットナムによれば，公民権運動などに代表される橋渡し型ソーシャル・キャピタルとは，「外向きで，さまざまな社会的亀裂をまたいで人々を包含するネットワーク」(Putnam 2000=2006：19) であるとされる一方，結束型ソーシャル・キャピタルとは，「内向きの指向を持ち，排他的なアイデンティティと等質な集団を強化していくもの」(Putnam 2000=2006：19) とされ，その例として民族ごとの友愛組織などが挙げられている。そのうえで，前者はより広いアイデンティティや互酬性を生み出すのに対し，後者は，内集団への強い忠誠心をつくり出すことによって同時に外集団への敵意を生み出す可能性があるとしている (Putnam 2000=2006：20-21)。このようにパットナムも，時と場合によっては，結束型ソーシャル・キャピタルが負の外部性をもちうることを認めており，その点で批判の一部を受け入れているといえる。

> 因果関係をめぐる問題点

　さらに，ソーシャル・キャピタルの因果メカニズムをめぐる議論も活発に行われている。Boix and Posner (1998) は，ソーシャル・キャピタル研究の課題の1つとして，その因果メカニズムの曖昧さを批判している。彼らは，豊富なソーシャル・キャピタルと良好な統治パフォーマンスの間の因果メカニズムがブラックボックスとなっていることを指摘したうえで，仮説として両者を媒介する4つの経路——①政治エリートを適切にコントロールする市民の増加，②統治しやすい市民の増加，③市民の選好変化，④政治エリート間でのソーシャル・キャピタルの高まり——を提示するに至った。彼ら自身は，4つのモデルのそれぞれの妥当性を実際に検証していないが，本章後半でみるように，その後に続いたいくつかの研究によって彼らのモデルの一部は，実証されている。

これに加えて，ソーシャル・キャピタル研究が抱えるもう1つの問題点は，ソーシャル・キャピタルの因果効果を特定することが難しかったという点にある。たとえば，Sobel（2002：142）は，パットナム自身がソーシャル・キャピタルと統治パフォーマンスの間の因果関係の方向性が明確になっていないことを認めているにもかかわらず，『孤独なボウリング』の多くの部分で，ある種の社会的活動が社会に好影響をもたらすと考えている点を批判している。
　こうした因果関係をめぐる問題は，長い間ソーシャル・キャピタル研究のアキレス腱となっていたが，近年，自然実験や操作変数法などの実験的，ないし擬似実験的手法の発展にともない，より厳密な因果推論を行おうとする研究が増加している。次項では，ソーシャル・キャピタルの因果効果をめぐる研究を含めた最先端の研究をいくつか取り上げて紹介することにしたい。

（2）ソーシャル・キャピタル研究の最先端

　前項で確認したように，ソーシャル・キャピタル研究は，パットナムが『哲学する民主主義』を著して以降，発展を続けてきた。ここでは，主に最近5年以内に行われたソーシャル・キャピタル研究に焦点をあて，最新の研究動向をみていくことにする。

　　　　　　　　　　　　　はじめに，因果メカニズムをめぐる研究の進展からみて
　因果メカニズム特定の試み
　　　　　　　　　　　　　いくことにする。Boixらの指摘をふまえ，ソーシャル・キャピタルと統治パフォーマンスの間の因果メカニズムを明らかにしようとした研究の1つが，Jottier and Heyndels（2012）である。彼らは，ソーシャル・キャピタルが政治的説明責任を高めるという仮説を検証するにあたって，その媒介変数として，Boixらが提示した仮説のうちの1つである市民の選好変化を利用している。すなわち，ソーシャル・キャピタルが豊富な地域では市民が自分の利益ばかり考えて投票するのではなく，同じ地域に住む他の住民のことも考えて投票するため，政府の業績が悪い場合には，きちんとその政府を罰しようとするというのである（Jottier and Heyndels 2012：735）。そして実際に，彼らはベルギーのフランダース地域の地方自治体を事例に分析を行い，仮説の実証に成功している。

　　　　　　　　　　　　次に，前項の最後に取り上げたソーシャル・キャピタル
　因果効果推定の試み
　　　　　　　　　　　　の因果効果の推定を可能にした方法論的工夫をみていく

ことにしよう。ここでは，操作変数法——独立変数に影響を与える一方，従属変数とは相関しない変数をモデルに加えて分析する手法——を用いることでより厳密な因果効果の推定をめざしたNagler（2013）を取り上げてみたい。彼は，アメリカを事例とした研究のなかで，冬季の積雪を操作変数として，ソーシャル・キャピタルと夏の間の高速道路における事故の因果関係を分析した。彼の研究では，冬季の積雪が多ければ多いほど，自宅近くの会社に勤める人が増えるため通勤時間が短くなり，近隣住民との交流の時間が増える結果，人々への信頼（独立変数）——ソーシャル・キャピタル——が高まる一方，冬季の積雪量は，夏季の交通事故（従属変数）には影響を与えないと考えられることから，冬季の積雪量を操作変数として分析が行われている。そのうえで，彼は二段階最小二乗法を用いて分析を行い，ソーシャル・キャピタルが多く蓄積されている地域では，交通事故が減少することを明らかにした。

さらに近年，マルチレベル分析[3]と呼ばれる分析手法がソーシャル・キャピタル研究の分野で用いられるようになっている。これにより，個人レベルで生じている結果（たとえば，死亡率の低下）が，その地域におけるソーシャル・キャピタルのような環境要因によるものなのか，所得や性別など個人的属性によるものなのかを明らかにできるようになった。たとえばGlanville et al.（2016）は，マルチレベル分析を用いて，年齢や宗教などの個人的属性を考慮したうえでも，ソーシャル・キャピタルが，寛容さの指標であるボランティア活動の日数などを増加させるとしている。

ソーシャル・キャピタルの適用範囲拡大　近年のソーシャル・キャピタル研究は，こうした因果関係をめぐる研究の進展だけにとどまらず，その理論の適用範囲をさらに拡大している。たとえば，災害とソーシャル・キャピタルの関係を取り扱った一連の研究がある。その1つであるAldrich（2012=2015）による研究は，豊富なソーシャル・キャピタルが災害後の復興を促進することを示した。このほかにも，2010年のチリ地震の分析から地震前にソーシャル・キャピタルが豊富だった地域では，災害後にソーシャル・キャピタルがさらに豊富になったとするDussaillant and Guzman（2015）のような研究もある。また，災害を自然災害だけでなく戦争や内戦のような人為的なものにまで拡大して考えた場

3）　階層線形モデルや線形混合モデルなどとも呼ばれている。

合には，内戦中に低下したソーシャル・キャピタルが内戦後に急速に回復する可能性を指摘したDe Luca and Verpoorten（2015）による研究なども存在する。

また，こうした研究とは別に，多くの人々が利用するようになったインターネット――特に，ソーシャル・ネットワーキング・サービス（SNS）――とソーシャル・キャピタルについての研究も増加しつつある。たとえば，フェイスブックやツイッターへの参加が現実世界における対面での人付き合いを増加させる一方で，今問題となっているヘイトスピーチにさらされることで，信頼には悪影響を与えるとするもの（Sabatini and Sarracino 2014）や，SNSに限らずインターネットの使い方が，市民としての規範に異なる影響を与える可能性を指摘したFeezell et al.（2016）などを挙げることができる。

3 日本におけるソーシャル・キャピタル

本節ではまず，これまでのソーシャル・キャピタル論をめぐる議論をふまえ，日本のソーシャル・キャピタルの現状を紹介する。その際，日本のソーシャル・キャピタルを諸外国と比較するだけでなく，時系列比較も行うことでより立体的に日本のソーシャル・キャピタルの現状を捉えられるようにしたい。そのうえで，日本におけるソーシャル・キャピタル研究の現状について，前節で検討した諸外国での議論と比較しながらその特徴的な点についてみていくことにする。

（1） 日本におけるソーシャル・キャピタルの現状：比較の観点から

まず，諸外国と日本のソーシャル・キャピタルを比較した図6-1をみてもらいたい。図の右半分に示されている一般的信頼に関しては，日本はOECD諸国の平均値とほぼ同じ60.7％となっている。一般的信頼について世界価値観調査のデータを利用して日本の現状を分析した坂本治也は，世界54か国中14位であった日本を高信頼国家であるとした（坂本 2010）。しかし，一定程度，経済発展の進んだOECD諸国のなかだけに限ってみれば，日本は一般的信頼については低くもなく，高くもない，まさに平均的な国であることがわかる。

次に，ソーシャル・キャピタルの要素の1つを構成する社会的行動をとった者の割合についてみてみよう。こちらは，一般的信頼の場合と異なり，35か国

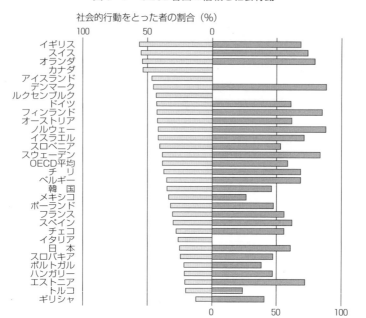

図6-1 OECD各国の信頼と社会行動

注：カナダ，アイスランド，ルクセンブルク，イタリアの4か国は「人を信頼できるとする者の割合」が欠測となっている。
出所：OECD「Society at a Glance (2011)」より筆者作成。

中下から7か国目で，OECD平均（39.1%）を下回る25.8%となっている。こうした結果は，世界価値観調査を利用して自発的結社への加入状況などを分析した前述の坂本の研究とほぼ同じである。

このような結果からは，日本のソーシャル・キャピタルが先進諸国のなかで平均並みか，それを下回っているようにもみえる。しかし，ソーシャル・キャピタルの測定の仕方を変えれば，次にみるように日本のソーシャル・キャピタルが，諸外国に比べてそれほど低いわけではないということが明らかとなる。[4]

**時系列でみる日本の
ソーシャル・キャピタル**　図6-2は，日本の衆議院議員選挙の投票率，一般的信頼，献血率の推移を表した図である。以下では，ソー

---

4) このように，諸外国と比較した場合に日本のソーシャル・キャピタルが低いようにみえる理由については，坂本（2010：29-31）を参照。

図6-2　時系列でみる日本のソーシャル・キャピタル

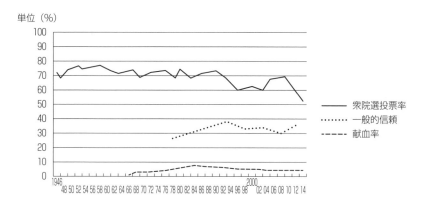

出所：明るい選挙推進協会「衆議院議員総選挙投票率の推移（中選挙区・小選挙区）」、統計数理研究所「国民性の研究第13次全国調査——2013年全国調査」、財団法人血液製剤調査機構「血液事業関係資料集（各年度版）」より筆者作成。

シャル・キャピタルの一要素である「ネットワーク」と密接に関連しているとされる（岡田 2007）衆議院議員選挙の投票率から順番にみていくことにしたい。

衆議院議員選挙の投票率は，1946年から1990年代初頭までは，増減を繰り返しながらも70%前後を維持していた。しかし，1990年代に入ると，投票率は急落し60%前後を推移するようになる。2000年代にやや持ちなおしの動きがみられるものの，全体的には低下傾向にあるといえる。

次に，一般的信頼について検討してみよう。一般的信頼は，調査が開始された1976年から一貫して右肩上がりだったが，投票率と同様に1990年を過ぎたころから，減少に転じるようになった。しかし，投票率がそのまま減少を続けたのとは対照的に，近年，一般的信頼は再び増加し始めており，全体的には増減を繰り返しつつも一定の範囲（30~40%）で安定的に推移しているといえる。

最後に，ソーシャル・キャピタルのもう1つの構成要素である「協力」の指標として献血率の推移についてみておくことにする。献血率は，調査開始から1980年代初頭までは増加の一途をたどっていたものの，投票率や一般的信頼よりも早く，1980年代半ばごろから減少に転じ始めた。2000年代中盤には，低下の傾向に歯止めがかかったものの，そのまま横ばいの状態が現在まで続いている。

このようにみてくると，日本のソーシャル・キャピタルは選挙の投票率のような社会参加の側面では，諸外国と比べそれほど低いとはいえないことがわかる。しかし現在，日本のソーシャル・キャピタルは，過去最も高かった1980年代から1990年代前半と比べて低迷しており，減少局面（好意的に解釈しても，横ばい状態）にあるといえる。

（2）日本におけるソーシャル・キャピタル研究の現状

それでは，日本におけるソーシャル・キャピタル研究の現状はどうなっているのだろうか。日本では，パットナムのソーシャル・キャピタル論を日本の事例で検証した坂本（2010）によって，パットナムの理論が日本にはそのままあてはまらないこと，ソーシャル・キャピタルと良好な統治パフォーマンスを媒介する変数としてシビック・パワー——政治エリートに対する適切な支持，批判，要求，監視の機能——が重要であることが示された。それを受けて，中澤ほか（2015）は，世田谷区における活発な市民参加の背景を坂本のシビック・パワーという概念から明らかにすることを試みている。しかし，それ以外の研究において，ソーシャル・キャピタルと統治パフォーマンスの間の因果メカニズムに注意を払っているものは多くないようである。清水（2012）は，地方政府の統治パフォーマンスの指標として，各市町村における定額給付金の受付開始時期と給付開始時期を用い，「政治参加が多く，人口規模が小さく，農村度が高い地方政府は，統治パフォーマンスも良好である」との結論を導いている。しかし彼の研究のなかでは，どのようなメカニズムでソーシャル・キャピタルと統治パフォーマンスが結びつくのかについては触れられていない。

日本における因果効果推定の試み 他方で，数は少ないものの（擬似）実験的な手法を用いて，ソーシャル・キャピタルの因果効果を明らかにしようとした研究が日本にも存在する。その一例として，日本福祉大学健康社会研究センターが，愛知県武豊町と協力して行った介入研究の例を紹介したい。

このプロジェクトは，実際の社会環境に介入することで，ソーシャル・キャピタルから健康への影響経路を解明することや，豊かなソーシャル・キャピタルが健康状態の改善に有効であるのか否かを明らかにすることを目的に実施された（近藤ほか 2010）。具体的には，武豊町内の各所に，主にボランティアによって運営される「憩いのサロン（以下，サロン）」と呼ばれる拠点を設置し，

健康体操や川柳，俳句，ゲームなどさまざまなプログラムを提供することで，高齢者のサロンへの参加を促し，そこで形成されるソーシャル・キャピタルが，高齢者の健康長寿に貢献するという因果関係を明らかにすることをめざしている。

ここでは，同プロジェクトの中間評価の一環として行われた研究について，みていくことにする。この研究では，サロンへの参加・不参加が，各人の保有するソーシャル・キャピタルや主観的健康感に違いをもたらすかどうかが検証されている。実証にあたっては，サロンへの参加・不参加がランダムに割り付けられているわけではないため，逆因果の可能性（つまり，健康な人ほどサロンに参加する）が問題となる。そこで，このプロジェクトではNagler（2013）の研究と同様に，操作変数を用いた分析がなされている。具体的には，住民の居住地からサロンまでの距離の逆数を操作変数として利用したうえで，社会参加を促進する介入が高齢者の主観的健康感を高めるという結論を導いている（Kawachi et al. 2013=2013）。また，サロンへの参加が地域での高齢者の社会参加など，ソーシャル・キャピタルの拡充に貢献していることも明らかにされた（Murayama et al. 2013=2013）。このように，擬似実験的手法により，ソーシャル・キャピタルの因果効果を捉えようとする研究も日本において徐々に増加しつつある。このほか，マルチレベル分析を用いた研究も増加しており，代表的なものとして市田ほか（2005）などを挙げることができる。

日本におけるソーシャル・キャピタル研究の射程　最後に，日本におけるソーシャル・キャピタル研究の広がりを確認しておこう。前節でみたように，諸外国ではソーシャル・キャピタル研究の射程が広がりつつあるが，日本でも同様の傾向がみられる。たとえば，災害とソーシャル・キャピタルをめぐる研究では，東日本大震災後の復興とソーシャル・キャピタルとの関係を研究した川脇（2014）が，先に触れたAldrich（2012=2015）の研究では十分明らかにされなかった両者の因果メカニズムを明らかにすることを試みている。彼は分析の結果，平常時の豊かなソーシャル・キャピタルが災害時の受援行動・支援行動をスムーズなものとすることで，復興の促進につながると結論づけている。

また，ソーシャル・キャピタルとSNSの関係についての研究も盛んに行われている。その1つである藤原広美（2013）は，日本と韓国の比較調査の結果からインターネット上のオンラインコミュニティでのやり取りが政治参加・社会

参加にどのような効果をもたらすかを研究している。その結果、同質な人とのつながりが強い「結束型」のオンラインコミュニティへの参加が、人々を積極的市民参加へと駆り立てるという、欧米の一般的な知見とは異なる結果が得られたとしている。[5]

このように、日本のソーシャル・キャピタル研究は、諸外国における研究と同様にその研究対象を広げ、発展し続けている。その一方で、ソーシャル・キャピタルの因果メカニズムをめぐる研究や、統計的因果推論の手法をソーシャル・キャピタル研究に適用する試みは始まったばかりであり、諸外国と比較した場合には、質・量ともにさらに成長する余地が残されているといえる。

4 今後の課題

これまでの各節では、ソーシャル・キャピタル論の誕生から現在の到達点までをみてきたが、最後にソーシャル・キャピタル論が、今後取り組まねばならないと考えられる点をいくつか指摘して本章を閉じることにしたい。

(1) ソーシャル・キャピタル概念の再整理

ソーシャル・キャピタル論が発展を遂げていくなかで、その概念は徐々に精緻化・細分化されていくこととなった。たとえば、前述したようにPutnam (2000=2006) は、ソーシャル・キャピタルの性質を橋渡し型と結束型に分類している。しかし、こうした異なる種類のソーシャル・キャピタル――特に、橋渡し型と結束型――の間にどのような関係が存在するのかについては、いまだに十分な研究が行われていない。

橋渡し型ソーシャル・キャピタルと結束型ソーシャル・キャピタルの関係を考えるにあたっては、2つの考え方をとることが可能である。1つには、それぞれのソーシャル・キャピタルの間の関係をゼロ・サム的に捉える方法である。つまり、橋渡し型ソーシャル・キャピタルの高い地域では、結束型ソーシャル・キャピタルは低く、結束型ソーシャル・キャピタルが高い地域では、橋渡し型

---

5) ただし、欧米でもMutz (2002) のように同質的な社会的ネットワークへの帰属が、政治参加を促進するという見解もある。

ソーシャル・キャピタルは低いとする考え方である（たとえば，Pelling 1998）。

一方，理論的には1つの地域のなかに2つの種類のソーシャル・キャピタルが共存する可能性を考えることもできる。たとえば，結束型ソーシャル・キャピタルが豊富にあるだけではなく，橋渡し型ソーシャル・キャピタルも豊富な地域があるかもしれない。このように考えると，(a) 橋渡し型ソーシャル・キャピタルも結束型ソーシャル・キャピタルも豊富な地域，(b) 橋渡し型ソーシャル・キャピタルは豊富だが結束型ソーシャル・キャピタルは貧弱な地域，(c) 橋渡し型ソーシャル・キャピタルは貧弱だが結束型ソーシャル・キャピタルは豊富な地域，(d) 橋渡し型ソーシャル・キャピタルも結束型ソーシャル・キャピタルも貧弱な地域という，4つの分類を想定することができる。

今後は，本当に2種類のソーシャル・キャピタルが，1つの地域のなかにおいて共存すること（もしくは，両方ともまったく存在しないこと）——前述の (a) や (d) のパターン——がありうるのか，もしあるのだとすれば，これら4つのタイプがそれぞれ統治パフォーマンスや，その他の社会・経済的パフォーマンスにどのような影響をもつのか，といった点についてさらなる研究が必要になろう[6]。

(2) ソーシャル・キャピタルのデータをめぐる問題

ソーシャル・キャピタル研究に関する課題の2つ目は——特に，日本において——その分析のためのデータをどのように入手するかという点である。ソーシャル・キャピタルの因果効果を推定するにあたっては，できる限り分析単位の同質性を確保し，統制すべき変数の数を減らすのが理想といえる（坂本 2010）。したがって，都道府県よりも市町村，市町村よりもさらに小さな小学校区や投票区といったコミュニティにおけるソーシャル・キャピタルが測定できることが望ましい。だが，ここでジレンマが生じる。分析単位が小さくなればなるほど，ソーシャル・キャピタルの指標として利用できるデータが限られてしまうことになるのである[7]。ここでは，ソーシャル・キャピタルを計量的に把握できる実質上最小の単位であると思われる，市町村におけるソーシャル・

---

6) このほかにも，これまで日本ではあまり取り上げられることのなかった，連結（linking）型ソーシャル・キャピタルと橋渡し型・結束型ソーシャル・キャピタルとの関係についても検討する必要がある（Krishna 2002；Harrison et al. 2016）。

キャピタルの指標について考えてみたい。

> 市町村レベルのソーシャル・キャピタルの指標

先行研究では，刑法犯認知率（吉岡 2005）や，衆議院議員選挙の小選挙区投票率（坂本 2010）などが用いられている。しかし，前者は刑法犯罪のすべてがソーシャル・キャピタルによって説明されるわけではない（坂本 2010）という問題点があり，後者もソーシャル・キャピタル以外の要因——たとえば，時の内閣支持率や，投票日の天候など——によって変動する可能性がある。そのため，ソーシャル・キャピタルの代理指標として用いるにはやや難がある。

そこで，ここでは消防団の加入率や，住民税の徴収率を代理指標として用いることを提案したい。たとえば，消防団の加入率は，その地域における人々のネットワークの充実度を表す1つの指標となりうると考えられるからである[8]。こうした消防団加入率のデータは，総務省消防庁のウェブサイト内にある「あなたの街の消防団」というページのデータを利用することができる。さらに，総務省が毎年度発行している『市町村税徴収実績調』を用いれば，市町村ごとの住民税の徴収率を把握することができる。もし，その市町村における住民同士の信頼や協力関係——すなわち，ソーシャル・キャピタル——が高ければ，住民税の滞納は減り，徴収率は上昇するはずである。

こうしたデータは，市町村レベルにおけるネットワークや，信頼・協力関係といったソーシャル・キャピタルを捉えるにあたって有効な指標となる可能性がある。このほかにも埴淵（2007）のように，市町村別のNPO法人数を利用することも考えられるであろうし，量的データに頼らずインタビューや文献調査など質的調査によって市町村より小さな単位のソーシャル・キャピタルを測定することも可能かもしれない。

ソーシャル・キャピタルは，これまでさまざまな問題点を指摘されながらも，それを少しずつ克服し，進歩を続けてきた。現在も，ソーシャル・キャピ

---

7) ここで念頭に置いているのは，パットナムのようにソーシャル・キャピタルを社会レベルで捉える研究である。主にサーベイ調査などにより測定される，個人レベルのソーシャル・キャピタルを取り扱う研究には，ここでの議論はあてはまらない。
8) とはいえ，消防団への加入が必ずしも自発性にもとづくものではない場合があることも指摘されており（Haddad 2007：90），ソーシャル・キャピタルの指標として用いる場合には，その点に注意を要する。

タル論は，ここで指摘した課題を含めさまざまな問題点を抱えているが，これらを1つひとつ解決していくことでその有用性をさらに高めることができるであろう。

📖 文献案内

▶ パットナム，ロバート・D., 2001, 河田潤一訳『哲学する民主主義――伝統と改革の市民的構造』NTT出版.
▶ 坂本治也, 2010, 『ソーシャル・キャピタルと活動する市民――新時代日本の市民政治』有斐閣.
▶ アルドリッチ，ダニエル・P., 2015, 石田祐・藤澤由和訳『災害復興におけるソーシャル・キャピタルの役割とは何か――地域再建とレジリエンスの構築』ミネルヴァ書房.

【藤田俊介】

第 II 部

市民社会を左右する諸要因

第 7 章 ボランティアと寄付——市民社会を支える資源

> 日本のボランティア・寄付は貨幣換算によるその経済的価値もさることながら，市民社会における特有の価値も有している。
> 　本章ではその価値について，道具的機能，表出的機能という2つの観点から，まず**1**で紹介をする。そして**2**では，ボランティア・寄付がどのようなメカニズムによって促され，個人は行うのかを，総合的な観点からの研究成果を紹介し考察する。これによりひとまず，ボランティア・寄付のあり様が理論的に理解される。そして**3**では日本におけるボランティア・寄付の現状について，複数のデータを用いて多角的に検討する。最後に**4**では市民社会におけるボランティア・寄付のこれからについて，他の章との関連もふまえつつ，とりわけ新自由主義的政策がその動向に及ぼす影響を，可能性も含め検討を行う。

1 市民社会におけるボランティアと寄付の「価値」

（1） ボランティア・寄付の道具的機能

　市民社会におけるボランティアと寄付の価値については，次の2通りの考え方ができる。まず，ボランティアと寄付を通じて実現されるサービスや，経済的あるいは政治的成果に価値を見出すことができる。これはボランティアと寄付の外部効果であり，道具的機能とも呼ぶことができる。ボランティアが生み出している道具的な機能を貨幣的価値で換算するとどうなるだろうか。総務省統計局『社会生活基本調査』(2006年) の調査結果にもとづき，代替費用法 (ボランティアが行った業務を有給の就業者が行った場合の貨幣価値で換算する方法) を用いて算出された日本のボランティア活動の貨幣価値は，GDPの1％超にあたる年間7.2兆円に及ぶと推計されている (山内 2007)。

　さらに寄付についても，2014年に日本で行われた個人寄付の総額は7,409億円と推計されており，これは名目GDPの0.2％に及ぶという (日本ファンドレイジング協会編 2015)。アメリカは約27兆3,504億円 (1ドル105.8円で算出) であり，名目GDP比は1.5％。イギリスは約1兆8,100億円 (1ポンド170.8円で算出) であり，名

第 7 章　ボランティアと寄付

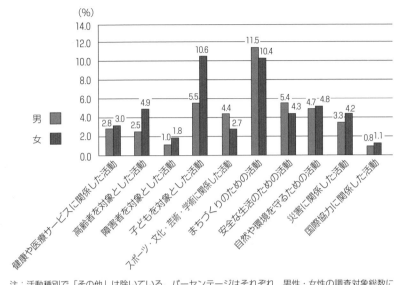

図7-1　ボランティア活動の対象

注：活動種別で「その他」は除いている。パーセンテージはそれぞれ，男性・女性の調査対象総数における割合なので，すべて足し合わせても100％にならない。また複数回答である。
出所：『平成23年社会生活基本調査結果』（総務省統計局）より筆者作成。

目GDP比の0.6％となっており，日本の個人寄付規模はそれらに比べると小さいといえる（日本ファンドレイジング協会編 2015）。

また，アメリカのジョンズ・ホプキンス大学が中心となって行った非営利セクター国際比較研究プロジェクトでは，非営利組織で働く有給の就業者とボランティアについて，その国の労働力人口に占める割合を比較調査している（1995年から2000年にかけて36か国。国により調査年が異なる）。先進国に限ってみると，その平均は有給職員が4.65％，ボランティアが2.71％であり，労働力人口に占める割合は合計7.41％に及ぶとしている。日本は有給職員が3.19％でボランティアが1.49％と，いずれも先進国平均値よりも低い。

しかしながら，ボランティア活動の道具的機能が，非営利組織の有給のスタッフと完全に同質のものであるとは考えにくい。そもそも金銭的価値のみで表すのには限界もあるだろう。ボランティア活動は日本では，後述のように，多様に取り組まれているのが実態である（図7-1）。こうした多様な領域でさまざまなサービスが提供されることは，「活力ある市民社会」の実現に寄与し

111

ていると考えられる。たとえば，小・中学校，高校にて大学生がボランティアとして活動する「学校ボランティア活動」においては，学校は大学生ボランティアに対して，技術や知識の資質を必要とする児童生徒への関わりではなく，教員や職員と児童生徒の中間的な存在として，専門家ではない関わりに意義を見出していることが明らかになってきている（原田ほか2011；中野・高木2009）。

すなわち対人援助サービスにおいては，専門家集団とは異なった関係性をクライエント（児童生徒／利用者）と結び，クライエントの満足度を高めることができるのがボランティアの「強み」といえる。しかしそうしたボランティアならではの強みは，対人援助サービスに限定されるものではない。たとえば，大澤・赤坂（2012）は，環境保護活動（外来種の駆除活動）をボランティアが行っている事例と，行政事業によるそれとを比較検討している。それによれば，ボランティアによる外来生物の駆除活動は，行政が事業として行う場合に比べ，活動の幅が不安定であるという課題はあるものの，時には行政事業を超える動員成果をあげることがあるし，また一般市民への教育的効果も無視できないとしている。

(2) ボランティア・寄付の表出的機能

こうした外部的効果の一方で，ボランティアや寄付は，その行為自体が市民社会的な価値を有していると考えることもできる。そのような価値を，ボランティア・寄付の内部的効果と呼びたい。これは先ほどの道具的機能に対して，「表出的機能」と表現することもできるだろう。いくつかの研究からボランティア活動に参加している人ほど，社会的なつながりを得ていたり，相互の信頼を形成していたり，民主主義への理解や政治への関心を深めるなど，「市民性」を深めていることが明らかとなっている（Isham et al. 2006；Hooghe 2003）。パットナムはこうした「信頼，規範，ネットワークといった社会組織の特徴」をソーシャル・キャピタルと名づけた（Putnam 1993＝2001：206-207）。ペッカネンは，日本の市民社会組織を研究するなかで，自治会・町内会が各地で多様に活動を行っていることが，日本のソーシャル・キャピタルの大きな源泉であると考えた（Pekkanen 2006＝2008）。

また海外の研究では，ボランティア活動への参加や団体への所属が，幸福感や心身の健康度合いの高まりに関係することを証明したものも散見される（た

とえば，Rietschlin 1998やThoits and Hewitt 2001など）。同様に寄付行動も，寄付者の幸福感を高めると考えられる（Anik et al. 2009）。なおこれらは単に一方的な因果関係ではなく，たとえば健康な人ほどボランティアをする傾向にあり，そしてまたボランティア活動を通じてより健康になる，といった循環的な関連性をもっていると考えられている。

　こうしたボランティア活動者にもたらす効果を主に学習的な意味で捉え，意図的にそれを活用しようとする取り組みがサービスラーニングである。サービスラーニングとは，サービス（ボランティア活動）を通じて現実社会へ何らかのインパクトを与えるものであり，かつそれは単なる体験ではなく，構造化された教育的取り組みでもある（桜井・津止編 2009）。サービスラーニングは学校のカリキュラムとして取り組まれるものもあれば，学校以外の主体によって行われる場合もある。先ほどの区分でいうならば，外部的な社会への効果（道具的機能）をもちつつ，内部的な学習効果（表出的機能）を意図的に生み出そうとしているものといえる。

2 個人がボランティアと寄付を行う要因

(1) ボランティアへの参加を説明する理論

　このようなボランティア活動や寄付に人々が参加する背景には，どのような要因が存在しているのであろうか。Einolf and Chambré (2011) は，それまでに行われたボランティア活動やボランティア団体への参加の要因を明らかにする研究を再分析（メタ分析）し，その要因を整理している。それによればボランティア参加の要因は，これまでの研究において次の3種類の理論から説明がなされているという。

　　　　　　　　　　第1に社会理論である。これはさらに，社会的文脈理
　| 社会理論 |　論・社会的統合理論・社会的役割理論という，3つの中
　　　　　　　　　範囲の理論分類を含んでいる。それぞれをみると，まず社会的文脈理論は，ボランティア活動を行うきっかけとしての，外的な出来事や地域的な影響を研究するものである。ボランティアの盛んな地域もあれば，そうでない地域もあるだろう。また災害の発生という出来事は，それへの応答でボランティアを増やす傾向にある。次に社会的統合理論は，ボランティアが社会的・組織的に行わ

れていることに注目し，個人間のネットワークや文脈を分析する。友人がボランティアをしていたり，ボランティアをするべきという規範が存在していると，ボランティアに参加する傾向が強まる。逆にボランティアによって，社会関係も新たに生まれるという循環も存在する。そして社会的役割理論では，ボランティア活動が特定の社会的地位とどのように結びついているかを研究する。ある社会的役割，たとえば子どもの親である場合，PTAや子ども会への参加を依頼されるといった具合にボランティアを期待される機会が増える。逆にそれが，ボランティア参加の機会を阻むこともある（仕事や家庭で忙しい，など）。さらには，人は何かの社会的役割を失った穴埋めにボランティアをすることがある。たとえば定年退職した人が地域で活動を始めるのが好例である。

個人特性理論 　第2のボランティア参加の理論は，個人特性理論である。これは，ボランティア活動を行う人々に特徴的な性格，動機や価値観などがどのようにみられるかに焦点をあてている。ボランティアの動機を心理学的に分析するものとして，クラリーらの提唱するVFI（Volunteer Function Inventory：ボランティア機能目録）モデルが代表的である。これは，人間の態度を心理力学的動機要因としてのいくつかの機能に分解して理解する「機能アプローチ」にもとづく考え方である（Clary et al. 1998；Clary and Snyder 1991）。桜井（2007）はこのVFIモデルを応用し，独自調査の結果からボランティアの動機を7タイプに類型化している。第1に「自分探し」動機である。これは時間的余裕と，自信のなさといったネガティブな意識が結びついた動機である。第2に他者への貢献意識による動機で，「利他心」動機である。第3には，ボランティア活動を通じ個人的な理念実現をめざす「理念の実現」動機である。第4に「自己成長と技術習得・発揮」動機である。第5に友達づくりや活動自体を楽しむことを望む「レクレーション」動機である。第6は人から誘われたり，勧められたりして参加する「社会適応」動機である。最後に，「テーマや対象への共感」をすることで参加する動機である。これらは，1つだけの動機で参加すると考えるのではなく，強弱のある組み合わせによって，人はボランティアをすると想定される。

　そして，こうしたボランティアの動機や価値観を充足するべく，ボランティアを受け入れる機関で働きかけるさまざまな人的資源管理の組織的な取り組みを，「ボランティアマネジメント」と呼ぶことができる（桜井 2007）。ある

アメリカの研究では，調査対象の高齢者ボランティアの活動継続に影響のあった9つの要因のうち，個人的な問題はたった2つ（収入と精神的健康）で，残りの7つはボランティア活動中の経験や，活動プログラムの内容に関わることであることから，ボランティアマネジメントの重要性を強調している（Tang et al. 2009：870）。

> **資源理論**

そして第3のボランティア参加の理論は，資源理論である。この研究群では，資源を豊富にもつ個人は，それに乏しい個人に比べ，より多くのボランティア活動に携わる機会をもつ，という観点に立っている。ここでの資源とは，人的資本（教育の達成度や個人のもつ知識・技術）を主には指しているが，時間的な余裕なども含んでいる。そしてそれらがボランティア参加に前向きに影響していることを明らかにする研究がある。

Einolf and Chambré（2011）はこうした3つの理論的方向性を整理するとともに，実際のボランティアの参加行動を分析する際にはそのすべてを想定することが重要だと述べている。桜井（2013）はこの3つの理論的な方向性で，大学生による東日本大震災被災地への支援活動の参加要因を分析している。同研究においては，被災地でのボランティア活動だけでなく物資送付や募金活動といった，寄付をも含む幅広い支援活動が調査対象として想定されていた。その分析の結果として，大学生の災害支援行動の参加背景には，個人特性（学部が社会福祉系）と，個人の所持する資源（時間的余裕）との両方の影響がみられていた。このことは広く寄付を含む行動に対しても，アイノフらの整理が応用可能であることを示唆しているといえよう。

（2）　寄付行動を説明する理論

また，人々がなぜ，どのようにして寄付を行うのかに関しては，ベッカーズとウェプキンの研究が参考になる（Bekkers and Wiepking 2011）。そこでは，500以上のそれまでの寄付行動に関する研究結果をふまえて，人々が寄付を行う重要なメカニズムを8つに分類している。

> **寄付行動の8つのメカニズム**

第1にニーズ認識である。直接，寄付を求める人々を知ったり，勧誘する人からの情報，あるいはマスコミなどを通じてニーズを認識することで，人々は寄付をするようになることを明らかにした研究が存在している。

第2に，上記に関係するが，「勧誘」である。ほとんどの人は，勧誘への反応として寄付行動を起こすとされている。しかし他方で，勧誘が多すぎると人々は「寄付疲れ」を起こし，かえって寄付を減らすこともわかっている。

　第3に物質的な費用対効果である。寄付を行うためにかかるコストが少ないほど，明らかに寄付が増えるとされる。寄付をしたときに何かプレゼントや特別サービスがあると，寄付は増えるとされる。しかしその効果は複雑であり（プレゼントの中身や渡し方によっても異なる），安易に用いると危険性が高いとされている。

　第4に利他主義である。他人のためという利他主義的な考え，すなわち，寄付が対象者の救いになるという個人の考えは，寄付行動を促すだろう。逆にいえば，寄付をしなくてもどこかがお金を出すのであれば，寄付行動は減るかもしれない。実際，政府補助金が増えるほど個人寄付が減る，という研究結果もある。これはクラウディングアウト（crowding out）＝締め出し効果と呼ばれる。

　第5に評判である。寄付行動は社会にとって善いことであるという考え方にもとづき寄付が促進されるという研究結果がある。あるいは，他者が寄付するから自分も，という意識も寄付行動には影響することがわかっている。寄付する姿を人がみているかどうかで違いが出る，という研究結果もある。社会的な圧力の影響ということもできよう。

　第6に心理的な利益である。寄付者にとって，3番目に述べた物質的な効果だけでなく，目にみえない利益，満足を得る機会になることが重要であると主張する研究結果がみられる。日本では主流ではないが，寄付大国である北米では寄付集め自体を楽しむイベントが大小さまざまに取り組まれている。筆者が1年ほど滞在したカナダ・トロント市でも，スポーツイベントはほとんど，何らかのチャリティとして開かれていた。あるいは，寄付行動を通じたより良い自己イメージの獲得というのも，一種の満足感として寄付者が得る心理的利益であると考えられる。

　第7に価値である。寄付を集める団体のビジョンに共感することは，大きな寄付の動機となるだろう。あるいは，社会全体の価値観が寄付を促すものである場合，寄付行動は積極的になると考えられる。

　最後に有効性感覚である。自分たちの貢献による効果がみられない，と感じた場合，人々は寄付を止めてしまう傾向にある。人はそもそも，自分の寄付の

有効性を過大評価しがちであるという。また,他人が寄付をしているのをみた場合に,人は寄付しがちであるとされており,これも寄付の正統性が認識されたためであろうとベッカーズとウェプキンは述べている。

> ファンドレイジング・
> 利他的行動

なお日本では近年,組織的かつ能動的な働きかけが寄付集めでも有用と考える立場から,「ファンドレイジング」が市民社会組織関係者の間で声高に叫ばれるようになってきた。ファンドレイジングとは本来,資金獲得という意味であり,必ずしも市民社会組織の活動だけを指すものではないし,また寄付獲得だけを指すものではない。しかし北米の非営利組織がこの単語を,寄付募集を指す用語として盛んに使っている背景などから,日本でもカタカナでそのまま使用するようになっている。

また,寄付を行う者は,同時にボランティアも行っている(いた)傾向が強いことがわかっている(日本ファンドレイジング協会編 2015)。桜井(2013)は,東日本大震災において支援行動を行った大学生には過去の継続的なボランティア経験が影響していることを明らかにしている。寄付やボランティア活動は,主に社会心理学などではその性質から,まとめて利他的行動(altruistic behavior,愛他的行動ともいう),援助行動(helping behavior),向社会行動(prosocial behavior)などとも呼ばれることがある。

3 ボランティアと寄付の実態

(1) ボランティア活動の実態

道具的・表出的な機能をもち,市民社会において多様な意味をもつボランティアと寄付は,日本では実際,どのような状況にあるのだろうか。川野(2004)によれば,新聞(とりわけ朝日新聞)の記事の見出しにおいて「ボランティア」という用語は,90年代に入ったころから使われることが増え始めたという。これには,高齢化社会を迎えての福祉ボランティアへのマスコミの注目,国際貢献が話題となることにともなっての国際ボランティアへの注目が影響しているのではないかと川野は述べている。

> ボランティア活動者の
> 割合はほぼ変化なし

しかしながら1990年代以前より現在にかけて,実際にボランティア活動に携わっている人の割合はほとんど増減がみられないというデータがある。5年に一度調査されている社会生活基礎調

第Ⅱ部　市民社会を左右する諸要因

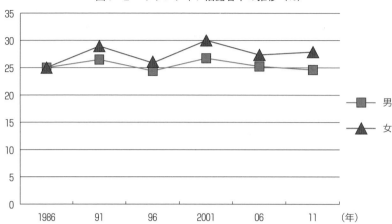

図7-2　ボランティア活動者率の推移（％）

注：91年までは15歳以上の人口についての比率（96年以降は10歳以上が調査対象だが分析では15歳以上のデータを用いている）。
出所：『社会生活基礎調査結果』（総務省統計局）より筆者作成。

査（総務省統計局）によれば，1986年から2011年にかけて，男女ともにボランティア活動をしている人の率は，上下しつつも，およそ一定の割合である（図7-2）。女性は全体の25～30％程度であり，男性は全体の24～27％程度である。なお同調査では，ボランティア活動を，「報酬を目的としないで自分の労力，技術，時間を提供して地域社会や個人・団体の福祉増進のために行う活動」と定義している。また，活動のための交通費など実費程度の金額の支払いを受けても報酬とみなさず，その活動はボランティア活動に含めている。なお，ボランティア団体が開催する催し物などへの単なる参加は除くとされている。

　1995年には阪神・淡路大震災が起き，多くのボランティアが被災地での支援活動に活躍したことから「ボランティア元年」とも呼ばれた。しかし同調査結果からは，1995年以後，ボランティア活動者が右肩上がりに増加してはいないことがうかがわれる。また2011年には東日本大震災が起きているが，同様に，劇的な変化はみられない（平成23年社会生活基本調査は，2011年10月20日現在で行われている）。それどころか，男性では前回調査（2006年）に比べてわずかながら減少している。

ボランティア活動の対象・形態　　また，ボランティア活動をしている人がどのような対象の活動に従事しているのかについて，平成23年社会生活

第7章　ボランティアと寄付

基本調査の結果からみてみたい。先ほどと同じく男女別に活動頻度を示したものが図7-1となっている。

　これによれば，男女とも「まちづくりのための活動」が最も高い割合となっており，かつ男女の差はそれほど無い（男性11.5％，女性10.4％。調査対象者全体における割合。以下同）。このまちづくりの活動例としては，調査票では道路や公園等の清掃，花いっぱい運動，まちおこしなどとなっており，自治会・町内会といった地域団体の活動が含まれていると考えられる。次に高い割合となっている活動対象は，男女とも「子ども対象」であるが，女性が10.6％なのに対して男性が5.5％にとどまり，女性のほうが際立って高い割合なのが特徴的である。この活動例は調査票において，子ども会の世話，子育て支援ボランティア，学校行事の手伝いなどとなっており，PTA活動なども含むと考えられる。

　それ以外に男女の違いとしては，男性がより参加している割合の高いものとして「安全」(5.4％)と「スポーツ・文化・芸術・学術」(4.4％)が挙げられる。それ以外の活動対象においては女性のほうが活動割合は高いが，そのなかでも「高齢者対象」(4.9％)，「自然・環境保護」(4.8％)，「災害関連」(4.2％)が比較的女性の活動者率が高い。なお日常的な防災活動は「安全」分野に含まれており，こちらの「災害関連」とは非常時の活動や被災地支援のことである。またそれ以外に，「障害者対象」は男女とも活動者割合がきわめて低いが，しかし男性が1.0％なのに対し女性が1.8％と，特徴的に女性の活動者が多い傾向にある。

　まとめると，まちづくりや子どもの活動に携わっている者が全体的に多いが，男女別にみると，女性は子ども対象，高齢者対象，障害者対象といった，対人援助サービスに携わっている割合が比較的高く，他方男性は防犯・防災の活動やスポーツ・文化といった，まちづくりの延長上にある取り組みに参加している傾向にあるといえる。

　また平成23年社会生活基本調査では，ボランティア活動の参加形態（団体などに加入して行っているか）を尋ねている。その結果について，男女別にそれぞれの割合を示すと，図7-3のとおりとなる。これによれば，男女ともに最も高い割合の参加形態であったのは，「地域社会とのつながりが強い町内会などの組織」となっている（男性11.0％，女性11.6％）。他方で個人で活動している者も，その次に高くなっている（男性8.0％，女性10.1％）。

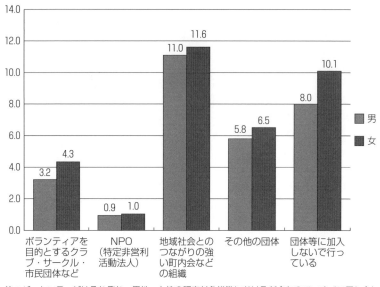

図7-3　ボランティアの活動参加形態（％）

注：パーセンテージはそれぞれ，男性・女性の調査対象総数における割合なので，すべて足し合わせても100％にならない。また複数回答である。
出所：『平成23年社会生活基本調査結果』（総務省統計局）より筆者作成。

（2）　寄付行動の実態

　日本での個人寄付について，長期的な傾向を追うことができる調査はあまりない。しかし総務省が行っている家計調査は，限定的ではあるが，それを理解する手がかりとなる（図7-4）。この調査では寄付金を世帯以外の団体などへの寄付金，祝儀等の移転支出のこととし，具体的には一般的寄付金，共同募金，バザー現金寄付等としている。ただし学校や寺社への寄付は対象から外れている（それぞれ，「授業料」「信仰・祭祀費」に分類されている）。また調査対象は農林漁家世帯を除く2人以上の世帯としており，全世帯の傾向を示しているわけではないことに注意が必要である。

> 日本人の寄付は減っている？

そうした留意点はあるものの，このデータからはいくつかの傾向がみてとれる。まず1995年と2011年の寄付額が突出して高い。それぞれ，阪神・淡路大震災と東日本大震災が発生した年であり，それらの被災地・被災者への義捐金，あるいは支援団体への支援金としての寄付が多かったのではないかと推測することができよう。実際，桜井（2013）

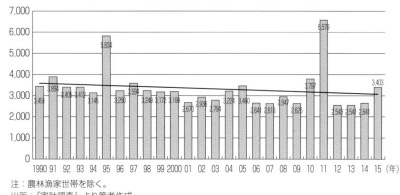

図7-4 2人以上世帯の寄付金の全国平均の推移

注:農林漁家世帯を除く。
出所:『家計調査』より筆者作成。

の調査結果では、調査対象の8割以上の学生が東日本大震災に呼応して、金額はともかく何らかの現金寄付を行っていた。

次に明らかになったこととして、上記の例外的な年を除き、長期的には1990年以降、平均額は微減傾向であることがみてとれる。グラフ中で年を横断して表されている直線がそれを示している(トレンドライン)。高齢化にともなって増加している独居世帯の状況が反映されていないが、しかし無視はできないデータである。なお2015年には速報値ではあるものの、2014年に引き続き平均金額は前年よりも上がっている。

ところで、こうした寄付金額の長期的減退と動向を同じくしているのが、全国の共同募金会の募金実績である。共同募金会は全国的に組織された、日本で最大の寄付を募集する機関であり、またそれは地域ごとの福祉的な活動等に配分されている。中央共同募金会が公表しているデータによれば、一般募金(赤い羽根共同募金)、歳末助け合い募金を合わせた金額は、1995年度の26,579,351円をピークに減少し、2014年度には18,723,326円まで落ち込んでいる。その間、募集方法との関連では、個別募金、法人募金、職域募金、学校募金といった、コミュニティや組織によって集められた金額はすべて減少し、唯一、イベント募金だけが金額を増加させている。

> 近年の寄付者は増加傾向

また近年では、日本ファンドレイジング協会が独自調査も行ったうえで、その概観を「寄付白書」としてまとめ、

発行している（日本ファンドレイジング協会編 2015）。それによれば2009年以降，15歳以上の寄付者率はおおよそ，3割強から4割強の間を推移している。ただし先ほどの家計調査のデータと同じく，2011年は外れ値として68.6％もの人が寄付を行っている。しかし家計調査と異なり，寄付者の割合は比較的増加傾向にある。あわせて考えると，1世帯あたりの寄付金額は減少傾向にあるが，しかし寄付を行う個人は近年広がりをみせつつある，ということができるかもしれない。しかしそれは共同募金の動向などをみると，伝統的な地域や団体に依拠した募集ではなく，「ファンドレイジング」としてのイベントなどを通じた寄付が増えていることが予想される。あらゆるタイプのコミュニティが衰退するなかで，寄付集めも難しくなってきているのかもしれない。

4 政治・経済的環境が与える影響：新自由主義を超えて

　最終節では，ボランティアと寄付の課題として，変化・現状をどう捉えるのか，そして今後の市民社会のあり方としてボランティアと寄付がどのように位置づけられるのかを考えたい。

　多くの論者が，近年のボランティア活動と寄付の状況，およびその言説が，新自由主義（ネオリベラリズム）の影響を色濃く受けていることを指摘している。新自由主義について，ならびにそれが市民社会に与えている影響については**第10章**で詳述されるので，ここでは最低限の話にとどめつつ前節のデータの考察を簡単に述べておきたい。新自由主義とは，歴史的には1980年代，オイルショック後の産業構造転換へ対応できなかった先進国が，大胆な公的支出削減と公共サービスの民営化・競争原理導入を行ったことに端を発する。イギリスではサッチャー首相が，アメリカではレーガン大統領が主導したことから，サッチャリズム，レーガノミクスとも呼ばれた。

　日本においては，同じく80年代の中曽根内閣が鉄道，電話，および塩・たばこの3公社の民営化を決定したことがその典型例とされる。国によって政策的な細部は異なるものの，公共サービスの民営化・市場化は，補助金の削減とあいまって，その競争環境への非営利組織の参入を促すこととなった。行政からの委託を獲得する競争によって，非営利組織のなかでのボランティアの価値が下がっている可能性，また商業的な収入の重視がボランティアや寄付といった

市民参加を抑制するようになる可能性が危惧されている（Eikenberry and Kluver 2004）。また，ボランティアマネジメントやファンドレイジングの強調も，市民社会組織において企業型経営を重視するようになったという意味で新自由主義の強い影響を示唆するものであり，それらは市民社会の価値（先述のソーシャル・キャピタルなど）を損なうものであるという主張もある（Dean 2015；Eikenberry and Kluver 2004；Raddon 2008）。

　さらに今日的には，新自由主義的政策は単純に政府の役割を「撤退」させるものではなく，その市場主義的な発想を福祉政策やコミュニティ・家族にすら「侵攻」するものとなっている，とペックとティケルは述べている（Peck and Tickell 2007：33-34）。彼らによれば「侵攻型」の新自由主義とは，「市場主義とその帰結を強化し管理する新たな国の形態，新たな規制の様式，新たな統治（ガバナンス）の様式」である。そしてイギリスにおいてそれは，社会問題に関しても積極的に介入し，福祉改革，都市秩序の生成，コミュニティの再生などをともなうものであったとしている。同様の概念をローズは「アドバンスト・リベラリズム」と表現していた（Rose 1996）。アドバンスト・リベラリズムは，「〈市場〉と〈コミュニティ〉の名において，社会的行為者に〈責任〉と〈自律性〉を付与しようとする」（渋谷 2003：62）。この考え方にもとづき，今日の日本では「自発性」の名目で，ボランティア活動は，新自由主義的に望ましい都市秩序や地域コミュニティの構築へと，国家が導く手段になっているという危惧が呈されている（仁平 2011；中野 1999；渋谷 2003）。

　前節でみたように，日本でボランティア活動を行っている人の割合には長期的な変化がみられないが，個人としての（組織に属さない）形態での活動が存在感をもってきている。一方で寄付は，最近の調査では個人寄付者の割合は高まっているようにみえるが，長期的な，2人以上世帯での1世帯あたり平均金額は微減してきている。どちらにも共通するのは，地域コミュニティや各種団体に依拠した参加が減退するとともに，個人としての（一過性の）参加が強まってきている点である。これらの状況は，新自由主義との関連性によって立ち現れている状況と解釈することが可能である。すなわち，個人責任を強く追求し，競争主義的な社会に適合したボランティア・寄付へと変ぼうしている一端が垣間見えるといえる。しかしながらそのなかで，どのようなボランティア・寄付の変質が起こっているのかは，十分に明らかではなく，今後より分析が必

要といえるだろう。加えて，寄付行動では災害に際しての応答が顕著にみられた。現代日本はまさに「災間社会」となっており，それとの関係で，ボランティア・寄付の動向を考察することも，その現状を明らかにするうえでは欠かせない。関連図書として📖 **文献案内**に挙げた『東日本大震災とNPO・ボランティア』を参照してほしい。

📖 文献案内

- ▶ 仁平典宏，2011，『「ボランティア」の誕生と終焉──〈贈与のパラドックス〉の知識社会学』名古屋大学出版会.
- ▶ 日本ファンドレイジング協会編，2015，『寄付白書2015』日本ファンドレイジング協会.
- ▶ 桜井政成編著，2013，『東日本大震災とNPO・ボランティア──市民の力はいかにして立ち現れたか』ミネルヴァ書房.

【桜井政成】

第 8 章　政治文化としての価値観——政治と市民社会をつなぐもの

> 本章では市民社会を論じる際の重要概念である価値観について解説する。人々がどのような価値観をもっているのかは、政府が機能するのかという問題と密接に関わる。それゆえに多くの研究者は、価値観が人々の政治に対する意識や行動をどのように規定するのか、さらに国ごとの価値観の違いは民主制のパフォーマンスとどのような関係にあるのか、といった疑問に応えようとしてきた。特にイングルハートの価値変動論は、民主制を機能させる政治文化 (political culture) とは何か、という問題を理解するうえでは避けて通ることのできない議論である。
>
> 本章では人々を市民社会へと誘う価値観についてその概念的特徴などを説明したうえで、先に述べたイングルハートの理論を中心に価値観をめぐる議論の変遷を整理する。そして日本の価値変動に関する先行研究を概観し、今後、取り組むべき問題や課題を指摘する。

1　なぜ価値観を議論するのか

(1) 価値観とは何か

　価値観は市民社会のあり方を議論する際の重要概念の１つである。社会に暮らす人々がどのような価値観をもっているのかによって、政治あるいは社会に対して、人々がどのように考え、行動するかは異なる。さらに、そのような人々の考えや行動の違いは、民主制のあり方を左右する。このような問題意識にもとづき、政治学では1960年代ごろより（Almond and Verba 1963=1974）、政治文化あるいは価値観の研究が行われてきた。

　政治学、とりわけ政治行動論という研究領域において価値観をめぐるさまざまな実証研究は蓄積されてきたが、そこでは一般的な用語法とは異なるかたちで価値観は捉えられている。価値観とは通常「君と僕の価値観は違う」というように、自身が何を重視するのかという意味で用いられることが多い。政治行動論においても何を重視するかに関わる意識として価値観は議論されているが、表層的な意見とは区別される、さまざまな意識の基底にある安定的な態度

図 8-1 価値体系のモデル

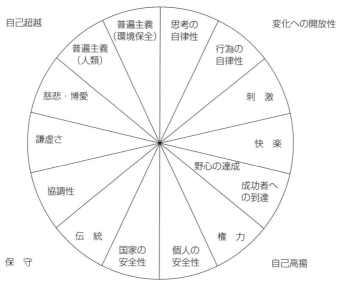

注：日本語訳は筆者によるもの。
出所：Vecchione et al. (2015), p.86, Figure 1.

を価値観と呼ぶ点で，一般的な用語法とは異なる。

アイゼンクのイデオロギー論　この価値観の捉え方は，アイゼンクのイデオロギーの議論にもとづく (Eysenck 1954)。アイゼンクは，人々の意識は階層的な構造にあると考えた。人々の個々の対象に対する意見 (specific／habitual opinion) はしばしば変化する。しかしその背後にある基本的な態度 (attitude) は頻繁に変化せず安定的だとアイゼンクは考える。さらにその態度の背後にあり，かつ態度を規定する超態度 (super attitude) は，一層安定的である。政治行動論では，価値観はアイゼンクのいう超態度のような，きわめて安定的な意識として議論されている。

価値体系のモデル　価値観の構造は複雑であり，包括的にこれを説明することは本章の議論の範囲を超える。そのため次節以降では，多くの価値観を取り上げるのではなく，政治学において議論が積み重ねられてきた少数の価値観に焦点を絞り検討を進めていく。しかし価値体系を包括的に把握する試みが存在しないわけではない。むしろ近年では，価値観の間の

関連性を明確にし，包括的な価値体系のモデルを構築するための研究が進められている。この近年の動向にかんがみ，そのような研究の1つであるヴィッチオーネらのモデルを簡単に紹介する。

ヴィッチオーネらは図8-1に示すような，価値体系の構造に関する仮説的なモデルを提示している（Vecchione et al. 2015）。このモデルによれば，まず価値観には変化への開放性，自己高揚，保守，自己超越という4つの上位価値がある。さらにこれら上位価値には，その構成要素として複数の異なる価値が存在する。またこのモデルは価値と価値の相互関連性などについても明らかにしており，左右に位置する価値（たとえば「思考の自律性」と「行為の自律性」）は親和的であるのに対して，対極に位置するもの（たとえば「行為・思考の自律性」と「伝統」「協調性」）は対抗的な関係にあるとされる。必ずしも実証的に支持されているわけではない価値体系のモデルだが，価値観の相互関係を理解する際の参考にはなるだろう。

（2） 価値観の重要性

価値観の重要性は，有権者個々人の意識や行動を規定するという観点から説明することができるが，それだけではなく政党システムや民主制のパフォーマンスなど，マクロレベルの政治現象の要因という点からも説明できる。価値観はさまざまな政治現象の説明要因なのであり，だからこそ多くの研究者は，国や地域においてどのような価値観が共有されているのか，すなわち政治文化の実態を解明しようとしてきた。

価値観と政治行動 まず価値観はミクロレベルの意識や行動の規定要因として重要である。シュウォルツらによる一連の研究は，さまざまな価値観と政治行動やイデオロギーの間には明確な関連があることを明らかにしている（Caprara et al. 2008；Piurko et al. 2011；Schwartz et al. 2014）。何を説明するかによってどのような価値観が重要となるかは異なるが，投票以外の政治参加の規定要因として，後述するイングルハートの自己実現価値観が重要であることはよく知られており，また実証的にも明らかにされている（Jakobsen and Listhaug 2014）。さらに狭い意味での政治参加にとどまらず，広く非営利組織など市民社会組織への参加など市民的積極参加（civic engagement）を議論する際にも，価値観は重要である。もちろん，価値観だけが政治行動を規定するわけで

はない。むしろ先行研究では社会経済的資源など価値観以外の要因のほうが検討されている（山田 2016：第3章）。しかしそれは価値観が政治意識や政治行動を規定しないと主張するものではない。

|価値観とマクロレベル
　　　の政治変動| さらに有権者の政治意識や政治行動の変化は，マクロレベルの政治変動をもたらす要因ともなる。西欧諸国において，「古い政治」とは異なる「新しい政治」をもたらす要因として，人々の価値変動があったことは多くの研究によって明らかにされている（Inglehart 1977=1978；Inglehart 1990=1993；賀来・丸山編 2000；賀来・丸山編 2005）。さらに1990年以降，地方自治体における新しい考え方をもつリーダーの出現を説明する要因として，価値観の変化があることを指摘する論者もいる（Clark and Hoffmann-martinot 1998；中谷 2005）。有権者の価値変動は，現実の政治を動かす要因になりうる。

　また，国や地域における価値観のあり方は，その国あるいは地域の政府の機能とも関わりがある。パットナムはイタリア州政府のパフォーマンスが，州ごとのソーシャル・キャピタルによって異なることを明らかにした（Putnam 1993=2001）。国ごとの自己実現価値観の度合いが民主制のパフォーマンスを説明する重要な要因であることを明らかにしている研究もある（Inglehart and Welzel 2005；Dalton and Welzel 2014）。「市民としての力（civic power）」をもつ批判的市民団体の存在が地方政府のパフォーマンスの向上に寄与することは，坂本（2010）によって実証されている。

（3） 政治的社会化と価値形成

　政治行動を規定する安定的な価値観は，いつごろ，どのようなかたちで形成されるのか。政治行動論では伝統的に，価値観は幼少から青年期にかけての初期政治的社会化（child political socialization）過程で形成されると考えられてきた。社会化とは，自らが生活する社会の文化や価値，規範などについて学習しながら，その社会の構成員に変化していく過程をいう。社会化には成人期以降の学習過程である後期社会化（adult socialization）もあるが，価値観の形成過程を議論する際に重視されるのは初期社会化である。なぜならこの時期に形成される態度は，生涯を通じて安定的であり，容易に変化しないと考えられているからである。

第 **8** 章　政治文化としての価値観

> 社会化の担い手

政治的社会化に関する研究は，中学生，場合によっては小学生以下の子どもを対象に調査をしないといけないことから，十分に蓄積されているわけではない。しかし，たとえば初期社会化の「担い手」として，メディアや学校，そして家族が重要であることなどはこれまでの実証分析からすでに明らかにされている（秦 2015）。特に家族の影響は大きく，社会化について議論するうえではこの影響を無視することはできない。家族の果たす役割の重要性は長期にわたるパネル調査から（Jennings et al. 2009），さらに実験的手法にもとづく分析（Healy and Malhotra 2013）からも明らかにされている。

　ところで社会化の担い手である学校，つまり学校教育が価値観などに与える効果についてはどのように議論されているのだろうか。意外かもしれないが，価値形成を議論するうえで学校教育が果たしうる役割はほとんど議論されない。その理由は，すでに幼少期において基礎的な価値意識は形成されており，学校の果たす役割は限定的にならざるをえないからであろう。少し横道にそれるが，学校教育の投票参加に対する効果は論争的なテーマの1つであり，教育は単なる「代理変数（proxy）」であり参加を促進させる効果はないという研究もあれば（Kam and Palmer 2008），精緻な方法にもとづき教育の効果はあることを明らかにする研究もある（Mayer 2011）。いずれにせよ，学校教育「以外」の要素が価値形成の際には重視される傾向にあることを，ここでは指摘しておきたい。

2　価値観をめぐる議論

(1)　市民文化論の登場とその限界

　政治学における価値観の議論を概観するうえで無視することができないのはアーモンドとヴァーバによる政治文化の国際比較研究である（Almond and Verba 1963=1974）。彼らの研究は必ずしも価値観を議論するものではないが，後の研究に連なる重要な視点や課題を提供してくれるものであった。

> アーモンドとヴァーバ
> の政治文化論

アーモンドとヴァーバは，その国の人々の政治に対するものの考え方，感じ方，行動の仕方のパターンを「政治文化」と呼び，これがどのようなかたちで民主制の安定性や機能と関わるのか

を，大規模な国際比較意識調査データにもとづき分析した。そこでは多くの知見が明らかになったが，彼らが結論として示したのは，民主制を安定的に機能させるには人々の政治に対する「積極性」と「受動性」の両者が必要だということであった。政治に対して関心をもたない政治文化では民主制は機能しない。しかし多くの人が積極的に参加し絶えず要求を突きつけるような社会では政府は不安定になる。だからこそ積極性だけではなく政府に対する「従順さ」も必要なのであり，この相矛盾する態度を兼ね備えた人々によって構成される社会が，民主主義を機能させる「市民文化（civic culture）」だと彼らは考えた。

> アーモンドとヴァーバへの批判

この彼らの主張に対しては多くの批判が寄せられた。その1つは文化決定論だという批判である。そこでは政治文化の政治システムに対する影響力を過大に評価している点や，制度などによって説明できない部分をすべて文化で説明しようとする傾向性などが批判された。また，政治文化の変動可能性を議論できておらず，政治文化の不変性が仮定されている点も批判された。この後者の問題は政治文化論にとっては深刻な問題であった。たしかに価値観は初期社会化過程で形成され，かつその担い手が家庭であれば同じ価値観が再生産されるため政治文化は変わらないということになる。しかし政治文化は，たとえゆっくりであっても変化するし，そのことはアーモンドらも否定していない（Almond and Verba 1980）。政治文化論は，人々の価値観は生涯を通じて容易に変化しないという前提を崩すことなく，変動することを説明しなければならないという課題を突きつけられることとなる。

（2） 価値観の脱物質主義化

イングルハートは西欧諸国において1960年代後半ごろから，政党主導のエリート動員型の政治参加からデモなどエリート挑戦型の政治参加が台頭するなど，既存の政治とは異なる新しい政治現象が生じ始めていたことの背景に，政治を支える人々の価値観の変化があることを主張した（Inglehart 1977=1978）。彼が述べたのは物質主義的な価値よりも「自己実現（self-expression）」を重視する人々の増加であり，そのような変化を受けて政治のあり方が大きく変化しているということであった。そしてこの自己実現に価値を置く変化を彼は価値観の脱物質主義（post-materialism）化と呼んだ。

第 8 章 政治文化としての価値観

> マズロウの欲求階層論

脱物質主義的価値観の理論的基礎はマズロウの欲求階層論である。マズロウは，人間の欲求は生理的欲求を基底とする階層構造にあり，最も高次な欲求が自己実現であることを主張した。イングルハートはこの理論からヒントを得て，人々の価値観は安全や経済を求める物質的欲求が満たされることで，政治参加や言論の自由を求める脱物質主義へと変化しているのではないかと考えたのである。

> 価値変動の要因

価値変動はさまざまな要因によってもたらされるが，特にイングルハートが重視したのは経済発展と戦争の終結であった。第二次世界大戦が終結し，経済が発展したことで，人々は安全や生存を求める必要がなくなり，より高次な承認や自己実現を求めるようになる。そのほか，教育水準の向上やマスメディアの浸透，1次あるいは2次産業から3次産業への変化なども，価値観の脱物質主義化を促す要因になるとされている。

イングルハートの議論では価値観が変化していることが前提とされる。価値観は社会化，特に初期社会化過程で形成されるため安定的だが，それはあくまで個人内の話であり，全体としての文化は世代交代を通じて変化する。つまり古い価値観をもつ世代が社会から退出し，代わりに新しい価値観をもつ世代が社会に参入することで政治文化は変化していくことを彼は明らかにしたのである。

もっとも，イングルハートのこの価値変動の議論に対しては，アーモンドとヴァーバの研究以上に多くの批判が寄せられている。その詳細については日野（2005）に詳しくまとめられているのでここでの詳述は割愛するが，測定方法などへの疑義に加えて，価値観の変化を，物質 - 脱物質という単一次元上の変化にとどめてよいのかという批判もあった。

(3) 生存 - 自己実現と伝統 - 世俗・合理的価値

1990年代ごろからイングルハートは，これまで述べてきた安全（物質）- 自己実現（脱物質）という次元に加えて，伝統 - 世俗・合理という新たな価値次元を設け，この2つの組み合わせから国ごとの価値観を分析するようになる。この2つの次元を組み合わせ，それぞれの国の相対的な位置づけを明らかにする図は「価値観マップ」と呼ばれ，価値観の相対的な位置づけを把握する目的

図8-2 世界価値観調査（第6波）の結果にもとづく価値観マップ

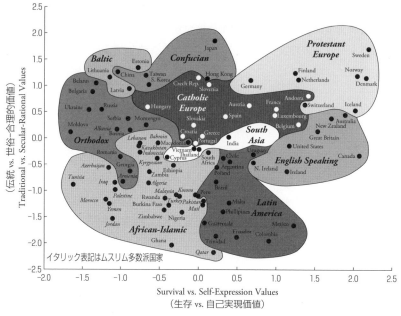

注：一部の表記については筆者が日本語を付記した。
出所：世界価値観調査ウェブサイト。

で，多くの研究者に用いられている。もちろんそのような分析を可能としたのはイングルハートらによって実施されている世界価値観調査の蓄積であることは，改めて指摘するまでもない。[1)]

伝統−世俗・合理という価値次元　伝統−世俗・合理という新たな軸を加えた理由は「近代化（modernization）」における価値変動と「ポスト近代化」の価値変動を理論的に区別するためである。近代化における価値変動は，工業化にもとづく世俗化と官僚制化（合理化）を背景としており，その過程で人々は宗教的な権威から国家の権威に価値を置くようになるとされる（Inglehart 1997）。価値観の脱物質主義化は，この近代化を経た後で生じるのであり，ゆ

---

1) 世界価値観調査は価値変動の議論を概観するうえで最も重要な国際比較意識調査であるが，紙幅の都合上，説明を省略する。世界価値観調査のウェブサイトや池田編（2016）などを参照してほしい。

えに世界中の人々の価値観を理解するには近代化のなかで生じる価値変動を把握できる軸が必要となる。そしてその軸が、伝統 - 世俗・合理的価値である。

イングルハートの議論は、このように新たな価値次元を加えることで、世界各国の価値観を把握できるものへと進化した。そしてその結果として彼は、人々の価値観は一定の方向に収斂していくのか、それとも文化的多様性は変わらず保持され続けるのかという近代化をめぐる論争の解決に貢献した。図8-2の価値観マップが示すところによれば、人々の価値観は、世俗・合理的価値と自己実現価値の両者を重視する方向へと変化する一方で、一定の文化的多様性を維持し続けているといえる。つまりイングルハートは文化的多様性を維持しつつ、1つの方向（世俗・合理と自己実現）へと価値観は変化していくという意味で、どちらも正しい主張であることを明らかにしたのである。

> 自己実現価値と
> 政府のパフォーマンス

加えてイングルハートは、2000年代ごろより政府の応答性や効率性、すなわち民主制の機能と自身の価値変動論の接合を試み始める。その背景にはソーシャル・キャピタルと政府パフォーマンスの関係を明らかにしたパットナムの研究などがある（Putnam 1993=2001）。そして多くの実証分析を積み重ねた結果、自己実現価値と民主制のパフォーマンスの間には強い関連性があることが明らかになった。さらにパットナムのいう一般的信頼（generalized trust）以上に、自己実現価値が民主制のパフォーマンスを議論するうえでは重要であることも明らかにした（Inglehart and Welzel 2005）。ポスト近代化のなかで生じる価値変動は、より「良き」民主制を支える基盤になりうること、つまり人間発展の帰結（human develop sequence）であることをイングルハートらは明らかにしたのである。

（4） アーモンドとヴァーバの「市民文化」を超えて

以上にみたイングルハートの価値変動の理論は、今日においてもなお一定の影響力をもち、さまざまな批判を浴びつつも参照されるべきものとして受け入れられている。しかし他方でこの理論を乗り越えようとする試みも徐々に蓄積されている。たとえばウェルツェルは自己実現価値観の曖昧さを指摘し、それに代わる自由を渇望する「解放価値（emancipative value）」の重要性を指摘する（Welzel 2013）。解放価値とは選択の自由と機会の平等に価値を置くものであり、いわばリベラル・デモクラシーの基盤となる価値観である。イングルハートの自己

第Ⅱ部　市民社会を左右する諸要因

表8-1　従順な文化と自律的な文化の構成要素

従順な文化（Allegiant Culture）		自律的な文化（Assertive Culture）	
裁判所への信頼感	**制度的信頼**	妊娠中絶の容認	**個人の自由**
警察への信頼感		離婚の容認	
軍隊への信頼感		同性愛の容認	
民主主義への信念	**思慮深さへの信仰**	政治上の男女平等	**機会の平等**
人々への一般的信頼		教育上の男女平等	
政治への関心度		職業・仕事上の男女平等	
収賄の撲滅	**規範の遵守**	地方レベルでの発言の重視	**人々の抗議（voice）**
利益のごまかしの撲滅		国レベルでの発言の重視	
脱税の撲滅		発言の自由	

出所：Welzel and Dalton (2014), p.293, Table12.1をもとに筆者作成。

実現価値の議論と共通する点も多いが，内容を明確化した点に加えて，方法論などさまざまな点で，イングルハート以上に緻密な議論が展開されている。

変動する市民文化　また，2014年にはダルトンとウェルツェルによる編著作である『変動する市民文化（Civic Culture Transformed）』が刊行された（Dalton and Welzel 2014）。この編著作は1980年代より蓄積されてきた世界価値観調査がどのような文化・価値変動を明らかにしたのかをまとめたものである。しかしそのような調査結果を概観するだけにとどまらず，副題が「従順な市民から自律的な市民へ（From Allegiant to Assertive Citizens）」であるところから推察できるように，この編著作はアーモンドとヴァーバの「市民文化」モデルの妥当性が揺らいでいることを明らかにしている。その意味できわめて挑戦的な編著作だといえる。

この編著作では多くの興味深い知見が提示されているが，最も重要な知見かつ主張は，アーモンドとヴァーバのいう市民としての従順さは，必ずしも政府を機能させるわけではないということである。ウェルツェルとダルトンは表8-1に示す指標から「従順な文化」と「自律的な文化」を指標化し，それぞれの指標と応答的および効率的な政府指標との関連を分析した。その結果，「従順な文化」指標とこれらは強く関連しないのに対して「自律的な文化」指標とは強く関連することを明らかにした（Welzel and Dalton 2014）。アーモンドとヴァーバの「市民文化」モデルは，今日では妥当性を失っている。政府を不安

定化させると危惧されていた活発な人々，あるいはそれを支える価値観が民主制を機能させていることが，彼らの調査結果から明らかになったのである。

この**表8-1**は，わたしたちがしばしば耳にする主張に対して根本的な疑義を投げかける。実はこの表では「規則を守ること」「公的な制度に疑いをもたないこと」「政治に対して関心をもつこと」といった日常的に「市民」の条件として主張されている態度が，政府を機能させるわけではない「従順な文化」として位置づけられている。民主制を機能させるのは，市民としての従順さではなく，絶えず政府を監視し，時には声をあげて批判を突きつけるような人々の存在なのであり，またそのような活動を支える自由を渇望する価値観なのである。

3 日本における価値観の変動と現状

(1) 伝統的価値と近代的価値

本節では日本人の価値観の変化について，前節の議論をふまえつつ解説していく。その際，伝統－近代価値観の議論は避けて通ることのできないテーマだといえる。明治国家建設以来，道徳教育などを通じて培われてきた価値観を一般に伝統的価値観と呼ぶ。今日においてはほとんど議論されることのない伝統的価値であるが，かつては政党支持や投票行動などを規定するものとして重視されていた (Watanuki 1967)。

> 日本における
> 伝統的価値とは

伝統的価値はいわゆる「ムラ」意識と同義のものとして一般的には理解される。より具体的にいえば，権威への服従と集団への同調という2つの要素により構成される。自身の考えよりも親や政府といった権威，あるいは周囲の意見を重視すべきという価値観が，ここでいう伝統的価値観である。伝統的価値観と対極にあるのは近代的価値観であるが，これは個人の自由な意思を尊重するものであり，主に「民主化」「市民的行動様式」などを重視する意識と関連する。

ここで明らかなように，伝統－近代という価値観は，戦前世代と戦後世代の考え方の違いを反映したものである。戦後の民主化政策を含めて，戦前と戦後のさまざまな相違は，それまで培われてきた日本人の価値観のあり方を大きく変えるものであった。戦前世代と戦後世代の間での価値観の亀裂は大きく，こ

こから伝統的価値観の主たる規定要因は「世代」だとされている（綿貫1997）。

伝統的価値の有用性　伝統か近代かという分析フレームが用いられなくなった理由は，端的にいえば現代の日本人の多くが戦後生まれとなったからである。伝統か近代かという価値観の相違が戦前世代と戦後世代の違いにもとづくということは，裏を返せば多くの人が戦後世代になった場合，この価値観の有用性が希薄化することを意味する。「ムラ」意識を強くもつ人がまったく存在しないというわけではもちろんない。しかしその比重がかつてと比較すると低下していることは明白である。近代的価値観はすでに日本でかなり浸透しているとみてよいだろう。

（2）　高度経済成長期以後の価値変動

　伝統か近代かという価値意識の重要性が薄れていく一方で，新しい価値観として注目されるようになったのが脱物質主義的価値観である。高度経済成長を経て日本が豊かになったことで，マズロウ，あるいはイングルハートのいう価値観の脱物質主義化は促進されるものと考えられ，伝統－近代的に変わる新しい価値対立として物質－脱物質主義の可能性が模索され始めた。

日本の脱物質主義化　価値観の脱物質主義化は，高度経済成長期以後の1970年代から徐々に進展したことはJapan Election Studyなどによって明らかにされているが，いくつか注意しなければならないことがある。それは第1にどのように価値変動を測定するかによって，結果が大きく異なる点である。たとえばNHK放送文化研究所編（2015）の調査結果からは，必ずしも日本人が「参加の増大」といった脱物質主義的な要素を重視する方向に変化しているとはいえないことが示されている。第2の点は，日本の脱物質主義化は世代交代にもとづき生じたものではないことである。世代ではなく時勢効果（period effects）の可能性があることは綿貫（1997）によって指摘されている。日本の脱物質主義化が「価値観」の変動なのかは，この点でも疑わしい。

脱物質主義化への疑問　以上に加えて，高度経済成長期以後，日本人は脱物質主義化したのではなく，「社会ではなく個人」を，そして「まじめではなくあそび」を重視する方向へと変化しているという指摘（大山2001）があることも述べておきたい。イングルハートのいう脱物質主義やウェルツェルのいう自由への渇望は，いわば公的領域への積極的参加をもたらすも

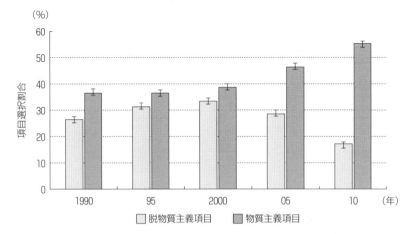

図 8-3 物質主義・脱物質主義項目の選択割合の時系列変化

注：物質主義項目は「高い経済成長を維持すること」，脱物質主義項目は「人々が職場や地域社会でのモノの決め方にもっと発言できるようにする」である。縦棒は筆者が推定した選択割合の95%信頼区間。
出所：山崎（2016），図終.2をもとに筆者作成。

のであるが，日本においてそのような現象が生じているとは必ずしもいえない。実際に山田（2008）は，日本人の政治参加率の推移を確認しながら，この点を指摘している。伝統－近代という対立軸が希薄化した後に生じた日本人の価値変動は，政治や社会といった「公」から距離をとりつつ「私」を重視するものであり，イングルハートのいう価値変動とは異なるものであったことは善教（2013）も指摘するところである。

(3) 現代の日本人の価値観とは

第二次世界大戦や急激な経済成長などによって変化してきたとされる日本人の価値観であるが，現在のそれはどのようなものとして理解すべきだろうか。以下では，近年の意識調査の結果などを概観しながら，この点について説明していきたい。

物質主義への回帰　第1に日本人の脱物質主義的価値観であるが，実は2000年以降，日本人の価値観は物質主義化していることが明らかにされている。山崎（2016）によると，2000年ごろまでは「経済成長の維持」と「職場などでの発言権の確保」が同程度重視されていたものの，2005年以降

は経済成長がかなり重視されるようになってきているとされる（図8-3）。同様の傾向は他の調査結果からも確認されている。日本人の価値観はさらに脱物質主義化するのではなく、むしろ物質主義化しているといえる。これは、日本人の脱物質主義化は綿貫（1997）が指摘するように世代ではなく時勢効果によってもたらされていた可能性が高いことを示唆する。日本人の価値観が脱物質主義化しているのかどうかは多くの調査結果をみながら、慎重に判断すべき問題である。

> 意見表明の忌避

第2に公的な場での意見表明をためらう傾向性が、今日においても強くみられる（池田編 2016）。この傾向が「市民としての従順さ」の表れなのか、それとも私的領域への「退避」なのかを判断することは難しい。しかし後述する日本人の政府あるいは政治への信頼の低さを勘案すれば、市民としての従順さという解釈は妥当性に欠ける。いずれにせよここで強調すべきは、イングルハートらが主張する自己実現価値観への変化が、日本においては生じていない可能性が高い、ということである。

> 伝統的価値の衰退

第3に、しかしながら日本人の伝統的価値は衰退しており、その意味で権威に対して従順ではなくなっている。日本人は戦後間もないころから政治に対して強く不信や不満を抱いており、それは今日においても変わらない（善教 2013）。必ずしも政府に「従順」というわけではないが、他方で積極的に参加するわけでもないのが日本人の特徴ということになろう。

　以上にみたように、日本人の価値観はたしかに過去のそれと比較すると大きく変化しているといえるが、政治参加に対する渇望の欠如という意味では、世界的な価値変動の潮流とは異なる。今後、日本人がさらなる自由と参加を希求する方向に変化していくのか、それとも別の方向へと変化するのかは定かではない。イングルハートらの見解に従えば、日本もいずれ参加を渇望するように変化していくことになるが、日本の政治文化は参加ではなく政策（「出力」）に強い志向性をもつのだという村山（2003）の見解に従うなら、参加しないという現状は、今後も継続することになるだろう。

4 今後の課題

(1) どのように価値観を測定すべきか

　ウェルツェルは自由を求める人々の渇望が，民主制を機能させる重要な価値観であることを指摘する（Welzel 2013）。しかし意識調査による測定で，人々の選好や価値観を十分に把握できるのかという問題については慎重な検討が必要である。というのも，意識調査による価値観の把握という方法には限界があることが，近年明らかにされているからである。

　<u>2つの方法論上の問題</u>　第1の問題は社会的期待迎合バイアス（Social Desirability Bias）である。社会的期待迎合バイアスとは，簡単にいえば意識調査において「ホンネ」とは異なる「タテマエ」を回答したり，社会的に是認されないような行動を本当はしていたとしても，非難されることをおそれしていないと嘘をついたりするような傾向性をいう（善教 2016）。自己実現にせよ自由への渇望にせよ，民主主義の規範意識と関わる問題であるがゆえに，回答結果には自ずとこの社会的期待迎合バイアスが発生する可能性がある。具体的に問題点を指摘すれば，このような社会的期待迎合バイアスが存在するために，日本では脱物質主義者の割合が過大に評価されていたり，あるいは「混合」タイプが多くなっていたりする可能性がある。

　第2は評定法による測定の限界である。ある意見項目について賛成か反対かを4段階や7段階といった順序尺度で尋ねる場合，しばしばすべての項目について賛成，あるいは反対というように，項目間の相関関係が強くみられる結果になる。これは類似する質問項目であるために強い相関がみられるというよりも，回答を効率的に終わらせようとするSatisfice（努力の最小化）傾向として理解すべきであろう（三浦・小林 2015）。そのような回答者が多数いた場合，調査結果あるいは分析結果は歪むことがある。特に，ウェルツェルの指標にはこの問題が存在する可能性がある。

　<u>コンジョイント実験による解決</u>　上述した2つの問題は，広く意識調査という方法を利用することに付随する問題であり，それだけに単純に質問文や回答形式を修正すれば解決できるわけではない。もちろん，これは世界価値観調査の結果のすべてについて，無意味であることを指摘するものではな

い。しかし，より妥当なかたちで人々の価値観を測定するには，上述した問題も含めて方法論的な問題を解決する必要がある。

本章では上述した問題を解決する1つの方法としてハインミューラーらによる手法を紹介したい（Hainmueller et al. 2014）。ハインミューラーらは，人々の選好を知るうえでコンジョイント実験という方法が有用であることを主張している。コンジョイント実験とは複数の属性をもつ「プロファイル」を1つ，あるいは複数回答者に提示し，好ましい順番に点数を付けてもらったり，好ましいほうを選んだりしてもらうことで，人々がどのような選好をもっているのかを知る方法である。この方法には上述した社会的期待迎合バイアスを除去するかたちで人々の選好を推定できることに加えて，すべての属性に賛成，あるいは反対という回答をすることができないという利点もある（宋・善教 2016）。人々の価値観，あるいは選好を精緻なかたちで分析する方法として，コンジョイント実験は有用である。

（2） 日本人の価値観をどのように理解すべきか

日本人の価値観は，世界的な価値変動の潮流と共通するところもあれば，異なる点もある。具体的にはイングルハートの価値観マップでいうと，価値観の世俗・合理化はかなり進展している反面，民主制の機能と関わりがある自己実現化については進展していない。むしろ前節で指摘したように日本における価値観の時系列変動をみると（図8-3），日本人の脱物質主義ないし自己実現を重視する度合いは低下傾向にある。この現象をどのように理解すべきかは，日本人の価値変動を検討するうえでの重要課題である。

物質主義化の原因　日本人が物質主義化した背景にはどのような原因があるだろうか。その1つとして指摘できるのは，1990年代あるいは2000年以降の経済状態や雇用の悪化である。いわゆる生存価値が1990年代以降，若年層を含む多くの世代において脅かされる状態になっており，それが価値観の物質主義化をもたらしていると考えられる。事実，物質主義化をもたらす要因は「秩序の維持」ではなく「経済の安定・発展」が重視されるようになっている（NHK放送文化研究所編 2015）。したがって景気が好転し，人々が経済的恩恵を享受できる社会へと変われば，価値観の脱物質主義化は再び進展することになるのではないだろうか。

第 **8** 章　政治文化としての価値観

> 参加価値は
> 根づいているか

　もっともこの解釈は，次に述べるさらなる問いを生じさせるものでもある。すなわちこの解釈は，なぜ「時勢」によって日本の「価値観」は変化するのか，という新たな問いを生じさせるものなのである。他国の人々とは異なり日本人のなかで自己実現価値は，安定的な価値観にはなりえていない。換言すれば日本人のなかには「参加」を重視する価値が根づいていない。だから時勢によって「価値変動」が生じたと考えられるのである。

　日本人のなかに参加を重視する価値は根づいているとはいえないという筆者の見解に対しては，多くの異論があるだろう。たとえば2014年から2015年にかけて，安保問題をきっかけに多くの人々がデモや抗議活動を展開した。これらの事実をもって，日本人は参加を積極的に行うように変化したと主張することはできるかもしれない。たしかに安保問題の際の抗議活動は，政治に対する関心が高い層の人たちに限定されるものではなく，SEALDsに代表されるような若年層や普段は活動的ではない人も巻き込むものであったかもしれない。

　しかし運動の結果をみると安保問題の際の抗議活動やデモは一過性のものであり，やはり自己実現価値にもとづく参加とは異なるものとみるべきであろう。もちろん現代の日本人の考え方をどう解釈するかについては曖昧な点が多く，この点も含めてデータを積み重ねながら明らかにしていかなければならない。しかし安保問題の際にみられたデモ活動などが，日本人に根づいている「参加拒否意識」(西澤 2004)を払拭するものであったといえない。政府への積極的な抗議活動が一時的な「ムーヴメント」であったことが，日本に自己実現などの価値観が根づいていない何より重要な証左なのである。

　結局のところ，日本がどこに進もうとしているのかは判然としない状態にある。わたしたちは，イングルハートやウェルツェルが述べるような，より自由な参加を渇望する方向へと進んでいくのだろうか。それともそうではない別の方向へと進むのだろうか。仮に後者だとすれば，わたしたちは民主制とどのように向き合っていくべきなのだろうか。先のみえない日本人の価値観の変化に道筋をつけることも，わたしたちに残された課題なのかもしれない。

第Ⅱ部　市民社会を左右する諸要因

📖 文献案内

- ▶ イングルハート, R., 1993, 村山晧ほか訳『カルチャーシフトと政治変動』東洋経済新報社.
- ▶ 山田真裕, 2016, 『政治参加と民主政治』東京大学出版会.
- ▶ 池田謙一編, 2016, 『日本人の考え方 世界の人の考え方——世界価値観調査から見えるもの』勁草書房.

【善教将大】

第9章 協　働——官民関係は何を生み出すのか

　公共における政府の役割の低下や市民社会組織の台頭を背景に，官民の「協働」という考え方が注目されてきた。とりわけ，政府と市民社会組織が複雑な社会問題の解決に向け協働するという現象が，世界的にみられるようになっている。しかし，市民社会組織にとって，公権力をもった巨大組織である政府との協働は，自らを成長させる機会であると同時に，その自律性を脅かす危険性をはらんだものともなる。

　日本においても，両者の協働の進展によって，市民社会組織への悪影響の萌芽がみられる。今後，そうした悪影響を回避し，市民社会の発展を促していくためには，協働によってもたらされる影響の制御・統制という点への関心を高め，政策的に，あるいは戦略的に対策を講じていくことが必要である。

1 協働の潮流とその影響

(1) 協働は何をもたらすのか

　従来，社会の主たる担い手は政府あるいは民間企業であったが，近年，新しい担い手として市民社会が台頭し，ガバナンスの変化が起こっている。そこでは，政府のみならず，市民社会組織をはじめとする社会を構成するすべての主体が公共の担い手となることが求められているが，特徴は，主体間の対立関係ではなく，協力関係の構築が強調されている点である。すなわち，社会問題の解決に向け，公共を担う各主体の「協働」が不可欠とされているのである。この協働は，官民関係，とりわけ，近年の政府と市民社会との関係を読み解く重要なキーワードとなっている。政府と市民社会が相互を尊重・信頼し，パートナーとして公共を担うといったその理念は，分権型社会の構築をめざす行財政改革が進展するなかで浸透してきたといえる。実際に，協働に関する条例・規則の制定や協働手法の整備といった制度化が進展し，また，政府と市民社会組織が協働で事業に取り組むようなケースも増加している。

　こうした協働の推進をめぐっては，実務のみならず，学術的にもさまざまな

議論が行われてきた。たとえば，日本では，概念の妥当性をめぐる議論（たとえば，新藤 2003；松下 2005；今井 2006）や，欧米の先行事例の分析（たとえば，金川 2008；原田ほか 2010；永田 2011），形成・展開過程のモデル化（たとえば，稲生 2010；小島・平本編 2011），成立要因の分析（たとえば，坂井 2005；坂本 2012）等が行われている。しかし，こうした協働の入力やプロセスへの関心が高まる一方で，その出力や成果への関心は低い現状がある。世界的にみても，協働が想定する出力や成果が実際に実現されるのか，といった点には，十分な注意が払われてこなかった（Andrews and Entwistle 2008；Nolte and Boenigk 2011；小田切 2014）。

　こうした現状をふまえ，本章では，政府と市民社会組織との協働の出力や成果に焦点をあてる。とりわけ，協働を市民社会組織に影響を及ぼす要因の1つとして想定し，その影響に関する知見を整理する。市民社会組織にとって，政府との協働は，各種資源を獲得し成長する機会や，政治的支持や正統性を確保する機会になるとされてきた。しかし同時に，組織の自律性を脅かす危険性があることも強く認識されてきた。官民の結びつきが強化されるなかで，市民社会組織にいかなる影響が生じているのか。その理論的・実態的動向を整理することとしたい。

（2） 協働推進の背景

　参加民主主義への期待　本論に入る前に，なぜ協働が政策的に推進されてきたのか，その背景について触れておきたい。ここでは2つの視点を紹介する。1つは，参加民主主義の強化への期待である。日本では，1960年代以降，多元的民主主義を実現するものとしての参加や，その到達点としての住民自治のあり方が問われ，市民参加についての議論は活発に展開されてきた（たとえば，松下 1971；佐藤・渡辺編 1975；西尾 1975）。もっとも，日本においては，市民参加における自治の可能性への展望は乏しいといった指摘や，そもそも参加民主主義の理念は正当であっても，現実の政治作用として決定機能を発揮できるかどうかは疑わしいといった懐疑的な見方もなされていた（篠原 1977；高寄 1980）。実際に，従来の市民参加は，市民の意見や要望をくみ取ることと同義に捉えられていた。これが，1990年代に入って転機を迎えることになる。1995年の阪神・淡路大震災を契機に市民活動が活発化し，1998年には特定非営利活動促進法が制定されるなど，市民が公共の担い手として認識されるよ

うになった。また，地方分権一括法や情報公開法の制定等を通じ，市民が政府へ参加する制度の整備も行われ始めた。すなわち，市民の政府への参加が現実のものとなって新たな展開を迎えたのである。そうしたなかで，従来のように市民の意見や要望をくみ取るというレベルではなく，共通の目的に向かって市民も能動的に関わりをもつことが想定されたのが協働である。民主主義の強化やより良い合意形成のための市民参加の延長として注目されている協働の概念には，そうした多元的民主主義と同義であるかのような価値前提があり，また，それらをもたらすという期待が含まれている（原田ほか 2010）。

NPMの潮流と市民社会組織の台頭　もう1つの背景は，NPM（New Public Management, 新公共管理）の潮流と公共サービスの担い手としての市民社会組織の台頭である。NPMは，市場メカニズムの活用，エージェンシーへの権限委譲，成果志向・顧客志向の業績測定等を中核にした行政改革の思潮と手法の総称である（西尾 2001）。日本においても，経済パフォーマンスの低下や行政の非効率化が指摘された1990年代以降，NPM型の行政改革が推進されてきた（村松 1999；稲継 2003）。こうした動向のなかで，行政財改革にもとづく民間委託，公の施設に関わる指定管理者制度，バウチャー制度等の多様な分野への拡大によって，公的資金等を用いて市民社会組織が公共サービスの提供を担う機会が拡大されてきた。公共サービスの新たな担い手として，市民社会組織が注目されているのである。協働は，こうした近年の行財政改革の特徴ともいえるサービス供給の多様化や民間活力の活用，効率化や成果主義等を推進する動きと不可分である（新川 2004）。本来，これまで十分に考慮されてこなかったさまざまな価値を政策決定に反映し新しい公共を創るという前述のような協働論的な考え方と，自己責任を掲げて市場原理の貫徹をめざすNPM論的な考え方は，対極に位置する概念である（大久保 2011）。しかし，中央政府の権限縮小・分散を主張する点や，公共サービスの生産・供給における民間の参入を積極的に支持する点など，その手法や制度には類似の要素が多く（北川 2003），協働が政策的に推進される要因ともなっているのである。

2 協働がもたらす影響をめぐる諸論

(1) 市民社会組織への影響：悪影響説

　では，協働は市民社会組織にいかなる影響をもたらすのだろうか。影響をめぐる議論を概観する。参考になるのは，欧米における知見である。欧米では，1980年代以降，市民社会組織が政府のシステムに組み込まれる"契約文化"に注目が集まり，そこでは，政府との協働が市民社会組織に及ぼす功罪に関する議論が蓄積されてきた。これらの議論の方向性は２つに大別され，１つは，市民社会組織の組織運営に及ぼすさまざまな悪影響について扱った議論であり，もう１つは，組織の成長を前提とする好影響を扱った議論である。

　まずは，市民社会組織へ及ぼす悪影響に関する議論である。この議論は政府との委託契約等を通じてもたらされる諸影響を前提としたものであり，たとえば，自律性の喪失，格差の拡大，財政運営の不確実性，官僚化・専門化・エージェンシー化，といった問題が指摘されている。

　　自律性の喪失　契約を通じ，市民社会組織のミッションが歪曲する問題（mission drift）である。これには，サービスを提供する組織の変化，組織の顧客の変化，提供されるサービスの変化，組織のアドボカシーの役割の縮小・制限，という４つの意味が含まれる（Gutch 1992；後 2009）。たとえば，政府が普遍的・画一的なサービスの提供を望むため，市民社会組織がミッションを政府の意向に合わせてしまうこと（Taylor and Lewis 1997）や，組織の顧客がサービスの購入者である政府に移行し，その結果，本来のサービス利用者へのサービスが行き届かなくなること（Key 1996）等が該当する。また，政府の敵対者や批判者となることへの懸念から，アドボカシー活動が抑制されることにもつながる（Johnson 1999）。これらは，市民社会組織の自律性に関わる問題として，多くの研究者が同様の指摘を行っている（たとえば，Smith and Lipsky 1993；Kendall and Knapp 1996）。

　　格差の拡大　政府は規模の大きな専門的組織と契約を結ぼうとする傾向が強く，比較的小規模の組織が関係から排除されてしまう問題がある（Gutch 1992；後 2009）。小規模組織にとって，経営能力やサービスの専門性を備えることは大きな負担になり，ボランティアの責任を問うこと

第 **9** 章 協　働

は訓練の強化等を求めることとなる。ゆえに，ボランティアが気軽に活動に参加できない「ボランティア離れ」も起きる（Scott and Russell 2001；永井 2005）。また，こうした格差は，市民社会組織の分野間でも起こりうる。たとえば，直接公共サービスを供給してきた組織は将来的に活動資金を獲得できるが，特にアドボカシー活動や福祉運動等を主とする組織にとっては，サービス供給に移行することは圧迫要因になるのである（Adirondack 1998）。

| 財政運営の不確実性 | 政府との契約関係は単年度のものが多いことや，事業費が年々減らされる傾向にあること，また，事業費の支払いが遅延したりすることなどが問題となる。すなわち，事業費支払いによるキャッシュフローと，契約更新の不確実性の問題である（Smith and Lipsky 1993）。契約では，事業費として支払われるのは事業にかかる直接経費のみで，光熱費等は経費に含まれていないケースが多い。したがって，事業の実施には，寄付収入等の他の資金を調達したり，有給スタッフを削減したりボランティアを補充したりする必要があるため，財政的運営は不安定になる（永井 2005）。また，契約にともなう行政的事務手続きが煩雑で管理事務が増大することや，契約が政府側の都合で打ち切られることもリスクとなる（Kendall and Knapp 1996）。

| 専門化・官僚化・エージェンシー化 | 市民社会組織は，元来，十分な組織運営能力をもたないボランタリーなアマチュア組織である。しかし，委託契約にともなう規制や要件，成果やアカウンタビリティ等が求められる結果，専門スタッフの増加やサービスの専門化が促進されるという問題が起こる（Smith and Lipsky 1993）。また，事業規模拡大にともなう組織化や分業化は，組織内に官僚主義や効率主義といった価値を生み出したり，組織内での理事会と事務局の対立を生んだりするという（Moulton and Anheir 2000）。これらは，市民社会組織のエージェンシー化を示すものであり，準行政組織（quasi-governmental agencies）となることへの危険性が指摘されている（O'Neill 2002；村田 2009）。

（2）　市民社会組織への影響：好影響説

　市民社会組織への悪影響について議論がなされる一方で，そうした悪影響は生じないという主張も存在する。すなわち，契約関係をめぐるさまざまな懸念はあるものの，実際にはそれを廃止するべきというほどの決定的な影響はなかったとの見方である（Salamon 1995＝2007；Richardson 1993）。さらには，結果的に

市民社会組織にとって有益なものとなったという指摘もある（Hedley and Rochester 1991；Bolton et al. 1994）。こうした契約関係への肯定的なアプローチは，市民社会組織への悪影響という主張に対する批判的側面をもつと同時に，影響をポジティブに評価するものと理解できる。

では，市民社会組織へ及ぼす好影響とはいかなるものであろうか。この点については，財源の安定化，サービス規模の拡大・質の向上，社会的評価の向上，アドボカシー機能の強化（Kramer 1981；後 2009），価値や知識の創造（東郷 2008；小島・平本編 2011）等が議論されている。

> 財源の安定化

自ら財源を生み出すことが難しい市民社会組織にとって，政府からの資金は重要な財源となる。特に，公的資金は，他の財源である寄付金収入や自主事業収入に比べ安定していると指摘される（Froelich 1999）。これは，単に金額が大きいということではなく，より長期的に収入が保証されるという意味で財源を安定化させるのである（Gronbjerg 1990；Saidel 1991）。公的資金の獲得は，財政規模の拡大はもとより，収益事業等に貴重な資金を割くことなく本来の活動への専念を可能にするなど，活動の維持や組織の発展において大きな意味をもっている。

> サービス規模の拡大・質の向上

こうした財源は，市民社会組織が提供するサービスにも影響をもたらす。たとえば，サービスの規模については，より大規模なサービスや幅広いサービスを提供することが可能となる。また，サービスの質にも影響がある。政府との関係によって，市民社会組織としてのサービス供給の目標が認識され，組織のボランティアが自己改善やサービスにより関心をもつようになる（高寄 1996）。すなわち，組織の管理や責任の透明化をもたらし，サービスの購入側と供給側の意思疎通を容易にすると同時に，その供給するサービス自体の質を向上させるのである（Kendall and Knapp 1996）。

> 社会的評価の向上

政府との関係は，単なる資源の獲得のみならず，社会的な信頼性にも影響を及ぼす。これは，正統性（legitimacy）をもつ政府との関係強化を通じ，地域における社会的地位や存在感が向上するという側面である。政府との契約関係の締結により，組織や提供するサービスの社会的な信頼性が向上することや，政府のお墨付きが他の公的資金や民間のファンドからの支援を得やすくすることなどが報告されている（Saidel 1991；

Austin 2000)。

アドボカシー機能の強化　市民社会組織は，マイノリティに関するニーズや新しい政策的課題を先駆的に捉えることが可能であり，政府へのアドボカシーを通じてそれらを実現させている。自らの専門知識や情報を利用して政策形成や決定の権限をもつアクターと相互依存関係を結び，イシュー・ネットワークの一角を占めているといえる（栗本 2005；新川 2005）。政府との関係は，政府内部とのネットワーク構築や，政策知識，法制度上の不備，政治的争点等に触れる機会を提供するのであり（Saidel 1991；Chaves et al. 2004；坂本 2016），そうした政策形成過程への参加機能を強化する側面があるといえる。

価値や知識の創造　協働には，公共サービスをより効率的に供給する機能のみならず，多様な参加主体が協働する場を提供する機能がある。参加者は，協働という場を媒介として，各主体単独では思いつかない考え方や価値観を共有し，新しい知識の創造やイノベーションを生起する（東郷 2008）。そこで成果として生み出されるのは，個々の参加者にとっての価値，参加者全体にとっての価値，そして，社会全体にとっての価値，すなわち，社会的価値である（小島・平本編 2011）。協働に参加する市民社会組織においても，協働を通じた相乗効果として，新しい知識やアイデア，価値等がもたらされるのである。

(3)　影響が生じる背景

なぜ，市民社会組織へこうした影響が生じるのだろうか。その背景について確認しておきたい。第1に，市民社会組織が活動に必要な多くの資源を政府に依存している点に着目する見方がある。たとえば，協働を通じて，政府から市民社会組織へは，資金，情報（専門知識または技術援助），政治的支持や正統性，議会を経ない政策過程への参加，といった諸資源が流入するとされる（Saidel 1991）。市民社会組織はこれらの資源を自ら調達することは難しく，政府との協働関係を通じて獲得する。したがって，その依存先である政府の影響を強く受けることになるのである。もっとも，市民社会組織が一方的に資源を依存するわけではなく，両者は相互に依存的であるともいわれる。すなわち，資源依存関係として理解される。資源依存論は，組織間関係における資源交換や資源

依存に焦点をあてた理論であり，競争関係にある民間企業間の関係を説明する理論として用いられているが，政府と市民社会組織の協働関係を分析するアプローチとしてもしばしば参照されている（たとえば，坂井 2005；稲生 2010；森 2014）。

　第 2 に，両者の関係が権力関係である点も考慮する必要がある。両者の協力関係がどれほど親密であっても，関係の一方当事者である政府は公権力をもった機関であり，法的・行政的権限，公的機関の権威，補助組織を構成する専任職員集団や財政といった活動資源，情報収集力等の面で，市民社会組織に対し優位な立場にある。本質的には不平等な上下関係である（河原 2010）。すなわち，協働における権力関係に着目した場合，両者のパワーバランスは不均衡ということになる。それゆえ，前述のように両者が相互に依存関係にあるとしても，相対的に弱者となる市民社会組織は，より政府への依存度も高く，影響力を受けやすいのである。協働がもたらす影響に関する議論が，市民社会組織側への影響に集中していることはその証左だろう。

3 日本における協働の影響

（1）協働の進展

　1990 年代以降，日本でも政府と市民社会組織との協働という概念が社会的に注目され始めた。政府あるいは市民社会をとりまく状況の変化を背景に，協働型社会へシフトする必要性が随所で指摘された。その後，2000 年代に入ると，そうした協働の理念が具体的な実践として展開されることになる。市民社会組織の政策形成過程への参加や，公的資金にもとづく公共サービスの提供等が全国的に広がりをみせ，今日に至るまで，協働ブームともいえる状況がつくられている（小田切 2014）。こうした日本の状況は，前節で取り上げた欧米における状況と酷似している。すなわち，日本の市民社会組織にも，協働を通じて何らかの影響が生じている可能性がある。本節では，そうした日本における協働の影響に関する動向を整理する。

　まず，議論の前提として，政府と市民社会組織の協働がどの程度進展しているのか，実態を確認しておきたい。ここでは，市民社会組織の収入に占める公的資金の比率の推移から，その動向を捉えることとする。図 9-1 は，協働の

第**9**章　協　働

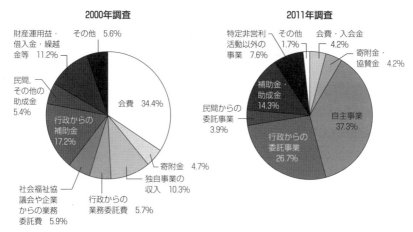

図9-1　狭義のNPOの年間収入の内訳（%）

出所：左図は内閣府「平成12年度市民活動団体等基本調査」（n=3436），右図は日本政策金融公庫総合研究所「NPO法人の経営状況に関する実態調査」（n=3280）をもとに筆者作成。

主体として想定されることが多い，いわゆる狭義のNPO（特定非営利活動法人および任意団体の市民活動団体）の収入に関する調査結果である。2000年時点の調査と2011年時点の調査の結果について示している。調査対象の母集団や調査項目が異なるため，厳密に両者を比較することは難しいが，総収入に占める公的資金（政府からの委託事業費＋政府からの補助金）の比率は上昇していることが推察される。他方で，図9-2は，狭義のNPOのみならず広く市民社会組織を対象とした調査（独立行政法人経済産業研究所「日本におけるサードセクターの経営実態に関する調査（平成22年，平成24年，平成26年）」）の結果であり，総収入に占める政府からの収入の比率の推移が確認できる（後 2015b）。政府からの収入の比率は急速に伸びており，全体の7割以上を占めるに至っている。市民社会組織にとって公的資金の重要性は高まっており，政府との協働が実態をともなって進展していることがわかる。

（2）　日本における悪影響説

こうした協働の進展がみられるなかで，日本でも市民社会組織への影響，とりわけ，市民社会組織の自律性について関心が寄せられてきた。たとえば，政府からの事業の受託が，市民社会組織本来の使命や理念を犠牲にし，政府が志

図9-2 市民社会組織の年間収入の内訳(%)

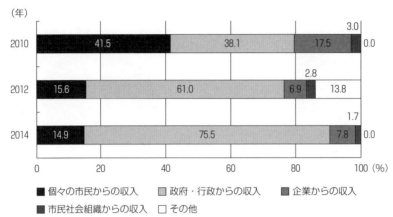

出所：後（2015b）をもとに筆者作成。

向するサービスに活動内容をシフトさせる逸脱が起こる点や（水谷1995），政府と市民社会組織との関係は官僚主義と民主主義の対立にもとづくものであり，日本のような中央集権国家においては，市民社会組織側の従属や補完関係が強まる（佐藤2002）といった点が指摘されている。日本では，法的には民間団体であるはずの伝統的公益法人や，自治組織である自治会・町内会が，政府の外郭団体化してきたというイメージが根強くある。協働の文脈においても，そうした市民社会組織の自律性の喪失について多くの論者が危惧しているのである。

具体的に，狭義のNPOに関する悪影響説をケースとしてみてみたい。前述のように，政府の協働政策には，NPM的な発想が内包されており，その手法としてコスト削減のためのアウトソーシング（委託，指定管理者制度等）が主眼に置かれていることも少なくない。また，そうしたアウトソーシング的手法は，資源を直接的に提供でき，その規模も大きいため，脆弱といわれる狭義のNPOの組織基盤を強化する支援の一環として推進されている側面もある（秋葉2004）。狭義のNPOにとっても，組織を成長させる，あるいは活動を安定させる機会として関心が高く，協働の制度的枠組のひとつとして一般的に用いられている。しかしながら，こうした動向について，狭義のNPOの「下請け化」を促しているとの批判がある。アウトソーシングによって，官僚主義的な価値

や行動様式が狭義のNPOに持ち込まれ，たとえば，①社会的使命よりも雇用の確保，組織の存続目的が上位に位置する，②自主事業よりも委託事業により多くの時間と人材を投入する，③新規事業を開拓しなくなり新たなニーズの発見が減る，④寄付を集めなくなる，⑤資金源を過度に委託事業に求める，⑥ボランティアの疎外，⑦ガバナンスの弱さ，といった弊害が起こるという（田中2006）。これらは，まさに欧米における"契約文化"の悪影響として論じられてきた点であり，日本においても，実際に，そうした事例が生じていることが確認されている（村田2009；小田切2014）。

(3) 影響の実際

　以上のような悪影響に関する議論が展開される一方で，協働がもたらす影響の実態を定量的に評価した調査研究からは，また異なった知見が提示されている。それは，危惧されているような悪影響は顕在化しておらず，相対的にはむしろ好影響をもたらしているというものである。2002年に「(特活)市民フォーラム21・NPOセンター」が全特定非営利活動法人を対象に実施したアンケート調査では，政府からの事業委託が法人に与えた影響に関して，自律性の喪失や運営の不確実性といった悪影響に関する回答の比率は低く，事業領域の拡大，財政規模の拡大，社会的信用度の上昇といった肯定的な影響に関する回答の比率が高いことが示されている（後2009）。また，先述した独立行政法人経済産業研究所「日本におけるサードセクターの経営実態に関する調査（平成26年）」にもとづく分析では，政府から支援や収入を得ている組織は，そうでない組織と比べて，無償ボランティア数が多い点，会費・寄付収入のある組織の比率が高い点，総収入額が高い点，政府へのロビイング活動を活発に行っている点等が明らかにされている。行政から支援や収入を得ることは，著しく悪影響という可能性はきわめて低く，むしろポジティブな影響を及ぼしている（坂本2015）。

　このように，日本における協働の悪影響は，懸念されているほど深刻化していないとみられる。なぜだろうか。その理由として挙げられるのは，欧米ほど協働の成熟化が進んでいない点である。欧米での議論において想定されてきたのは，主に人的サービスを中心として継続的にサービスを提供する市民社会組織との協働である。これに対し，日本における協働では，単年度のイベント事

業や調査事業等が多いという背景の違いがある（後 2009）。継続的な人的サービスの場合は，継続的契約であるがゆえに，組織のミッションや財政の自律性の問題が表出するが，単発の事業のみの関係であればそうした問題が生じる可能性も低くなる（宮永 2011）。加えて，日本の市民社会組織は経済規模や組織規模が脆弱でありアドボカシー能力が弱いことから，そもそも，問題が表面化していないとの指摘もある（塚本 2002）。つまり，日本においては，欧米に比べ協働関係が未成熟であることから悪影響が顕在化しておらず，相対的に好影響が表出する結果になっていると考えられる。好影響をもたらす日本独自の要因が存在する可能性は否定できないが，現状の制度環境をみる限りでは，成熟化の問題と理解するのが妥当だろう。

4 影響の評価と課題

(1) 評価の難しさ

　以上のように，協働が市民社会組織へもたらす影響は，ポジティブ・ネガティブの両面から捉えられているが，理論的にどちらがより正しいのか，という基本的な論点についての合意は得られていない。その理由としては，第1に，協働の出力や成果に関する研究蓄積が不十分であり，協働の影響を分析する際の視角や手法が確立されていない点が挙げられる。協働の影響を測るためにはその因果関係をより正確に捉える必要がある。しかし，本質的に，協働の質や水準，成果等を評価することは難しい（小田切 2014）。何を評価するか，どのように評価するか，という点で明確な基準を設定することは容易な作業ではない。たとえば，協働が市民社会組織の自律性に影響を与えるという議論をする場合，その自律性をどのように定義し測るのか，という点は根本的な問題になる。協働を適切に評価するためには，プロセス，関係者の意識，地域への波及効果等，多元的にアプローチする必要性が指摘されているが（Jacobs 2000；金川 2006；佐藤 2006），そのための具体的な手法やアプローチの開発は行われていない。影響評価の視点や方法は，それぞれの研究によって異なっている状況であり，知見の体系化や理論的な合意には至っていないのである。

　第2は，そもそも協働の影響に両義的な側面がある点である。例を挙げると，公的資金の受け入れは，短期的には組織の安定や成長を促す一方で，長期

的には，日和見主義的な体質となるため組織にとってはマイナスになるとされる (Harris 1997)。また，日本の現状としては好影響がみられるが，これは，問題が顕在化していないというだけであって，協働関係の成熟化が進展すれば悪影響が現れる可能性は高い（宮永 2011）。つまり，長期的にみれば，好影響・悪影響の双方が現出するということになる。さらに，影響をどのように解釈するのかという価値の問題も関連する。たとえば，委託契約等にともなう市民社会組織の専門スタッフの増加やサービスの専門化，あるいは組織化・分業化といった点は，ボランタリズムの欠如や官僚主義化と批判することもできるし，逆に組織の成長と受け取ることもできる。その影響が良いか悪いかについては評価者の価値に依拠する部分が少なからずあるのである。ゆえに，協働の影響を単純な善悪二元論として議論することには限界もある。

（2） 今後の議論の方向性

　では，このような協働の影響論の状況をふまえ，今後，どのような議論の方向性が求められるのだろうか。上述のように，協働によって生じる影響そのものを明らかにする作業が引き続き求められる一方で，政策的，あるいは市民社会組織の戦略的な観点から必要となるのは，影響の発生要因の特定である。これは，市民社会組織への影響はいかなる要因によってもたらされるのか，悪影響と好影響を分ける要因は何か，といった視点である。たとえば，委託契約をめぐる狭義のNPOの自律性の喪失は，行政からの規制やコントロールによって生じるだけではなく，組織内部における不確実性への回避や組織外部の主体との関係性の変化等，委託された事業の実施にともなう自組織の戦略や行動等によっても生じうるという（村田 2009）。また，委託契約が組織に及ぼす影響は，大別すると，**委託事業への集中化**（委託事業の優先化，事務局の主導化，サービス規模の拡大，人員の増加等）と，**組織化**（分業化，規律・規定の設置，サービスの専門性・技術の向上，社会的評価・信用度の上昇等）に分けられるが，これらの分類は，委託事業の規模や件数，あるいは新規事業か否か，といった点に左右される可能性が指摘されている（小田切 2014）。これらの知見は，影響の発生には，市民社会組織側の運営・戦略に関わる要因や，協働の制度設計に関わる要因が関連していることを示唆しているといえる。

　こうした要因を特定することの重要性は，協働にともなう市民社会組織への

影響，特に悪影響の発生が，構造的なものかどうかを評価できる点にある。悪影響の発生が協働にともなう構造的なもので不可避であるとするならば，"協働"自体を見直していくという選択肢も必要となる。他方で，影響が構造的なものではなく，政府の制度設計や市民社会組織の意識・行動等に由来する部分があるとすれば，それは影響をコントロールする余地があることを意味する。すなわち，政策的に，あるいは市民社会組織の戦略的に悪影響への対策を講じることが可能となるのである。

（3） 政府以外の主体との協働

本章では，市民社会組織と政府との協働を対象に議論してきたが，最後に，政府以外の主体との協働について触れたい。たとえば，市民社会組織と民間企業との協働である。両者の関係には，①企業による市民社会組織への寄付・支援，②市民社会組織による企業の監視・批判，③市民社会組織による企業の社会的評価，④市民社会組織と企業の競争やコラボレーション，といった4つのパターンがみられるという（谷本 2002）。企業の社会貢献活動が注目されるなかで，多様な関係性が構築されている。また，市民社会組織や政府，民間企業を含めた多様な主体間の協働関係が構築されることも珍しくなくなっている。複雑化する社会問題を単独のセクターや組織で解決することが難しくなっており，問題の解決に向けて多様な主体が同様の信念やミッションを共有することで，そうした重層的な協働関係が形成されている（Austin 2000；Wohlstette et al. 2005）。

では，こうした政府以外の主体との協働は，市民社会組織にいかなる影響をもたらすのだろうか。この問いへの明確な解答は，今後の研究の進展に期待するところが大きいが，ここでは，政府との協働の場合との類似性について言及しておきたい。当然ながら，公権力をもつ政府との協働と，民間企業やその他の市民社会組織との協働，あるいは多様な主体間の協働では，そこでの市民社会組織の動機やふるまい，役割や関係性等は異なる。しかしながら，特に影響という観点からみれば，いずれの場合も類似した様相を示す可能性が高い。たとえば，民間企業による資金の助成が大学の研究活動や教育活動の優先順位を歪めるケースがあるように，市民社会組織にとっては，民間の資金も公的資金とまったく同じ危険性をもっている（Salamon 1995＝2007；Salamon 1997＝1999）。す

なわち,協働先が政府であれ,民間企業であれ,外部から活動資源を獲得しようとするならば,本章で取り上げたような諸影響が生じうると考えられるのである。

　外部への活動資源の依存は市民社会組織の宿命ともいえるが,そうした特性を前提とした場合に,とるべき2つの戦略が指摘されている (Moulton and Eckerd 2012)。第1は,財源の多様化である。これは,資源依存を抑制する戦略である。特定の資金提供者からのプレッシャーを減らし組織の自律性を維持するため,特定の財源に依存するのではなく,多様な財源を獲得することが求められる。この点は,資金以外の資源についても同様のことがいえよう。第2は,獲得した資源にもとづく公共的価値 (public values) の創造であり,これは,一方で資源依存という特性を重視する戦略である。市民社会組織の重要な役割は,公共サービスの提供やアドボカシー活動等を通じて公共的価値の創造に寄与することとされる。そうした社会的役割を果たすためには,むしろ外部の特定の資源を集合させ,それらを確実に社会的なアウトカムへ結びつけていくことが不可欠となる。市民社会組織には,諸資源を公共的価値の創造へ結びつけるための努力が求められている。

　これらの戦略が示唆するように,市民社会組織は,他主体との協働関係を築きながら,いかにして組織の自律性を維持するのか,あるいは,社会的役割を果たすのか,といった難しい問題に引き続き挑戦していく必要がある。そして,同時に,そうした市民社会組織の努力を支援する制度設計を進めることが急務なのである。

📖 文献案内

- ▶ 荒木昭次郎, 1990,『参加と協働——新しい市民=行政関係の創造』ぎょうせい.
- ▶ 後房雄, 2009,『NPOは公共サービスを担えるか——次の10年への課題と戦略』法律文化社.
- ▶ 小田切康彦, 2014,『行政-市民間協働の効用——実証的接近』法律文化社.

【小田切康彦】

第10章 政治変容——新自由主義と市民社会

> 本章では、新自由主義と市民社会との関係について検討する。新自由主義とは、規制緩和や社会支出の削減を通して市場の論理を公共領域に広げる政治のことであり、格差拡大や貧困の深刻化の要因とされている。その新自由主義は、市民社会に影響を与えるだけでなく、その政治をスムーズに実行するために市民社会を積極的に活用しようとする。それがどのようなものかを明らかにすることが、本章の目的である。
>
> まず新自由主義概念の歴史と特徴を捉えたうえで、市民社会との関係について、マクロレベル（先進国および途上国における政治との関係）とメゾレベル（市民社会組織に与える影響）の両方の観点から解説していく。その後で、日本における新自由主義と市民社会の関係に焦点をあて、日本の市民社会の構造がはらむリスクについて検討したい。

1 はじめに

1995年に起こった阪神・淡路大震災では、多くの人々がボランティア活動に従事し、それ以降市民社会論では、日本でも豊かな市民社会が形成され民主主義が成熟してきたという明るい展望が示されてきた。しかしその期間は同時に、格差・貧困が深刻化し、経済的に苦しい人々の自由が奪われてきた時期でもある。明るい社会像と暗い社会像——この2つが重なったのは果たして偶然だろうか？

新自由主義という概念を用いることで、この2つが密接につながっている側面がみえてくる。新自由主義とは、政府による個人や市場への介入は最低限とし、公的な規制や社会サービスの提供の撤廃・縮小を求める政治思想のことである。一見、無関係に聞こえるこの概念は、「市民社会」の理念をリアルな社会に根づかせるうえで、どういう罠があり、どうそれを超えていくべきか考える手がかりを提供するだろう。

はじめに、この概念の歴史と特徴についてみていこう。

2 自由主義から新自由主義へ

(1) 自由主義（リベラリズム）

　初めにみるのは「新」のつかない古典的な自由主義（リベラリズム）である。自由主義は18世紀にイギリスで登場した政治哲学であり，経済的には自由な経済活動を擁護し，政治的には寛容と啓蒙を重視する立場である。

　18世紀のヨーロッパでは王政が続いていたが，経済活動を通じて市民（ブルジョワ）階級が力をつけてきて，経済に介入する国家への不満が高まっていた。このなかで，アダム・スミスに代表される古典派経済学は，人為的な介入を否定し，市場で個々人が自分の利益を追求することが，結果として社会全体の効率的な資源配分を実現するとした。この市場メカニズムは「神の見えざる手」と呼ばれ，勃興しつつある資本主義を擁護する思想となった。

　この自由主義について，3点ほど確認しておこう。

　第1に，その立場は，国による貧困・失業対策を否定する「小さな政府」を正当化する自由放任の政治思想として理解された。たとえば，貧困者を国家が救済する救貧法は怠惰な態度を助長するものとして批判された。

　第2に，自由主義と「市民社会」概念は密接な関係があった。たとえば，19世紀ヨーロッパの市民社会概念の基礎にあるのは，スミスの市場概念である。ヘーゲルやマルクスは，市民社会を国家から独立した領域と捉えたが，それは「欲望の体系」としての市場と同じ意味だった（植村 2010）。一方同時期のアメリカでは国家の力が弱く，個人や中間集団が自由に織りなす諸活動が「見えざる手」として自治を可能にしていたが，その領域が市民社会と捉えられた（Ehrenberg 1999=2001）。

　第3に，自由主義は，政治思想としては宗教戦争の反省から生まれ，寛容という理念と結びついていた。近代化のなかで生じたカトリックとプロテスタントによる凄惨な宗教戦争は，多くの犠牲者を出しヨーロッパを荒廃させたが，ここから異なる信仰をもつ人でも存在を認める寛容が重視されていく。これは自由主義から学ぶべき重要な側面である（Gray 2000=2006）。

（2） ニューリベラリズム

　19世紀以降，資本主義の発展にともなって貧困・失業は深刻化したが，自由主義はそれに対して無力だった。この問題を解決するために，国家の役割が積極的に求められ，公教育制度や福祉制度，労働政策が整備されていく。それまでの自由主義を批判し，万人の自由を実現するために国家による権利の保障を求めていくこの立場は，ニューリベラリズムや社会的リベラリズムと呼ばれた。前者は日本語にすると「新自由主義」だが，本章のテーマの新自由主義（ネオリベラリズム）とは正反対の立場である（ややこしいのでここではニューリベラリズムと表記する）。一般的に福祉や人権を重視する政治的立場を「リベラル」と呼ぶが，それは経済的自由主義ではなく，ニューリベラリズムの意味に近い。

　ニューリベラリズムの流れに属する有名な経済学者はケインズである。彼によると，不況期には自由に放任しておいても，人は先行き不安から貯蓄に走るため物が売れず不況は続く。よって必要な政策は，政府が積極的に支出して市場に出回る現金量を増やし，インフレ期待を作り消費を促すことである。失業対策のための公共事業は，その最たるものであった。このケインズ経済学を社会政策と組み合わせながら，20世紀半ばに先進国で福祉国家が成立していく。

　ニューリベラリズムは国家の役割を重視するが，活発な市民社会を否定するわけではない。そこでの活動は，市場が生み出す問題に取り組み，自発的に福祉サービスを提供するだけでなく，それを政策として行うよう国に働きかける運動をともなっていた。そのなかには19世紀末のフェビアン協会など福祉国家形成の原動力になった活動も含まれる（Powell 2007）。一方で福祉制度が拡大しても市民社会の活動は抑制されず，相乗的に拡大している（Salamon 1995＝2007）。1960年代に先進国で盛り上がったマイノリティの運動（公民権運動やフェミニズム運動など）でさえ，福祉国家の理念を実質化するための内在的批判という一面をもっていた。これは「寛容」という価値を，単に個人の意識だけの問題ではなく，社会制度のなかに埋め込むことであり，自由主義より一歩踏み込んでいる。

　このようにニューリベラリズムは，それ以前の自由主義と鋭く対立する。だが両者には社会主義や全体主義という共通する敵手があった。どちらも一党独裁であり民主主義が体現する政治的自由はない。ニューリベラリズムはこれらとの思想的闘争のなかで形成された面もある。資本主義の体制内で，自由民主

主義（リベラルデモクラシー）を前提とする点で自由主義と共通性をもつ。

（3） 新自由主義（ネオリベラリズム）の登場

　以上の過程を経て，いよいよ1970年代に新自由主義が登場する。新自由主義は，ニューリベラリズムを否定し，経済的自由主義を現代に再生させるという点で，「新」しい自由主義だった。その背景にはケインズ主義と福祉国家への不満があった。1970年代には多くの先進国で失業が起こり景気も低迷していたが，その問題（スタグフレーション）はケインズ理論ではうまく説明できず，公共事業もあまり有効ではなかった。この問題は早くから経済学者であり思想家のハイエクが指摘していたが，1970年代に入りシカゴ大学のフリードマンやルーカスといった新自由主義の経済学者が脚光を浴び，政治的にも影響をもつようになる。

　新自由主義は次の2点で古典的な自由主義と異なる。第1に，国家の役割への注目である。彼らは福祉国家は否定するが，理想的な市場は自然には生まれず，人工的に創り出さなくてはならないと考える。よって，市場の秩序を歪めるとされる規制や制度を撤廃するうえでは，国の強権的な力を求める（酒井2001）。経済のグローバル化のなかで，新自由主義に導かれたアメリカが，途上国に自由市場を作り出すために軍事力すら用いてきたことを考えると，「強権」というのは単なる比喩ではない（Klein 2007＝2011）。第2に，市場メカニズムを経済だけでなく，その外部にも適用できると考えた。福祉や公教育，行政サービスを提供するのは本来国家の役割だが，それらも民営化し市場メカニズムに委ねたほうが効率的だとした。そのため，利用者が自分で好きな公共サービスを選択・購入できる擬似的な市場（準市場）を作ろうとした（Le Grand 2007＝2010）。そのなかで政府に代わって供給者としての役割を企業と並んで期待されたアクターこそが，非営利組織などの市民社会組織である。

（4） 新自由主義の変遷①：粗野な撤退型新自由主義

　ところが理論上はうまくいくはずの新自由主義は，実際に政策として進めると社会に悪影響を与えた。それが顕著に現れたのが，先進国では1980年代のアメリカとイギリスである。この時期の新自由主義を撤退型（roll-back）新自由主義と呼ぶことがある（Peck and Tickell 2002）。

撤退型新自由主義の時代は，レーガン（米）とサッチャー（英）という保守政党のリーダーがトップとなり，新自由主義の経済学者を重用して，福祉国家という枠組からの「撤退」を強行した。そして減税，教育・福祉などの社会支出の抑制，規制緩和，組合つぶし，医療への準市場の導入などの政策を次々に進めていった。人々に対しては，利益の最大化をめざして選択と競争を繰り返し，その結果を自己責任で引き受ける合理的・能動的な主体になることを求めた。一方で福祉受給者は，道徳的に劣った存在として激しく非難されるようになっていく。

グローバルレベルでも，先進国に対する途上国の債務が問題視され，世界銀行やIMF（国際通貨基金）が構造調整プログラムと呼ばれる新自由主義的政策を進めた。そのため途上国は，支援を受けるために，政府の公的支出の削減，価格統制の撤廃，国営企業の民営化等を行わなくてはならなくなった。

以上の政策は惨憺たる状況を作り出した。減税や資産所有の規制緩和，社会保障や公教育への支出抑制は未曾有の格差を生み出し，貧困率も上昇した。急激な民営化により事故やトラブルが続発した。犯罪などの社会不安が高まり，それに対して治安の強化や厳罰化などの不寛容（intolerance）政策で対応したため，社会の分裂を進めた（Wacquant 1999=2008；Lappi-Seppälä 2008）。同様にグローバルレベルにおいても，構造調整プログラムの結果，教育や保健サービスの水準が低下し，貧困層を中心に健康や栄養状態の悪化に苦しむことになった。

（5） 新自由主義の変遷②：改良された伸展型新自由主義

撤退型新自由主義の失敗により，次の2つの教訓が浮かび上がった。1つは，市場での競争を煽るだけでは社会も人も再生産できないということである。もう1つは，新自由主義者の考える「合理的な個人」像は現実的でなく，人の合理性はより限定的で，文化や制度に埋め込まれた存在だということである。ここから経済学ではケインズ主義が再評価されていく（Krugman 1994=1995）。

政治的には，撤退型新自由主義を進めてきた保守政党への支持は低下し，1990年代には，イギリスではブレア，アメリカではクリントンが率いる中道左派政党に政権の座を奪われた。その政治はイギリスでは「第三の道」と呼ばれ，活力ある新しい福祉国家のモデルと評価されることが多い。だがそれは同時に，改良された新自由主義とみることもでき，伸展型新自由主義（roll-out neoliberalism) や発展版自由主義 (advanced liberalism) などと呼ばれることがある (Peck and Tickell 2002; Rose 1999)。

　これが依然として新自由主義と呼ばれるのは，社会支出の抑制は続いていたためである。実際に，社会支出のGDP比をみる限り，ブレア政権の間は大して増加しておらず，クリントン政権に至っては減少している。ただしそれは次の点で，社会政策からの単純な撤退を意味しない。

　第1に，新自由主義のマイナスの影響を和らげるためにコミュニティ政策が重視され，市民社会組織を活用した社会的包摂政策が展開された (Social Exclusion Unit 2008)。その結果，イギリスでは子どもの貧困率や若者の失業率の減少などの効果がみられた。グローバルレベルでも，1990年代半ばまでには構造調整プログラムへの反省が進み，後でみるように国際NGOを活用したコミュニティ政策が進められていく。

　第2に，国家は助成や委託を通じて準市場を円滑に機能させ，それを通してサービスの質を保証する評価国家としての役割を担うようになった。

　第3に，社会保障のかたちをより市場中心のものに変えた。たとえば，就労支援は充実させる代わりに，生活保護のような給付を削る「ワークフェア」が導入された。子どもの貧困対策も人的資本への投資という側面が重視されるなど，あくまで資本主義の市場で活躍するための福祉という観点が強い。そのため社会的排除を期待ほど削減できなかったという批判もある (Mizen 2003; Clarke 2006)。

　このような批判はあるにせよ，市民社会論者は，この政策が市民社会組織やコミュニティを重視するとして高く評価する傾向があった。次節では新自由主義と市民社会との関係について詳しくみていこう。

3 新自由主義と市民社会

(1) どのレベルに注目するか

　新自由主義と市民社会との間に密接な関係があるという指摘はこれまで多くなされてきた。「『市民社会』の再生は新自由主義の支配と同時に生じた。それは新自由主義が繁栄し自らを正統化するための言説と装置として不可欠なものとなっている」(Sinha 2005: 163)。しかし両者の関係性は多様であり，十分整理

されていない。ここでは経験的な研究に焦点をあて，いくつかのレベルに分けて検討してみたい。

まず本節では，マクロな政治レベルとして，先進国における撤退型／伸展型の新自由主義と，途上国に対する新自由主義をめぐる議論について概観する。次いで次節で，メゾ（中間）およびミクロレベルとして，新自由主義が市民社会組織の構造や活動者の意識に与える影響に関する議論を紹介する。

（2） 撤退型新自由主義と市民社会：市場への撤退

前節で述べたように，ニューリベラリズムにおいて政府と市民社会は相補的な関係にあった。しかし撤退型の新自由主義では事態は一転する。

新自由主義は，言説のうえでは，市民社会組織やボランティアを称賛する。ここには市場競争の激化による社会解体の危機を，市民社会やコミュニティに関する温かい倫理的な言葉で再統合するというねらいもある（Rose 1999；Lazzarato 2009）。

しかしその一方で，社会支出を抑制するために，政府から市民社会組織への助成や支援は減る。この点について，非営利組織研究の第一人者であるサラモンは，1980年代から90年代にかけてのアメリカの新自由主義が市民社会組織に与えた影響について詳細に検討している（Salamon 1997=1999）。

アメリカ政府の社会支出は，1980年から1994年の間に，教育・社会サービスで19％，国際援助で17％，コミュニティ開発で42％と，それぞれ実質ベースで減っている。その減少分は，市民社会の活動で埋め合わせることが期待されたが，同じ時期に，政府から非営利組織（病院を除く）への収入は380億ドル減少している（Salamon 1997=1999：30）。

もっとも新自由主義の教えでは，政府が規制撤廃や減税を行うと，そのぶん人々の自発性が刺激され，民間投資や寄付が増えるので問題ないはずだった。しかし実際には，減税は寄付を抑える方向に作用した。個人寄付の個人所得に占める割合は1980年代を通じて低下した。特に高所得者に対する減税は，寄付控除を利用する動機を弱め，寄付を大幅に減少させた。そのような結果，非営利セクター収入に占める民間寄付の割合は，1982年の15％から1992年の11％へと減少している（Salamon 1997=1999：38-41）。

それに加えて重要なことは，寄付は，それを必要とする人々に届くとは限ら

ないということである。一般に中間層の人々が行う寄付は，貧困者への支援ではなく，自分たちも利用できる社会教育や芸術などの文化活動に向けられる傾向がある（Verba et al. 1995；Salamon 1997=1999：41-42）。つまり自発的な寄付では，人々の社会権を保障できない。

以上のように，撤退型新自由主義は，市民社会組織の財源としての公的助成と寄付を縮小させた。そのため生じたことが市場への撤退である。多くの市民社会組織はサービスの対価としての料金と会費を主な収入源とするようになり，営利的な組織へと変容していった。一方で，アドボカシー団体は規制や監視の対象になった（Young 1999=2007：51）。

営利化の変化が最も顕著だったのが医療の領域だった。アメリカでは非営利の病院は非営利組織として捉えられてきたが，レーガンの医療改革のなかで，非営利の病院の多くが営利企業へと転換していった（Godderris and Weisbrod 1999=2007）。その結果，医療の質の悪化や医療事故，高額医療費による個人破産等，数々の問題を生み出した（堤 2008；堤 2010）。同様のことはデイケアなどの社会サービスの領域にも起こっている（Salamon 1997=1999）。

(3) 伸展型新自由主義と市民社会：ガバナンスの変容

伸展型新自由主義においても社会支出は抑制されていたため，市民社会組織の財政環境は厳しく，特に政策とあわない活動への支出は抑えられた。たとえば，クリントンのワークフェア的な福祉改革のなかで，低所得者向けのプログラムに関する非営利組織への財政サポートは，1996年度だけで170億ドルも減らされた（Salamon 1997=1999：32）。

その一方で，政治の領域では，官民協働型やネットワーク型と呼ばれるガバナンスが広がり，市民社会組織や社会的起業が注目されるようになっていった。それらは行政の委託・助成を受けて，地域再生や貧困対策などのプログラムの形成・実行において，重要な役割を果たすようになっていく。

この官民協働型ガバナンスに対する評価は2つある。1つは，それが政府の官僚主義的な統治を弱め，民主主義が深まったと支持するものである（Bevir and Rhodes 2003）。

この見方に対し，それは市場メカニズムを地域に浸透させるための新自由主義的な手段だとする捉え方がある（Brenner and Theodore 2002；Peck and Tickell 2002）。

たとえば，コミュニティ開発は民間企業主導で資本投資の観点から進められ，貧困や社会的排除対策も前述のワークフェアにもとづいて行われた。行政機構の民営化が進むなかで，市民社会組織やソーシャル・キャピタルの活用が掲げられるが，あくまで政府の方針にあうことが求められ，あわない場合は委託・助成の対象から外される。その結果，協働型ガバナンスは，分権化ではなく，既存の権力構造を再生産し (Marsh 2008)，一部の経済的エリートに力を与える一方，民主主義を弱める方向に作用する (Swyngedouw 2005)。行政だけでなく民間の助成も地域組織を経営主義的なものに変え，それ以外の草の根組織との関係を失わせる傾向がある (McQuarrie 2013)。また，市民社会組織に公的な権限を与えることは，選挙で民主的に選ばれた議会のコントロールの外部を広げる点にも注意する必要がある (Taylor 2003：3)。

協働型ガバナンスが新自由主義の一形態なのか否かという問いに，単一の答があるわけではない。マクロレベルでみると，都市や地域ごとに形成される行政／市場／市民社会の関係性のレジーム（体制）によって異なるため，どちらが妥当なのかについては，経験的な分析にもとづき個別に検討する必要がある (Blanco 2014)。一方メゾレベルをみると，このガバナンスにより，市民社会組織は共通の変容圧力の下に置かれた。公共サービスの民間委託が進むなかで，市民社会組織は受託や助成獲得のための競争に巻き込まれ，多くの団体は組織の合理化を進めていったのだ。この点は，途上国の状況についてみたうえで，次節で詳述したい。

(4) 途上国に対する新自由主義と市民社会

前節で触れたように，世界銀行やIMFが進めた撤退型新自由主義にもとづく構造調整プログラムは，途上国の社会に深刻な影響をもたらした。そのため1990年代半ばから，コミュニティづくりや社会参加，貧困削減，人々のエンパワメント等を重視するポスト・ワシントンコンセンサスと呼ばれる流れに変わっていく。これは伸展型新自由主義のグローバル政策版といえ，世界銀行は国際NGOとの協働を進めていく。

ところがこれに対しても，新自由主義を円滑に適用させるための手法という批判がある。貧困改善のプログラムも，実際には社会サービスの民営化やリスクの個人化など新自由主義的手法が多いが，それをエンパワメントなどの美名

や，住民参加や民主的な手続きの下で進めるため，より受け入れられやすくなった。先進国のNGOはそのなかで，プログラムの実施や住民のコンサルティング，成果管理などさまざまな役割を果たした（以上，Merz 2012 ; Carroll and Jarvis 2015など）。だが，その効果には多くの疑問も寄せられている。一例としてNGOも実施するマイクロファイナンス（貧困者向けの小口融資）は，人々に市場メカニズムを重視する態度を植え付けるだけで，持続的な貧困削減にはつながっていないという批判がある（Bateman 2010）。

さらにこのアプローチには，新自由主義や経済のグローバル化に対する途上国の人々の抵抗や運動を，懐柔したり排除する効果があった。その動きは，「テロとの闘い」という枠組のなかで強化されていく。貧困改善の取り組みこそが現地の市民社会組織のなすべき活動とされ，運動や抵抗は望ましくないとされた。国際的なドナー（寄付団体）も，現地の市民社会組織に助成する条件として，あらゆる形態の抵抗運動を支持しないことを求めた。それを拒否した現地の団体は収入源を失う一方，貧困削減などのプログラムに特化した団体は専門化・脱政治化し運動から離れていった（Merz 2012）。

以上，先進国と途上国における新自由主義と市民社会の関係を概観してきた。1つのポイントは，新自由主義は市民社会組織を直接抑圧することはないが，助成や委託を通じ，その行動や機能に影響を与えているということであった。次節では視点をマクロからメゾレベルに移し，そのメカニズムについてみていこう。

4 新自由主義と組織変容

(1) 組織変容を捉える概念

新自由主義的な社会変化が，組織の構造や活動内容にどのような変化を与えるかということは，市民社会組織研究における重要なテーマの1つであり，多くの研究が行われてきた。だが，そこで使われる概念はさまざまで，知見が体系的に積み上げられていない。

そのなかでマイアーらは，1980年代以降の新自由主義的な政治環境がもたらす市民社会組織の変化を，「非営利組織のビジネスライク化（becoming business-like）」という包括的な概念で捉え，多くの研究結果を整理するメタ分析を行っ

図10-1 非営利組織のビジネスライク化に関するキー概念

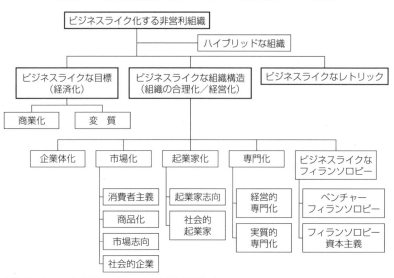

出所：Maier et al.（2016），Figure 1をもとに筆者作成。

ている（Maier et al. 2016）。彼女たちはそのテーマに関する2,401の研究のうち，社会科学的であること，英語で書かれていること，バランスと批判性を有していることなどの基準で絞り込み，最終的に599の研究について整理を行った。

図10-1は，そこで用いられるさまざまな概念間の関係を整理したものである。ここでは組織の変化は，大きく分けて目標，組織構造，レトリックという3つのレベルで捉えられている。

「ビジネスライクな目標」とは，目標自体が経済の観点で貫かれるようになることを意味する。そのうち商業化（commercialization）とは，非営利組織が財源を事業収益に依存するようになることであり，前述のサラモンの議論が該当する。また変質（conversion）とは，法人格が非営利から営利へと変わり，資産管理や説明責任などが営利法人として行われるようになることを指す。

次に「ビジネスライクな組織構造」とは，市場への接近にともなう組織の合理化や経営化に関するもので，具体的には企業体化（corporatization），市場化（marketization），起業家化（becoming more entrepreneurial），専門化（professionalization），ビジネスライクなフィランソロピー（business-like philanthropy）という5つの下位概

念に分類できる。

　①企業体化とは，企業経営の手法で組織運営を行うことである。②市場化は，非営利組織とステークホルダーとが，市場における関係性の下に置かれるようになることであり，さまざまなレベルがある。たとえば，ボランティアが活動の対価として感謝ではなく金銭を求めるようになること（消費者主義）や，活動が市場での取引中心になっていくこと（商品化）が挙げられる。後者の事例として，新自由主義政策によって環境保全が民間に委ねられるようになるなかで，土地の受託財団（トラスト）がより良い土地を得るために土地を転売したり，そのような財団の関係を重視して環境団体が脱政治化していったカナダのオンタリオ州のケースがある（Logan and Wekerle 2008）。顧客や競争相手に関する情報収集に励むようになること（市場志向）や，商業活動を通して社会問題を解決することをめざすようになること（社会的企業）もこの下位概念に含まれる。③起業家（アントレプレナー）化は非営利組織の行動に注目した概念で，イノベーションを求めたり，リスクを冒すことを好むようになることを意味する。④専門化はスタッフの変化に注目したものである。特に，素人のボランティアを専門性のある高学歴の有給職員に置き換えていくことを示し，経営に関する専門化（経営的専門化）と中核的な事業に関する専門化（実質的専門化）がある。⑤ビジネスライクなフィランソロピーとは，資本家の手法を取り入れた助成のことを指す。そこでは金や専門的知識が投資として与えられ，非営利組織は見返りとして高水準の収益や説明責任が求められることになる。

　最後の「ビジネスライクなレトリック」は，組織や関係者に関する語りや言説に関する概念である。組織の目的や活動の意味，アイデンティティなどは，すべて言説によって構成されており，その意味であらゆるレベルの変化と関連している。一例として，受益者を消費者，活動者を起業家，寄付者を投資者というように，各主体を経済のカテゴリーで捉えていく言説が挙げられる。

　このようにさまざまなレベルで組織の「ビジネスライク化」は捉えられてきた。それらの変化は，組織の活動内容やパフォーマンスにどのような影響を与えているのだろうか。

（2）　効果の多様性

　実は市民社会組織のビジネスライク化の影響について，単一の評価をするこ

とは難しい。というのも研究によって，その知見はまちまちだからである。上述のマイアーらは，影響を受ける領域について，①組織のパフォーマンス，②社会的機能の充足，③知・権力・主体性などに大別したうえで，それぞれ先行研究の結果を検討している。

①組織のパフォーマンスに関しては，資源を確保しやすくなるかが重要な指標になる。そのうち財政的資源については，おおむねビジネスライク化による肯定的な結果が示されている。一方，人的資源については結果はやや入り組んでいる（Levine and Zahradnik 2012；Padanyi and Gainer 2004）。たとえば市民社会組織の商業化は，優秀なスタッフを確保しやすくするかどうかについては領域によって異なり，福祉の非営利組織にはそのプラスの傾向がみられるが（Guo 2006），大学ではマイナスな効果になる（Toole and Czarnitzki 2010）。ボランティアについては，ビジネスライク化は，運動を重視するボランティアに混乱をもたらすが，状況によってあり方を変える再帰的（reflexive）なタイプのボランティアにはよくフィットする（Vantilborgh et al. 2011）。

②社会的機能の充足に関しては，サービス提供やアドボカシーなどの活動分野によって異なる。

サービス提供の領域では，組織の目的が曖昧になったり変わったりするミッションドリフトの有無が大きなポイントとなってきた。それによると，サービス提供組織の商業化が一概にミッションドリフトを起こすことはなく，逆に財源の多様化によってミッションを守ることを示す研究もある（Froelich 1999；Young 1998）。その一方で，公共財の供給や貧困層へのサービスを減らしたとき，ミッションドリフトは起こりやすくなる（Bailis et al. 2009）。また，下記のとおりアドボカシー活動からサービス提供活動へのミッションドリフトは生じやすいことも，よく指摘されている（Keevers et al. 2012）。このほか，組織構造のビジネスライク化が，組織に革新（イノベーション）をもたらすという研究がある一方（Choi 2012），どの組織も似たような構造になる制度的同型化を引き起こし，かえって革新性が失われるとする研究もある（McQuarrie 2013）。

アドボカシーの領域でも多様な結果が示されている。肯定的効果としては，専門化によってより活動的になり政府も耳を傾けるようになるという知見がある（Graddy and Morgan 2006；Harmer et al. 2013）。一方ビジネスライク化によって，アドボカシーのメッセージや戦術からラディカルさが失われ，政府に妥協するよ

うになる否定的効果を指摘するものもある (Jenkins 2006)。関連して，市場化された資金環境のなかで政府資金に依存することは，アドボカシーを止めサービス提供に特化するミッションドリフトの原因にもなる (Aiken and Bode 2009)。これらの否定的効果の指摘は，特に前節でみたグローバルな新自由主義に対する南からの批判に多い (Merz 2012)。またアドボカシーの弱体化については，量だけではなく質に注目する研究もある。たとえば専門化によって，ボランティアの役割は低下し (Geoghegan and Powell 2006)，組織内の民主主義も弱まるが (Hvenmark 2013; Eizenberg 2012)，それは非営利組織がかつてもっていた「民主主義の学校」という機能を失うことを意味する (Skocpol 2003＝2007)。

③知・権力・主体性については，哲学者のフーコーや社会学者のブルデューなどの批判理論にもとづき，市民社会をめぐるビジネスライクなレトリックと権力との関係についての研究が進められてきた。その中心的な論点は，ビジネスライクな言説は，国家の撤退を正当化すること (Logan and Wekerle 2008)，問題を個人化・脱政治化すること (Keevers et al. 2012)，市場と企業を最良の問題解決者とみなすことなどを通じて新自由主義の再生産に寄与するというものである (Hvenmark 2013)。また，その言説の広がりが，エリートの立場を強くしたり (Hemment 2004)，メンバーや受益者の立場を弱めるとする研究もある (Baines et al. 2011; Keevers et al. 2012)。

その一方で，別の側面に注目する研究もある。たとえば，フェアトレードという市場化された形態が消費者を政治に目覚めさせるケースや (Webb 2007)，活動家がビジネスライクな手法を彼ら自身の理念に従って用いることで，新自由主義とは異なる帰結につなげるケースもある (Jones et al. 2011)。これらは，特定の言説が常に1つの効果を生むわけではなく，別様の主体性や活動にも接続しうる点に注目した知見である。

(3) 複雑さと向き合う

ここまでみたように，組織のビジネスライク化の帰結は一様ではなかった。その含意は，過度の単純化や決定論に陥らずに，組織変容のメカニズムを丁寧に捉える必要があるということである。ビジネスライク化の影響は，活動領域や社会的文脈などさまざまな条件によって変わりうる。そのためデータにもとづき，社会的・制度的背景，直接の要因，組織変容のレベル，帰結の相互の関

係を,丁寧に分析する必要がある。その先に,固有の領域に根ざした妥当性の高い仮説が生まれていくだろう。

その社会的文脈を押さえるうえで重要なことは,新自由主義の表れ方は国によっても異なるということである。そのため,最後に日本における新自由主義のかたちについて確認しておきたい。

5 日本における新自由主義と市民社会

(1) 二重構造と構造改革

日本の市民社会の特徴として従来指摘されてきたのは次の2つである。第1に,日本は開発主義と呼ばれる集権的な国家主導の国だったため市民社会の規模や権限が小さいこと,第2に二重構造である(Pekkanen 2006=2008)。二重構造とは,官僚の恣意的な管理の下にある旧公益法人や行政の下請け組織は力をもちやすい一方で,政府から独立してアドボカシーを行う団体や運動体は,法人格取得や資源獲得において不利な位置に置かれ成長しにくいというものである。

しかしそのような現実とは逆に,欧米では市民社会概念が1970年代までほとんど忘れられていた一方で,戦後日本ではそれが理想視されてきた(Schwartz 2003)。なぜなら,日本のファシズム化や後進性の原因は,国家から自律した市民社会がなかったためと考えられてきたからである(植村 2010)。活発な市民社会を作ることは戦後民主主義の悲願でもあった。

ところが皮肉なことに,その悲願は部分的には新自由主義的な政治のなかで実現する。1990年代後半から2000年代にかけての「構造改革」は,社会保障費の抑制,規制緩和,行政サービスの民営化などを進め,格差拡大や貧困の原因になった。また公務員削減のために自治体合併を進め,周辺部の地域では基礎的な行政サービスを受けるのが困難な状況に陥った。しかし一方で,それは伸展型新自由主義の特徴ももち,官僚中心の開発主義モデルからの脱却という理念の下で,行政に代わる市民活動の受け皿づくりも同時に進んだ。特定非営利活動法人や新公益法人が創設され,官庁の統制を受けずに法人格の取得が可能になったが,それは市民社会組織の制度的基盤になった。また,2000年の介護保険制度の導入をはじめとする社会保障制度の改革は,これまで政府が一元的

に担っていた福祉サービスの提供に，市民社会組織を含めた民間団体も参入できるようにした。他の行政サービスについても同様である。

　そのため，リベラルの側でもこの伸展型新自由主義に対する評価は分かれた。1つは，この動きを民主主義的な「市民社会」創出につながるものとして評価する立場である。もう1つは，これを新自由主義の一環であるものとして批判する立場である（渋谷 2003；仁平 2005；仁平 2011；植村 2010）。後者の視点では，構造改革のなかでボランティア活動が称揚されるのは，本来国が社会保障で担うべきことを市民の自発性に委ねさせるためであり（中野 2001），介護保険は，権利としての福祉を選択と契約に置き換えて社会権を切り下げる政策である（伊藤 2011）。そして，新自由主義的な動きに適合する「市民活動」は奨励される一方，その構造や政治自体を変えようとする運動は「フツーでない」人々のすることとして排除されていく（道場 2008）。

（2）　低水準の市民参加と社会保障

　ここで日本の社会保障の規模と市民社会の活発さが，先進国のなかでどこに位置するのか確認しておこう。図10-2は，OECDデータと世界価値観調査（World Value Survey）のデータを用いて，GDPに占める社会保障支出割合（横軸）と，さまざまな市民社会組織への参加得点（縦軸）の平均値の関係を国ごとにみたものである。[1]

　中央に引いてある縦と横の線は，これらのサンプル内の平均値を表す。左上にあるのはアメリカやイギリスなどのアングロサクソン系の国で，ここでは市民参加は活発だが社会保障は弱い。一方，右下にあるのはドイツやフランスなどの大陸ヨーロッパ系の国々で，ここでは福祉国家としての規模は大きいが，市民参加は相対的に活発ではない。ユニークなのが右上の北欧の国々で，活発な市民社会と高水準の社会保障制度の両立を実現している。

　これらに対し，日本は左下に位置し，市民社会への参加も社会保障の水準もどちらも低い。[2] この構造は，市民社会を優先するか（市民社会論），それとも社

1） 団体は以下のとおりである。教会・宗教団体，スポーツ・レクリエーション団体，芸術・音楽・教育団体，労働組合，政党，環境保護団体，同業者団体・職業団体，慈善団体，消費者団体，その他のボランティア団体。これらについて，積極的参加と消極的参加とを別に得点化し，加算したものを使用している（詳しくは，仁平 2014aを参照）。

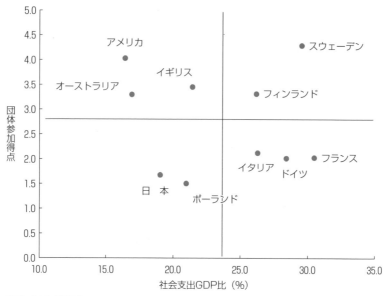

図10-2 社会支出GDP比と団体参加得点（2005年）

出所：仁平（2014a）。

会保障を優先するか（新自由主義批判）という択一的な問いが浮上しやすい背景とも考えられる。

（3） 新自由主義と福祉多元主義

❸〜❹の議論をふまえると，市民社会が新自由主義と共振しない条件として，少なくとも次の2つが考えられる。

1つは，市民社会の活性化を，国の社会支出の抑制の条件にしないことだ。そのためには，社会サービスの「財源」と「提供」とを分けて考えることが有効である。マリリン・テイラーは，福祉サービスの財源確保と提供を行う主体が，それぞれ政府か民間かという区別から，福祉国家，新自由主義（ニューライト），福祉多元主義という3つの類型を作り出している（Taylor 1992）。このうち，

---

2) ちなみに，その社会保障費の大半は高齢者向けの年金や医療に使われており，若い世代の子育て・雇用対策・生活保障に対する公的支出の水準はさらに低い（仁平 2014b）。

福祉国家は財源確保もサービスの提供も国が行い，新自由主義は両方とも民間が行う。これらに対して注目すべき福祉多元主義では，財源は国が保障するが，サービス提供は民間が行う。この場合，福祉予算は削減されず，サービスは市民社会組織を含む民間団体が当事者のニーズにあわせて提供できる。

　日本でも福祉多元主義の芽がなかったわけではない。たとえば，本来介護保険には，介護を家庭任せにせずに，公的財源の下で社会のさまざまな主体が担うという福祉多元主義の理念が含まれていた。しかし現在は給付抑制のために，軽度の人を介護保険から切り離し，地域での無償のボランティア活動などに委ねる方向に向かいつつある。保育についても，国のこれまでの基準を緩和し民間企業等の参入を増やすことで，政府は金をかけずに保育需要を充たそうとしている。これらの方向には，介護難民の発生や，保育士や介護士の待遇の低下，子どもの安全の低下のリスクが懸念される。

（4） 政治性の行方

　もう1つは，「市民社会」から政治性を排除しないということだ。これまでみたように，新自由主義のなかではさまざまなかたちでラディカルな政治性は除去され，「協働」的なものへと切り詰められていく。2000年代の日本でも，福祉やまちづくりの領域で同様のことが生じていたという分析結果がある（渡戸 2007）。

　しかし，運動を含まない「市民社会」にマクロな政治トレンドを反転させる力はない。日本にも新自由主義に対抗しようとする運動はあるが（たとえば野宮・西城戸編 2016），全体としては人々のなかに運動への忌避が根づいている。たとえば，デモへの参加経験率は日本は約8％で先進国最低である。海外では北欧を中心に先進国のほうがデモに寛容な傾向があり，デモ寛容度と民主主義度の相関は高い（朝岡 2014）。日本のように運動を忌避することは，政治の選択肢を自ら放棄し，市民社会を貧弱にすることになる。

　以上の状況のなかで，逆に行政に「動員」されないために，行政から助成金を得ることを拒否する市民社会組織もある。しかし❸でみたように，自主財源を求めた結果，かえってビジネスライク化が進んだアメリカの市民社会組織の経験をふまえると，助成の拒否が正解でもない。日本での調査結果によると，行政から助成金を得ることは市民社会組織のアドボカシーを弱めることなく，

ある程度までは高める（坂本2016）。

さらに市民社会組織がアドボカシーへの自由をもち続けるうえで重要なポイントの1つは、メンバーの活動に対する意味づけにある（丸山ほか2008）。行政と協働していても、メンバーが政治に対して問題意識をもち活発に議論している団体は、アドボカシー活動も行う傾向にあった。つまり、組織のアイデンティティを構成する言説のレベルで脱政治化しないことが、新自由主義との共振を避けるうえで重要である。

6 今後の課題

本章では新自由主義概念の基本を説明してきたが、実際の新自由主義は、各国の経緯に応じて独自のかたちをとる（Brenner and Theodore 2002）。そのため、以下のような日本の特徴をふまえた独自の議論を、さらに鍛えていかなくてはならない。

第1に、開発主義と新自由主義とは対立するイメージがあるが、日本では両者が共存しており（Tsukamoto 2012）、そのぶん、市民社会への介入のかたちも欧米と異なる可能性がある（丸山 2010）。第2に、膨大な財政赤字と世界で最も進んだ少子高齢化という人口構造を抱えており、今後も新自由主義的な財政抑制の圧力は続く。それは市民社会の動員と新たな動きの両方の源泉になるだろう。たとえば、浜松市に統合され自治の制度的基盤を失った佐久間地区では、住民の大多数が参加する非営利活動法人が自発的に作られ、自治活動や公共サービス提供を行うという、既存の非営利組織論では捉えきれない類型が生まれた。そのような新たな現実の可能性と限界を精緻に分析し、日本社会を的確に照らす独自性の高い理論を創っていくことが求められる（丸山 2015）。

ここまでみたように新自由主義論は、時に多幸症的な市民社会論とは表裏の関係にある。市民社会のリスクと希望を冷静に探るうえでも、参照されるべき社会理論＝仮説ではないだろうか。

📖 文献案内

▶ 渋谷望，2003，『魂の労働——ネオリベラリズムの権力論』青土社．
▶ 植村邦彦，2010，『市民社会とは何か——基本概念の系譜』平凡社．

▶ ハーヴェイ，デヴィッド，2007，渡辺治監訳『新自由主義——その歴史的展開と現在』作品社.

【仁平典宏】

第11章 法制度——市民社会に対する規定力とその変容

　各国の法制度は，それぞれの市民社会を構造化している。市民社会の法制度は広範囲にわたるが，本章では，特に非営利・公益法人制度に焦点をあてる。まず，前半で，国際的な比較を意識しつつ，基本法上の「結社の自由」論に関する論点，法人格の制度化に関わる論点，公益認定制度と税制などに関わる論点について概観する。後半では，第1に，日本の非営利・公益法人制度改革について紹介したうえで，第2に，公益法人格の縦割りの分断状況を説明し，さらに第3にそれら諸公益法人に対する政治活動規制が歴史的政治的構造から不均等に課されている姿を把握する。
　これらによって，日本の「市民社会セクター」が，「セクター」としての存在感が薄くみえにくく，かつ政府から独立性をもった政治社会的影響力という点で弱いという特徴の制度的条件による説明を提示する。

1 なぜ法制度の視点から市民社会を考えることに意義があるのか

（1） 市民社会は国家を析出し，国家が市民社会を構造化する

　近代立憲主義的法治国家のもとにおいては，それぞれの国家は特有の法制度をもち市民社会を構造化し，逆に，市民社会の運動は法制度の改廃過程を通じて国家の姿を変化させていく。それぞれの国家の法制度を確認することは，市民社会把握のための基礎作業である。

　市民社会に対する法制度の規定力は圧倒的である。法の支配が十分でなければ，人の支配となる。「結社の自由」の法的保障がなければ，非営利団体は疑似国家機関か翼賛団体になるだろう。また，非営利法人・公益法人の法人格取得の要件，法人格の種類，法人の内部ガバナンスの規制，これらは非営利セクターの基本的制度構造となって各国の非営利団体の活動を構造化している。公益性や（非）公開性の水準，取引上の法人の信頼性の維持などは，法制度の大きな課題である。宗教活動や政治活動との関わりの制限も行われている。そして，しばしば（日本のように）法人格の種類に連動することもある税制上の取扱

いは，非営利セクターへの資源の流れに大きな変化をもたらす。政教分離の法的枠組は，市民社会における宗教団体の位置を規定する。これらの例をみても，法制度の重要性は明らかであろう。

（2） 英米法諸国および日本での非営利団体法制の変容

20世紀末から，世界的に非営利団体の社会的役割が増大するにしたがって，各国において非営利団体の法制度に大きな変容がみられる（McGregor-Lowndes and O'Halloran 2010 ; O'Halloran 2011）。日本では，1887（明治29）年制定の旧民法によって100年以上の長きにわたり，民間の非営利団体の法人化に対する抑制的な法制度が存在してきた。敗戦後憲法体制は変わったが，それにもかかわらず非営利団体法の水準では強い継続性があった。しかし，1998年特定非営利活動促進法（以下，特活法）施行がこの体制にブレイクスルーをもたらし，さらに，2008年施行の民法改正と公益法人制度改革三法が決定的な団体法上の変化をもたらし，これに連動する税制改正と2011年特活法改正等が続いた。また，2016年時点で，公益信託法の改正作業が進行中である。これらは日本の市民社会に，非常に根本的な構造変化をもたらしている。

市民社会の法制度としては，まずは直接的には市民社会内の法規範である，civil law，つまり民法を中心にして民事法全体が想定される。さらにそれを支える憲法規定があり，市民社会を規制したり促進したりする行政の働きを枠づける行政法も深く市民社会セクターに関与する（戒能・楜澤編 2008）。ただし，本章では，本書の文脈にそって，非営利団体の法制度，特に公益的非営利団体，英米法諸国においてチャリティと呼ばれる団体の法制度を中心的に取り上げる。

2 非営利団体・法制の基礎と基本論点

非営利団体に関する法制度といっても，その内容は広範囲かつ基本的な論点に関わっており（比較法学会編 2007 ; 佐藤 2007），包括的に取り上げることはできない。若干の基本的論点を取り上げる。

(1) 基本権的視点から：結社の自由・私的所有権

　非営利団体に関する法制の基本は，結社の自由である。さらに，財産権や営業の自由，契約の自由等，近代社会を構成する基本的な権利が，非営利団体の法制度の基礎にある。

　結社の自由という点でみれば，この自由権の保障は，世界的には当然のことではない。権威主義的な国家では，結社の自由の侵害は一般的であって，それぞれの国の市民社会組織や多くの国際NGOもこの獲得のために戦っている（Evans 2015；International Center for Not-for-Profit Law 2009；ロイター 2016）。日本でも，この保障が実質的なものになったのは，第二次大戦後に「治安維持法」「言論，出版，集會，結社等臨時取締法」が廃止された後のことである。

　結社の自由の位置づけについては，封建制における領主・教会・都市・ギルド等のいわゆる中間団体を排除した国家と個人との二項対立をモデルとしたフランスのルソー的憲法規範と，トクヴィル的な「結社の国」としてのアメリカ民主主義評価をベースにした憲法規範との相違が語られる（政治学では，宇野 2013など）。特に，フランスでは，歴史的には個人を抑圧する中間団体を排除する営為が存在し，むしろ個人の結社からの自由，結社への自由が重視されてきたことが指摘されている（高村 2007；樋口 1996；樋口 2007）。このような結社の自由の位置づけは，国家による個人の集団に対する権利保護をより強く正当化する。

　特に社会的に大きな影響をもつ法人の内部統制のしくみをいかに規制するかに関する民法学上の議論や，国家がどの程度自治的な団体の規範を尊重すべきかに関する「部分社会」論，直接には国家権力の個人に対する関係を規律する憲法規範がどの程度私的団体と個人との関係に適用されるかに関する「私人間効力」論等の，憲法学上の議論など，法律学における枢要な論点と関係している（小野 2003）。アメリカにおいても，一方で，多元的な結社の存在の社会的意義を評価するとともに，他方では，結社による差別などについては介入も行われる（ヘイトスピーチを行う団体への法人格付与（In the Matter of Association for the Preservation of Freedom of Choice, Inc. 1959, 1961），同性愛者の入会を拒むボーイスカウト団体の決定の承認（Boy Scouts of America v. Dale 2000））などの判例がこの境界線をめぐって出されている（Brody 2006；Gray 2013；木下 1990；木下 2002）。

　この文脈では，日本でも，民法・憲法双方からの活発な議論が交わされてい

る。「社交性」をキー概念として民法全体の再構成をも展望し個人の契約によってアソシアシオン＝結社の自由を基礎づける方向での主張（大村 2009）も，ソーシャル・キャピタルの視点からの結社の自由の再解釈をする議論（岡田 2015）も，さらには特に契約における自由意思性よりも現代の高度に組織された社会における弱者保護などの点を強調し「結社の自由」から「契約の自由」を基礎づけるコミュニタリアン的な議論（浅野 2002a；浅野 2002b）もある。これらの議論においても，現代社会における新しい人々の結びつきのあり方，さらには非営利団体の社会的位置づけをめぐる基本的視点が問われている。

（2） 法人制度

法人格　非営利団体の結社の自由や契約の自由，財産権にもとづく利用可能な社会的道具の1つとして，法人格付与のしくみがある。

　国際的にみれば，英米のように任意団体のままで公益非営利団体としての資格取得が可能な国々もある。他方，発展途上国の多くの国々では，団体形成を登録しないと犯罪として罰せられる（エチオピア，ザンビア，ジンバブエ，ヨルダン，クウェート，スーダン，アラブ首長国連邦等）（Avtomomov 2014）。

　非営利法人に関する法は，政教分離原則の問題や税法での議論を除けば，私法領域において議論されることが多い（たとえば，佐久間 2008a；佐久間 2008b；佐久間 2012）。とはいえ，非営利団体の社会的存在感が増すにしたがって，近年は，理論的にも公法領域との「交配（cross-fertilisation）」（Chia et al. 2012）が語られ，公法領域におけるチャリティへの重要な言及もなされている（横大道 2011）。法人化の権利を結社の自由の憲法の権利として位置づけるべきだという主張もされている（井上 2014）。フランスでは，1901年アソシアシオン法，1971年憲法院「結社の自由」判決によって，「結社の法人格取得に憲法的保障が認められ」た（井上 2010；井上 2014：148）。日本でも，前述の公益法人制度改革において目的が限定されない一般法人が準則主義によって設立され，法人化の権利性が拡大された。

　非営利法人制度は，「純然たる財産管理に関する法技術にすぎない」のか，あるいは「主たる目的は『私人の公益的活動の支援』『生活世界の充実』『民間非営利活動の促進』などにある」のか（中田 2003），という問いも提起されてい

るように，法人格というしくみ自体は，営利にせよ非営利にせよ多様な目的のために使われうる。

一般に，法人は定款等で定められた「目的の範囲内において権利を有し，義務を負う」とされる（いわゆる「ultra viresの法理」，民法34条）。営利法人の場合には幅広く解釈されて「目的の範囲内」という規定自体が無意味化しているとされる（たとえば，森泉1983）。しかし，非営利公益法人の場合にはこの範囲は限定的に解釈される。この範囲の限界はしばしば訴訟の対象となる（アメリカ法との比較について，松元2014を参照）。

法人格の付与には，一定の条件が課せられる。まず，法人格の付与には，行政法上，行政庁の特許，許可，認可，認定，認証，行政庁への届出などの手続きが必要とされる。行政庁の裁量性が，この順に低くなり取得の権利性が強くなる。

なお，法人格のない社団でも一定の組織性が確認できる団体に関して，日本では判例と学説とは，法人格に準ずる法的意味を与えてきた（「人格のない社団」論）。一般社団法人制度ができた時点でこの法理の再検討の必要性が語られている（能見2003；佐久間2008b）。

営利と非営利 団体は，営利目的と非営利目的に分けられる。営利法人については，会社法・商法による詳細な法的構造が発展しており市場で営利目的の運動主体（契約主体）として構成され，財やサービスの提供は利潤獲得の手段としての位置づけが与えられる。他方，非営利法人も市場で行動する場合もあるとはいえ，財やサービスの提供自体が目的であり収益獲得はこの目的に従属する。「利益の非分配」原則（**第1章**）は，非営利団体のこの特質を表現している。

営利と非営利の中間的な存在として，共益的な団体がある。組合や同窓会，業界団体などがこれにあたる。これらの団体は，利潤追求を目的とするような営利団体ではないところから，広い意味での非営利団体と分類されることもある。特に，ヨーロッパにおいては協同組合が，サードセクターの担い手として大きな役割を果たしている（リピエッツ2011；藤井ほか編2013；Salamon and Sokolowski 2016）。近年，社会的企業などの動向に注目が集まるとともに，イギリスではCommunity Interest Company（CIC），アメリカではbenefit corporation等，社会貢献型の制限つきの営利会社類型がつくられてきている（公益法人協会編2015；石村

2011；石村 2015）。一般にこの制限としては，配当制限や資産処分制限がある。日本でも，これらの法人形態について検討が始まっている。

日本では，定款などの規定の仕方によって，一般社団法人と会社法上の全株式譲渡制限会社とは，営利追及型であれ非営利目的型であれ「完全に両者が重複する領域」（内田 2009）があるとされる。多様な道具が使えることは望ましいが，紛らわしさが道具の利用価値を損なう可能性もある。

法人の種類と統治構造 日本では，ドイツ法の影響を受けて「社団 (association)」型と「財団 (foundation)」型という法人類型がある。

Association，つまり社団＝結社は，人々がある目的のために集まった団体であって，会員＝法的には「社員」memberがその構成員となる。ここでいう社員とは，従業員ではなく団体の意思決定の権限をもつ構成員であって，一般に「会社の社員」というときの意味とは異なる。日本では，一般社団法人，公益社団法人，さらに特定非営利活動法人も，社団型である。他方，財団とは，人間集団ではなく財産に対して法人格を与える大陸法由来の法的擬制であり，「社員」をもたない。日本では，一般財団法人，公益財団法人のほかにも，学校法人や社会福祉法人，さらには宗教法人も財団法人の特質をもっている。

英米圏では，社員が存在しない法人と社員が存在する法人の区別は存在するが，財団法人形式はない。信託の形式をとる場合も多いが，そうでなくても信託法の影響を受けて，設立者が財産の所有権を移転して受託者・理事 (trustee) がその財産を指定された受益者（公益の場合には受益者は不特定であり公益目的）のために運用するという形式で，その受託者・理事が法人格をとる場合も多い (Reiser 2003)。

法人格の利点の1つは，「有限責任」を選択できることである。個人のリスクを減らして社会活動を行うことが容易になる。社会的に安全にこの利点を確保するためには，法人のガバナンスが明確で善意の第三者との取引において責任範囲が明確であることが要請される。国際的にも，ガバナンス問題が焦点となっており，会社法関係でのアメリカ法に強い影響を受けた整備が進んでいる。営利会社とどのように異なるべきかは，非営利法人のガバナンス問題の最大の焦点の1つであり，日本でも民法学においては多くの研究蓄積がある（能見 2003；大村 2003；中田 2003；神作 2003；神作 2007a；神作 2007b；佐久間 2008a；佐久間 2008b；佐久間 2012；兼平 2012；長畑 2014；長畑 2016；松元 2014）が，ほとんどのNPO論

ではこの水準のガバナンス問題への言及がない（例外として，河島 2005；馬場 2013）。

　通説的には，営利会社と非営利法人のガバナンス上の中心的相違は，非営利法人の場合には所有者がおらず法人の運営を担う役員を監視する強いインセンティブをもつものがいない，ということである（Hansmann 1980；Hansmann 1996；松元 2014）。ただし，所有者がいないということは，寄付者やボランティアにとっては，その貢献が関係者に横流しされない（されにくい）ということであって，それが非営利法人の比較優位をなす，ともいわれる（Hansmann 1980；Hansmann 1996）。

　ガバナンス問題を解決するためには，法人の運営を担う理事（会）の忠実義務（duty of loyalty）・注意義務（duty of care）・目的遵守義務（duty of obedience）の明確化，これらの役員の義務の遂行を確保するための法的手段（原告適格を受益者や寄付者，行政庁に確保すること等）の整備，監査機能の強化，情報公開の義務化による社会的な監視メカニズムの強化，行政庁等による監督権限の強化，などが構想・制度化されている。

　営利会社の株主主権論をモデルとして非営利団体のガバナンス論を議論することに対して，第 1 に，営利会社も幅広く多くの株主がいる場合にはガバナンスへの関心は希少で，経営者へのコントロールはなされなくなるのであってエージェンシーコストの負担者が足らない点に相違はない，第 2 に，会社は，株主のみのものではなく，大口債権者や労働組合，顧客など広範囲なステイクホルダーのものである，という議論もある。「会社はだれのものか」という問いの答えが，株主のみでなければ（岩井 2002；岩井 2005），ガバナンス問題での営利・非営利会社の違いは相対化される。

　なお，財団法人制度をもたないイギリスなどでは，「信託（trust）」という法的しくみを用いるか，会員数の少ない社団の形式が用いられる。信託は，法人格を与えることなく，委託者が財産を受託者に譲渡するが，受託者はその財産を受益者の利益または信託の目的のためにのみ管理・処分する義務を負うとされ，これにより，委託者の意思を確実に実現する法的しくみである（新井 2014）。イギリスに限らず信託というしくみは多様な目的に使われるが，公益的な目的を追求する場合には，「公益信託（charitable trust）」制度を使う。一般の信託と異なり，受益者が受託者を監視・監督することができないので，規制当局の役割が大きくなる点は財団法人などと同様である。

非営利団体に対する寄付や会費の支出を，法律論において，「信託的譲渡」として委託者の意思に忠実であるという強い義務を受託者に負わせるか，「贈与」として受贈者の自由にさせるか，あるいは「(準) 委任」として費用負担に重きを置かないでも受任者に義務を課すのか，という3つを比較しつつ，委任の論理の精緻化によるこの領域での利用の可能性を探る議論もある（大村2009：87-97）。これは，営利会社と異なる非営利団体のガバナンスを，寄付者や会員などによる関与を法律論的に構成しガバナンスを強化するという，非営利団体論のフロンティアラインにおける試みであるといえるだろう。

(3) 税 制

> 税制の重要性

非営利団体法制にとって，法人格とともに基本的重要性をもつのは，税制上の扱いである。税は，支配者の利益や政治的権力の保持のための年貢・貢納・賦役として古くから徴収されてきた。近代の民主主義社会においては，そのルールの決定は権力をコントロールするための枢要な方法である。のみならず，社会をコントロールし，方向づけるための基本的な手段である。多様な税目があるが，法人税制，寄付税制，固定資産税は，特に重要である。

2016年度法人実効税率は29.97％であり，課税所得の約3分の1である。これが非課税になれば，非営利法人の場合には配当はできないが，効率的に事業を拡大したり質を向上させることができる。

市民社会組織は，事業の受益者から対価を十分に得ることができないことが多く，他のセクターからの資源の移転によって支えられることが不可欠である。個人や法人が資産を移転すれば，贈与税，相続税，譲渡所得税などが課される。これらの税を非課税にし，かつ寄付の一定額を個人や法人の課税所得から控除したり，税額そのものから控除すれば，寄付者の所得税額が減り，寄付のインセンティブになる。

固定資産税は，土地や建物を使っても収益をあげることができないような団体，文化財や豊かな自然を保存しようとする団体等にとっては，大きな負担になる。また，寄付を受けた財産の運用益への課税（吉川2009）も，財団法人等にとってはしばしば死活的な問題となる。

> **非課税や免税の根拠**

営利を目的とせず公益を目的としている団体に，税制上の支援をすることは，先進国では一般的である。近代民主主義国家では租税法律主義がとられており，制定法によって課税や非課税・減免などのルールが決められる。しかし，優遇措置の範囲が狭かったり，行政裁量が大きく付与のあり方が不透明であったり恣意的に行われたりすれば，市民社会セクターの成長を抑えたり歪めたりすることになる。

また，非営利公益法人の公的目的事業や収益事業が，課税減免を受けない企業と競合する場合には，税制優遇は競争上の不公平をもたらすという批判，寄付者の所得税を減免したり贈与税・相続税を減免したりする制度は，富裕者の資産支配力を優遇し民主的政治過程による財の公共的配分を毀損するという批判など，制度設計によっては弊害を招く可能性も指摘されている。

非営利公益団体の非課税・減免根拠については，一般的な非営利セクターの機能論（Salamon 1992；Salamon 2015）のほかに，課税の減免の正当性に関わる議論として，たとえば，第1に，非営利団体は課税所得が存在しないのだから非課税が当然であるという法人所得の本質論的な正当性論，第2に，利他主義自体の支援という倫理的正当化，富者から貧者への富の移転（再配分）という社会的倫理的正当化等の古典的議論，第3に，「市場の失敗」と「政府の失敗」による正当化論（この領域で決定的影響力を与えたHansmannの議論もこの精緻化といえる），第4に，アトキンソンのいう「メタ利益理論」，つまり国家との比較における「多元性，多様性，能率性，革新性」によってその役割を評価し，公的支援の意義を正当化する議論，第5に，トクヴィル以来の市民的スキルの涵養の役割を強調する議論（Reiser 2003），さらに第6に，公益性をもった事業を支える寄付者が寄付をしないでその便益を受けるフリーライダーのコストをも負担する点を指摘し，その軽減の視点から正当化する議論などもある。実に，百花繚乱の様相がある（Atkinson 2014；Bittker and Rahdert 1976；藤谷 2004-05；藤谷 2008；石村 1992）。これらの議論ではアメリカで圧倒的な蓄積があるが，公益性の役所による独占的解釈の表現である許可主義から解放されて間もない日本では，民間公益活動を支援することの正当性について英米とは異なる水準での検討も必要であろう。

(4) 助成，その他の法制度

　非課税・免税制度をめぐる論点は，より積極的に行政による助成の理論的根拠や合憲性（特に日本では憲法89条との関係で歴史的に私学助成などが問題となってきたが，一般的に非営利団体に対しても問題となる。横大道 2011；横浜市市民活動推進検討委員会 1999）にも展開する。さらに，従来行政が担っていた事業を外部化し非営利団体が担うことも多くなっており，そのための法制度，委託や，日本では指定管理者制度や介護保険制度など，行政と非営利団体との関係における重要な法制度がある。また，EU諸国や日本の消費者団体訴訟制度のように，特定の資格を得た非営利団体が業者の不当な行為に対する差止請求をしたり，被害回復請求を行うことができる制度も，非営利団体の法制度における重要な展開である（佐藤 2007）。さらに，国連に関する国際法によるNGOに関する法制度も存在するが，これらの論点には，紙幅の都合上触れることができない。

(5) 公益認定制度

　公益的非営利団体は，非営利団体論の中心的な焦点である。税務上の資格と公益認定は連動していることが通例であり，税制優遇のある非営利公益団体をどの機関がどのような基準で認定するのか等について，制度的多様性が存在する。①認定機関が行政機関と一体的であるか独立性をもつか，②認定が裁量的に行われるか明示的な法的ルールに準拠しているか，③認定要件のハードルが高いか低いか（特に英米法諸国では，目的要件での1891年以来の「ペンゼル基準」（貧困救済，教育振興，宗教振興，その他社会に有益であると考えられる目的）を維持するかその明示的拡大を図るか），④認定対象団体の範囲が包括的か否か，⑤認定機関と監督機関が同一であるか否か，等の点が制度の多様性を形成している（公益認定等委員会事務局編 2013；公益法人協会編 2015；McGregor-Lowndes and O'Halloran 2010；各国の規制当局のウェブページ参照）。

　公益認定は，法人格の認定とは理論的には別である。実際にも，特定の法人格と公益認定とがセットになっている場合もあるし，完全に別の場合もある。たとえば，英米仏では以下の違いがある。

イングランド型　政府から一定の独立性をもった機関が公益認定。法人格は，公益認定とセットになっている公益法人（CIO：Charitable Incorporated Organization）もあるが，会社，信託など多様である。スコッ

トランドもほぼ同様である。

> **アメリカ型** 州が法人格付与やそれに付随する規制，州税法上の資格を付与するが，連邦法の税務当局の公益認定が最も重要である。同型のものとして，カナダがある。

> **フランス型** 裁判所が法人格を付与しその種類によって公益性を認定する。同型のものとして，ギリシャ，ハンガリーがある。

　法人の監督制度は，この資格認定機関が行う場合もあるが，別建ての場合もある。アメリカ，オーストラリア，カナダなど，連邦制をとる国家の場合，連邦の税務当局と州の監督行政とが二重化しているのが一般的である。イギリスも管轄としては3つ（イングランド・ウェールズ，スコットランド，北アイルランド）に分かれ，それぞれが公益認定制度と監督制度をもっている。この公益認定・監督制度，および公益認定基準・監督権限と手法が，各国のチャリティ・セクターを構造化する制度的基盤である。

（6）　政治活動規制

　団体に対する政治活動規制は，結社の自由との関係では中心的課題である。先進国では，結社の自由や表現の自由については一般的承認を受けているが，特に，法人所得税のみならず寄付に関する税制優遇を受ける非営利公益団体（charity, charitable organization）の政治活動規制の問題は，制度上の重要な争点である。

　各国の規制において，政治活動は，選挙活動，政党支持・反対活動，立法や政策推進・反対のためのロビイング，アドボカシーなどさまざまな区分がなされる。英米法諸国では，選挙活動，政党支持・反対活動を禁止する点では共通であるが，ロビイングやアドボカシーの規制については国ごとに違いがある。この制限の論拠は，①裁判所や公益認定機関は，政治的目的の公益性を判断できない。政治的対立がある問題については，立法府のみがその公益性を判断できる。したがって，チャリティは「政治的目的」をもちえない，②団体の目的の手段としての「付随的」な政治的活動は，チャリタブルな地位を覆すものではない，しかし，それが団体の主要なあるいは「実質的な」活動であってはならない，などが英米の一般的な基準である。ただし，オーストラリアやニュー

ジーランドでは，政治的目的をチャリティの目的として認める判決が出され注目されている。その論拠は，①チャリティは，奴隷制反対や婦人参政権運動などで政治的目的を追求してきたし容認されてきた歴史がある，②裁判所はこれまでも実質的に政治性をもつ公益性の有無を判断してきたし判断可能である，③個別の政治的目的の公益性の判断を行う必要はなく，憲法上認められた民主主義的な政治過程における公論に貢献するという点での公益性を認めることができる，などである（Aid/Watch Incorporated v Commissioner of Taxation of the Commonwealth of Australia 2010；Re: Greenpeace of New Zealand Inc 6 August 2014；Lang 2013；Harding 2014）。

　他方，アメリカでは，Citizens United v. Federal Election Commission（2010）判決によって，団体の政治献金が事実上無制限に認められた。この点もあって，非営利団体，特に，税制上寄付者の寄付控除は受けられないし，政治活動自体の事業費部分は課税されるとはいえ，法人税優遇がありかつ政治活動の自由が広範囲に認められた501(c) 4 団体（social welfare organization，Civic League等）の組織化とそれを通じた匿名政治献金が急増した。この判決は，政治資金規正をめぐる激しい論争を招いている。ただし，大部分のチャリティ団体の属する501(c) 3 類型においては，政党・選挙活動の禁止とかなり厳しいロビイング規制が課されている。

　このように，国際的にチャリティの政治活動規制は，重要な制度上の争点として議論されている。後述するように，日本の一般的なチャリティ類型に属する法人に対する政治活動規制は，大きな特殊性をもっている。

3 日本の法制度における動向と論点

　本節では，前節での議論をふまえながら，日本の非営利・公益法人制度の特徴を，3つに分けて詳しくみることにしよう。まず，第1に，明治以来の旧民法制度に対する近年の諸改革について概観する。第2に，市民社会セクターが縦割りの法人制度によって分断されている状況を確認し，第3に，これらの法人類型に異なった仕方で課されている政治活動制限の法制度をみる。これらによって，日本の非営利・公益法人制度の特質の一端が明らかとなるだろう。

（1） 日本の非営利公益法人に対する法人格付与の歴史的な変化

旧体制：「国家公益独占主義」の下での公益法人　日本では，1887（明治29）年制定，1889（明治31）年施行の旧民法によって，100年以上の長きにわたり，民間の非営利団体，非営利公益法人に対する抑制的な法制度が存在してきた。しかし，1998年施行の特活法，2008年施行の公益法人制度改革三法（一般社団・財団法人法，公益認定法，関係法律整備法）などの団体法，それに連動する寄付税制の諸改正（2011年特活法改正等），さらに進みつつある公益信託法の改正などは，日本の市民社会の大きな構造変化の可能性を開いている（岡本編 2015）。

旧民法34条には，「学術，技芸，慈善，祭祀，宗教その他の公益に関する社団又は財団であって，営利を目的としないものは，主務官庁の許可を得て，法人とすることができる」と定められ，中央省庁や都道府県の所管部局の裁量による許可がなされてきた。設立後も，「箸の上げ下ろし」までといわれたような細かい指導・監督が行われた。株式会社は準則主義にもとづいて登記による設立ができたことと比較すると，その規制の強さは明らかである。「国家公益独占主義」（星野 1998）と呼ばれるように，行政のみが「公益とは何か」を知っているというシステムであった。当然ながら，この制度は，KSD事件にみられるような公益法人・役所・政治家の腐敗の温床となり（北沢 2001），同時に民間の自由な非営利公益活動を強く抑制した（雨宮 2004）。

特定非営利活動促進法（特活法）の成立　冷戦が終わり，公益性を掲げる団体に保守・革新，右左の踏み絵を迫るイデオロギー的地盤が緩んできたという政治環境を背景にして，1998年の特活法による特活法人制度が生まれた。

この制度では，法人格は，行政庁による「認証」によって得られる。許可と異なり一定の明文上の要件を満たしている場合には，行政庁は認証しなければならない。「認証」という法人格の付与の方法は，非営利法人法制としては宗教法人法における認証がある。憲法の政教分離原則によって政府の干渉を排除しようとした宗教法人に近い設立の自由度をもったといえる。ただし，特活法人の税制上の位置は法人格のない社団とほぼ同様である。国税庁による認定を受けると認定特定非営利活動法人（以下，認定特活法人）になり，税制上のメリットが与えられたが，2011年の改正までは認定基準をクリアすることは非常に困難であった。

とはいえ，それまでの旧民法制度に風穴を開けたことは，高く評価できる。

また、2011年の改正によって、認定特活法人も税務当局の認定から、都道府県・政令指定都市（委任している場合には市町村）の認定に移行し、認定基準も緩和され以前よりもはるかに容易に多くの税制上のメリットを得ることができるようになった。

公益法人制度改革 2008年12月1日、公益法人制度改革三法が施行された。いわゆる「公益法人制度改革」である。25,000にも及ぶ財団法人、社団法人を、一般社団法人、一般財団法人、公益社団法人、公益財団法人の4つの法人格に転換するか、解散させる、という大改革である（岡本編 2015）。

旧民法による財団法人・社団法人は、国所管で約7,000弱、都道府県所管で約18,000強、合計約25,000法人であったが、5年後の移行期間を経た時点で、新公益法人は従来の37％となった。解散・合併などが15％、一般法人への移行は48％と約半数を占める。2016年5月末日現在で新公益法人は9,444法人である。

この改革は、第1に、法人格の取得を税制上の優遇措置と切り離し、一般社団法人、一般財団法人（以下、両方を合わせ「一般法人」と略称）の法人格取得は、登記によって完了する準則主義にもとづくことになった。第2に、公益認定を受け、税制上の優遇措置を得られる類型として公益社団法人、公益財団法人を導入した。第3に、この認定および監督を、裁量的な官の手から距離を置くために、①認定基準を可能な限り法定するか明示したうえで、さらに、②内閣府公益認定等委員会と都道府県の合議制機関という民間有識者による委員会の諮問によるものとし、③答申内容の公表、手続き規定を整備公開するなどの規定を組み込んだ。

改革の評価 この改革の評価は、肯定・否定の双方からなされている。

否定的評価は、①100億円を超えるという公益法人資産が不明となり失われるなど移行過程の不透明性があること（NHKクローズアップ現代取材班 2014）、②指導基準にもとづく監督と状況の一定の範囲内での公開が行われていた旧公益法人の姿が一般法人化することによって公開性が極端に落ちたこと、③公益法人の政治献金など不透明な領域の改革が不徹底であること、④「法人格のない社団」は収益事業のみ課税であるにもかかわらず一般法人化すると企業並み、つ

まり寄付などによる収益を含めて黒字が出ればすべて課税されることになった，つまり非営利法人に対する原則課税の制度が導入されたこと（石村 2003），⑤公益認定等委員会が国家行政組織法上の8条委員会（諮問機関）であり，職員人事権もなく独立性が十分でないこと（石村 2003），⑥一般法の規定が会社法に準拠しており「重装備」になり小規模法人の負担が重いこと（太田 2012，岡本編 2015），⑦公益認定法5条の認定基準のうち特に「収支相償」（「公益目的事業に係る収入がその実施に要する適正な費用を償う額を超えない」こと），「遊休財産保有制限」（「公益目的事業や収益事業等および法人会計のために，現に使用されておらず，かつ，引き続きこれらのために使用されることが見込まれない財産の価額の合計額」に対する制限），「公益目的事業比率」（公益目的事業費が，収益事業・法人管理費の合計以上であること）の，いわゆる「財務三基準」が法人の自由を制限しすぎること（堀田 2011；入山 2012），⑧多くの県での監督業務が公益認定機関に集中しておらず，従来の縦割りの部局による「分散型」の監督行政の連続がみられること，などが指摘される。

　他方，積極的評価としては，①主務官庁制度からの離脱が行われたこと，②非公益非営利領域（中間法人領域）の受け皿ができたこと，③非営利型（非営利徹底型・共益型）一般法人が税務制度によって認められ，公益性を求めずとも非営利の徹底によって収益事業のみ課税の制度ができたことが非営利法人の非課税原則を認めるという点で道を開いたこと，④8条委員会であっても相対的に独立性の強い公益認定・監督のための民間有識者委員会ができたこと，⑤移行過程において公益法人としての質を欠いた法人が振り落とされたこと，⑥公開性の高い公益認定・監督制度によって公益法人の公益性担保の保証水準が高くなったこと，⑦また従来，公益法人のなかで「特定公益増進法人」にのみ認められていた寄付税制上の地位をもつ法人が公益法人全体に広げられ10倍以上になったこと，⑧他の公益法人法制との関係で，一般法とはいえないにせよそれに近い規範的影響力をもつ制度ができたこと，⑨実際，社会医療法人制度や社会福祉法人制度では公益法人制度改革が強い影響を与えたこと，などが評価されている（池田 2011；岡本編 2015）。

　全体としてみれば，従来の旧民法体制下での主務官庁制度よりは，はるかに改善されたというのが妥当な評価であろう（行政法的な厳密な公益認定制度評価として，塩野 2009を参照）。批判の多くは，制度の重要な問題点と関連しており，制

度運用の実態をふまえて改善する際に留意されるべき点である。1998年の特活法がブレイクスルーとなって始まった日本の非営利法人・公益法人制度改革の過程は，10年後の民法改正と公益法人三法制定という重要な結節点を経て，まだ継続している（大隈 2011；大隈 2013；大隈 2014；塩野 2009；堀田 2011；岡本編 2015；吉田 2015；太田 2012は改革後の実践的ガイドとなっている）。

(2) 分断された市民社会：縦割りの多様な法人類型

日本の非営利法人は，以下の3つの類型に分けることができる（以下の叙述は，岡本編 2015：109以下と一部重複がある）。

第1に，特例の分野に限定されない一般性をもつ法人格として，一般社団法人，一般財団法人，公益社団法人，公益財団法人，それから特定非営利活動法人がある。特活法人の場合には，特活法2条1項別表に列挙された「特定非営利活動」という20の「活動」の特定，公益法人の場合にも公益法人認定法2条4項別表によって23の「事業」に特定されているとはいえる。しかし，包括的であり一般性をもつといってよい（表11-1）。

第2に，特定領域法人として，社会福祉法人（社会福祉法），学校法人（私立学校法），更生保護法人などがある。さらに，医療法人（医療法人社団，医療法人財団，社会医療法人，特定医療法人等），宗教法人，政党などがある。また，弁護士会，水先人会，酒造組合，商工会，日本赤十字など，130ほどの特別法による法人類型がある（数え方にもよるが，約180の特別法があるといわれる）。

この法人格の割拠は，非営利法人，非営利公益法人の一般法制化が遅れたこと，また憲法89条の「公の支配に属しない」事業への公金支出の禁止規定の迂回のための法人格形成が行われたこと，戦前から「割拠主義」を指摘される日本の官庁が主務官庁主義的監督とコーポラティズム的団体の取り込みと利益団体化を図ったこと，等の複合的要因による。

社会福祉法人については，特別養護老人ホームなどの介護保険施設のイコールフッティング論（税制上の優遇を受けていない企業などからの競争条件の不平等を正すべきだという主張）からの批判や内部留保批判を受けて改革が検討され（社会福祉法人の在り方研究会 2007；社会福祉法人の在り方等に関する検討会 2014），2016年に社会福祉法の改正が行われ，公益法人に近いガバナンスが制度化された。しかし，認可と監督は厚生労働省が担い，縦割り構造は解消されていない。

表11-1 主な非営利法人の法人数

法人格	法人数	調査時点	出　所
一般法人計（公益法人を除く）	46,212		
一般社団法人	39,582	2016年10月26日	「法人番号公表サイト」国税庁
一般財団法人	6,630		
公益法人計	9,470		「国・都道府県公式公益法人行政総合情報サイト 公益法人information」
公益社団法人	4,152	2016年10月26日	
公益財団法人	5,318		
特定非営利活動法人	51,477	2016年10月26日	「内閣府NPOホームページ」
認定特定非営利活動法人（仮認定含む）	963		
社会福祉法人	20,303	2015年3月末日	『厚生労働白書』平成28年度版
学校法人（準学校法人含む）	7,898	2016年4月1日 文科大臣所轄 2015年5月1日 都道府県知事所轄	『文部科学省大臣所轄学校法人一覧』平成28年度版，文教協会
宗教法人	181,810	2014年12月末日	「宗教統計調査」平成27年度版，文化庁
医療法人	51,958	2016年3月末日	「種類別医療法人数の年次推移」厚労省資料
社会医療法人	273	2016年10月1日	「社会医療法人の認定状況について」厚労省資料
特定医療法人	369	2016年3月末日	「種類別医療法人数の年次推移」厚労省資料
更生保護法人	164	2014年12月末日	『法務年鑑』平成26年度版，法務省

出所：筆者作成。

　もちろん，医療，宗教，教育，社会福祉などそれぞれの領域はそれぞれの目的や事業の特性があり，それぞれに応じた政府の関与の仕方もありうるだろう。とはいえ，そのような差異はそれぞれの領域での事業法によって行えばよいのであって，異なる法人格種別をつくる必然性はない。これらの非営利公益法人の基本的な領域が縦割りの法人格付与と監督に服し，市民社会セクターとしての統一的アイデンティティがもてない状況は，日本の市民社会セクターが可視化されず社会的存在感が薄いという構造的特質の大きな原因であろう。

　第3に，非営利的な属性ももつが組合員の共益的な性格が強い，各種協同組

合（消費生活協同組合，労働組合，農業協同組合，漁業協同組合等）があるが，これも20ほどの法律によるさまざまな組合が並立し，ヨーロッパのような一般的な組合制度が存在しない（表11-2）。

このように，多様な法人格構造をもつ日本の市民社会セクターではあるが，領域横断的な特活法，公益法人制度改革三法は，すでに医療法人・社会医療法人制度，社会福祉法人制度に対して影響を与えつつある。

（3） 政治活動の規制

<u>法人ごとの規制の違いとその意味</u>　市民社会セクターの国家との関係で，最もセンシティブで核心的な問題を提起するのが非営利団体の政治

表11-2　主な協同組合の組合数
（2009年3月末現在）

	組合数
農業協同組合（JA）	770
漁業協同組合（JF）	1,092
森林組合（Jforest）	711
消費生活協同組合	612
全労済	58
労働者協同組合	66
大学生協	228
労働金庫	13
事業協同組合	32,384
医療福祉生協	117
信用金庫	279
信用組合	162
計	36,492

出所：政府広報オンライン（2012）をもとに筆者作成。

活動と宗教活動である。宗教については次の**第12章**で詳しくみることにして，ここでは，政治活動に関する規制の問題について簡単に検討しておこう。

NPOの政治活動については，政治学的研究，法学的な研究の双方で議論がなされている。政治学的な視点からは，日本の市民社会組織のアドボカシーの弱さがしばしば指摘されてきている（Pekkanen 2006=2008）。特に，政府からの独立性をもった大きな非営利団体が積極的にアドボカシーでメディアを賑わし政策決定に影響を与えるという姿は，アメリカやイギリスと異なり，日本でみることはほとんどない。たとえば，100か国以上で活動するWWF（世界自然保護基金），130万人の会員をもつシエラクラブや400万人の会員をもつNational Wildlife Federationと比較できる日本の市民社会組織の規模やアドボカシーの状況はみえてこない。自治会・町内会のように膨大な構成員をもつ地縁組織はあるが，大きな政治力をもつ市民社会組織は育っていない。その最大の原因が，制度的条件であるとされる。

他方，市民社会でのアドボカシー組織の顕在的な発展は，日本の文化的環境

のなかでは望ましくなく，むしろ政府や経済団体と協調しつつ，攻撃的ではなくいわば「外交」的に影響力を与えることがより戦略的に妥当性が高く，これを「未成熟」であるという評価はできない，さらには新しい参加（市民関与）のかたちが生まれつつあるという主張もある（Vinken et al. 2010）。

これら2つの見解，つまり日本で強力なアドボカシー組織の不在の原因を制度的要因にみるのか，文化的環境要因にみるのかについて吟味するためには，政治活動に関する現行制度の姿を確認することが必要であろう。

日本の市民社会を構成する市民（「国民」以外の市民，たとえば定住外国人の権利保障は限定されているが）には，たしかに，憲法21条1項によって「表現の自由」が保障されており，集会・結社の自由を含め合法的に政治的な行為をすることができる。

しかし，この前提の上で，①公職選挙法，政治資金規正法，政党助成法その他の政治活動を直接に規制（支援）している法律群，②国家公務員法，地方公務員法，学校教育法，教育公務員特例法，義務教育諸学校における教育の政治的中立の確保に関する臨時措置法，裁判所法などの公務員の政治活動やその活動の教唆等を規制する法律群，③民間の法人および法人の従業員等の政治活動制限の法律・判例群，④その他（学校生徒の政治活動制限等），がある。これらの法体系によって，全体として市民の政治活動の制限がなされている。たとえば，「公職選挙法は，海外では考えられない非民主的な選挙運動規制を定めている。……公職選挙法による選挙規制は事実上，憲法で保障された言論の自由を否定している」という外国人政治学者の指摘もあるほどである（カーチス2009）。

これら規制の間には，論理的連関がある。すなわち，①の政治活動直接規制システムは，非営利団体である政党および政治団体に対する規制を含んでおり，それらと③の法人規制とは強い論理的連関がある。さらに②の公務員への規制は，公共性の確保と政治活動の関係として，③の中心的規制論理である法人の公益性（公共性）と論理的連続がある。つまり，これらの制度の一環として公益法人等の政治活動規制制度は存在している。

各法人格類型の政治活動規制は，さまざまである（三木 2015）。重要な点を指摘しておこう。

第1に，特定非営利活動法人のみに，非常に詳細で最も強い政治活動規制が行われている。第2に，公益社団法人・公益財団法人には，法の規定がない。

これら2つ,すなわち特活法人制度,公益法人制度という2つの一般的な公益法人類型での政治活動規制の対比は,非常に印象的である。第3に,1950年代につくられた各種公益法人（社会福祉法人・学校法人等）には,政治活動規制がない。第4に,協同組合関係は,一般に「特定の政党のために利用してはならない」という表現が1948年制定の生協法以来一般化しており,労働組合に対しても「政治運動または社会運動」を「主として」「目的とする」ことが規制されている。

以上の多様な規制のあり方はどのように理解したらよいであろうか。その解釈は,国際的冷戦体制下での日本の統治構造の姿を前提とすれば困難ではない。保守党が緊張感をもつ,①労働運動を支える労働組合,②市民運動がベースとなった特定非営利活動法人には,相対的に強い政治活動規制が課せられている。他方で,政府に対する対抗的な運動性が低く,むしろ保守党への政治献金や集票の媒体となった旧型公益法人には,政治活動規制がない。労働運動については55年体制を支えた社会党・民社党への政治献金や選挙運動は（「主として」「目的と」していなければ）許容されていた。つまり,構造的には,伝統的な55年体制＝冷戦体制に適合的な制度として,法人法制における〈政治活動規制の二重構造〉がつくられ存続してきたのである。

しかし,おそらく特に問題とすべきは,冷戦構造が終わってからも,2006年の公益認定法と,2007年社会医療法人制度（医療法）,2016年改正社会福祉法人制度における無規制と,2011年改正特活法によって法典化された政治活動の強い規制との間に格差があることである。つまり,冷戦期までの公益法人に関する〈政治活動規制の二重構造〉が,近年の公益体制でも継承されているのである。

公益法人の政治活動
規制に関する判例

非営利法人の政治活動規制については,公益法人制度改革前においても,法理論的には憲法の人権規定の法人適用問題,および民法にもとづく法人の権利能力論を中心にして議論されてきた。

日本では,判例上,営利法人に対しては,八幡製鉄政治献金事件（最高裁1970年6月24日判決）以来,政治献金を含めて広範囲に法人の権利能力を認める解釈が行われている。他方,公益法人に対しては,政治献金について目的の範囲外であるとする重要判例がある（南九州税理士会事件,最高裁1996年3月19日判決；和歌

山県行政書士会事件，大阪高裁2008年11月12日判決；日歯・連盟事件，大津地裁2003年10月16日判決等)。これらの判決は，与党に対する企業や専門職団体の公益法人による政治献金に関係している。

　これらや関連判決（三井美唄炭鉱労組事件，最高裁1963年12月4日判決；国労広島地本事件，最高裁1975年11月28日判決等）では，①法人の性格，営利目的か否か，相互会社，労働組合（中間法人），非営利公益法人か，さらに強制加入か否か，②政治活動の種類としては，政治献金や政党・候補者支持か，法人の目的と直接関係しない政策の支持等か，法人の目的に関連した政策の支持等か，③成員の義務づけについて，多数決による法人財政からの支出か，個々の成員に対する義務づけか，などの違いが検討される（小栗2005；山田1998；山田1999a；山田1999b；山田2000；山田2006）。基本的には，団体目的を遂行するためには，団体としてであれば選挙活動を含めて容認するが，個々の成員への義務づけについては，強制加入であればもちろん，任意加入であっても団体目的との直接の関連性があるものに限定され政党支持や選挙活動までは及ばない，とする判断がなされているといってよい。政府としての国会答弁などでも公益法人の政治活動を非常に広範囲に認めてきた。そして，実際に多額の政治献金が供与され票が出されてきたのである。

　このような判例や政府見解については，学説上強い批判がある。特に，個々の成員に対して寄付や集票活動を義務づけなくても，団体財政から多数決で政治献金を行い，団体推薦候補を決めることについて，個人の参政権を脅かすものとして強く批判されている。上述のように，英米においてもチャリティは，ともに選挙・政党支持活動については全面禁止になっている点からしても，改革後に公益法人の公益性・社会的信用性を高めるという視点からしても，再考されるべきであろう。

　ちなみに，先に言及したように認定特活法人は，選挙活動等を全面的に禁止されている。また，「政治上の主義」の推進などの表現で，「自由主義，民主主義」についてもその推進の活動を行うこともできない（辻元清美提案者答弁：140-衆-内閣委員会-7号1997年5月29日），という異常な制限まで課されている。このような二重構造が，それぞれの団体の政治活動に影響を与え，セクターの社会的政治的存在感に影響している可能性は高い。

4 今後の課題

　日本の法律学においては，領域としての非営利団体，公益法人や非営利社会行動を全体として対象とする法領域はつくられていない。「アソシエーション法」を「社会成員の自発的で非営利的な集団的活動の組織・権限に関する法の総体」と定義して比較法研究を行った先駆的な試みとして，比較法学会編(2007)があるが，その後この視角にもとづく法領域が自覚的に展開されているとはいえない。他方，アソシエーション法という広い視点からすれば，そのすべてをカバーするわけではないが，イギリスやオーストラリア，ニュージーランド，カナダなどでは，チャリティ法律家協会があり，charity law, nonprofit lawは，明らかに法領域として確立されている。日本でも，憲法学・民法学・税法学での研究は，特に公益法人制度改革前後から活性化し非常に重要な研究が発表されているにもかかわらず，日本ではこのような組織もないし，法領域としても十分な認知があるとはいえない。改革が進み，このセクターの社会的存在感が増大するにつれて，その制度問題・法律問題についての知見の必要性が増大していくことが予想される。

　このことを前提としていくつかの探求されるべき論点を提示したい。第1に，分断された非営利公益法人セクターの法制度を統一的に把握できる理論枠組が求められている。このことは，100を超える公益法人等の法人類型を正確に把握し，それぞれの現存制度の歴史的形成過程を前提にして，どのような制度実態があるのかを把握することがベースとなるだろう。そのうえで，公益法人制度改革において導入された，一般法的な影響力をもつ可能性のある一般法人法・公益認定法制度との比較において，各法人制度がどのような特殊性・合理性があるのか，などが探求されるべきであろう。

　「法律学と公益認定法人制度との関係」は，「一言でいえば法律学の坩堝とでも表現することができる」とされ，憲法（結社の自由）・民法（一般社団・一般財団法人制度）・行政法（公益社団・公益財団法人制度）・会社法（ガバナンス部分）が関連し，「法律学の中での学際的検討の必要性の模範事例」ともいわれる（塩野 2009）。公益認定制度のみならずより広い非営利セクター論も，当然ながら学際的検討が不可欠である。なお，政治団体・政党などの位置づけや宗教法人の，非営利

公益法人論のなかでの位置づけの議論も，これに含める必要があることも明らかだろう。

　第2に，非営利法人論のみならず，ボランティア論を含めた非営利社会活動の法律学的位置づけが探求されるべきであろう（大村 2009）。法律学においては近隣訴訟論（善意での地域での相互扶助活動の賠償責任問題など），有償ボランティア論（労働法上の位置づけや税法上の収益事業論など），行政嘱託委員（民生委員，保護司，行政相談員，母子保健推進員，少年警察ボランティア，少年補導員，スポーツ推進委員等）などの行政補完的活動についての議論（岡本 2002），さらに非営利団体論で取り上げられることが多くない自治会・町内会やマンション管理組合論など，広範囲な領域が民間非営利社会活動に関わる法領域を形成している。日本では存在しないが，寄付先進国においては一般的な，募金・寄付規制法制の問題も日程に上がってくるであろう。これらを見通した非営利社会活動の法理論の形成も，国際比較をふまえつつ行われる必要があるだろう。

　第3に，政治過程における利益団体論の文脈で，公益法人制度改革後の実証分析をふまえた法制度の影響が議論されていくべきであろう。改革後の公益法人や一般法人の政治活動の実態を明らかにし，さらに公益認定等委員会（それに対応する各都道府県の合議制機関）制度の公益法人の行動に対する影響を明らかにしていくことが求められる。イギリスモデルをもとにつくられた制度ではあるが，それはアンハイアーが日本型として位置づけた「国家主義」(statist) 類型を変容させるのであろうか（Anheier 2014：219）。

　これらは，今後の，「市民社会と法制度」の研究の進展にかかっている。

📖 文献案内

▶ 佐久間毅，2008，『民法の基礎1 総則 第3版』有斐閣．
▶ 比較法学会編，2007，『比較法研究2007 アソシエーション法の比較研究——〈国家－社会－個人〉をつなぐ法のすがた』有斐閣．
▶ 岡本仁宏編，2015，『市民社会セクターの可能性——110年ぶりの大改革の成果と課題』関西学院大学出版会．

【岡本仁宏】

第12章 宗　教──市民社会における存在感と宗教法人制度

> 日本では，宗教団体に対する信頼が諸外国に比して低く，宗教団体は非営利団体研究においては，言及されることはまれである。しかし，宗教は，日本の市民社会にとって，その規模や影響においても，また市民社会の存立のための理論的意義においても，核心的な重要性をもつ。
> 　本章の前半では，この点をさまざまな指標や理論的検証を通じて明らかにする。後半では，国際的にみると，慈善団体も宗教団体と並んで信頼が低いという事実を手がかりにして，慈善団体≒民間非営利活動の活性化を重要な目的として行われた公益法人制度改革と同様の宗教法人制度改革の可能性を，英米の制度との比較をふまえ，さらに公益法人制度改革によって開かれた制度的可能性にも注目しつつ検討する。

1 宗教から市民社会を考える

(1) 宗教団体への信頼の低さと非営利団体論のなかでの宗教団体の欠落

　宗教団体は，日本では一般的にいえばあまり信頼されていない。世界価値観調査のデータ等（表12-1）によれば，日本の宗教の重要性の評価および宗教団体に対する信頼は，他の先進資本主義国に比較して明らかに低い。世界価値観調査，日本版総合社会調査（JGSS），石井（2007, 2010）のデータによっても明らかな宗教団体に対する信頼の低さは，日本の市民社会の1つの特徴であるといっていい。日本版総合社会調査のデータでも首尾一貫して6割から7割の回答者が，「ほとんど信頼していない」と答えている（表12-2）。この割合は他の諸組織に比して一貫して最も低い。

　このことも影響してか，日本の市民社会のイメージや市民社会に対する多くの言及において，宗教や宗教団体の役割の説明が抜け落ちている。マージナルなものとして胡散臭く思われて意識的に排除されているのか，日本の「宗教」概念や「宗教行動」の特質から抜け落ちているのか，あるいは何らかの他の理由によるのかは定かではないにせよ，この欠落は注目されてしかるべきであ

第Ⅱ部　市民社会を左右する諸要因

表12-1　世界各国における組織・制度への信頼度（世界価値観調査2010年期）

信頼度	日本	米国	英国	ドイツ	フランス	イタリア	スウェーデン	ロシア
80%台		軍隊	軍隊	警察				
70%台	裁判所 新聞・雑誌			裁判所	警察 軍隊	警察 軍隊	慈善団体	警察 裁判所	
60%台	警察 軍隊（自衛隊） テレビ	警察 慈善団体	警察 慈善団体	環境保護団体 軍隊 慈善団体	環境保護団体 行政 国連 慈善団体	**宗教団体**	環境保護団体 国連 慈善団体	**宗教団体** 軍隊
50%台		**宗教団体** 裁判所	環境保護団体	行政	裁判所 議会	国連	政府 議会 労働組合 軍隊 大企業 テレビ 行政 **宗教団体**	慈善団体
40%台	大企業 国連	環境保護団体 行政	裁判所 国連 行政	テレビ 労働組合 国連 新聞・雑誌 政府 議会	大企業 **宗教団体** 労働組合	環境保護団体	政党	環境保護団体 政府 行政 テレビ
30%台	環境保護団体 行政	国連 大企業 政府	**宗教団体** 大企業 テレビ	**宗教団体**	新聞・雑誌 テレビ 政府	大企業 行政 裁判所 議会	新聞・雑誌	国連 新聞・雑誌 大企業 裁判所 警察 議会
20%台	労働組合 政府 慈善団体	労働組合 テレビ 新聞・雑誌 議会	労働組合 議会	大企業 議会	労働組合 政党	労働組合 新聞・雑誌 政府		労働組合 政党
10%台	議会（国会） 政党	政党	政府 新聞・雑誌 政党		政党	テレビ 政党		
10%未満	**宗教団体**							

出所：本川（2014）。強調は筆者。

表12-2　日本版総合社会調査による宗教団体への信頼

■「宗教団体について，あなたはどれくらい信頼していますか。」

	2000年	01年	02年	03年	05年	06年	08年	10年	12年	15年
とても信頼している	2.5%	2.1%	3.0%	2.8%	4.0%	3.2%	3.1%	3.2%	2.4%	2.0%
少しは信頼している	10.3%	10.9%	10.4%	13.5%	11.3%	11.3%	10.9%	11.4%	9.3%	10.1%
ほとんど信頼していない	69.3%	66.2%	63.5%	63.1%	58.8%	61.0%	64.2%	62.6%	65.3%	67.6%
わからない	17.5%	19.5%	22.5%	20.3%	24.4%	22.9%	20.4%	21.7%	21.4%	19.1%
無回答	0.3%	1.4%	0.7%	0.4%	1.6%	1.6%	1.5%	1.2%	1.6%	1.2%
計	100.0%	100.0%	100.0%	100.0%	100.0%	100.0%	100.0%	100.0%	100.0%	100.0%

出所：日本版総合社会調査（JGSS）データより筆者作成。

る。

　そもそも日本で宗教団体への信頼が低いことは，何を意味するのであろうか。そして，もし宗教団体の意義が市民社会にとって重要であるとするならば，その克服にはどのような可能性があるのだろうか。

　本章では，第1に，市民社会セクターにとっての宗教団体の見過ごされている重要性を確認するとともに，第2に，宗教団体への信頼の低さの原因に関する議論を確認したうえで，第3に，宗教団体と慈善団体とがともに国際比較において信頼が低いということを手がかりにして，公益法人（≒「慈善団体」）制度改革との関係で，宗教法人制度改革の可能性を探ってみたい。そのために宗教法人制度の概要を説明したうえで，改革の可能性を2階建て構想として示してみたい。

（2）　宗教概念について

　宗教概念は非常に多様である。判例上は，「『超自然的，超人間的本質（すなわち絶対者，造物主，至高の存在等，なかんずく神，仏，霊等）の存在を確信し，畏敬崇拝する心情と行為』をいい，個人的宗教たると，集団的宗教たると，はたまた発生的に自然的宗教たると，創唱の宗教たるとを問わず，すべてこれを包含する」（津地鎮祭事件に関する名古屋高裁1971年5月14日判決），が引かれることが多

い。この「定義」には法学上もさまざまな批判がある（棟久 2015）。宗教学の西洋的伝統に依拠すると，宗教定義において「神」概念を要件としやすいが，仏教の場合「神」概念を強くとれば宗教から排除される可能性がある。宗教法人法では，宗教団体の定義として「宗教の教義をひろめ，儀式行事を行い，及び信者を教化育成することを主たる目的とする」団体であって，単位団体としては「礼拝施設を備える」ことが基本的な特徴とされる。しかし，たとえば日本における最大の信徒数をもつとされる神道は，「教義」をもたないと主張する（神社本庁 2016）。

　日本人は「無宗教」であるという表現は，キリスト教をモデルとした宗教意識をもっている人が少ないということであって，別のかたちの何らかの「宗教」的意識をもっている可能性がある，という言説もなされている（島田 2009）。問題は，では，西洋的ではない日本の「宗教」的なるものをどのように表現するかである。残念ながら，代替的な定義で合意が幅広く得られているものはない。かくして「宗教」概念自体の，歴史的文化的依存性（近代西欧的特性）を批判し，その存立可能性を否定する主張もある（たとえば，磯前 2012；思想との境界線の問題を問う，Dworkin 2013 = 2014 も参照）。

　本章では，さしあたり先の津地鎮祭事件高裁判決の表現を手がかりにしたい。代替的概念として適切なものがないからである。その意味では，本章は，先の宗教概念批判の問題を棚上げすることになる。そのうえで，文脈上で概念からくる歪みに留意する方針をとりたい。

　以上のような暫定的方針にもとづいて，宗教や宗教団体がどのような役割を果たしているかをみていくことにしよう。

2 宗教団体の現況と理論的課題

（1） 市民社会における宗教団体の存在

　市民社会における宗教・宗教団体の存在について，以下に概説しよう。第1に，簡単に量的把握を日本について行い，第2に，理論的把握を西洋思想史における市民社会論をふまえて述べることにしよう。

　日本の市民社会において，実際には宗教団体・活動は大いなる位置を占めている。

第12章 宗　　教

> ① 法人数ほか

宗教法人の数は，181,810（2014年12月末日時点）であり[1]，非営利法人・公益法人等の他のどの類型よりも圧倒的に多い。たとえば，公益法人（社団・財団）は9,470（2016年10月26日），特定非営利活動法人は51,477（2016年10月26日），社会福祉法人は20,303（2015年3月末日），学校法人は7,898（文科大臣所轄2016年4月1日，都道府県知事所轄2015年5月1日），医療法人は51,958（2016年3月末日）である。これらと比べるとその規模の大きさがわかる（数値および出所については第11章の表11-1を参照）。さらに，神社，寺院，教会，布教所などの施設数合計219,075，信者数の合計1億9,000万以上である（文化庁 2016）。

つまり，法人数は2016年2月のコンビニ店舗数（一般社団法人日本フランチャイズチェーン協会 2016）54,018の3.4倍，施設数では約4倍，信者数合計は，日本の人口をはるかに上回る規模となる（各教団の信者等の概念によるところが大きい）。

他のデータをみよう（文化庁文化部宗務課 2015）。『経済センサス基礎調査（平成21年版）』によると，「宗教」分類で98,057事業所，従業者数290,752人，2010年の国勢調査では，産業別（小分類）で自己の職業を「宗教家」とした人は約11.3万人（産業別小分類「宗教」従事者は，約18.6万人），就業者総数の0.19％（同0.31％）である。内閣府の民間非営利団体実態調査（2013年度調査）では，宗教法人の1事業所あたりの年間収入は，21,057,000円，消費支出は22,441,000円である。また，2008年の国土交通省「法人土地・建物基本調査」（抽出調査）によると，土地を所有する宗教法人110,740は宗教法人総数129,380の85.6％，所有する面積は法人平均で18,455㎡，総面積2,043,722,000㎡で全法人所有面積の8.2％となっている。2013（平成25）事務年度の法人税の申告義務のある宗教法人数（法人税法上の収益事業を行っている宗教法人）は13,236件で，申告義務のある「公益法人等」34,595件の38.3％を占め，不正発見割合は6.3％で公益法人等の合計4.8％を上回り法人類型上最も高い。源泉徴収義務を負う宗教法人数は2014年6月30日時点で51,394件，公益法人等合計162,175件の31.7％を占める。単純な数量的把握においても，セクターにおける宗教法人の位置の重要性は一目瞭然である。

なお，イギリスの場合，イングランド・ウェールズで33,615，スコットラン

---

[1] 単立法人6,935，包括宗教法人399，被包括宗教法人174,476，ほかに，包括宗教団体76がある。宗教法人ではない単立の宗教団体，宗教法人ではない被包括宗教団体，宗教法人を含まない包括宗教団体は調査されていない（2014年12月31日時点）（文化庁 2016）。

ドで4,775，北アイルランドで898，合計39,288の「宗教の増進」を目的とするチャリティ（免税措置を受ける非営利公益団体）がある（各カントリーのチャリティ（＝非営利公益認定団体）規制当局のデータの合計，2016年7月2日確認）。アメリカでは，約34万5,000の宗教団体（religious congregations），1億5,000万人の信者（adherents）があるとされる（Grammich et al. 2012，または，約31万4,000の宗教団体（Churches），1億5,800万人の信者（members）：U.S.Census Bureau 2012）。

② 社会貢献の規模　　市民社会論にとっての宗教法人の重要性は，単なる法人数や規模にとどまるものではない。

宗教法人は，宗教活動そのものが社会貢献であり公益性をもつともいわれる。民法33条2項には，「学術，技芸，慈善，祭祀，宗教その他の公益を目的とする法人」と表現されており，宗教は「公益」であると読める。

さらに，宗教自体の，魂の救済や道徳の維持の点などでの社会的価値をいう場合もあれば，ソーシャル・キャピタルの基盤としての役割を強調する場合もある（稲場・櫻井編 2009；櫻井 2011；稲場・黒崎編 2013）。寄付行動やボランティア活動などにも，宗教団体への所属，宗教意識，宗教儀式への参加が，一般的にはプラスの影響を与えているという研究は多い（Jackson et al. 1995；寺沢 2011；三谷 2014；Putnam and Campbell 2010）。

さらに，宗教法人は，本来の宗教活動事業以外に収益事業も公益事業も行うことができる。また，学校法人，社会福祉法人，医療法人，公益社団法人，公益財団法人，また営利企業などを関連団体としている場合も多い。

逆からみれば，たとえば社会福祉法人や学校法人などで宗教の影響力は明らかである。学校関係では，私立大学の21.2%，つまり5校に1校は「宗教系」である（齋藤崇徳 2013；宗教情報リサーチセンター 2015）。社会福祉関係でも，キリスト教系，仏教系等の法人は多い。医療系施設の運営にも多くの宗教団体が関与しており，巨大な地域の基幹病院を経営している場合もある。[2]これらの宗教

---

2) 新宗教系では，たとえば，宗教法人立正佼成会の立正佼成会附属佼成病院，公益財団法人天理よろづ相談所病院，医療法人宝生会PL病院がある。仏教系では，たとえば，社会福祉法人四天王寺福祉事業団は，社会福祉施設を含め21施設をもち四天王寺病院も経営する。キリスト教系も多いが，宗教法人救世軍，救世軍ブース記念病院，社会福祉法人精霊会精霊病院，宗教法人在日本南プレスビテリアンミッション淀川キリスト教病院，社会福祉法人聖霊福祉事業団は，社会福祉系施設のみならずいくつかの病院をもち，事業団全体として，143施設291事業，1,046億円の事業収益をあげるコングロマリットでもある。

第12章 宗　教

図12-1　宗教関連の寄付は全体の3分の1を占める

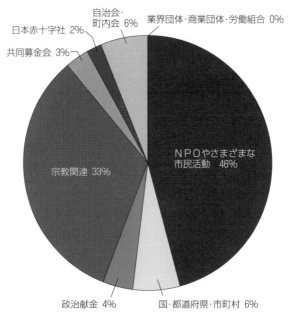

出所：日本ファンドレイジング協会編（2015：23，69）。調査対象年は2012年。「NPOやさまざまな市民活動」とは「カテゴリー1」のこと。69頁の推計寄付総額表から筆者作成。

法人や宗教団体が，社会サービス領域で占める比重については統計的な把握が必要であるが研究は乏しい。とはいえ，その影響力の重要性は明らかであろう。

震災救援関係での貢献も大きい。宗教団体の災害時の支援活動は，阪神・淡路大震災の際にもさまざまなかたちでみることができたが（国際宗教研究所編 1996b；高木 1999；三木編 2001），東日本大震災の際には，より一層大規模になっている（宗教者災害支援連絡会編 2016；稲場 2012；稲場 2013；北村 2013；稲場・黒崎 2011；稲場・黒崎編 2013；中外日報社 2011-12；国際宗教研究所編 2012-16；川上 2013；岡本 2014；三木 2015；田近 2014）。しかし，メディアカバーは少なく，一般に認知されているとはいいがたい（財団法人庭野平和財団 2009）。

お布施，喜捨，寄進など宗教団体への寄付は多い（図12-1）。『寄付白書2015』によれば，回答者の13.9%が宗教関係の寄付を行い，8.6%が会費を払っている。寄付者の割合は，共同募金会（60.5%），日本赤十字社（29.2%），自治会・

町内会など(25.0%),緊急災害支援(17.4%)に次ぐ。会費支払者の割合は,自治会・町内会等(80.7%),日本赤十字社(16.2%)に次ぐ。しかも,宗教関連寄付の総額は,2012年には2,287億円となっており,この金額は,寄付総額6,931億円の33.0%,つまり3分の1を占める(図12-1)。共同募金会の177億円(2.6%),日本赤十字社の146億円(2.1%),政治献金の264億円(3.8%)と比較すればその大きさがわかる。

なお,アメリカの場合,教育その他の9つのカテゴリーのなかで最大の32%の金額が宗教系である(Giving USA Foundation 2016)。イギリスでは,14カテゴリーに分けた場合,最大の14％の金額が宗教系寄付である(Charities Aid Foundation 2015)。

以上,瞥見したように,量的な水準の概観からしても,宗教団体は市民社会セクターの中核をなすことがわかる。そして,この領域は,たとえばイギリスではチャリティとして(全体の約5分の1にのぼる。Cranmer 2015),アメリカでは501(c)3団体として,それぞれ代表的な市民社会セクターの担い手として認知されている(Salamon 2012;Powell and Steinberg ed. 2006;Putnam and Campbell 2010)。日本においても,この領域について市民社会の一領域として,きちんと把握することが重要である。

| 市民社会と宗教： |
| 理論的把握 |

宗教と世俗的社会秩序である国家との関係は,特に西洋政治史・政治思想史や社会史の領域にとって,常に中心的な論点であった。ローマにおけるキリスト教の迫害と受容,さらに国教化,カトリック教会と世俗国家との間の叙任権論争や激しい権力闘争,さらに宗教改革・宗教戦争など政教関係を中心とした歴史が,核心的意義をもつことは明らかであろう。そして,中世の封建的な政治・経済・社会制度から,市場が自立した運動領域として認められてくることが,近代市民社会形成には不可欠であった(岡本2004)。同時に,破壊的な宗教戦争とその産物としての政教分離のシステムの形成(Gellner 1996)は,市民の思想的自立や個人という観念の成立に決定的な影響を与えてきた。この新しい社会モデルは,近代化過程において支配的規範としての位置を占め現代に至っている。

このモデルにもとづけば,諸個人の内面を支配しようとする国教信仰の強制や,宗教ではないと強弁された国家神道への帰依や儀式の強制が,国家の権威構造と一体となる場合,そこには内面の自由にもとづく市民の精神的自立はあ

りえず市民社会の自立もありえない。市民の思想的自由のリトマス紙として最も敏感なのは，思想・言論の自由，信教の自由，そして宗教団体の自由の保障水準である。日本でも，戦前には，神道系の大本，天理教系のほんみち，ひとのみち(現・パーフェクトリバティ教団)，救世軍などに対する宗教弾圧が行われた。

　また，宗教は，社会的連帯への中心的な動因でもあった。たとえば，イギリスのチャリティの淵源に，煉獄で天国への切符を得るための宗教的願望に裏づけられた公益目的の信託があったことからわかるように，また結社の源流の1つである中世後期からのフラッタニティが常に守護聖人を祭り，その存在が求心力を支えていたように (川北編 2005)，さらにいえば，チャリティという言葉がキリスト教における3つの枢要徳である「信仰，希望，愛」の1つ「愛 (Caritas)」に由来するように，フィランソロピー[3]と宗教とは常に手を携えてきた。もちろん，日本でも，日本における非営利組織の歴史を考察した今田編 (2006) が「宗教と公益組織」から記載を始めているように，フィランソロピーはその起源や発展過程において宗教の圧倒的な影響下にあった。その遺産は，先に述べた社会福祉や学校での宗教系団体のプレゼンスに表れている。

　一方で，世俗国家からの自立した精神的権威のよりどころとなる可能性，他方で，世俗国家と独立に共同性を紡ぐ可能性，という点では，国家から区別されるものとしての「社会」の存立の可能性を宗教は支えている。もちろん，宗教自体が世俗権力を身にまとい権力闘争を行い社会的亀裂を拡大させたり，国家に宗教が従属し手段化されたり，国家と宗教とが相互依存的に融合したりする体制にあっては，この宗教の国家から自立した「社会」形成の可能性は現実に至ることはない。

　現代の多様な諸国家において，国家と宗教との関係や宗教の社会にとっての位置は多様である (島薗 2008；島薗・磯前編 2014)。個人や社会の国家からの相対的自立性を重視する「近代」社会モデルは，プロテスタンティズムや「西欧」史の強い影響を受けていることは明らかである。同じく近代社会モデルの遺産を強く受け継ぐ市民社会論の視点からは，このような「社会」存立の可能性への宗教の役割をみておくことは不可欠である。

---

3) フィランソロピー (philanthropy) とは，日本では企業の社会貢献活動を指すことが多いが，本来，慈善・博愛などの利他的社会活動，広くは非営利社会貢献活動一般を指す。

国家的権威とは異なる精神的権威の主張による精神的自立の契機，さらに社会的連帯の契機は，市民社会における宗教の貢献の理論的可能性を表現しているといえるだろう。

以上，整理したように，日本の市民社会において宗教団体の存在は，①実体的な規模の水準においても，また，②理論的な位置づけの水準においても，本質的な重要性をもっている。

（2） なぜ信頼がないのか：重要性と低信頼の齟齬の原因

なぜ信頼が低いのか　では，なぜ，このような重要な宗教団体は，日本では不信の目でみられているのであろうか。いくつかの仮説をみよう。

第1に，日本で世俗化が何らかの理由で先進的に表現されているのかもしれない。島田（2016）は，基本的には資本主義の進展によって世俗化が進むという命題を，最近のデータを使って実証している。しかし，日本がなぜ宗教団体への不信感が強いかについては定かではない。また，1999年から2009年（石井 2010；石井 2011），1998年から2008年（ISSP調査）（西 2009）によれば，宗教に対する日本人の信頼はこの10年でかえって有意に向上しているという（ただし，日本版総合社会調査では変化はない）。

第2に，オウム真理教事件の影響や戦後の新宗教が起こした事件によるのかもしれない。しかし，宗教や宗教団体が原因となる社会的事件は世界中で頻発しており，オウム真理教の規模や衝撃の強さはあるにしても，むしろ宗教戦争やテロという面では日本がとりわけ多いとは到底いえない。

第3に，日本での「宗教」への違和感は，「宗教」概念自体がキリスト教をモデルとしており，伝統宗教の姿を把握することができておらず，宗教団体への所属や宗教団体の位置づけが，日本の「信仰」や「宗教」的なるものと齟齬があるのではないか，という議論がある。

「宗教」概念の問題は，日本では再三宗教学者によって指摘されている。たとえば，日本人は「自然宗教」はもっているが「創唱宗教」はもっていないという（阿満 1996）。阿満はいくつかの歴史的根拠を挙げているが，たとえば，日本人は伝統的な日常生活を重んじ平凡な日常を尊重し，それを否定する可能性をもつ創唱宗教を警戒するようになったとされる。宗教団体への帰属の少なさ

についての説明としては，一定程度妥当するように思われるが，宗教団体全体への信頼の低さは説明できるであろうか。

統計分析を積極的に行っている代表的宗教社会学者の石井研士は，「日本人はどれくらい宗教団体を信頼しているのか」と題した論文のなかで，宗教に対する非常に低い信頼を指摘したうえで，その原因を探っている（石井 2010）。そのなかで，新宗教団体への不信感が宗教団体一般に投影されているという仮説を立てている。なぜならば，それぞれの宗派のイメージを問うと，仏教（寺院）や神道（神社）へは「信頼できる」が過半数を占めているが，新宗教に対しては「信頼できる」は3％未満であるからである。新宗教のイメージは，「金儲け主義」「強引な勧誘」「教祖の強い個性」などが高く強い不信感が表明されているが，神道・仏教では「伝統行事・冠婚葬祭」「心・精神的」などが強く，否定的なイメージは非常に低い。しかし，仮説は否定されている。つまり，一部の新宗教団体の認知度の高さと宗教団体に対する低い信頼との間に正の相関は観察されなかった。

とはいえ，特定のいくつかの新宗教を「知っている」という回答と信頼の低さとの相関がみられないことは，新宗教への不信感が全体の「宗教団体」への不信感につながっているという仮説を否定することにはならないかもしれない。寺社のような宗教団体は，「『宗教団体』としては認識されていない」のかもしれない（木村 2014）。

第4に，「新しい宗教団体に関する情報の入手の経路とその質的問題にある」のかもしれない。石井（2008, 2010）は，こう主張してメディア報道，特にテレビの宗教関係報道の問題を指摘している（ほかに藤山 2011；震災救援活動について，国際宗教研究所編 1996b）。たしかに，オカルト番組の日常的氾濫やオウム真理教報道の集中豪雨的報道など，新宗教のメディアによる取扱いによって宗教イメージがつくられることには一定の説得力がある。

しかし，宗教団体への信頼の低さの原因として説明能力がどこまでなのか，疑問が残る。むしろ，宗教団体への不信感があり，それが番組に反映している可能性もある。

第5に，メディアや一般社会の側ではなく，むしろ日本の宗教団体自体の特質が影響しているのかもしれない。

日本の宗教の歴史において，主要宗教が統治権力と結びついてその勢力を増

大させた歴史が，少なくとも戦前までは続いてきた。江戸時代には，仏教は檀家制度による幕藩体制下でのイデオロギー管理（キリシタン排除）の装置として位置づけられた。明治から敗戦までは，祭儀等とされて「宗教」概念から排除された国家神道が国家の権威と一体化する体制があった（島薗2010；阪本2010）。しかし，ちょうど明治初期の体制転換による廃仏毀釈運動が仏教の力を弱め，敗戦による国家神道の脆弱化が神道の力を弱めたように，このような結びつきは国家権力の浮沈が当該宗教の運命を左右することになりやすい。宗教的信仰よりも葬式や祭儀に重点を置き権威に依存する体制が，伝統宗教の自力による信仰獲得能力を弱化させた可能性がある。阿満（1996）は国家神道体制が「宗教」の私事化を招いたとするが，これもある意味での宗教の力の衰退の要因かもしれない。鎌倉仏教の活気は，禅宗宗派のように幕府の庇護を受けた場合もあるが，必ずしも不安定な権力と一体化しない多様な仏教の展開があったためである。しかし，江戸期や明治以後の公定宗教は，そのような活気をもつことはなかった。

以上のような諸仮説は，ある程度の論拠を挙げることができるけれども，決定的な説明要因として特定できないし，またそれぞれの寄与度は定かではない。

宗教団体のみならず慈善団体も低信頼 ところで，国際的に日本が有意に信頼度の点で低いのは，宗教団体だけではない。慈善団体も同様に群を抜いて信頼度が低い。先に述べたように，市民社会における宗教の決定的重要さにもかかわらず，その信頼度が低いということは，日本の市民社会自体の信頼度の低さをもたらしている，あるいは逆に，他の要因による日本の市民社会の信頼度の低さが，日本の宗教への信頼度の低さに影響している可能性もある。宗教団体の信頼度の低さを，日本における慈善団体，つまり非営利公益団体（国際的には「慈善団体」とはcharitable organizationsあるいは端的にcharityと呼ばれ，非営利公益団体のことである）への信頼度の低さと相似的原因をもつものと考えられないだろうか。

もし，そうであれば，日本における非営利公益団体≒公益法人（公益社団法人・公益財団法人はもちろん，特定非営利活動法人や社会福祉法人・学校法人等も含む）の領域の弱さの問題と関連づけて考えられるかもしれない。

図12-2 宗教法人制度の概要

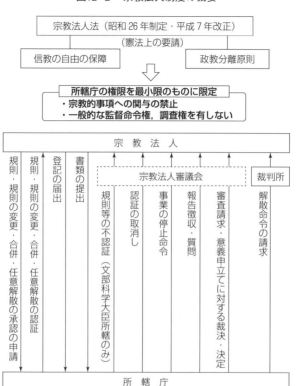

出所：舟橋 (2008)。

3 宗教法人と公益法人制度改革

　非営利団体セクターにとって宗教のもつ意味を考える場合，その核心は非営利団体としての宗教法人の意義にあることは明らかである。
　第11章でみたように，近年，慈善団体≒非営利公益団体に対する信頼向上のために，おそらく決定的重要性をもつ構造的制度改革が行われた。同様の改革は宗教法人でも可能であろうか。その可能性を検討することは，宗教法人制度自体の理解にとっても意味あることとなるだろう。以下は，視点を変えて，

宗教法人制度に着目することにしよう。

(1) 宗教法人制度

> 宗教法人法と税制度

宗教法人とは，宗教法人法によって設立される法人である。宗教活動をする団体は，結社の自由・信教の自由にもとづき，法令に違反しない限り自由に設立できる。しかし，宗教法人法には「宗教団体」定義があり，その団体が所轄庁である文部科学大臣，あるいは都道府県知事の「認証」を得ることによって宗教法人となる。その2条によれば，「この法律において『宗教団体』とは，宗教の教義をひろめ，儀式行事を行い，及び信者を教化育成することを主たる目的とする団体」で，「1．礼拝の施設を備える神社，寺院，教会，修道院その他これらに類する団体」「2．前号に掲げる団体を包括する教派，宗派，教団，教会，修道会，司教区その他これらに類する団体」である。1号の団体が単位宗教団体と呼ばれ，2号の団体が包括宗教団体と呼ばれる教団などである。

宗教法人法は，戦前の宗教団体法制と異なり，憲法上の政教分離原則をふまえ，宗教団体のいわゆる「宗教的側面」あるいは「聖的側面」と，「世俗的側面」とを区別し（石村編 2006；大石 1996；大石 2002），宗教的側面への介入を強く制限している（図12-2）。

宗教法人は，3人以上の責任役員を置き，「規則」（公益法人の「定款」や学校法人の「寄付行為」に相当する基本文書であり所轄庁の認証が必要）に別段の定めがなければ，その互選によって1人を代表役員とする。しかし，「代表役員及び責任役員の宗教法人の事務に関する権限は，当該役員の宗教上の権能に対するいかなる支配権その他の権限も含むものではない」（18条6項）とされており，「代表役員」「責任役員」による法人のガバナンスと，「宗教上の役職員」（85条）による宗教的なガバナンスとを区別する。

宗教行政においては，宗教法人審議会が形成され，不認証や認証取消し，報告徴収・質問，審査請求・異議申立てに対する裁決・決定に関する行政の権限行使における諮問機関となっている（第8章）。さらに，宗教上の特性および慣習の尊重の規定が複数置かれるとともに，独自に解釈規定が置かれ，「この法律のいかなる規定も，文部科学大臣，都道府県知事及び裁判所に対し，宗教団体における信仰，規律，慣習等宗教上の事項についていかなる形においても調

停し，若しくは干渉する権限を与え，又は宗教上の役職員の任免その他の進退を勧告し，誘導し，若しくはこれに干渉する権限を与えるものと解釈してはならない」(85条)とされている。この点では，行政庁の行為への強い制約がなされている。

宗教法人は，宗教活動以外に，公益事業を行うこと，また目的に反しない限りそれ以外の事業（収益事業等）も行うことができる。ただし，収益は，当該法人か公益事業や包括・被包括の関係にある法人・団体への拠出に限定される（6条）。また，残余財産の「処分」はその「規則」によるものとされているが，定めのない場合には，「他の宗教団体又は公益事業のため」に拠出するか，国庫に帰属させる。

また，1995年改正前にも，その設立，財産処分，被包括関係の設定廃止，合併・解散の場合の公告制度，登記制度，事務所備付資料（規則，役員名簿，財産目録等）の作成が求められていた。しかし，オウム真理教によるサリン事件を契機として宗教法人法は，多くの宗教団体の激しい抵抗を抑えて，以下の点が改正された。宗教法人の備付帳簿類に収支計算書を追加し，かつ正当な利益ある信者および利害関係人に対する閲覧，国への帳簿類の提出，特定の法令違反の疑いに対する，所轄庁に対する報告・質問による調査権の付与が規定された。また，宗教界のみならず第三者性をもった委員を拡充するために宗教法人審議会の定員を15人から20人に増した。この改正法が現行法となっている（紀藤1995）。

宗教法人は，法人所得税では，収益事業から生じた所得のみ19％の低率課税（所得800万円までは15％）である。また，収益事業から本来事業に支出された金額は，いわゆる「みなし寄付金」として収益事業所得の20％まで非課税となる。利子・配当も非課税である。さらに，地方税における所得課税も収益事業を行っていない限り非課税である。また，資産課税についても，登録免許税（国税），不動産取得税，固定資産税，都市計画税について，境内地，境内建物はもっぱら宗教活動用であれば，非課税となる。宗教法人は他法人に比べ土地所有割合が高く，この点でのメリットは大きい。なお，これらの法人所得税の取扱いは，独立行政法人や日本赤十字社と同様である。贈与税での非課税措置はあるが，多くの非営利公益法人，つまり学校法人，社会福祉法人，公益法人，認定特定非営利活動法人等に認められている寄付税制上の優遇は，宗教法人に

は与えられていない。

公益法人との比較 　宗教法人は，公益法人制度改革後の公益法人（公益財団法人）制度と比較すると，以下のような特徴がある。

①宗教法人の法人格は，所轄庁による認証主義による。登記のみによって法人格が得られる準則主義による一般財団法人に比して，法令の要件に合致しているかについて行政庁の審査が求められている[4]。

②宗教法人は，上述のように残余財産の処理は規則に定めがない場合には，宗教法人か国庫に属する。ただし，法人構成員に分配しないという規則は要件ではない。他方，税制上「公益法人等」に該当する非営利型の一般財団法人の要件には，「残余財産は法人の類似の目的のために処分し，または国庫，地方公共団体に帰属するとされていること」（公益認定法施行令8条2号）がある。もちろん，公益財団法人にも，同様の制限がある（公益認定法5条18号）。

③一般財団法人は，一般社団・財団法によって，会社法準拠のガバナンス等に関する規定をもつ。宗教法人の場合には，一般的に，責任役員は民法上の（準）委任契約による善管義務を負うが，会社法のような詳細な規定はない。公益財団法人は，同法の規制を受けるが，さらに厳しいガバナンス規定・事業運営の透明性・財務規律の強化の規定をもつ。

④公益認定によって公益法人になる場合には，公益認定法5条の基準によって，行政庁は公益認定等委員会を経て，認定する。宗教法人の認証基準は，宗教法人法および文化庁次長通達（1994）による。公益認定の基準のほうがはるかに詳細かつ公開性が高い。

⑤公益財団法人では財産目録等広範囲な書類についての作成と「何人に」対

4） 宗教団体に対する法人格付与は，旧民法34条によって条文的には可能であったが，民法施行法（明治31年法律第11号）では，28条に「民法中法人ニ関スル規定ハ当分ノ内神社，寺院，祠宇及ヒ仏堂ニハ之ヲ適用セス」とあり，民法34条による公益法人格取得の道は制度的に閉ざされていた（ただし実態としてはある程度の法人格付与はなされていた）。その後，何度も法案は提出されながらも成立せず，国家総動員体制のもと1939年の宗教団体法によって法制化され，「認可」によって法人格取得が可能になった。ただし，戦後の学校法人などの認可などと異なり行政の裁量性の高い許可主義的運用であったとされている。戦後ポツダム命令によって宗教法人令が出され，準則主義に改められ，自由化が進んだが税制措置も連動していたころから乱立が進み，1951年に宗教法人法によって認証主義が導入された。その意味では，許可主義，準則主義，認証主義が移り変わったわけで，非営利法人論としては興味深いところである。ただし，宗教法人の認証については，特活法人の認証事務よりはるかに実質的な審査が行われている。

しても公開（公益認定法21・22条）され，行政庁への提出書類についても行政庁は一定の範囲での情報提供義務（同57条）がある。宗教法人の場合，役員名簿，財産目録以外では収支計算書（収入8,000万以内は免除），その他事業（公益事業・収益事業）をしている場合には事業に関する書類等の作成・提出義務がある。信者・利害関係人に対して，「正当な利益があり，かつ，その閲覧の請求が不当なものでないと認められる者」の場合のみ，閲覧させることが義務になっている。提出書類は情報公開請求があっても非公開とされる（鳥取県日香寺事件判決，鳥取県2007；宮澤2006；菅2008）。

⑥大規模公益財団法人には会計監査人の設置が義務づけられている（収益額・費用損失額1,000億円未満，負債額50億円未満は免除）。宗教法人には，義務はない。

⑦監督については，公益財団法人の場合，報告・検査（立入検査を含む），勧告，命令，認定取消しなどの手続きが定められている。宗教法人では，行政庁は法令違反の「疑いのあると認めるとき」には宗教審議会の意見を聞いたうえで報告・質問ができるが，立入については代表役員等の同意が必要である（宗教法人法78条の二）。行政庁は公益事業以外の事業には1年以内に限り業務停止命令を出すことができ，法令違反について宗教審議会の意見聴取をしたうえで認証取消しができる（同79・80条）。

詳細な比較は，本章ではできないが，宗教法人に比して公益（財団）法人が，広範囲かつ詳細な監督を受けておりその情報公開性もはるかに高いことは明らかである。

第11章でみたように特活法人制度に続いて，日本における民間非営利社会活動，特に公益的社会活動を活性化させるということが，旧民法34条公益法人の行政との癒着や腐敗，非効率などの是正という行政改革目的とともに，公益法人制度改革の重要な目的の1つとなっている。

なお，特活法人については，税制上は人格のない社団と同様でほとんど優遇を受けていないが，税制上のメリットが大きい認定特活法人の場合には，公益法人に近いガバナンスや公開性，監督の規制に服している。また，重要な民間非営利公益法人である社会福祉法人も，公益認定等委員会のような機関は存在していないが，公開や規制の水準としては公益法人とほぼ同様にする社会福祉法の改正を行った（2016年一部施行，翌年度全部施行）。

宗教法人に対する規制は，信教の自由に基礎づけられて，先に述べたように

宗教法人法自体にも繰り返し行政介入を限定する規定が組み込まれている。もちろん，信教の自由という憲法的権利の保障がなされることは不可欠であるが，問題は，どの水準でこの保障が現実化されるかである。一方で，基幹的な公益法人類型での制度改革が大きく進められていることは，宗教法人制度のあり方に問題を投げかけているのは明らかであろう（大石 2002；財団法人日本宗教連盟 2006；田中治 2006；斎藤 2007；日蓮宗現代宗教研究所編 2008；長谷川 2008；髙佐 2008；佐々木 2008；佐々木 2009；藤原 2009；藤原 2013；飯野 2012）。

（2）別の可能性

　ここで，英米の宗教団体の法制度を概観しよう（文化庁 2008；およびそれぞれの規制当局のウェブ資料）。

> **イングランド・ウェールズの場合**

イギリス法（ここではイングランド・ウェールズで代表させる）では，法人格とチャリティ資格の付与とは別の問題であり，たとえば公益法人（CIO: charitable incorporated organization）であったり，信託であったり会社であったりすることができる。税務上の地位はチャリティ資格問題である。2006年チャリティ法によって，宗教団体もチャリティ法の管轄下に置かれることになった（Charity Commission of England and Wales 2008）。「宗教の増進」がチャリティ目的に掲げられており，宗教的チャリティの大部分は，他のチャリティ，つまり教育や福祉や人権の擁護などあらゆる社会領域で活動するチャリティと同一の法に属している。収入10万ポンド以下の一定の伝統がある教会への登録免除チャリティ（excepted charities）制度や，同5,000ポンド以下の小規模チャリティ制度もあるとはいえ，登録や年次報告が免除されるだけで同一のチャリティ・コミッション（日本の公益認定等委員会のモデルとなった制度）の監督に服す。なお，登録除外チャリティ（exempt charity）もあるが，国教会関係の団体を含め，そしてもちろんそれ以外の宗教団体も2006年法によってこの制度の下に入るようになった（公益法人協会編 2015；文化庁 2010b；Picarda 2010：89-144）。

　イングランドで，チャリティ法制の下に入った宗教関係団体については，その公益認定をめぐって議論もある（公益法人協会編 2015）。しかし，たとえば無神論の推進，限られた集団向けの閉鎖的祈祷施設の維持，かなり奇妙な信仰の推進などの目的をもつ団体のチャリティ資格については，以前から訴訟になっており新しいこととはいえない。むしろ，チャリティ資格の取得のための財務書

類などの公開やチャリティ・コミッションへの報告が信教の自由を侵すというような議論はほとんど聞くことができないことに注目すべきだろう。日本でも，財務書類の公開等は，本当に信教の自由を毀損することになるのであろうか。

> アメリカの場合

アメリカ法では，法人法については各州に任されており，多様な制度が存在する。しかし，87％の団体は「なんらかの点で他の型の非営利法人とは区別された『宗教法人』として法人格を取得している」（田近 2015；ほかに，田近 1999；田近 2000；田近 2002；石村編 2006；文化庁 2008；文化庁 2010b）とされる。①包括的な非営利法人法のなかに宗教法人という型を置く場合，②別に宗教法人法を定める場合，③特定の宗派のみを対象とする個別法の場合，がある（田近 2015）。また，法人格自体を与えない州や，単独法人（役職者個人の法人）などの制度もある。したがって，具体的な規制や監督のあり方もさまざまである。

とはいえ，教会や宗教団体は，統一的な連邦の税法の適用を受け，いわゆる連邦内国歳入法501(c) 3 団体にあたる免税特典の多い団体類型に該当する。この免税資格は，法人税のみならず寄付税制にも関係しており，かつ州税の免税資格にもつながることが一般的でありメリットが大きい。教会（church，寺院などの他の礼拝施設を含む）は，類型として自動的に非課税・免税になっているが，ある団体が教会であると連邦内国歳入庁（IRS）として確認されリスト（Exempt Organizations Select Check）に掲載されるためには申請が必要となる。多くの教会は，寄付控除等の資格を確認するために申請するのが一般的である（教派の場合には親協会がすればよい）。501(c) 3 の地位には，他のチャリティと同一の選挙活動の禁止，ロビイングの制限，利益の非分配，非関連事業制限，非合法な活動・目的，あるいは公序に反する活動・目的でない，などの制限がある。教会は，通常の501(c) 3 団体と異なって，年次報告（Form990等）の提出は要件とはなっていない。しかし，多くの教会は，寄付財産の移転の場合，雇用している場合，1,000ドル以上の非関連事業収益がある場合などでの書類提出が必要になる（Internal Revenue Service 2015：27-28）。

アメリカの制度においては，課税当局も，信教の自由や政教分離の憲法上の要請から「好意的中立」を守り，宗教への「過度の介入」を避けることは原則となっているが，連邦税法上の501(c) 3 類型にある他の公益的非営利法人類型

への規制との比較において，登録・報告義務や課税当局の調査権限に対して重要な相違があるものの，制限事項の要件については基本的な統一性が図られている。この点では，法人格と関係なく税制上のメリットが受けられる点をインセンティブにしてチャリティ資格を設けているイングランドの制度と，連邦制の違いはあるにせよ同様の構造があるということができる。

2段階建ての宗教法人制度の可能性

公益法人制度改革によって非営利法人制度・公益法人制度において2階建て（正確には中2階があるが）の制度がつくられた。つまり，非営利性がある程度担保された1階の一般法人，その上に中2階として，非営利徹底型の一般法人，さらに公益認定を受けた公益法人の2階がある。

管見の限りまったく論じられていないが，実は宗教団体の法人化についても，すでに2階建て（中2階もある）の制度化が部分的になされている状況がある。

1階には，宗教的目的を掲げて設立登記された一般社団法人・一般財団法人が位置する。この法人類型には目的制限がないからである。実は，政治団体にも，「政党交付金の交付を受ける政党等に対する法人格の付与に関する法律」で非常に限定的に与えられた政党法人格以外では，従来受け皿がなく法人化できなかった。一般法人法によって，初めて法人化の道が開かれた。同様に，宗教目的での登記による法人化も可能になっている。

つまり，公益法人制度改革以前の非営利的公益的団体は，法人格を得るためには主務官庁の許可を得て公益法人になるほかなかったのであるが（特定非営利活動法人を除く），同様の状況にあった宗教目的の団体が，法人格を得るためには宗教法人になるしかなかった状況は解消されている。ただし，この段階では，税制上の取扱いが普通法人であり，法人格取得のメリットはあるが，税制上のメリットはない。

中2階にあたる法人の法令の要件

公益認定法における精算時の残余財産の帰属先について，公益認定法施行令8条二号は，宗教法人全体を組み込むのではなく，そのなかで，いわば非営利性・公益性が高い法人のみを対象としている。その条件は以下のとおりである。すなわち，法令等の規定により，各役員について当該役員およびその配偶者または3親等内の親族である役員の合計数が役員の総数の3分の1を超えないこと・社員その他の構成員に剰

余金の分配を受ける権利を与えることができないこと・社員その他の構成員または役員およびこれらの者の配偶者または3親等内の親族に対して特別の利益を与えないこと・法令等の規定により，残余財産を当該法人の目的に類似する目的のために処分し，または国もしくは地方公共団体に帰属させることが定められていること，である。一般法人の非営利徹底型の規定に近い。税制上，収益事業から生じた所得のみ法人税課税となる。いわゆる法人税法のいう「公益法人等」の基本となる条件であるが，宗教法人の場合，宗教が民法において公益目的にあたるとされている点も勘案すれば，中2階よりも少し高いともいえるだろう。

 2階部分は，まだ広くはない。公益法人の公益目的事業として，公益認定法2条別表には，「信教の自由の尊重又は擁護を目的とする事業」がある。維持財団的な法人も公益認定を取る可能性が開かれているとも解釈できる。たとえば，公益財団法人青森県護国神社奉賛会，公益財団法人札幌彰徳会などが，すでに公益財団化している。イングランドのように，「宗教の増進」という宗教目的自体が公益認定法の事業類型に入っておらず[5]，その限りで限定的ではあるが，境界線上にある法人が認定されていることは留意されてよい。

 寄付税制の問題も考える必要がある。すでに，日本の宗教団体は，一般的な寄付市場においても大きな位置を占めていることを示した。しかし，宗教法人には，寄付金控除のしくみはない。日本の宗教法人は，収益を事業収入に依存する構造が体質化しており，財務情報の公開によって信用を担保するというインセンティブが働きにくい。震災時の支援活動においても，多くの寄付を集め，社会的に意義のある活動をしつつも，その公開性は一般的には低いといわざるをえない（岡本 2014）。公開性の水準の向上が，その団体の収益構造に反映

---

5) イングランドのように「宗教の増進」などの表現で宗教目的を組み込むためには，もちろん宗教の公益性の議論が前提になる。日本では，公益法人制度改革の過程で宗教団体の強いプッシュもあって，民法に「祭祀，宗教その他の公益」という表現が残されることになった（長谷川 2008；日宗連事務局長 2006；日宗連理事長 2006）。したがって，一般法である民法において宗教の公益性はすでに認められている。しかし，より実質的には，各種統計によって6割から7割を占めるとされる無宗教あるいは宗教的アイデンティティをもたない多数派の日本人にとって，税制上の何らかの優遇を与える正当性を説得的に根拠づけられるかという問いが重要だろう。特にアメリカを中心に，非営利・公益団体の非課税・免税措置の正当性論は，租税歳出論の力もあって憲法上の議論（日本では89条論）としても，活発に議論され膨大な蓄積がある。本章では残念ながら，この点に触れることができない。

するようなしくみづくりが必要である。その意味では，寄付税制上の配慮が宗教法人に認められるような改革と，宗教法人の俗の面での公開性の向上とがともに推進される改革が考えられてよい。

　以上のように，公益法人制度改革の意義は，宗教法人の存在について，さまざまな角度から再考を迫っているといえるように思われる（石村 2005）。全日本仏教界顧問，日本宗教連盟評議員でもある長谷川正浩も，公益法人の制度改革について「宗教法人が議論に上るかもしれない。我々は無関心ではいられない」として，「私どもにとっては良いチャンスだと思います」と述べ，「宗教（法人）の公益性を担保する制度」について議論している（長谷川 2008）。元高松国税局長の中川正晴は，宗教法人について取り上げつつ，「公益認定法人と同様の手続要件を満たす法人に対して，認定公益法人と同様の課税優遇措置を付与する（ママママ）という方策を講じることによって，公益認定法人との均衡を図る方向で検討することも有用ではないかと思われる。（結果的には，手続規制要件を満たす法人は優遇措置の拡大となり，それ以外の法人は現行取扱いのままとなるが，第三者機関による「公益認定」，帳簿書類の監査，備付，閲覧等の手続規制要件を設けることにより，「公益性」が認定され，かつ，国民の監視可能性を条件として，課税上の優遇措置を享受するという観点を明確にすることができる）」とする（中川 2012）。

　もちろん，宗教団体の自由な信仰活動を擁護するということは決定的に重要であるし，不要な国家の介入を許すべきではない。税法上は便宜的に同じ「公益法人等」とされても，「公の支配に属」（憲法89条）しているとされる学校法人や社会福祉法人と同様の監督・規制の制度に服させることは到底ありえないはずである（大石ほか編 2000；田近 2008）。この点では，イングランド・ウェールズの大臣統制から独立したチャリティ・コミッション制度と異なる日本の公益認定等委員会（あるいは制度設計によっては宗教法人審議会）の政府からの独立性の水準も問われる。いずれにせよ，それぞれの団体の信仰や信条のあり方の自由な追求と，社会的信頼にもとづく税制上の取扱いとの接点が模索される必要があるだろう。

　市民社会の概念にふさわしい，たとえ少数であっても深い信仰の尊重と両立する，幅広い人々の寄付等の支援と支持によって支えられる宗教法人の姿が模索されてよい。そのことは，宗教団体に対する信頼の低さの克服を正面から課題とすることでもある。公益法人制度改革は，この点でさまざまな示唆を与え

ているように思われる。

4 今後の課題

　宗教や宗教団体は，市民社会にとって決定的な位置を占める存在である。しかし，日本では，その姿への人々の信頼度は低い。日本においても欧米においても，宗教意識自体の衰退も語られる。おそらく過半数をはるかに超える法人は非常に小規模で，「消滅」すら危ぶまれる（鵜飼 2015）。にもかかわらず，逆に非常にビジブルな少数の宗教法人の豊かさとふるまいが，公論において取り上げられる。

　人口減少が危ぶまれる地域コミュニティや人間関係の希薄化が嘆かれる都市コミュニティで人々をつなぐ祭りの核となったり，少数宗教をもつ外国人に対する献身的な支援を行うような宗教団体は，決して公開を恐れるべきものではない。人前で祈らず，隠匿を積むことは称賛されることであるが，同時に隠されていることが不信を呼んでいることにも目を向ける必要もある。かつて，宗教法人法の改正の議論（第二東京弁護士会・消費者問題対策委員会編 1995）の際に，島薗進ら宗教学者からも宗教法人による自主的な情報公開やガバナンスの向上についての模索が提起されたことがあった（国際宗教研究所編 1996a）。そのような，宗教法人の営みが促進され，公益的非営利法人の側からも活発な議論がなされることが期待される。

　なお，特活法には，他の公益法人類型にはまったく存在しない宗教活動に対する制限事項が書き込まれている。特活法人に対しては，宗教活動を団体の「主たる目的」とすること，認定特活法人に対しては，宗教活動自体が禁止されている。しかし，この制約は，特活法の後につくられた公益社団法人や公益財団法人には存在しない。また，社会福祉法改正においても導入されていない。このことは，実は政治活動の規制構造と類似した問題である。また，英米のチャリティでは税制優遇を受ける宗教団体の政治活動規制が定められているが，日本の宗教法人には政治活動規制はまったくない。このような宗教活動や政治活動と公益非営利活動との関係も，市民社会論にとっては，非常に重要である。本章では十分にこの点について触れることはできなかったが，今後の検討課題であろう。

以上のような規範的な諸論点の探求と同時に，宗教・宗教団体の非営利セクターにとっての影響や役割の実証的研究がさらに進められていく必要がある。宗教法人に関する財務データなどの公開性が低い点もあって，個別の事例研究を超えた宗教法人全体の姿はみえにくい状況にある。とはいえ，そのような実証研究の蓄積が，説得力ある規範論や法制度論を裏づける（Putnam and Campbell 2010）。

　本章では触れられなかったが，宗教法人法改正時，および公益法人制度改革時における宗教団体セクターのロビイングや，福島原発事故後の多くの重要な宗教教団の原発反対姿勢の表明，さらに近年特に話題となっている日本会議のような宗教団体と生々しい政治過程との交錯（島薗・磯前編 2014），英米でも同様の「原理主義」的な宗教右翼の動向への注目やテロ規制と関係するムスリム系チャリティへの規制強化など，宗教規範論では捉えられない政治学的実証研究の領域の重要性も高まっている。

　宗教団体は，宗教活動それ自体，また社会貢献（公益）活動の側面からも，さらにより基本的には，人々の自由な思想・信条・信仰の擁護と，自主的な社会的連帯の創出という点からも（ハーバーマス 2014；ハーバーマスほか 2014），市民社会の一層の深化発展にとって重要な意義・役割をもっている。この意義・役割を現状においてどのように実現しているか，また今後どのように実現していくことができるのか，これらを明らかにするためには，宗教や宗教団体に対して一層の研究関心をもつことが不可欠だといえるだろう。

📖 文献案内

▶ 稲場圭信・黒崎浩行編，2013，『叢書 宗教とソーシャル・キャピタル 1～4』明石書店.
▶ 石村耕治編，2006，『宗教法人法制と税制のあり方――信教の自由と法人運営の透明性の確立』法律文化社.
▶ 文化庁，2008，『海外の宗教事情に関する調査報告書』文化庁.

【岡本仁宏】

第III部

市民社会の帰結

第13章 ローカル・ガバナンス——地域コミュニティと行政

> 近年，ガバナンス概念が重要になってきているが，それは政府だけではなく民間部門，市民社会部門も「治める」過程に関与する状況を指し示すものである。特に市民・市民社会が地方レベルの治める過程（ローカル・ガバナンス）にどのように参加していくかが問われており，その主体として地域コミュニティのアソシエーションがステイクホルダーとして政策過程に参加することが重要である。
> 　日本では，アソシエーションとして自治会・町内会が存在してきたが，多くの自治会・町内会はガバナンスのステイクホルダーとしてそのまま力を発揮しにくい状況がある。ローカル・ガバナンスの担い手の形成，特に地域リーダーの積極的育成が求められる。

1 ガバナンスからみる市民社会・コミュニティ

（1） ガバナンス

　本章のメインテーマは「ローカル・ガバナンス」である。さて，「ガバナンス」とは一体なんだろうか。このガバナンスという言葉が1つの重要な概念として世界中で注目されている。

　ガバナンス概念研究の大家の一人である，マーク・ベビアによると，それは人々が世界をみる目が変わってきたこと，世界そのものも変わってきたこと，この2つに起因しているという。新しい理論が登場し，また新しい実践が誕生し，人々の関心が「治める」という行為そのものに集まっているという。その大きな背景として，ガバメント（政府）の変化がある。ガバメントは近代を通じて国家・社会を治める仕事を中心的に担ってきた。しかし，この30年あまりで，先進国，発展途上国を問わず，現代のガバメントは，財政的な逼迫に直面しつつ，民間（営利・非営利）部門の行動主体に依存するようになり，逆に民間部門の人々が治めることそのものに主体的に関与するようになってきた。こうした変化のなかで進展してきたのがガバナンス概念である（Bevir 2012=2013）。

ベビアによると，ガバナンス概念は，「政府によるものであろうが，市場によるものであろうが，ネットワークによるものであろうが，また，その対象が家族であろうが，種族であろうが，公式の組織であろうが，非公式組織であろうが，地域であろうが，さらには，依って立つ原理が法であろうが，規範であろうが，力であろうが，言語であろうが，とにかく，あらゆる『治める』というプロセス」を示すものである。もう少し端的にいえば，ガバナンス概念は，治める過程が誰によってどこでどのように進められるのかについてわたしたちの思考様式を組み立て，複雑な状況を分析する道具なのである。
　だからこそ，ガバナンス概念はそもそも多義的となる。ベビアは，上述の本のなかでガバナンス概念の分野として，企業組織の「コーポレート・ガバナンス」，官民協働や新しい公共管理（NPM）に関わる「パブリック・ガバナンス」，国際関係と国際機関の「グローバル・ガバナンス」，そして途上国開発援助で登場する「良いガバナンス（グッド・ガバナンス）」を取り上げる。ガバナンス概念の真骨頂は，治める過程が組織の外に広がって，つながり合うことを認識できる点である。たとえば，コーポレート・ガバナンスは，企業単体のマネジメントを含めて，説明責任や情報公開などを通じた株主などの関係者との関係構築を想定したものである。良いガバナンスも，政府組織の能力向上に加えて，民主化と分権化，市民参加とかNGOとの関係といった面も重視するものである。ある組織や集団の意思決定や改革も1つの治める局面だが[1]，それはまた別の治める過程といかに連関するのかをガバナンス概念で見通し，分析することができる。

（2）　市民社会をガバナンス概念で理解する

　上記から，市民社会，そして地域のコミュニティ（地域社会）をガバナンス概念で理解しようとすると，さまざまなことがみえてくる。最も大事な点は，市民が住む自分たちのコミュニティの問題を誰がいかに治めるか（治めるべきか）ということである。まずは，その基礎には市民社会の諸組織・集団自体を治める過程がある。そのうえで，コミュニティを治める2点の経路が想定できる。1つは，市民たち自身がコミュニティを自ら治める経路である。もう1つは，

1）　これは古くから組織論で論じられてきた「組織ガバナンス」に該当する（Scott et al. 1981）。

市民とガバメント（主として地方自治体）等とが協力しながらコミュニティを治める過程を共有する経路である。企業の存在も大きいが、コミュニティの関わる問題については自治体の公共政策は根源的に影響力をもつ。その意味では、市民自身の力だけで問題を克服する局面もあろうが、とりわけガバメントとの協働は治める効果を実現するうえでとても重要なのである（新川編 2011）。

ガバナンス概念からみると、コミュニティを治める過程を市民とガバメントが共有する局面に着眼する必要がありそうである。コミュニティを治めるプロセスを協働するとはどういうことなのか。そこにはどのような理論的な想定がありつつ、現実とのギャップはあるのかないのか。そして、そこにはいかなる課題があるといえるのか。

2 ローカル・ガバナンスと市民社会

(1) ローカル・ガバナンス概念の展開

ガバナンス概念は、グローバルからローカルまでレベルを問わず、その官民等の部門、また各々の部門の組織の内外を問わず、治める過程の広がり・広がり方を捉え分析するツールなのだが、以下では、特にローカルレベルのガバナンスに着眼しよう。なぜなら、前述してきた治める過程をめぐる大きな動きは、地方レベルでより顕著に現れるようになったからである（曽我 2002）。そこには、公共的な問題解決の実践はローカルレベルで行われやすいという現実、もう1つは、市民社会の治める過程への関与を考えるとき、最も関与しやすいのがローカルレベルであるという理由がある。

日本の文脈に近づけてみると、政治学者の山本啓によればローカル・ガバナンスとは図13-1のように描くことができる。ローカル・ガバナンスは、自治体（議会と行政）、企業、そして市民および市民社会によって動いていく。自治体も企業も情報公開や組織統治を行い、公共サービスを生産する（Rhodes 1997）。ところで、企業の「コーポレーション・ガバナンス」とは、これは社会的責任（CSR）にもとづいた対外的社会的支援であり、より問題解決に直結する要素である。そして市民が発揮する「コミュニティ・ガバナンス」である。市民社会の諸組織の活性化やエンパワメントと、それを通じた問題解決（地域を治める）行動である。コミュニティとはここでは市民社会を成立させる基盤

第 **13** 章　ローカル・ガバナンス

図13-1　ローカル・ガバナンス

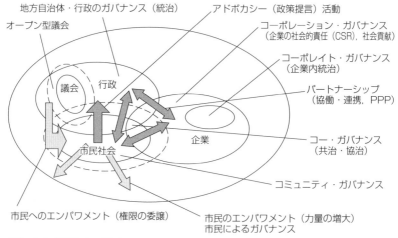

出所：山本（2014）を一部改変。

と解釈してよいだろう。多かれ少なかれ人々のメンバーシップが存在しうる範域である。それは自治体管轄域全体もありうるが小さな集落等地域社会を指す（Somerville 2005）。

　加えて，各アクターが「パートナーシップ」で協働しながら，さまざまな地域の問題解決を促していく状況が想定されるのである（「コー・ガバナンス（共治・協治）」）。それぞれの組織，部門が繰り広げるガバナンスの複合と蓄積がローカル・ガバナンスをつくるのである。

（2）　市民社会とコミュニティ・ガバナンス

土台としての市民社会　さて，ガバナンス概念は，市民・市民社会をどのような存在として位置づけるのだろうか。ガバナンス論では，市民は議会制民主主義における有権者でありつつ，政府のサービスを享受する単なる顧客ではない立場に立つことが強調される。では，政府の単なる顧客でなく，何になるのか。

　図13-1に従えば，市民・市民社会は「コミュニティ・ガバナンス」を通して「市民によるガバナンス」を担うことになる。市民社会は数々のアソシエーションから構成され，市民個人はそのメンバーとなるが，そうしたアソシエー

ションの組織統治とアソシエーション間の協働，それらを通じた問題解決の実践と成果が「コミュニティ・ガバナンス」の中身である。イギリスの社会学者ハーストは，アソシエーションは，政府や市場を補完しつつ，ガバナンス全体を保つための基礎を形成すると位置づけた (Hirst 1997a)。ローカル・ガバナンスでは市民社会がその土台となる。

| 政策過程とステイクホルダー | ローカル・ガバナンス概念にもとづけば，市民たちが自組織を治め独自の問題解決を実践していく点はいうまでもなく重要な要素である。ただ，もう1つ重要なのが，公共政策の形成，決定，そして実施まで影響力をもつステイクホルダー（利害関係者）になることである。ステイクホルダーは，公共政策やサービスを生み出すための責任をもつアクターであり，圧力団体のように単に要望を伝える存在以上のものである (Skelcher and Torfing 2010)。図13-1でいえば「アドボカシー（政策提言）活動」を指す。

　実例を挙げてこのことを考えてみよう。近年のローカル・ガバナンス論でよく論じられるのが，「参加型予算配分制度 (participatory budgeting)」である。これはブラジルで始まった取り組みで，今では全世界に広がっている。端的にいえば，自治体の公的資金の優先順位をコミュニティの代表自らが討議と投票で直接決めるしくみである。おおむね，まず学校区集会が基礎となり，そこにコミュニティの代表が参加する。そこでの提案が，市レベル等での評価を経て調整され次年度の予算に反映されていく (Fung and Wright 2003；山本 2014)。公金の使い道を市民・市民社会がボトムアップ参加で制御するしくみなのである。もちろん，市民組織がしっかりと民主的に確立していなければならないのはその大前提である (Gaventa 2004)。

　参加型予算配分制度にみられるような，政府の政策を制御し，またそれに異議を申し立てるような一種の政治的公共圏をつくっていくことが基本となる (齋藤 2013)。政府の下請けでも，単に対外的に影響力を行使するだけでもない。政治家，行政，そして市民社会の幅広いアクターが相互に対等に討議を行い公共政策を改善していく面が重要なのである。地域問題解決全体で，自治体による公共政策の力を必要とする領域はまだまだ大きい。だからこそ，コミュニティ・ガバナンスの構成者たちがステイクホルダーとして自治体の政策過程に関わることがガバナンス全体を保つために欠かせない要素なのである。

しかし，日本のアソシエーションとしての市民社会組織は，人手等資源不足に直面していると同時に，「行政へのぶら下がり構造」にあるのが現状ともいわれる（山本 2014）。では，このガバナンス概念から日本の市民社会の実態を照射したとき何がみえるのか。その実情を確認しておく必要がありそうである。

3 ローカル・ガバナンスと自治会・町内会の役割

(1) 自治会・町内会

自治会・町内会の意義　コミュニティ・ガバナンスを支える組織は多岐にわたるが，日本の文脈に照らせば自治会・町内会等の地縁団体（以下，自治会・町内会）が最も重要である。それは，第1に，日本の津々浦々に存在しているからである。設置単位や規模の違いはあるが，おおむね全国で30万団体にものぼる。第2に，どこにでもあるというだけでなく，地域のさまざまな問題処理機能を果たしてきた代表的な存在だからである。されど第3に，歴史的に自治会・町内会が国・自治体行政と密接な関係を有してきたことの裏腹として，先述のガバナンスのアクターとして大きな限界をはらんでいるといえるからである。

では，自治会・町内会とは何だろうか。かねてから自治会を追いかけてきた行政学者の高木鉦作は，「その名称のいかんを問わず，実際に（1）各市町村内の一定地区（町・丁目，大字・小字・区など）を単位とし，（2）その地区に所在する世帯（事業所等を含む）を構成員とし，（3）公共行政の補完ないしは下請をはじめとして，その地区内の共同事業を包括的に行なう自治組織」とした（高木 1961）。さらに，社会学者の倉沢進は「排他的地域独占（1地域1自治会・町内会）」も重要だとした（倉沢 1998）。原則，自治会・町内会は重複せず地区ごとに結成されているので，地区市民を包絡し代表する組織としての性質が付与されてきた。

自治会・町内会の歴史　自治会・町内会はいつごろから存在するのだろうか。これにはさまざまな説があるが，江戸期から明治期にかけての都市の町内（町），農村の集落（村）が源流といわれている。町や村は，いわゆる地方自治体そのものであり，地域のハード整備，自警や消火，資金融通等の相互扶助を基調とする一種の統治団体であった（倉沢 1998）。現在の自治会・

町内会のエリア（いわゆる町丁目）は，完全に同じではないがおおむねこの当時の町村だったエリアと重なる。

　自治会・町内会の歴史が大きく展開するのは，国家として近代的な地方制度がつくられ始めていく明治時代中期になってからである。大きな画期となったのは，1889（明治21）年の市制町村制の制定である。それまでの統治団体だった町村等を合併して新たに市町村をつくることになった。この合併前町村のエリアに「区長」を置き，新市町村の行政事務の補助を行うしくみを備えた。市制町村制とは別に，特に大都市では海外貿易を通じて衛生の問題等が大きくなり，横浜市や神戸市で衛生組合が発足したり，京都市では公同組合という独自の自治組織が設置されたりした。これらは区長と同じく，行政事務の補助を大きく期待された面がある。それぞれの市町村でさまざまな地域組織が発展していくことになるが，1935年の「選挙粛正運動」の遂行手段として地域組織整備が全国に広まりつつ，1940年の内務省訓令第17号『部落会町内会整備要領』を経て，部落会・町内会が画一的に組織化されることになった（自治大学校研究部1977）。そして1943年には市制町村制に部落会・町内会が行政補助機関として法的に規定された。戦時下で，部落会・町内会は，配給物資管理や納税業務補助などの膨大な行政事務補助を担った。

　第二次大戦後は，GHQの占領政策によって部落会・町内会が1947年に廃止されることになった。とはいえ，各地では実質的に部落会・町内会に準じる団体がすぐさま再開され，コミュニティの維持を行っていた。戦後は，自治会・町内会の組織については国の法令は一切ない。地方自治体の自主性が重んじられたのである。それだけに，名称的には自治会ないし町内会が全国的に最も用いられているものの，東京では町会，大阪市では地域振興会と呼ばれるし，地方都市や農村では区長の呼び名がまだ多く残っているように，かなりの多様性が見受けられる。

2）　自治会・町内会そのものを制度化する自治体はなかったが，自治会・町内会への事務委託・依頼，補助金のしくみなどはさまざまに整備された（森2014）。

表13-1 住民組織の特徴

組織類型 主な組織特質	代議型	結社型		
		公共団体	地域共同団体	任意団体
審議機能のみ	独・伊			
執行機能ももつ		タイ・韓	仏・瑞　(日)	米・英
司法機能ももつ		中・比		
自治体との関係	補　完	末　端	補　完　(補末)	補　完
法令の規定	あり		一部あり	なし

注：なお，比はフィリピン，瑞はスウェーデンである。
出所：中田編（2000）。

（2） 諸外国に広がる地域組織と日本の自治会・町内会

国際比較　自治会・町内会とよく似た組織が洋の東西を問わず存在していることはあまり知られていない。そこで，アジア，アメリカ，ヨーロッパ諸国の地域組織の国際比較研究を行った中田実ら社会学の研究グループの著書を参考に，諸外国との比較で自治会・町内会がどのような特色をもつのかを検討してみよう。なお，自治会・町内会に似ているというのは，①地域区画によるもの，②地域の諸問題処理を行うもの，③地域代表性を公認されたもの，の３つが判断基準である（中田編2000）。

その結果が**表13-1**である。「代議型」は，住民のなかから選出された委員が地域課題について協議し，行政に対して意見を述べ，政策提言を行う議会型である。具体的には，たとえばドイツ（独）の市区委員会や集落評議会，イタリア（伊）の地区評議会である。委員を公選し，政策決定を行うという点でまるで議会のような組織である。

対して，「結社型」は，住民が自ら組織をつくり，活動するタイプである。これは，国の法令に存立根拠をもつ「公共団体」，国の法令と加えて地域合意を存立根拠にする「地域共同団体」，いわゆるボランティア団体的な「任意団体」というバリエーションがある。公共団体は最も制度化の度合いが強く，任意団体はその逆である。たとえば，アメリカには，ネイバーフッド・カウンシル等の地区組織が結成されている都市がある。中田らが報告するピッツバーグ市のネイバーフッド組織は，自主的に住民が形成したものであり，寄付金や自主事

業で生計を立てている。加入対象は志のある人なら誰でも入れるということで，ボランティア団体と共通点が大きい。他方，公共団体は，中国の居民委員会とか韓国の班常会といった，国家が積極的にその形成に関与してきた歴史をもつものが多い。

　自治体との関係をみると，「公共団体」だけが「末端」で，ほかは「補完」的関係である。末端とは，行政の能力不足や未整備に由来する残余業務を住民が肩代わりする関係である。対して補完とは，議会による住民意思反映の不足を補ったり，審議提案機能を発揮するという関係である。中田らの発見によると，欧米は補完型，アジアが末端型という分布となった。

　そのなかでも，日本の立ち位置は独特である。自治会・町内会はいわゆる住民組織だから結社型である。しかし，地域共同体型のように法令があるわけではなく，有志ボランティア団体でもないという点で，地域共同団体と任意団体の真ん中に位置づけられている。自治体との関係も，補完と末端の両方だとされている。

ストラドラー組織　こうしてみると，世界には自治会・町内会によく似た組織があるといえばあるのだが，そのどれとも異なるといってもよい。自治会・町内会は自発的な住民結社なのだが，行政の「末端」の要素をもち合わせている。住民のための組織でもあり，行政のための組織でもある。何だか二股をかけているかのようである。

　アメリカの政治学者リードとペッカネンは，アジア諸国をもう少し広くみて，ある共通性があるとした。それがストラドラー組織ということである。ストラドル（straddle）とは，またがるとか二股をかけるという意味である（Read and Pekkanen 2009）。中田の分類では日中韓で違いがあるが，それらの組織の共通点は，住民の生活上の利益ももたらしつつ，政府部門のための機能を有するという点である。

　アジア諸国の地域組織の多くは，歴史的には政治の権威体制の下で設置されてきた。たとえば，台湾の里長制は近ごろになって民主化が行われたが，もともと政治体制の維持に資する制度であった。自治会・町内会は，原則住民結社と位置づけられてすでに70年以上が経過している。リードらも，自治会・町内会はアジア諸国のストラドラー組織のなかでも政治的に支配を受けず，自律性が高い組織だという。ただし，「末端」面をもつということは，いわゆる行政

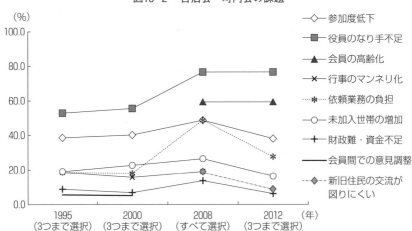

図13-2 自治会・町内会の課題

注：各年で質問の表現が異なる場合の処理の仕方については森（2015）を参照。
出所：森（2015）。

補助機能が自治会・町内会に期待されているということなのであり，この点は戦前からの歴史を引き継いでいるというべきだろう。

(3) 自治会・町内会の現状："アドボカシーなきメンバーたち"

　　自治会・町内会の特徴　　行政末端の住民任意団体である自治会・町内会は，具体的にはどんな組織なのだろうか。どの地域の自治会・町内会をみても外見上も中身も似通った点が多い。組織構成をみると，自治会・町内会の設置単位は集落や町丁目が基本であり，100世帯未満で構成される傾向がある。なお，小中学校区には自治会・町内会の連合組織が結成されている場合が多い。そして，自治会・町内会の組織内部は，役員として会長・副会長・会計の三役がいて，さらに組とか班といったブロックがあり，組・班長も役員に連なる。なかには大きな自治会・町内会であれば，専門部会をもっているケースもあるが，部会まで結成しないのが一般的である。ほか，役員は1～2年程度でどんどん新しい人に交代し，会長は選挙，他の役員はもちまわりで選ばれる。[3]

---

3) 上記の状況は，辻中ほか編（2009）を参照した。

前述のとおり，自治会・町内会は地域の共同事業を担うようだが，具体的にはどんな活動・事業を担うのか。総務省が発表している『地縁による団体の認可事務等に関する調査結果』には，自治会・町内会の規約における活動内容が紹介されている[4]。2013年調査では，上位5位は「住民相互の連絡（回覧板等）」「区域の環境美化，清掃活動」「集会施設の維持管理」「防災，防火」「文化レクリエーション」であり，下位5位は，「慶弔」「行政機関に対する要望，陳情等」「社会福祉活動」「道路，街路灯等の整備・修繕等」「交通安全，防犯」である。地域に関わる幅広い事業・活動に自治会・町内会は関わっている。回覧板の回付とか清掃活動，道路・街路灯整備等の執行活動・事業はおおむね行政補助型の活動でもある。対して，**表13-1**でいう「補完」に該当する，自治体行政に対する要望伝達等ボトムアップ型の活動は規約上マイナーな存在である。

実は，自治会・町内会の共通点は抱える課題にも表れている。**図13-2**は横浜市の自治会調査結果を時系列でみたものだが，「役員のなり手不足」が自治会・町内会をとりまくようになっている。「会員の高齢化」とか「参加度低下」というのも数値としては高い。市からの「依頼業務の負担」も2012年の数値は2000年と比べて上昇している。2008年の調査では，自治会・町内会の総会にどれくらいの人が参加するかの質問があるが，「役員中心」と「会員1割程度」で約半分（48.7%）にのぼる。総会は年1回開かれる自治会・町内会の最も重要な意思決定機会だが，一般のメンバーはほとんど出席しないのである。横浜市の自治会・町内会加入率は全市平均で70％台であり，大半の市民が自治会・町内会のメンバーとなっているにもかかわらずである。自治会・町内会というのは，組織だって全体で行動するというより，役員がメインの軸となって動いているのである。それは問題というより，それで十分だったのである。日常的には自治会・町内会の仕事のメインは前出の行政補助だったからである。広報紙配布，行政情報を回覧板で周知するようなルーティン業務が実は大半だった。盆踊りや夏祭りでさえも，役員だけで切り盛りすることも多い。とはいえ，そ

---

4) この資料は，自治会・町内会の「認可地縁法人」に関するもので，すべての自治会が対象とはなっていないし，認可地縁法人規約に定める項目として，「住民相互の連絡」などが法律上例示されている。その意味で，若干結果に偏りを認めざるをえない資料である。ただ，筆者の管見の限り，認可地縁法人かどうかにかかわらず，自治会・町内会一般の姿にかなり近いものと考えてよいだろう。

れでも役員のなり手を懸念する声が大きくなっているという意味では，自治会・町内会は弱体化の一途をたどっている。

> **アドボカシーなきメンバーたち**

ペッカネンが自治会・町内会を「アドボカシーなきメンバーたち」(Pekkanen 2006=2008) といったことがより理解できる。そもそも自治会・町内会は単体の規模が小さく，専属のスタッフもいない。それに役員が頻繁に交代するしくみをもち，行政補助というルーティン作業をメインとしてきた。さらには，現在では運営上の弱体化が徐々に進んでいる。自治会・町内会はたしかに地域の問題処理には一定程度稼働できている。また連合組織を通じて自治体行政に数々の要望陳情も行ってはいる。しかし，能動的な問題解決の事業化とか，さらにはアドボカシーをじっくり行う余地はさしあたり難しそうである。より深刻なのは，役員体制など自治会・町内会の組織ガバナンスが，歴史的経緯のなかですっかり経路依存化してしまっていることである。これまでの自治会・町内会の運用方法があまりにも当然のこととなっていて，いざとなっても見直しが簡単に利かなくなっているのである。

4 ローカル・ガバナンスの担い手形成

(1) 地域自治組織の形成と課題

自治会・町内会がだんだんと弱体化してきているなかで，2000年代に入って各地で進められているのが地域自治組織の整備である。その背景の1つが市町村合併である。自治体の規模が合併で大きくなり，市民と議会・行政との距離が開いてしまうことのデメリットを解消するという議論が盛んになされたのである。結果，2004年に地方自治法に地域自治区制度が規定された。加えて，各自治体でも条例等で独自の地域自治組織がだんだんと設置されていった。

たとえば，三重県伊賀市の住民自治協議会は，自治会・町内会や非営利組織等市民社会組織を構成者として，「まちづくり計画」を定めて自ら地区の問題を解決することが期待されつつ，同時に，自治体の意思決定に対する同意権，さまざまな政策の提案権が認められている（坂口 2008）。ほかにも例は少ないが，大阪府池田市のように，自治体の来年度予算の一定額について，地域自治組織が政策提言するしくみを採用するケースもある。伊賀市のように同意権ま

で付与されていなくとも、自治体への意見具申や政策提案を行うことは可能なケースは多い。いわゆるコミュニティ代表たちが、政策を議論し意見や政策提言を自治体に伝えていくボトムアップフローの面を政策過程に組み入れようとするしくみなのである。

　ただ、現実には、地域自治組織は十二分にその機能を発揮していないケースがまだまだ見受けられる（コミュニティ政策学会 2014）。全国の事例を詳しくみると、地域自治組織はどちらかというとアドボカシー的な参加の面というより、サービスを実施する面が強調されがちだという実態がある（名和田 2009）。地域自治組織という新たな枠組が始まったものの、実態は自治会・町内会等構成団体の従前の活動を継承しているという例も少なくない。自治体の制度設計、市民の考え方等を含めて、まだまだ解決しなければならない課題は多いといえよう。イギリスの政治心理学者で市民活動家の養成に取り組んできたガベンタによると、参加とガバナンスに際してはそれなりの能力が必要であり、だからこそ時間がとにかくかかるという（Gaventa 2004）。一朝一夕に制度の理念図式と現実との距離を埋めるのは容易ではない。

（2）　市民社会組織間のネットワーク

　地域自治組織の広がりと同時に、そうした枠組を超えて、さまざまな組織間で必要なネットワークをどんどん構築していくことも重要だろう。1つの可能性として指摘したいのが、自治会・町内会と非営利組織との関係構築である。

　非営利組織は、非営利の市民活動団体のことだが、日本では1995年の阪神・淡路大震災以降に注目を集め、以来環境や福祉等幅広い分野で組織がつくられ活動している。自治会・町内会と非営利組織はそもそも組織の特徴がまったく異なる。たとえば、自治会・町内会は活動範囲が特定の地域内だが、非営利組織の活動範囲は原則地域限定ではない。また、自治会・町内会は包括的な活動・事業を担うが、非営利組織はある特定の活動・事業に焦点をあてる。市民社会組織としての歴史も違う。

　とはいえ、ガバナンス概念にかんがみたとき、自治会・町内会と非営利組織とはお互いの良さを生かしつつ、協働を通じてパワーアップを図る必要がある。自治会・町内会にとっては何よりも非営利組織の専門性は強みである（Anheier 2005）。自治会・町内会はその組織統治の経路依存化で新しい課題に目

を向けることは難しい状況にある。非営利組織にとっても，自治会・町内会メンバーの支援を得られるとか，自治会・町内会の資源をフル活用して非営利組織の事業を安定させることが可能となる（野崎ほか2014）。

　両者の連携の需要は大きい。政治学者の辻中豊は，全国を対象に自治会・町内会への質問紙調査を実施した。結果，「NPOなど市民団体」と連携して活動していきたいという自治会・町内会は44.9％であった。また，自治会と非営利組織との連携の問題点が明らかになっていて，最も指摘されたのが「連携に対する（自治）会員の理解不足」であった（辻中ほか編2009）。ある意味，相互理解ないし相互承認があって，協働が進んでいくのだろう。

　実際，協働の取り組みは各地で行われている。自治会・町内会と非営利組織とは出自も特徴も異なり，水と油といわれることが多々あった。しかし，その違いを乗り越えて協働することで新たな可能性を得ることができるのである。たとえば，辻中たちは別途NPO法人にもアンケート調査を行っているが，NPO法人の活動目的として専門知識にもとづく政策案提言や公共利益のための啓蒙活動を挙げる団体が一定存在することがわかった（辻中ほか編2012）。そうしたアドボカシーの強みを自治会・町内会と一緒に実現するということもできるだろう。

（3）　地域リーダーを育てること

　自治会・町内会にせよ，地域自治組織にせよ，非営利組織にせよ，どの局面でもその組織を支える人材がどれくらい存在するかが最終的には重要である。日本でも，もうそろそろ積極的に地域リーダーを育てていく機会を自覚的に設ける必要があるのではないか。これまでは，地域リーダーは職住一致の自営業者層を中心に担われてきた。そうした人々がたくさんいて，自治会・町内会などの日本の伝統的アソシエーションが十二分に維持されてきた。ただ，たとえば商店街の衰退で明らかなように，そうした自営業者層はどんどん減少している。また非営利組織とて，起業家のような人材がいて初めて設立される。偶然人材がいたからうまくいったという状況依存的対応では，ローカル・ガバナンスはいつまでもおぼつかない。

　1つのあり方として，アメリカの自治体の取り組みだが，ネイバーフッド・リーダー・プログラム（neighborhood leader program）が興味深い。アメリカのネイバー

フッド組織を研究する前山総一郎によれば，たとえばカリフォルニア州ロングビーチ市のプログラムは，年40名ほどが参加し，トータル5か月にわたって人間関係論，コミュニケーション，コンフリクトマネジメント，組織化のスキル等の知識，加えて問題分析・補助金申請作成等の実践型の研修が提供される（前山2015）。外国と文脈が異なる日本にそのまま事例を持ち込めないが，やる気や関心をもった人がこうしたプログラムに参加することで，人材発掘の可能性を高めることができる。そのためにも，一定のノウハウをもった大学や専門家のサポートはますます重要になるだろう。これまでの市町村も，市民活動サポートセンターで相談事業やセミナーを開催したり，また自治会・町内会長研修等は開いたりしてきた。しかし，ロングビーチの例に比肩するような総合的かつ実践的なリーダー育成機会はほとんど提供してこなかった。このように海外の知識にも目を向けながら，ローカル・ガバナンスの成熟に向けて新しい挑戦を試みる必要がある。

文献案内

▶ 中川剛，1980，『町内会――日本人の自治感覚』中央公論新社.
▶ 辻中豊／ロバート・ペッカネン／山本英弘編，2009，『現代日本の自治会・町内会』木鐸社.
▶ ベビア，マーク，2013，野田牧人訳『ガバナンスとは何か』NTT出版.

【森裕亮】

第14章　国際社会における市民社会組織──世界政府なき統治の最前線

　本章では，国際社会における市民社会組織の役割について概観する。世界政府が存在しない国際社会の統治においては，元来多様なアクターが統治に関与する余地が大きい。にもかかわらず，市民社会組織の役割は長らく軽視，ないし無視されてきた。それはなぜなのか。**1**ではこの点を取り上げる。

　グローバル化の進展とともに，国家のみではうまく対応できない国境を越える問題が頻発するようになった。それにともない，市民社会組織が国際社会の統治に関与することの重要性を指摘する議論が現れ始めた。**2**では，こうした議論が登場してくる理論展開をたどり，**3**では，国際社会の統治における，国家と市民社会組織の協働の態様についてみていく。

　近年，市民社会組織が国家に頼らず，自ら国際問題の解決に乗り出す事例も現れ始めた。**4**ではこうした近年の動向を概観する。国際社会の統治への市民社会組織の関与が拡大していることは確かであるが，そうした活動には課題もある。**5**では，そうした課題について検討し，国際社会の統治における市民社会組織活動の今後を展望する。

1 国際社会における市民社会組織

　近年，公共性を担う市民社会組織の活動に対する注目が高まっている。こうした議論は国内政治の文脈でなされることが多い。しかし，中央政府が存在しない国際社会には，市民社会組織が活動する広大なスペースが存在する。世界政府が存在しないからこそ，国際社会の統治において市民社会組織が果たすべき役割も少なくないはずである。実際，国際社会においては，「政府なき統治」をいかに達成するのかが常に重要な課題となってきた。1992年には『政府なき統治』と題した書籍が出版され（Rosenau and Czempiel 1992），いち早く市民社会組織をはじめとする非国家主体がいかに統治に関与するのかが論じられるようになった。本書は，その後のさまざまな領域におけるガバナンス論の先駆けとなった。しかし，国際政治学が，常に市民社会の役割を重視してきたわけでは

ない。むしろ，その役割は長く軽視ないしは無視されてきたといってよい。それはなぜなのか。またそれがいかに変容してきたのか。本節では，まずこの点についてみていこう。

(1) リアリズムの秩序論

　世界政府が存在しない国際社会において，いかに秩序を形成・維持するのか。これは，国際政治学における根源的な問いである。国際政治学において長く支配的な位置を占めてきたリアリズムは，国際関係は国家間の力関係によって決まるとみる。国家よりも上位の権威，つまりは世界政府などが存在しない以上，国家は自らの身を，自らの力で守るしかない。それゆえ，どの国も自国パワーの最大化をめざすと考えた。リアリズムでは，このような世界を「アナーキー」と呼ぶが，それは必ずしも無秩序と同義ではない。

　リアリズムは，世界政府が存在しない国際社会においても，勢力均衡を通して最低限の秩序，すなわち戦争回避を実現することが可能であると考える。戦争遂行には，人的，金銭的，政治的なコストがともなう。戦争に勝利すればコスト以上の利益が得られる場合であっても，戦争に勝利できるかどうかが不確かであれば，それだけ各国は開戦に慎重になる。対抗し合う国家間や同盟間の力関係が同等であれば，いずれの側にとっても戦争に勝利できるかどうかが不確実となり，戦争が回避される。これが，勢力均衡の考え方である。秩序形成・維持の鍵は，国家間の力を均衡させることであり，秩序形成・維持において市民社会組織が何らかの役割を果たすことは想定されていなかった。

(2) リベラリズムの秩序論

　国境を越えた交流が増加するに従い，さまざまな政策分野で国際機関を通した国家間協調が観察されるようになった。国際政治学におけるリベラリズムは，国家間協調を通して，世界政府が存在しない国際社会が平和的で秩序だったものになりうるとみる。ただ，リベラリズムも，国際社会の統治を担うのは基本的に国家であるとみている。市民社会が国際社会の統治に何らかの貢献をするとすれば，それは，国境を越えた市民レベルの交流が増大することによって，国家間関係がより協調的なものになることを通してである。市民社会組織が，国際社会の統治に直接的に関与することはあまりないと考えられていた。

勢力均衡が失敗し第一次世界大戦が勃発した後，リベラリズムの考えにもとづいて国際連盟が設立された。国際連盟は第二次世界大戦勃発を防ぐことはできなかったが，第二次世界大戦後には国際連合が設立された。その際，国際連盟の失敗の教訓を生かし，集団安全保障体制が強化された。そして，集団安全保障体制の強化と並んで国際連合の柱となっているのが，経済，社会分野における国家間協力の増進である。国家間協力を進めれば進めるほど，戦争によって失うものも大きくなる。国際連合は，集団安全保障体制を強化することに加えて，数多くの国際機関を通した国家間協力を促進することで，国際社会をより平和的なものにしようと試みた。やはり，国家間の協力によって国際社会の秩序形成・維持を図ろうとしていたのである。

（3） 国際社会は「国家」間の社会か？

　リアリズム，リベラリズム，いずれも国際社会を「国と国との間の社会」として捉えている。市民社会組織の役割はほぼ考慮されておらず，国家間でいかに秩序を形成・維持するのかを考察している。こうした態度がとられている背景には，1648年に締結されたいわゆるウェストファリア条約以降，国家間の国際システムが形成されたとする見方が，国際政治学において支配的な地位を占めてきたことがある。このいわゆる「ウェストファリア史観」は，国家をあたかも一人の人間に擬制できる単一のアクターであるとみなし，国際システムはそうした国家によって構成されているとの立場をとる。しかし，国家は，さまざまな立場，さまざまな価値観をもった多くの人々が集まって構成されており，決して単一のアクターではない。また，移動や通信手段が発達するなかで，個々人が国境を越えて交流することはますます容易になりつつある。

　近年の研究では，1648年以降も帝国諸領邦やハンザ都市などのさまざまな国家以外の主体が外交関係を結び，国際会議にも参加していたことが指摘されるようになった（明石 2009；山影編 2012）。国際会議への参加資格は徐々に「国家」に限定されるようになっていくものの，それは当初ヨーロッパ諸国に限られていた。地球規模でみれば，ヨーロッパ以外の地域ではヨーロッパ流の「国家」とは異なるさまざまな主体が重要な位置を占めていた。その後，力を背景にヨーロッパ流の「国家」が他の国際的な主体を駆逐していった。ただし，「国家」が地球上を覆うようになったのは，脱植民地化が進んだ1960年以降のことであ

る（足立 2015）。

そして，そのころには，すでに国際社会を国家のみの社会として捉えることを不適切とする見方が広まってきていた。というのも，国境を越えたヒト，モノ，カネ，情報などの相互作用が大きく増大したからである。ある国で発生した問題は容易に他国に影響を及ぼし，また国際問題が各国国内にも大きな影響を与えるようになった。多国籍企業や市民社会組織，あるいは個々人が国境を越えて活発に活動するようになり，そうした非国家主体が国際社会に無視しえない影響を与えていると認識されるようになっていった。

2 グローバル・ガバナンス論の登場

前節でみたとおり，国際社会は元来国家のみによって構成される社会ではない。グローバル化の深化とともに，国際社会における国家以外の主体の活動が目立つようになり，それら非国家主体を含めて，国際社会の統治を考察しようとする議論が登場してきた。本節では，そうした理論展開についてみていこう。

（1） 非国家主体の台頭

冷戦終焉と時を前後して，グローバル化が急速に進展するようになり，ヒト，モノ，カネ，情報が国境を越えて一層密に往来するようになった。そうしたなか，国境を越えて活動する非国家主体の数も激増した。数が増加しただけでなく，国際社会に対するその影響も大きくなった。多国籍企業のなかには，一国のGDPをはるかにしのぐ売上高を誇るものが現れてきた。冷戦終焉直後の1993年の統計でみると，GDPの規模が50番目のエジプトよりも大きな売上高をあげる企業は24社存在した（田中 1996:131-135）。世界経済の動向に対して，時に国家以上に大きな影響力をもちうる多国籍企業が増加した。

市民社会組織のなかからも，年間予算が数千万ドル，なかには数億ドルに及ぶものが出てきた。たとえば，1990年代初頭の国際グリーンピースの年間予算は1億ドル，世界自然保護基金のそれは2億ドルを超えていた。これだけの予算を環境問題に支出できる国家はそれほど多くない。国際的に活動する市民社会組織も，特定分野においては，時に国家以上に大きな影響力をもちうるよう

になったのである。

　越境犯罪組織や国際的なテロ組織などの活動も目立つようになってきた。グローバル化の進展にともない，人身売買や違法薬物の取引など，国境を越えた犯罪行為もまた増加した。各地のテロ組織が国境を越えて緩やかに連携することもしばしば観察されるようになった。2001年の9・11同時多発テロが契機となり，国際テロ組織は，国際社会に脅威を与える存在として，一層明瞭に認識されるようになった。これらの組織は，国境を越えて連携したり資金集めやリクルートなどを行ったりしており，国家の枠組で対処することが難しい。国家や国際社会の安全を確保し，国際社会の秩序を形成・維持していくためには，非国家主体の活動にも目配りをする必要性が大きくなった。

（2）　グローバル・ガバナンス論の登場

　グローバル化が深化するなかで，地球環境問題，感染症問題，エネルギー問題，テロ問題といった国家を単位として十分に対応することが困難と思われるグローバルな問題が深刻化するようになった。そうしたなか，国家の自律性や問題解決能力の低下がしばしば指摘され，いわゆる国家の退場論が唱えられるようになった（Strange 1996 ; Ohmae 1997）。ただし，グローバル化が進展するなかでも，国家の役割は依然として大きいと論ずるものもいる（Hirst 1997b）。いずれにせよ，前項でみたように国際社会における非国家主体の存在感が増してきたことは事実である。そのような状況を受けて，市民社会組織をはじめとする非国家主体の役割に注目したり，期待したりする議論が徐々に増え始めた。今や，世界はひとつの政治領域とみなしえるようになり，グローバルな市民社会が出現しつつあると論ずるグローバル市民社会論も現れてきた（ショー 1997 ; Kaldor 2003）。

　こうしたなか登場してきたのが，グローバル・ガバナンス論である。世界政府が存在しなくとも，国際社会にはルールが存在し，一定程度機能してきた。グローバル・ガバナンス論は，そうした秩序が形成・維持されている「状態」がいかに達成されるのかを考察しようとする。それゆえ，国際法のような国家間のルールだけではなく，情報共有や協働学習などといった多様な方法によって，秩序が形成・維持されている状態を分析射程に含んでいる。また，国家による秩序の形成・維持を考察するリアリズムやリベラリズムとは異なり，グ

ローバル・ガバナンス論は国家と，市民社会組織をはじめとする非国家主体との協働への関心が高い。グローバル・ガバナンス委員会は，「公的および私的な個人や組織が共通の問題群を管理・運営する多くの方法の総体である」とグローバル・ガバナンスを定義している（Ramphal and Carlsson 1995）。

3 国際政治過程における市民社会組織

　グローバル・ガバナンス論が強い関心を寄せる，国家と非国家主体の協働による国際社会の統治の試みは，現実にさまざまな局面でみられるようになりつつある。本節では，国際社会の統治の試みにおける，国家と非国家主体，とりわけ市民社会組織との協働の実態についてみていこう。

(1) 国際問題の議題設定過程における市民社会組織

　国家の枠を超えた対応を必要とする問題が頻発するようになるなか，国家中心のものの見方では捨象され問題視されることがなかった問題を，市民社会組織が取り上げ国際問題化することが増えてきた。たとえば，国際的な非政府組織（Non-Governmental Organization：NGO）が，さまざまな兵器の使用禁止や使用規制を訴えたり，貧困問題や開発問題，環境問題などの解決に向けた提案を行ったりしている。

　無論，こうした主張を行う市民社会組織が，近年初めて現れてきたというわけではない。19世紀後半，戦闘中の文民保護などを訴え，「戦地軍隊に於ける傷者の状態改善に関するジュネーブ条約」の採択に貢献した赤十字国際委員会はその先駆けである。冷戦期においても，人権問題に取り組むNGOであるアムネスティ・インターナショナルによる訴えを受けて，1984年に拷問禁止条約が採択されるなどした。

　グローバル化の進展とそれを支える情報通信技術の目覚ましい進歩もあって，市民社会組織の情報収集能力，ならびに情報発信能力が大きく向上した。その結果，国家中心のものの見方では軽視されてきた人道問題や地球環境問題などが，道義的観点からそれらを問題視する市民社会組織の訴えを受けて，国際会議で取り上げられることが増加した。こうした状況を分析すべく，国際社会に新たな規範を広めようと活動する市民社会組織などに焦点をあてる規範起

業家（Norm Entrepreneur）論が盛んになった（Finnemore and Sikkink 1998）。

　環境問題についていえば，道義的観点に加えて，高い専門性を武器にして，市民社会組織が国家に何らかの対応を迫ることもある。知識共同体（Epistemic Community）論は，こうした点に注目する議論である（Haas 1989）。環境問題などの不確実性の高い問題においては，政策決定者が専門家に助言を求めることがしばしばある。それゆえ，高い専門性や高度な科学的知識を背景に，市民社会組織が政策決定者への助言を通して政策決定者の利益認識に影響を与えることが可能となる。各国の利害対立を乗り越える共通利益の存在を明らかにすることを通して，市民社会組織が国際社会の統治に貢献することがあるのである。クロロ・フルオロ・カーボン排出によってオゾン層が破壊されるという一致した科学的予測の提示が，その排出規制を定めるモントリオール議定書採択につながった事例はこうした典型とされる（Haas 1992）。

（2）　国際交渉過程，政策実施過程における市民社会組織

　国際化した問題への対応策を議論する国際交渉過程においても，市民社会組織が重要な役割を果たすことが増えてきている。長らく，国際問題への対処のあり方は，国家間交渉を通して議論されてきた。市民社会組織は，政策決定者への助言や説得を通して，国際交渉に間接的に影響を及ぼすのが関の山であった。しかし，近年，市民社会組織が，自らの主張に同調する国家と協働してルール形成に積極的に関与する事例が散見されるようになった。

　対人地雷禁止条約形成過程はこうした例である。対人地雷の全廃を訴えるNGOの国際ネットワークである地雷禁止国際キャンペーンは，問題意識を共有するカナダ政府などと協働し，対人地雷全廃に賛同する国のみによる条約形成交渉プロセスを立ち上げた。プロセスを通して，国家と市民社会組織が巧みに協働し，例外・留保条件のない対人地雷禁止条約が形成された。対人地雷禁止国際キャンペーンの活動は条約交渉過程にとどまらない。条約形成後も各国の履行状況を監視するなど，対人地雷問題において重要な役割を果たし続けている（足立 2004）。市民社会組織と賛同国が協働して条約形成を進める同様の国際交渉プロセスは，国際刑事裁判所設立過程やクラスター弾条約形成過程などにおいても成果をあげている（目加田 2003；足立 2009）。

　市民社会組織の役割拡大は，政策実施の局面でも見受けられる。たとえば，

戦後復興の局面において，武器回収などの活動の多くがNGOに委託されている。他国の政府や国際機関ではなくNGOが武器回収任務を担うことで，現地の抵抗感を和らげる側面がある。世界銀行による援助プロジェクトについても，その多くがNGOに委託されている。現地事情に精通したNGOが活動することで，各国，各地域の事情に即した活動が可能となる面があるのである。

(3) 国際社会の統治活動における日本の市民社会組織

　日本の市民社会組織は，国際社会の統治活動にどの程度関与しているのであろうか。筆者も参加する団体基礎構造研究会が1997年と2006年に実施した調査によれば，団体全体の5％，東京に拠点を置く団体に限れば1割が，世界を地理的活動範囲としていると回答している[1]。ただし，本データによると，世界を活動範囲とする市民社会組織が日本の市民社会組織全体に占める割合は，1980年前後から1990年代の半ばまで増加した後，1990年代後半からは一転低下に転じている（足立2010）。国際協力に携わる市民社会組織についてまとめた『NGOダイレクトリー』[2]掲載データでみても同様の傾向が読み取れる。国際的に活動するNGO数は，1980年前後から大きく増加している。しかし，1990年代後半以降，その増加率が鈍化し，2005年以降はほとんど増えていない。

　こうした傾向は，世界に共通したものなのだろうか。同時期の国際NGO数の変遷について，Union of International Associationsのデータでみてみよう（図14-1）。世界の国際NGO数も，やはり1980年あたりから急激に増え始めている。2000年以降，ややその増加率が鈍化しているとはいえ，現在に至るまで国際NGO数は増加し続けている。1990年に22,000余りであったNGO数は，2000年には倍以上となり，2010年には2.5倍の55,000強となっている。国際的に活動する市民社会組織数が，1990年代後半以降ほとんど増加しなくなったのは，世界的な現象というわけではないようである。

---

1) 調査の詳細，およびその分析については，団体基礎構造研究会の研究成果（辻中編2002；辻中・森編2010）を参照されたい。
2) NGOダイレクトリーとは，国際協力NGOセンターによって1998年以来隔年で発行されてきた国際協力に携わる日本の市民組織要覧のことである。このNGOダイレクトリーは2004年版を最後に書籍版の出版をとりやめ，国際協力NGOセンターのホームページ上で最新のデータを公開するようになっている。

図14-1 世界と日本の国際NGO数の変遷

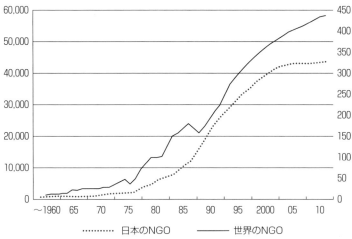

出所：NGOダイレクトリー（データは2016年5月時点），およびUnion of International Associations ed., *Yearbook of International Organizations, 2013-2014*, Vol.5，Brill, pp.33-35をもとに筆者作成。

　国際的に活動する市民社会組織の増加ペースが，日本において大きく鈍っている理由ははっきりとしない。国際協力活動を支えてきた主要な資金源だった国際ボランティア貯金の寄付額は1990年代半ばから減少し，2007年の郵政民営化とともに制度そのものが廃止された。国際ボランティア貯金をめぐる動向に象徴されるように，長引く経済不況と超低金利政策にともない，国際的に活動する市民社会組織に対する関心や寄付が日本において減少しているのかもしれない。
　『NGOダイレクトリー』に掲載されている日本のNGOの活動内容をみてみると，発展途上国における学校建設や子どもや女性支援といった草の根支援活動に従事するものが多い。こうした活動も国際社会の統治の一翼を担うものではある。ただ，国際社会の統治のあり方について政策提言活動を積極的に展開するようなアドボカシー型の市民社会組織は日本にはあまり多くない。この点も，国際的に活動する日本の市民社会組織の特徴であるといえる。

4 国際社会における市民社会組織活動の新展開

　これまでみてきたように，グローバル化が加速するなかで，一国では解決することが困難な問題が頻発し，その深刻度も増すようになった。国境にとらわれないで活動できる国際NGOなどの市民社会組織への期待が高まりつつあるゆえんである。そうしたなか，市民社会組織が，国家に頼らずに自ら国際問題解決に向けてイニシアティブを発揮する例もみられるようになった。本節では近年顕著にみられるようになったそうした動きについてみていこう。

(1) プライベート・レジームの増加

　国家に頼らずに，非国家主体が国際社会において統治活動を行う試み自体は，特段新しい現象というわけではない。国際標準化機構（International Organization for Standardization：ISO）が，国境を越えた円滑な商取引を行うために国際規格を定めているのは，そうした例である。利潤等の私的利益追求のための取り組みは，広く公益に奉じるものというわけではない。しかし，企業などがルール形成を通して一定の公共的な機能を果たす「私的利益の統治」を試みることは古くからみられる。たとえば，11から13世紀には，商人による，商人のための，商人の法ともいうべき，レークス・メルカトリア（Lex mercatoria）が発達した。国家が中心となり，国家間条約などのルール形成を通して統治する試みを（パブリック・）レジームと呼ぶのに対して，非国家主体が中心となり一定のルールを形成し統治する試みをプライベート・レジームという（山本2008：第13章）。

　前節でみたように，市民社会組織が新たな知識や規範，あるいは非国家主体ゆえの能力を提供し，国家と協働することを通じて国際社会の統治に関与することが増えてきた。パブリック・レジームへの市民社会組織の参加が拡大してきたのである。これに加えて近年増加しつつあるのは，環境や人権，労働などの社会分野において，市民社会組織が主導して問題解決に取り組もうとする動きである。すなわち，私的利益の統治ではなく，広く公益に奉じるべく，社会分野においてもプライベート・レジームを形成しようとする動きである（図14-2）。

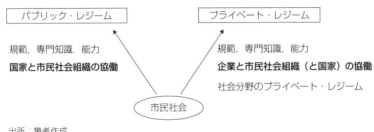

図14-2 世界政府なき国際社会の統治の新展開

　こうした動きがみられるようになった背景には，社会分野における国際問題に対する国家の取り組みが不十分と感じる市民社会組織が増加したことがある。実際，環境問題や労働条件の過酷化など，グローバル化の深化にともなう負の側面が目立つようになった一方で，地球温暖化対策や労働基準法制化など，国家による対応は遅々として進展していない。また，いかに国家間で条約が締結されても，条約に拘束されるのは国家に限られる。しかし，実際に環境破壊や資源枯渇につながる活動を行っているのは企業や個人である。それゆえ，国家間条約などのパブリック・レジームだけではうまく活動を規制できない場合が少なくない。国家だけでは対応が難しいがゆえに，市民社会が積極的に統治活動に乗り出したという面もある。

（2） 市民社会組織主導のプライベート・レジームの現状

　国境を越えた経済活動を，市民社会主導で統治していこうとする取り組みの1つとして，望ましい製品・商品に認証マークを付ける活動がある。森林管理協議会認証ラベル制度（Forest Stewardship Council：FSC）はそうした一例である。1980年代，熱帯雨林の乱伐を問題視するようになった国際NGOの訴えを受けて，国際熱帯木材機関で熱帯雨林乱伐問題への対応が議論された。しかし，効果的な対応がとられることはなく，1992年に開催された環境と開発に関する国際連合会議においても，何ら進展がみられなかった。国家間協力を通した問題解決は困難と認識するようになった国際NGOが中心となり，1993年に森林管理協議会を設立した。そして，森林が適切に管理された下で生産・製造された製品にFSC認証ラベルを付す活動を開始した。乱伐による木材を使用した紙製

品を販売する店舗に対して,市民社会組織が抗議デモを行い,徐々にFSC認証商品を販売する店舗が増加するようになると,FSCを取得する木材供給者も増えていった。

　海洋資源の持続可能な利用をめざす海洋管理協議会（Marine Stewardship Council：MSC）認証ラベルや,発展途上国でつくられた作物や製品が適正な価格で継続的に取引されることをめざすフェアトレード認証ラベルなど,同様の取り組みは増えつつある。こうした取り組みは,消費者や,消費者に商品を販売する店舗が,これらの認証マークの付いた商品を選択することによって,環境や資源管理,適正貿易などを顧みない業者を淘汰しようとするものである。認証ラベル制度を通した国際社会の統治活動の実効性には懐疑的な見方もある。しかし,問題解決を国家に任せ,何らかの国家間ルールが形成されるのを待つのではなく,自らが主導して問題解決に乗り出そうとする市民社会組織は増えつつある。

（3）　日本の市民社会組織とプライベート・レジーム

　日本におけるプライベート・レジームをめぐる状況はいかなるものであろうか。前項でみた市民社会組織主導のプライベート・レジームの多くは,欧米のNGOによって設立されたものである。日本の市民社会組織主導のプライベート・レジームがあまりみられないのは,国際的に政策提言活動を行うようなアドボカシー型の市民社会組織が日本には多くないことが一因であろう。また,自らの奉ずる価値観の普遍性を信じ,価値実現のために積極的に国際社会に働きかけていくという姿勢は,日本の市民社会組織の間ではあまり強くない。プライベート・レジーム設立に積極的な欧米のNGOには,キリスト教教会などによって運営されるものが少なくない。宗教的要因も,プライベート・レジームをめぐる状況に影響を与えているのかもしれない。

　プライベート・レジームの社会に対するインパクトも,他の先進国と比較すると日本ではあまり大きくない。FSC認証ラベルの認知度は11％である。これは7割を超えるイギリスをはじめ,他の調査対象国いずれと比べても際立って低い[3]。MSC認証ラベルや,生物多様性保護などをめざすレインフォレスト・アライアンスといった国際的に広く普及している認証ラベルの認知度もやはり非常に低い[4]。日本において認知度が比較的高いものとしてはフェアトレード認証

図14-3　フェアトレード売上額（2013〜14年）

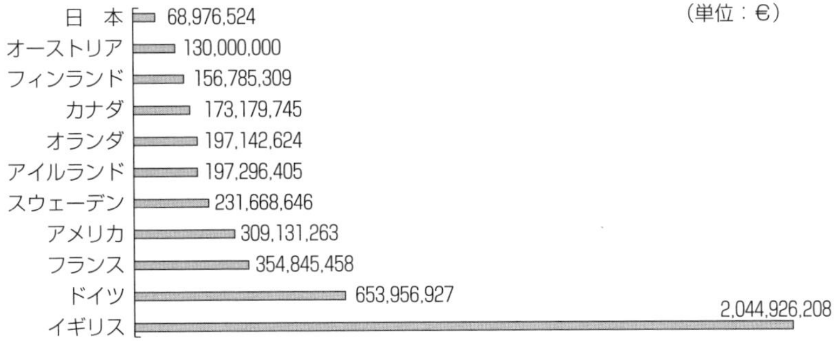

（単位：€）

国	売上額
日本	68,976,524
オーストリア	130,000,000
フィンランド	156,785,309
カナダ	173,179,745
オランダ	197,142,624
アイルランド	197,296,405
スウェーデン	231,668,646
アメリカ	309,131,263
フランス	354,845,458
ドイツ	653,956,927
イギリス	2,044,926,208

出所：Fairtrade International, Strong Producers, Strong Future Annual Report 2013-2014, p.19をもとに筆者作成。

ラベルがあるが[5]，フェアトレード商品の売上高は欧米諸国と比べて文字どおり桁違いに少ない（図14-3）。これは，日本の経済規模を考えると驚くべきことである。

日本の認証ラベルであるエコマークの認知度は高いが，こちらは環境庁（当時）主導で導入されたもので，市民社会主導で設立された国際的なプライベート・レジームというわけではない[6]。日本における環境問題や労働問題などへの関心が特別に低いというわけではなく，市民社会レベルでもさまざまな取り組みが行われている。ただし，それらは国際的なプライベート・レジームを志向するというよりは，個別の取り組みや国内レベルの取り組みであることが多い。

3）　2014年の調査によれば，FSCの認知度は，イギリス（72％），ドイツ（68％）などが高く，インド（53％），中国（49％）といった新興国も50％前後となっているのに対して，日本は調査国中最低の11％であった（FSC® Market Info Pack July 2014）。資料は，FSCジャパンより提供を受けた。

4）　2012年に，FSCジャパンによって実施されたインターネットアンケートによると，日本におけるMSCの認知度は2.3％，レインフォレスト・アライアンスの認知度は5.0％であった。ちなみに，この調査でのFSCの認知度は5.0％であった。資料は，FSCジャパンより提供を受けた。

5）　2015年6月末から7月初めにかけて，日本フェアトレード・フォーラムによって実施された調査によると，フェアトレード認証ラベルの認知度は29.3％であった。『フェアトレードと倫理的消費に関する全国意識調査2015』4頁，日本フェアトレード・フォーラムのホームページ（http://www.fairtrade-forum-japan.org/）より入手。

6）　エコマーク事業は，環境庁の委託を受けて1987年に公益財団法人日本環境協会が「環境保全型商品推進事業に関する調査」を実施しそこで示されたアイデアをもとに1989年から，日本環境協会によって開始された。

5 国際社会で活動する市民社会組織の課題

 以上みてきたように，国際社会における市民社会組織の活動は盛んになり，国際社会の統治に深く関与するものも増えつつある。こうした市民社会組織の活動については，積極的に評価するものが多い。その一方で課題・問題も少なくない。本節ではそうした課題・問題についてみていくこととする。

（1） 国際的に活動する市民社会組織の偏り

 課題の1つとして，国際的に活動する市民社会組織には，地域面においても，問題領域面においても偏りが存在することが挙げられる。国境の枠にとらわれずグローバルな問題に取り組んでいこうという意識の広まりには地域間の格差が大きい。国際的に活動する市民社会組織の多くは先進国，とりわけ欧米に本拠を置くものである。国内の治安が確保されていなかったり，経済的に安定していなかったりする国や地域では，市民社会の関心も自ずとローカルな問題に向かいがちである。そうした国や地域の市民社会組織が，グローバルな問題に取り組むことはそれほど多くない。

 発展途上国に拠点を置く市民社会組織であっても国際問題に取り組むものも存在する。しかし，そうした市民社会組織のなかには，欧米出自のものや，欧米の市民社会組織等から資金援助を受けているものが少なくない。発展途上国で活動する市民社会組織の数は増加傾向にある。しかし，その主たる増加要因は，それらの国において市民社会や市民社会組織の重要性が認知されたからではなく，国際援助機関や援助国が発展途上国政府よりも市民社会組織を通した援助を好むからであるという指摘もある（Chabal and Daloz 1999）。発展途上国で活動する市民社会組織を，欧米諸国の有する価値観を途上国に押し付けようとするものとして批判するものも存在する（Petras 1999）。

 市民社会組織が取り上げる問題自体にも偏りが存在する。上記のように市民社会組織の出自に偏りがあるため，欧米諸国の市民社会組織が関心を有する問題が取り上げられやすい。また，市民社会組織の活動戦略上取り上げられやすい問題と，取り上げられにくい問題が存在する。市民社会組織の多くがその活動資金を一般からの募金や寄付に頼っているため，世論に訴えかけやすい問

題，寄付や募金を集めやすい問題を，シンボリックなかたちで取り上げがちである。国際NGOは，資源としての支持者を確保しつつ，目標達成の効率を追求する「抗議ビジネス」化しているという指摘もある (Jordan and Maloney 1997)。いずれにせよ，市民社会組織が取り上げる問題には，問題と原因の因果関係が特定可能な問題，弱者を身体的に傷つけるような問題，法的機会均等に関する問題などへの偏りがみられるという (Keck and Sikkink 1998)。

（2） 市民社会組織と他の主体との協働

　市民社会組織が，国家や企業などとグローバルな問題の解決に向けて協働していることは事実である。しかし，なかには協働しているというよりも，各国政府や企業が市民社会組織を単なる経費削減手段として利用しているといったほうが適切な場合もある。政府が資源分配機能を形式的に政府から独立した団体をつくってアウトソーシングしているにすぎない場合すらある (重冨 2002)。市民社会組織にしてみても，その専門性を活かして協働しているというよりも，国連や世界銀行などのプロジェクトの「下請け」(田中弥生 2006) をしているといったほうが適切な場合も少なからずある。

　市民社会組織と協働することで，各国政府や企業が自らの政策や行動の正当性を高めようとしている側面もある。たとえば，小型武器問題をめぐっては，紛争の現場や平和構築の現場で活動する国際NGOが盛んに問題の深刻さを訴えたこともあり，2001年に小型武器会議が開催された。会議では国際NGO独自のセッションも設けられた。しかし，当該会合以外には国際NGOの参加がオブザーバーとしてさえ認められなかった。市民社会組織の主張や参加を受け入れることで国家中心主義との批判をかわしつつも，国際NGOの役割を拡大させたくないという各国政府の思惑がみてとれる (足立 2009)。

　企業がNGOとともに緩やかな基準の認証ラベルをつくり，あたかも環境に配慮しているかのようにみせかけようとする例もある。こうした取り組みは「グリーン・ウォッシュ」と批判される。市民社会組織との協働を装うことで，国家や企業が自らの行動を正当化しようとしているにすぎず，市民社会組織がその能力を発揮して国際社会の統治に貢献しているとは言い難い例も少なくないのである。

6 今後の課題

　本章では，国際社会の統治に市民社会組織がいかに関わってきたのかをめぐる理論動向，現状，そして日本の市民社会組織の関わり方について概観した。また，そのうえで，国際社会の統治に関わる市民社会組織の課題について検討した。グローバル化の進展とともに，国際社会の統治における市民社会組織への期待が高まっている。そして，現実に国際的な議題設定過程，交渉過程，政策実施過程など，さまざまな統治活動において，市民社会組織の役割は拡大しつつある。

　日本の市民社会組織の，国際社会の統治活動への関与はあまり盛んではない。世界を地理的活動範囲とする日本の市民社会組織数は近年頭打ちとなっている。国際問題解決に向けて，国際社会に対して政策提言を行うようなアドボカシー型の市民社会組織も日本にはあまり多くない。プライベート・レジームを設立し国際問題解決に向けて活動するような市民社会組織もやはり日本では少ない。日本の市民社会組織は内向き傾向が強いといえるのかもしれない。今後，国際問題解決に積極的に取り組む市民社会組織が，日本でも増えるのか。この点は，日本社会が自らを国際社会のなかにどう位置づけ，日本の市民社会組織が国際社会の統治においていかなる立ち位置を志向するのか，という点によって決まってくるのであろう。

　いずれにせよ，世界政府が存在しない国際社会には，市民社会組織が活躍できる広大なスペースが存在する。グローバル化が進展するなかで，国家のみでは，十分に対応できない問題も増加しつつある。それだけに，現在国際的に活動する市民社会組織が抱える課題を，いかにすれば克服できるのかを検討することは重要である。そして，いかにすれば，市民社会組織ゆえの良さを生かしつつ，市民社会組織が国際社会の統治に貢献できるのかを考察することの意義は，かつてなく高まっているのである。

📖 文献案内

▶ 毛利聡子，2011，『NGOから見る国際関係──グローバル市民社会への視座』法律文化社．

▶ 金敬黙・福武慎太郎・多田透・山田裕史編，2007，『国際協力NGOのフロンティア』明石書店．
▶ 西川潤・佐藤幸男編，2002，『NPO／NGOと国際協力』ミネルヴァ書房．

【足立研幾】

第15章 公共サービスと市民社会——準市場を中心に

> 非営利組織は社会問題の解決のために活動するが，近年，公的資金を受け取って政府の代わりに公共サービスの提供を担う傾向がますます強まっている。その際の主要な方法として，事業委託と並んで準市場というしくみがあり，日本でも医療，高齢者福祉，障害者福祉，保育所などの分野に普及している。
> 　本章では近代以降の公共サービス提供の歴史を政府，市民社会，市場の相互関係に着目しながらたどったうえで，新自由主義の台頭とニュー・パブリック・マネジメント（NPM）の導入のなかで，公共サービスの提供機能が非営利組織や企業によって大きく担われるようになったことを確認する。それによって，非営利組織の収入に占める公的資金の割合は著しく高くなり，その自律性への悪影響が危惧されることもある。しかし，公共サービスを担うことは，非営利組織の規模の拡大や専門性の向上をもたらすチャンスでもあり，高い水準での政策提言を可能にする面もある。特に，準市場は，非営利組織の自律性を保障しつつ成長の大きなチャンスを提供するしくみとして注目される。

1 なぜ「公共サービス」から市民社会を論じるのか

　マイケル・エドワーズは，市民社会には3つの「顔」があるという。「市民社会とは，目指すべき目標であると同時に，達成するための手段でもあり，また同時に目標を達成するための手段を選んで互いに取り組んでいく道筋を提供する枠組みでもある」(Edwards 2004＝2008：211)。

　第1に，市民社会は，自由と民主主義に加えて，寛容，非差別，非暴力，信頼，協力などの言葉で表現されるような「善い社会」というめざすべき目標を表現している。

　第2に，そうした社会を達成するための手段としての「団体活動としての市民社会」がある。「一般に『サードセクター』とか『非営利セクター』とか呼ばれる意味での市民社会は，家族と国家との間に存在するもので，その成員となることや活動自体が『自発性に基づく（ボランタリー）』あらゆる団体活動とネッ

トワークを含んでいる」(Edwards 2004 = 2008：51)。

　第3に,「公共圏」としての市民社会がある。「社会的相違,社会の諸問題,公共政策,政府の行動,コミュニティや文化的自己認識に関連する事柄が立案・討議される場であり,立法の領域にも,司法の領域にも属さない,公共の場」(Edwards 2004 = 2008：115)である。

　本章は第2の顔である団体活動としての市民社会,特に公共サービスの担い手としての非営利組織に焦点をあてる。しかし,善い社会を表現する第1の顔や公共圏としての第3の顔との連関を絶えず意識していく。

　公共サービスに焦点をあてて市民社会を論じることは,通常は政府や市場と切り離されて理解されがちな市民社会を,政府と連携したり対抗したりする局面,市場と連携したり対抗したりする局面を含めてより多面的に考察するうえで有益であり,市民社会論を豊富化することができる。

　近年,新自由主義の台頭,自由主義的改革の展開を経て,めざすべき目標としての善き社会のイメージは大きな政府や福祉国家の時代とは大きく変わりつつある。また,公共サービス改革のなかで非営利組織は大きな成長のチャンスとリスクに直面している。そして,公共サービスを担うなかで規模や専門性を高めつつある非営利組織は公共圏を活性化するうえでも新たな質と水準の可能性を獲得しつつある。

　こうした新自由主義の台頭,公共部門におけるニュー・パブリック・マネジメント (NPM,第9章) の展開のなかで,公共サービスの供給主体として政府,市場との比較のなかで非営利組織の長所と短所が実務的に論じられるようにもなっている。

　たとえば,アメリカのクリントン政権による行政改革のバイブルとされたといわれるオズボーンとゲーブラーの『行政革命』は,3部門のサービス提供能力の比較対照表を示している (Osborne and Gaebler 1992 = 1995：315)。それによれば,サービス提供における非営利組織 (第3部門) の長所は,「さまざまな住民に接する能力」「共通感情とコミットメント」「問題の全体的処理」「信頼を産む能力」であり,短所は「えこひいきする」「資本を生み出す能力がない」「規模のスケールを獲得する能力がない」である。

　以下では,医療,福祉,教育などの公共サービスを中心にして,市民社会,政府,市場の相互関係のダイナミズムを歴史的にたどったうえで,新自由主義

の台頭以降におけるそのダイナミズムの現代的問題状況を検討する。

2 公共サービスにおける政府－市民社会－市場関係の変遷

(1) 自由主義の時代の公共サービス

　自由主義ないし「小さな政府」の時代の政府の役割については，アダム・スミス『国富論』(1776年)が明確なイメージを与えてくれる。その第5篇「主権者または国家の経費について」では，国家の義務として次の4つが挙げられている（Smith 1789=2001(3)：343-456）。①社会を他の独立社会の暴力と侵略から守ること。②社会のどの成員をも，同じ社会の他の成員の不正や抑圧からできるだけ保護すること。裁判の厳正な実施を確立すること。③以上2つの目的以外の公共施設と公共事業を起こし維持すること。主なものとして，社会の商業を助成するためのもの，市民の教育（青少年のためのものとあらゆる年齢層を指導するもの）を振興するためのものがある。④主権者（元首）がその同胞市民に対して尊厳を保つこと。

　興味深いのは，③の具体的な例として，公道，橋，運河などは税金でつくると不必要なところにつくられるが，利用者に課される通行税によって建設し維持されるならば，商業が必要とするところに，また適切なかたちでつくられるだろうと指摘していることである。

　また，教育についても，公立学校よりも私立学校のほうがよく教えているという。そして，公立学校の教師は，報酬が自分たちの専門職での成功や名声から切り離されているために，その「精励」が損なわれるので，学校教師の報酬は主として学生の授業料または謝礼から支払われるほうがよいと主張している（Smith 1789=2001(4)：17）。ちなみに，ここに登場する私立学校は，現在の言葉でいうなら民間非営利組織にほかならない。

　こうした考え方が，近年の新自由主義の台頭以降，ニュー・パブリック・マネジメントとして復活していることは周知のとおりである。

　次に，国家の役割が大きかったフランスからの訪問者トクヴィルが描いた19世紀前半の，絶対主義国家の伝統をもたなかったアメリカの植民地時代の独特の状況をみてみよう。

　トクヴィルは，「アメリカは年齢，境遇，考え方の如何を問わず，誰もが絶

えず団体をつくる」という有名な言葉を記している。祭りの実施，神学校の創設，旅籠の建設，教会の建立，書物の頒布，外国への宣教師の派遣，病院や刑務所や学校の建設のために結社（association）がつくられるという。興味深いのは，新たな事業の先頭に立つ主体は，フランスならいつでも政府であり，イギリスなら常に大領主だが，「合衆国ではどんな場合にも間違いなくそこに結社の姿が見出される」という対比である（Tocqueville 1835＝2015(2)上：188-189)。

(2) チャリティの自立領域と集団的自助

<u>フィランソロピーの世界</u>　自由主義の時代は20世紀に入って以降，福祉国家の時代へと転換していくが，実はその間の時期，つまり18世紀後半から19世紀後半までの時期に，チャリティ（慈善）ないしフィランソロピー（博愛）と呼ばれた膨大な組織や活動によって構成された「民間非営利の自発的な貧者救済行為」(金澤 2008：3)の世界が1つの自立領域として存在していたことが，歴史家の金澤周作の研究によって明らかにされた。「フィランスロピーは，近代において，一つの自立領域を構成し，具体的な諸実践による多彩な弱者救済のみならず，都市化・工業化に伴う混乱への対応や主体およびナショナル・アイデンティティ形成にも積極的に関与した」(金澤 2008：323)というのである。

そのうえで，金澤は，19世紀後半以降，こうした自立領域が変質し，「公権力を頼るという道」が是認されていくことを指摘している。「困窮や失敗の原因を個人に帰すよりもむしろ社会に求めるべきだという主張が強まるとともに，国家が計画的に民間に介入して『共同体』成員を作り上げることは，もはや専制的とは映らなくなり，むしろ積極的介入を待望する世論も出現する。……公権力による救済提供もおおいに採用されるようになる」。そして，フィランソロピーは基本的にそれまでの実践を継続するものの，結果的に「公権力の補助的な協力者」となっていったという（金澤 2008：320-321)。

このように，自立・自助の考え方に代わって貧困などの社会問題の原因を社会に求めるべきという考え方が強まっていくことが，民主主義政治を通じて社会権，生存権を確立させ，福祉国家の基礎を築くことになるのだが，その過程では，以上のようなフィランソロピーの世界と並んで，労働運動によって担われた集団的自助の組織や活動の役割も大きかった（後 1988：93-95)。

第Ⅲ部　市民社会の帰結

> 集団的自助運動

イギリスは，1906年総選挙における自由党の圧倒的勝利と労働者議員の増加に続く「リベラル・リフォーム」の時代に，無拠出の老齢年金制度（1908年老齢年金法）と健康・失業保険制度（1911年国民保険法）などによって，「権利としての社会保障の第一歩」を記したとされる。その背景としては，自由党を社会改良に踏み切らせた労働運動の社会的，政治的な強化や社会改良主義者たちの努力が指摘されてきているが，それと並んで，大谷強が指摘する「集団的な自助の力，自治の力」の重要性も見落とすことはできない。

大谷は，「イギリスの労働者は百年にわたって自助努力を試みてき，その到達点として国家の福祉を要求した」のであり，労働組合や友愛組合が「自分たちで創った福祉制度（失業手当，退職手当，疾病手当など）が厳然と存在していた」ことが自由党政府を妥協させたことを強調する。

こうして大谷は，権利としての社会保障を成立させるうえでの集団的自助運動の意義として次の3点を指摘している。①集団的自助による福祉制度がすでに存在していること自体の力，②集団的自助の営みがあったことが，自助努力の如何を超えた社会的問題という認識を生み出したこと，③労働者上層であったからこそ，「これまでの生活水準や暮らしの仕方を守りたい気持ち」から，組織をつくり相互扶助活動を始めたのであり，またそうすることができる条件をもっていたということ（大谷 1984；大谷 1985）。

(3)　福祉国家の下での非営利セクター

> イギリスの福祉国家と
> 非営利組織

福祉国家研究者のピアソンによれば，1880年から1914年が「福祉国家の誕生期」だという（Pierson 1991＝1996：206）。その根拠として，①労働者災害保険，健康保険，老齢年金，失業保険などの社会保険が導入されたこと，②市民権の拡大，すなわち男子普通選挙権の確立に代表される政治的市民権の確立を前提として，社会保険の給付を国家と市民とを拘束する権利義務関係の一部とみなす社会的市民権（社会権）が確立していくこと，③社会的支出がGNPに占める割合が3％程度まで達すること，などが指摘されている。

その後，1920年ごろまでに福祉国家の法的諸制度が創設され，戦間期において社会費の対GNP比が5％を超えることによって福祉国家は「地固め」の時

期を迎える。そして，第二次大戦後の資本主義の黄金期に，福祉国家は成熟期を迎えることになる。たとえば，イギリスの医療費の対GNP比は，1930年頃の0.6％，1960年の3.3％，1980年の5.2％と急速に伸びている。また，各種の助成金や移転支出の対GNP比も1937年10.3％，1960年9.2％，1980年20.2％とやはり急速に伸びている (Tanzi and Schuknecht 2000：31, 38；Thane 1996=2000；後2002)。

この時期のイギリスの非営利組織の動向をみると，それらは衰退したわけではなく，むしろ継続して発展したといえるが，国家が規模や役割を急速に拡大するなかで非営利セクターは「目下のパートナー」とみられるようになっていった。特に社会主義を理想とする左翼勢力からは，いずれは衰退していくものとみなされた。労働党政府と非営利セクターの間には敵意や相互不信がみられたという (Kendall and Knapp 1996：51)。

そうしたなかでも非営利組織の活動が継続発展しえた要因として，次のような点が指摘されている。第1に，医療のようにサービスが国家によって提供されるようになった分野では，非営利組織はその資金をより先端的な研究や研修などの支援に振り向けた。

第2に，小中学校教育や大学教育においては，国家や地方政府からの公的資金がかなりの規模で非営利組織による学校に提供され続けた。

第3に，対人社会サービスの分野などでは国家による介入は少なく，従来どおり非営利組織に委ねられただけでなく，ある程度の公的資金も提供された。

第4に，国家の役割が多くの分野で拡大することによって，助言と情報のサービスの新しいニーズが生まれた。

第5に，王立全国救助艇協会 (BNLI) が担ってきた海難救助や環境保護など，国家がほとんど関与しないままの分野では非営利組織は従来どおり活動し続けた。

アメリカの「第三者による政府」 こうした福祉国家の下でのNPOの存続発展という実態は，国家による公共サービスの直接供給がはるかに少なかったアメリカにおいてはより顕著であった。しかし，アメリカにおいても，そうした実態はサラモンが1995年の著書で鮮明な指摘を行うまでは十分認識されていなかった。

サラモンは，福祉国家に関する一般的な概念のゆえに，アメリカにおいて政府と非営利セクターとの関係が長らく誤解されてきたという。つまり，ニュー

ディール時代や1960年代の「偉大な社会」の時代に政府の福祉支出が急増したことにより，政府機構が非営利組織を犠牲にして拡大したと単純に結論づけてしまったというのである (Salamon 1995=2007：43)。しかし，サラモンは，「資金と方針の提供者としての政府の役割」と「福祉事業の実行者としての政府の役割」を区別することが決定的に重要だと指摘する。

　実際，アメリカの医療費の対GNP比は，1930年0.3％，1960年1.3％，1980年4.1％と増加し，各種の助成金や移転支出の対GNP比は1937年2.1％，1960年6.2％，1980年12.2％と急速に増加している (Tanzi and Schuknecht 2000：31, 38)。

　ところが，アメリカでは，福祉事業は国家行政自身によって実施されるのではなく，「州，市，郡，大学，病院，銀行，産業界その他」などの他の機関（非営利組織を含む）に委託して実施されてきたのであった。そのなかで，「第三者による政府」という複雑なシステムが生み出され，「政府はこのシステムのもとで，公的資金の支出や公的権限の行使をめぐる自由裁量権を第三者機関の実務者とかなりの程度共有しあっている」(Salamon 1995=2007：48)。

　アメリカがこうした独特の「第三者による政府」という方式を採用したのは，アメリカ社会固有の「政府機構への警戒心」と公共サービスへの要望を両立させる必要性からであり，また，より柔軟により経済的にサービスを提供するためであったという。

　いずれにしても，国家自身によるサービス提供の比重の大きいヨーロッパ的な福祉国家のイメージが誤ってアメリカにも持ち込まれたために，アメリカ型福祉国家においては「政府がボランタリー組織を広範囲にわたって支援しているという現実」(Salamon 1995=2007：50) が見落とされてきたというのがサラモンの主張であった。

（4）　新自由主義の台頭と非営利セクター

　思想的，理論的には1970年代以降，現実政治においては1980年代以降，新自由主義が急速に影響力を強めていく。その下で，福祉国家のあり方，行政経営のあり方が大きく自由主義的に再編成されつつあり，当然ながら政府と非営利組織との関係も大きく変化し，そこに公共サービスにおける民間企業の役割の増大も加わってくる（第10章）。

　新自由主義そのものについての議論は別の場（後 2006）に譲るが，新自由主

義は単なる保守派のイデオロギーや政策としてでなく，左右共通に取り組むべき時代の課題への対応として捉える必要がある（保守派が先駆的に取り上げたことは事実ではあるが）。あえて時代の課題というのは，自由主義的改革は，「大きな政府」（社会主義国を含む）の時代に官僚制的組織の深刻な問題点が露呈したこと，ほとんどの国で慢性的な財政危機が続いていること，個人の選択権や自立への志向性が高まっていること，市場や民間企業の潜在的能力の高さが再度実証されていることなどの歴史的事実に根拠をもつ中長期的な歴史的動向のなかで不可避的に求められる改革であって，一時的なイデオロギーにとどまらない持続性をもっていると考えられるからである。それは，イギリス労働党の「第三の道」や北欧型新自由主義などの新自由主義の「左の」事例が示すところでもある（山田 2012）。

　そのように考えるならば，本章が注目する準市場（後述）はもともとペイン，ミル，スミスなどの古典的自由主義者がその原型となるアイデアを提案し，最も自由主義の強いアメリカにおいて採用され拡大してきたのであり，それがグローバルな自由主義の再生の時代において国際的に左右両方の政権によって採用され，普及していることは十分に根拠のあることなのである。

　もちろん，それで左右の対抗が消えるわけではない。その共通の土俵の上で新たな左右の対抗が展開されるのである。そして，そうした左右の対立にもとづいて異なった意味づけがなされつつも，準市場は自由主義的改革の最も有力な道具の1つとして普及しつつある（Le Grand 1991；Le Grand and Bartlett 1993；Le Grand 2003＝2008；Le Grand et al. 2008；Cave 2001；Daniels and Trebilcock 2005；武内・竹之下 2009；柏木 2014）。

　そしてそれは，政府－非営利組織間の事業委託契約の増加，いわゆる「契約文化」の普及とあいまって，公的資金の増大，非営利組織間，企業－非営利組織間の競争の激化などを通じて非営利セクターに大きな成長のチャンスとともに脅威をも与えつつある。たとえば，非営利組織の官僚制化，増加する政府規制による縛り，自律性への脅威や目的からの逸脱，財政的不安定性，イノベーション能力や柔軟性などの優位性の喪失などが指摘されている（Kendall and Knapp 1996：227-235；Batsler and Paton 1997；後 2009）。

　以下では，準市場について解説したうえで，それを含む新自由主義の台頭が市民社会にもたらしつつあるインパクトについて検討したい。

3 準市場の起源，普及，理論化

(1) アメリカにおけるバウチャーの起源

準市場（quasi-market）はアメリカではバウチャー（voucher）と呼ばれるのが一般的であるが，その定義は次のようなものである。「個人に特定された財やサービスを購入する限定的な購買力を与える補助金」(Steuerle et al. 2000：4)。

こうしたしくみの起源は[1]，「教育選択のためのフリードマン財団」の資料によれば，アメリカのヴァーモント州とメーン州において，それぞれ1869年，1873年に開始された「タウン教育事業」が現在まで持続している最も古い学校バウチャーだという（Friedman Foundation for Educational Choice）。それは公立学校のないタウンの生徒にバウチャーを支給して他のタウンの公立学校や非宗教的私立学校に通えるようにする制度であった。そして，送り出す側のタウンが生徒を受け入れた学校に直接に授業料を支払った。

また，オランダでは，学校設立をほとんど国が独占していた体制に対する批判が19世紀半ば以降に激しくなり，カトリックやプロテスタントによる私立学校が設立されるなかで，1917年憲法において私立学校と公立学校に対等な財政的支援が与えられることが規定されて学校論争が決着したとされる。

当時の学校は，私立学校が約70％（その大部分がカトリックとプロテスタント），自治体の公立学校が約30％という構成であり，親はそのなかから選択することができることになった。そして国は，それらの学校への資金提供の責任だけを担うこととなった。これは，宗派間の対立を「柱状化」によって緩和するオランダ特有のシステムの一環だったといえよう（Ritzen et al. 1997：329-330）。

さらに，1930年代のアメリカにおいて，困窮者に余剰食糧品を購入できるクーポンを支給するという新しい食糧支援制度が導入された。これは戦争によって余剰食糧がなくなったために1943年に廃止されたが，のちに1964年の食糧切符法によって，現在まで続く食糧切符（food stamp）制度として復活することになる（Steuerle et al. 2000：120）。

---

1) 教育バウチャーの最も先駆的な提案は，1791・92年のペイン『人間の権利』や1859年のミル『自由論』に見出すことができる（Steuerle et al. 2000：253）。

（2） アメリカにおける理論化と普及

フリードマンの教育バウチャー論　明確な制度としてのバウチャーが理論的に議論されるようになった契機は，アメリカの代表的な新自由主義の経済学者フリードマンが1955年に「教育における政府の役割」と題する論文を発表したことだといってもよい。フリードマンは基礎教育が生み出す「近隣効果」のゆえに政府が資金提供を行う必要性を指摘しつつも，教育サービスの提供を政府が独占すべきではないと主張する。政府の役割は，親に対して，指定された学校から教育サービスを購入できる「親バウチャー」（parents vouchers）を支給することと，学校が一定の最低基準を満たすことを保障することに限定されるべきだというのである。

なお，フリードマンはこのようなバウチャー制度の現実の事例として，第二次大戦後のアメリカが退役軍人に教育支援を与えたいわゆるGIビル，イギリスの地方政府が一定の学生にパブリック・スクールの授業料を支給した事例，フランスで私立学校に通う学生の授業料の一部を援助した事例などを挙げている（Friedman 1955：127-128；Enlow and Ealy 2006）。

その後，1962年の著書『資本主義と自由』の第6章でこの内容がよりわかりやすく「教育バウチャー」として一般向けに提案されたことで，広く注目されるようになっていった（Steuerle et al. 2000：253）。ハイエクも1975年の著作でそれを紹介して強く支持している（ハイエク 1988：71-72）。

フリードマンの教育バウチャーの提案の内容は次のとおりである。バウチャーの原型として重要なのでそのまま引用しておく。「すでに論じたように，最低限の学校教育を義務づけることと，この義務教育の費用を国家が負担することは，どちらも学校教育の外部効果を考えれば妥当である。しかし学校の運営そのものを政府が行うこと，すなわち教育産業の大部分を国営・公営にすることは，外部効果によっても，また私の知る限り他の理由によっても，まったく正当化できない。政府が運営する方が望ましいとはっきり言えるケースはまずあるまいと思う。政府は大体において，教育機関の運営コストを直接支払うという形で学校教育に出資している。そして，金を出すとなれば口も手も出すのが当然だと考えているらしい。だが両者は簡単に切り離せるはずだ。政府は最低限の学校教育を義務づけたうえで，子供一人当たりの年間教育費に相当する利用券，すなわち教育バウチャーを両親に支給する。この教育バウ

チャーは，公立私立を問わず政府が『認定』した教育機関で使用することを条件とし，子供をそうした認定校に入学させバウチャーを提出すれば，それに対して政府が額面額を払うしくみである。こうすれば両親は，額面額に自分のお金を足し，自分が選んだ認定校で教育サービスを購入する自由が保障されることになる。教育サービス自体を提供するのは，非営利団体でもよいが，営利目的の企業でもよかろう。そして，政府の役割は，学校が最低基準を満たすように監督することに限る。たとえば最小限共通して教えるべき内容が学習課程に組み込まれているかチェックする，といったことである」(Friedman 1962=2008：177-178)。

　フリードマンが教育バウチャーを提案する最大の理由は「自由な社会」のために親の選択肢を広げることであるが，それ以外にも，公立・私立を問わずあらゆる学校ができるだけ多くのバウチャーを集めようと改善に励むようになること，競争原理の導入により学校の健全な多様化や制度運用の弾力化といった望ましい効果が期待できること，教員の給与に市場原理が働くようになること，などをメリットとして挙げている。

教育バウチャーの実現　この提案の実現への動きとしては，1960年代末からのニクソン政権期に教育機会局の支援の下にカリフォルニア州アラムロック郡の一学区でジェンクスの設計によるバウチャー制度が試みられたり（1976年に停止），レーガン政権期に法案が提出されたりしたが（不成立），本格的な実施には至らなかった。なお，興味深いのは，1960年代後半以降，それまでバウチャーを敵視していた進歩派のなかに，バウチャーはリベラルな目的のためにも利用可能だという考え方が現れたということである。

　その後，1990年のチャブとモーの共著『政治と市場とアメリカの学校』によって再度関心が高まり，それ以降，ミルウォーキー市での1990年からの学校選択制度，クリーブランド市で1996年から実施されたオハイオ州の資金による学校選択制度など地方政府レベルの事例が生まれたほか，1988年のミネソタ州を皮切りに州レベルの事例も2000年までに15州に広がり，マグネット・スクールやチャーター・スクールという限定的なバウチャー制度の事例も増えた。1998年秋の時点までで，34州とワシントンDCがチャーター・スクールを導入していた。さらに，民間慈善組織による奨学金というかたちでのバウチャー制度も実施されているという（Steuerle et al. 2000：254-260；Coons and Sugarman 1978=1998；Witte

2000；鵜浦 2001）。

　現在，アメリカでバウチャー制度が使われている主な分野としては，児童ケア，防犯，教育，雇用と訓練，環境保護，生活保護，医療，住宅，食糧支援，交通という10分野が挙げられる（Steuerle et al. 2000：504-505）。

（3）　イギリスにおける準市場の理論化

　次に，イギリスにおけるサッチャー政権以降の同様の制度の導入とそれらの理論化の動向をみておきたい。近年の公共サービスへの市場原理の導入という文脈でみると，イギリスの医療制度改革において内部市場（行政内部における購入者と供給者の分離と契約関係）という用語が使われて，それがさらに準市場という用語へと展開したという経過があるからである（なお，quasi-marketの訳語として「疑似市場」という言葉が使われることもあるが，市場の活用という趣旨をより明確に表現するので準市場という言葉のほうが適切である）。

　アメリカではバウチャーという言葉で呼ばれ導入されてきた制度を，準市場として初めて理論的，体系的に提示したのは，ルグランとバートレットの共編著『準市場と社会政策』（1993年）だとされる（駒村 1995；佐橋 2006：第2章；児山 1999：199）。それは，1989年に開始された準市場に関する共同研究の成果であった（Le Grand and Bartlett 1993：vii）。

　ルグランはその後，2003年から2005年にかけて労働党ブレア首相の上級政策顧問として官邸入りし，実務的にも医療や教育の公共サービス改革に関わっている。その経験もふまえて執筆した2007年の著書『もう一つの見えざる手』において，準市場について次のような定義を示している。「準市場は，顧客を獲得するために競争する独立した複数の供給者が存在するという意味で市場と同じである。しかし，準市場は，少なくとも一つの決定的に重要な点で通常の市場とは異なる。それは，通常の市場のように，利用者はモノやサービスを買うために自分自身の資源を持って準市場に来るのではないということである。そうではなく，サービスは国家によって支払われるのであり，しかもバウチャーや，使途が特定された予算や資金提供方式などの形式を通じて，利用者の選択に従って動く資金によって支払われる。それゆえ，通常の市場において人々の購買力の差から生まれる不平等のほとんどを避けるような仕方で公共サービスが提供されることを可能にするので，準市場は根本的に平等主義的なしくみで

ある」(Le Grand 2007=2010：38)。

　すでにみたように，アメリカではこの制度についてバウチャーという用語のほうがより一般的であるが，それが準市場と同一のしくみを指していることは明らかである。ルグラン自身も「本質的には同じ」(Le Grand et al. 1992：130) としている。

　そのうえでいえば，バウチャーという言葉は個人に購買力を付与する1つの道具に焦点をあてすぎる嫌いがあり（実際，バウチャー以外にも使途指定の予算，税額控除，貯蓄口座などの道具も個人への購買力付与のために使われている），メカニズムの全体へと目を向けさせる準市場という言葉のほうが理論的にはより適切である（後 2017）。ただ，日本における一般的な議論や実践の場では，すでにかなり普及しているバウチャーという言葉のほうが理解されやすいという事情はある。

4 日本における準市場の導入と非営利組織

　実は，戦後日本の公共サービス，特に福祉サービスは，政府が資金を提供し，サービス供給のかなりの部分を非営利組織に委ねるという意味ではアメリカの「第三者による政府」と同様の方式を採用してきたということができる。ただし，決定的に異なるのは，サービスの分野ごとに主務官庁制の下で担当行政機関が強く監督統制する特別な非営利組織（公益法人）を設立させ，その法人だけにその分野のサービス提供を独占させ，他の民間団体の参入を禁止していたという点である。これは公益法人の行政への構造的従属をもたらしてきた。

　分野別に特別につくられた法人格制度とそれを創設した法律の名称および現在の主務官庁は次のとおりである。

　　1948年　医療法人（医療法，厚生労働省）
　　1949年　学校法人（私立学校法，文部科学省）
　　1951年　社会福祉法人（社会福祉事業法，厚生労働省）
　　1951年　宗教法人（宗教法人法，文部科学省）
　　1985年　職業訓練法人（職業能力開発促進法，厚生労働省）
　　1995年　更生保護法人（更生保護事業法，法務省）

表15-1　非営利セクターの収入内訳（イギリス，2001年）

	稼いだ収入	もらった収入	（投資利益）	合計
個々の市民	16.9	19.9		36.8
政府行政セクター	17.7	19.5		37.2
企業セクター	1.3	2.5		3.8
ボランタリー・セクター	1.8	5.3		7.1
付属収入	5.2			5.2
（団体内部）			10.0	10.0
合計	42.9	47.2	10.0	100.1

出所：後（2009：170）。

表15-2　非営利セクターの収入内訳（イギリス，2011年）

	稼いだ収入	もらった収入	（投資利益）	合計
個々の市民	21.7 (12.8)	22.7		44.4
政府行政セクター	28.3 (28.1)	6.5		34.8
宝くじの配分金		1.3		1.3
企業セクター	2.3 (1.3)	2.4		4.7
ボランタリー・セクター	2.0 (1.7)	6.1		8.1
投資			6.9	6.9
合計	54.3 (43.9)	39.0	6.9	100.2

注：カッコ内は稼いだ収入のうちのチャリティ目的のものの割合，内数。
出所：後・藤岡（2016：93）。

　こうした構造が前提となるので，日本の場合の福祉国家の自由主義的改革においては，政府の直営部分の民営化以上に，公益法人を主務官庁制から解放し，各分野への多様な民間団体の参入を自由化することによって本来の「第三者による政府」へと転換するというかたちをとることになる。

　しかも，興味深いことに，日本においては1922年の健康保険法（1927年実施）で原型ができた医療制度において，費用の一部は政府が負担し，サービス提供は民間組織に大きく委ねるという準市場の方式が先駆的に導入されており，それが1958年の新国民健康保険法によって実現した国民皆保険によって全国民へと拡大されていたという歴史が存在する（菅谷 1976；菅谷 1987；吉原・和田 2008；島崎 2011；後 2015a）。

表15-3 アメリカの非営利組織の収入内訳（2013年）

	稼いだ収入	もらった収入	その他	合 計
個々の市民	47.5	13.3		60.8
政府行政セクター	24.5	8.0		32.5
その他			6.7	6.7
合 計	72.0	21.3	6.7	100.0

出 所：Brice Mckeever, 2015, The Nonprofit Sector in Brief 2015, (http://www.urban.org/research/publication/nonprofit-sector-brief-2015-public-charities-giving-and-volunteering).

　おそらく，そうした国民的な経験を前提にして，1998年の介護保険法（2000年実施），2003年の障害者福祉における支援費制度（2006年障害者自立支援法，2011年障害者総合支援法），2012年の子ども・子育て三法と次々と多くの分野に準市場が導入されてきている（香取 1999；キャンベル 2012；駒村 1999；駒村 2004；佐橋 2006；佐藤 2008；古川 1991；古川 1997；古川 1998；堀 2009）。さらに，各分野の準市場において参入規制も次々と撤廃されつつある。とはいえ，医療法人，学校法人による参入独占や，義務教育における学区制度など（いわゆる岩盤規制）が依然として持続していることは無視できない（八代 2003；八代 2011；八代 2013；後 2014；後 2015a）。

　また，こうした動きと並行して，主務官庁制から脱却した非営利法人の制度が導入され，1998年の特定非営利活動促進法による特定非営利活動法人，2006年の公益法人制度改革による一般社団法人，一般財団法人，公益社団法人，公益財団法人が急速に増加している（後 2015b；後・藤岡 2016）。そして，2016年4月からは，社会福祉法人を公益財団に近づけるような社会福祉法改正が施行された（全国社会福祉法人経営者協議会 2016）。

　こうして，主務官庁制や措置制度に象徴される非営利組織の政府への構造的従属関係の解体は，非営利組織の自律的活動の保障というよりは自由主義的改革の推進という意図が優越するかたちで（それゆえ，準市場の普及と並行しつつ），ほぼ分水嶺を超えつつあるといってよいほどに進んできているのである。

表15-4　日本の非営利組織全体の収入内訳（RIETI調査，2014年）

	稼いだ収入	もらった収入	（投資利益）	合　計
個々の市民	11.9	3.0		14.9
政府行政セクター	70.8*	4.7		75.5
企業セクター	7.4	0.4		7.8
サードセクター	1.3	0.4		1.7
（団体内部）				0.0
合　計	91.4	8.5		99.9

注：「＊」は準市場38.0%，事業委託23.3%，指定管理者8.7%，その他0.8%。
出所：後・藤岡（2016：94）。

表15-5　日本の特定非営利活動法人の収入内訳（内閣府調査，2013年）

	稼いだ収入	もらった収入	その他	合　計
民　間	20.5	21.2		41.7
政府行政セクター	36.4	1.4		37.8
その他			20.5	20.5
合　計	56.9	22.6	20.5	100.0

出所：後・藤岡（2016：94）。

5 準市場と非営利組織をめぐる課題

（1）公的資金は非営利組織を変質させるのか

非営利組織の収入における公的資金の割合　公的資金を受け取って非営利組織が公共サービスを担う傾向が顕著に強まっているなかで，非営利組織の収入に占める公的資金（特に公的事業収入）の割合も顕著に高まってきている。英米日の非営利組織の収入構成を，提供者の区別とあわせて，「稼いだ収入」（earned income：事業委託，準市場などによるサービスなどの対価としての収入）と「もらった収入」（voluntary income：寄付，補助金などの対価提供なしの収入）の区別にもとづいてみてみよう。

イギリスの2001年から2011年への変化（表15-1，表15-2）は，公的な事業収入と公的な補助金収入の割合が劇的に変化したことを示している。この変化は「補助から契約へ」と呼ばれる。アメリカにおいても同様の変化が指摘できる

が（公的資金全体の割合は1977年から1992年までで26.6％から31.3％へと増加している），アメリカにおいては民間事業収入の高さ（47.5％）が顕著な特徴となっている（表15-3）。

英米と比較すると，日本の非営利組織は公的資金の割合の高さ，特に公的事業収入の割合の突出した高さ（70.8％）が特徴となっている。これは民間寄付や民間事業収入の割合の低さとセットである。

とはいえ，日本においてももはや公的補助金の割合は4.7％にすぎず，準市場，事業委託契約，公の施設の指定管理者制度などからの公的事業収入がほとんどであることは注目すべき点である（表15-4，表15-5）。制度設計にもよるが，公的事業収入は補助金に比べて非営利組織側に自律性を確保するより大きな条件を与えるからである。特に，医療保険，介護保険，障害者総合支援法などの準市場からの収入だけで非営利組織の収入全体の38％を占めていることは特筆すべき点である。

> 公的資金の非営利組織
> へのインパクト

新自由主義的改革にともなう非営利組織の収入構成のこうした変化からいえることは，政府－非営利組織関係という論点については，日本の実態は英米の実態にかなり近づいてきたということである。端的にいえば，従来の日本においては，非営利組織の政府への構造的従属構造を前提として，非営利組織が政府との関係を強めること（特に公的資金の割合を増やすこと）が政府への従属へと直結するという警戒ないし思い込みが強くならざるをえなかったのに対し，政府－非営利組織関係をより冷静に議論できる条件が整ってきたということである。

英米においても，非営利組織の財政収入における公的資金（特に公的事業収入）の割合が高まることが非営利組織の自律性を低下させ，ミッションからの逸脱をもたらし，アドボカシー活動を弱めるという否定的な結果をもたらすかどうかについて長く議論が続いてきている。

この問題は，最終的には実証によって明らかにするべき問題であるが，現在までのところ，否定的な結果をもたらすという決定的な実証結果は出ていないようであり，逆に，肯定的結果をもたらすという実証結果も提出されている（坂本2012；坂本2016）。

そのことを前提にいえば，個々の非営利組織のレベルにおいて行政への依存が否定的な結果をもたらした事例があるとしても，それは必然的なものという

より，当該の非営利組織の経営能力や経営戦略の結果という側面が強いと考えるべきである。もちろん，公共サービスを担わなければそのような結果は生まれなかったとはいえるが，それは，同時に公共サービスを担うことによって得られる多くの有利な条件（財政的，組織的基盤の強化や専門性の向上など）をも放棄するということを意味する。また，そこにおける非営利組織と政府との依存関係は相互依存関係にほかならず，そのなかで非営利組織は政府へと働きかける動機，必要な情報，交渉力などを得ることができることにも注目すべきである。

さらにいえば，自由主義的改革を経て，非営利組織がセクターとして政府に対して構造的に従属するという危険は日本においてすら決定的に小さくなったことを前提に問題を考えることが重要である。こうしたセクターのレベルの議論と個々の非営利組織のレベルの議論を区別して考えるなら，公共サービスを担うなかでいくつかの非営利組織が変質したり問題のある非営利組織が現れたりしても，それがただちに非営利セクター全体の貢献を掘り崩すとは限らないことは明らかである（Batsler and Paton 1997：53-54；後 2009：第 5 章）。

（2） 準市場の問題点に対処する制度設計上の工夫

準市場への批判　もう 1 つの課題は，公共サービス提供のしくみとしての準市場がすでに指摘したような長所とともに問題点も生み出しているということである。これが原理的な問題点なのか，制度設計の工夫によって軽減ないし解決可能な問題点なのかを実態をふまえて検討していくことが必要である。

1990年代から公共サービスにおける供給主体の株式会社も含めた多様化や準市場化が推進されたスウェーデンの事例を検討した訓覇法子は，準市場の問題点として次の 4 点を指摘している（訓覇 2002：第Ⅳ部第 3 章）。①準市場において，利用者は顧客になる一方で，その社会的市民権が空洞化するのではないか。②顧客としての「選択」が保証される一方，市民の公的部門のコントロール（発言）が低下し，公共部門の責任が後退するのではないか。③社会的統合が困難になるのではないか。④ニーズが需要に変換されるためには，経済力以外にも選択能力という潜在能力が不可欠である。

また，日本の保育サービス（1997年改革以後2015年 4 月改革以前），介護サービ

ス,障害者福祉サービスの3分野について準市場という視点から横断的な比較分析を行った佐橋克彦は,生産性効率,応答性,選択性,公平性などの評価基準に照らして,ある程度の効果がみられることを確認しつつ,「福祉の(一般的市場における)サービス化」をもたらしている点を強く批判している。そこでの批判点は次の3点である(佐橋 2006:225)。①選択や自己責任といった理念を通じて,サービスの枠組を「利用者」だけに焦点化し,一般的市場における購入者や消費者としての位置づけに近似させつつあること。②大多数のニーズに着目し,それらへの権利性の付与を重視しつつも,少数者のニーズに対する権利性を希薄化しつつあること。③「福祉サービス」は「より良い生活」を求めるための,アメニティ(快適さ)的性格を強め,「不可欠なもの」として捉えられていないこと。生活上の問題を解決するためのサービスを,自己責任や選択といった理念を通じて「より良い生活」を求める個人に焦点化し,社会問題に対応するためのサービスという視点を欠落させていること。

<u>原理的批判から制度設計の工夫へ</u> 訓覇や佐橋の批判は,共通して,市場原理や一般的市場に対する強い不信感と,利用者としての個人の選択や自己責任を強調することへの違和感にもとづくものだと考えられる。

しかし,彼らも,市場原理がサービスの質や効率性を改善させる誘因を供給者にもたらすというメリットや,公共サービスにおいて個人の利用者としての選択権や発言権が重要であること自体を否定するわけではないはずである。また,個人の利用者としての権利を強調したからといって,それが個人が主権者として公的制度のあり方について政治的,社会的に発言し行動することの重要性を軽視することに直結するわけでもない。

そもそも準市場というしくみは,利用者の選択権や供給者間の競争を導入するという意味では市場原理の導入であるが,同時に,利用者に対する購買力の付与や制度設計全般にわたる政府の役割も重視する制度である。そうである以上,その政府の役割をどのように設計するかによって準市場の実際の効果が大きく変わりうることは当然のことである。

ルグランは,準市場が良い公共サービスを提供することができる可能性が他のモデルよりも大きいことを明確に主張するが,同時に,その可能性を現実のものにするためには「適切に設計されなければならない」ことも強調する(Le Grand 2007=2010:81)。

日本において準市場が意識的に活用され始めた2000年前後からまだ十数年しかたっていない。また，それぞれの分野の準市場は，多くの利害の間の政治的妥協を反映した制度設計ともなっている。こうした段階では，具体的な問題点を確認しつつ，それらが制度設計の工夫によってどの程度解決できるかを試みる過程を積み重ねることが最も生産的な方法だと考えられる（児山 2011；児山 2014a；児山 2014b；児山 2015；佐橋 2006；佐藤 2008；石垣 2014-16）。そこにおいて，公共サービスを実際に担う非営利組織の政策提案が果たす役割も大きい。

📖 文献案内

▶ サラモン，レスター，2007，江上哲監訳『NPOと公共サービス』ミネルヴァ書房．
▶ 後房雄，2009，『NPOは公共サービスを担えるか』法律文化社．
▶ ルグラン，ジュリアン，2010，後房雄訳『準市場 もう一つの見えざる手――選択と競争による公共サービス』法律文化社．

【後房雄】

第16章 排外主義の台頭——市民社会の負の側面

> 多様な集団や価値観の包摂を理想とする市民社会に対して、少数派の排除を声高に叫ぶ排外主義が台頭している。本章では、こうした動きが生じた背景を解明するべく、①通俗的なイメージ、②政治的要因、③社会的基盤の順で検討し、以下のことを明らかにする。①社会的敗者による鬱憤晴らしというイメージは基本的に誤りで、それ以外の要因に目を向ける必要がある。②冷戦後の保守が東アジアの近隣諸国を敵とし、歴史問題に肩入れしたことに呼応した結果として排外主義運動の発生を説明できる。③インターネットは、政治における敵対関係を市民社会で増幅し、排外主義者を結びつける自由空間としての機能を果たした。
>
> こうした知見は、国家から自立した市民社会による排外主義の抑制という、市民社会論の古くて新しい課題を浮かび上がらせる。さらに、インターネットという新たな基盤が市民社会の積極的な機能を高めるとともに、排外主義を増幅する両義性に目を向ける必要性も示唆している。

1 市民社会をめぐる善悪の彼岸

(1) 静かなる反革命

　グローバル化によって世界は開かれていくのか、他者を排斥する閉ざされた動きが強まっていくのか。こうした問いに対して、市民社会論は比較的楽観的な立場をとってきたが、希望的観測を吹き飛ばすような動きが相次いでいる。アメリカでは、ムスリム（イスラム教徒）の入国禁止を唱えるトランプが共和党の大統領候補となり、その後当選した。イギリスは、国民投票の結果を受けてEUからの離脱を決定した。フランスでは、極右政党の国民戦線が支持率で第一党になりかねない勢いをみせている。排外主義といえば、一部の極端な意見の持ち主が支持するものだったはずが、主要国の多数派を占めるだけの広がりがあることを、これらの事例は示す。

　その意味で、市民社会論も排外主義を例外として捉えることはもはや不可能で、正面から取り上げるべきテーマとなった。では、どのようにアプローチす

ればよいのだろうか。**第8章**でみたイングルハートは，徐々に脱物質主義的価値観が広がる「静かなる革命」の進展を予言した。静かなる革命により，緑の党のような新しい政党が台頭して政治を変えていくという。たしかに緑の党は，1980年代に国政の舞台に登場してから，ヨーロッパ政治で一定の地歩を占めるに至った。しかし，それと同時に勢力を拡大したのは，緑の党とは対照的に移民排斥を訴える極右政党だった。極右は西欧の政治にすっかり定着し，極端な主張が人気を集める状況に既成政党は手を焼いている。イタリアの政治学者であるイニャーツィは，このような極右の台頭を「静かなる反革命」と呼んだ（Ignazi 1992）。社会が豊かになって出現したのは，環境や多様な生き方を尊重するリベラルな価値観だけではなかった。移民を敵とみなして排斥を訴える，要するに排外主義的な主張を掲げる勢力も，同時に生み出したのである。

　排外主義とは，「国家は国民だけのものであり，外国に出自をもつ（とされる）集団は国民国家の脅威であるとするイデオロギー」を指す（Mudde 2007）。市民社会というと，平等な権利をもった市民が相互に尊重し合うようなイメージが喚起されるが，多数派（マジョリティ）とは異なる性質をもつ少数派（マイノリティ）を排除する性質も併せもつ。その意味で，排外主義は市民社会のもつ負の側面を体現するとともに，「静かなる革命」というテーゼの妥当性を問うことにもなろう。マイノリティにとっての生きやすさは，市民社会の成熟度を示すバロメーターでもあり，市民社会論の文脈で論じる価値もそこにある。

（2）　日本で噴出した排外主義

在特会の衝撃　排外主義は，極右政党のような政治の領域だけでなく，市民社会にも強く根を張っている。アメリカでは，ティーパーティー（茶会）というグループが，反オバマ大統領を旗印に極右的な主張を掲げ，大きな政治的影響力をもつようになった（Van Dyke and Meyer 2014）。2001年の同時多発テロ（9・11）以降には，反ムスリム団体がメディアに露出し政策決定に関わり，世論をリードするようになっている（Bail 2015）。

　日本でも，外国人排斥を掲げる「在日特権を許さない市民の会」（在特会）が2007年から活動を開始し，急速に勢力を拡大した（樋口 2014；安田 2012）。これまでの日本は，外国人に同化を強いる閉鎖的な社会と思われてきたが，欧米のような外国人排斥運動が社会の表面に出てきたわけではない。街宣車で大音響

の音楽を鳴らす右翼団体も，主な攻撃対象はソ連（ロシア）や日教組（日本教職員組合）であり，外国人を標的としてきたわけではなかった。

ところが，「これ以上朝鮮人をのさばらせたら日本人が殺される」「犯罪朝鮮人を皆殺しにしろ」などと叫ぶ在特会のデモが，2000年代後半以降の日本でみられるようになった。在特会は，京都朝鮮学校や徳島県教職員組合，ロート製薬などに押し入って有罪判決を受け，高額の損害賠償が課されている（中村 2014）。こうした言動は「ヘイトスピーチ」と呼ばれるようになり，在特会のデモに抗議する活動が自発的に行われるようになった。国会の場でも在特会が問題視されるようになり，2016年6月にはヘイトスピーチ解消法が成立している。

つまり，在特会は2000年代後半に急速に拡大したが，2010年代になってそれに対抗する動きが圧倒し，在特会の規制を念頭に置いた法制定にまで結びついた。だが，これをもって「在特会のような社会悪が一時的にはびこったが，日本の市民社会が良識を発揮して駆逐した」といえるほど事態は単純ではない。自浄作用を働かせたのが日本の市民社会である一方で，在特会を生み出したのも日本の市民社会だからである。**第3章**でみたように，一定規模の社会運動が偶然に発生することはなく，それを生み出す要因が必ず存在する。

| 排外主義を生み出す要因 | では，2000年代後半の日本が排外主義運動を生み出した要因は何か，どのようにすれば排外主義の弊害を抑えられるのか。この問いに対して，以下の2つの点に着目しつつ答えていくことが本章の課題となる。第1に，在特会という名称が示すように，日本の排外主義運動は主に在日コリアンを標的としてきた。在特会は，在日コリアンが特権をもっているとして排斥を主張するが，「在日特権」などというのは根拠のないデマである（野間 2015）。しかし，在特会の主要メンバーはデマを真実だと思い込んでいた。なぜデマを信じて在日コリアンを憎悪するのか，その背景を次節で明らかにする。

第2に，在特会はインターネット——特にニコニコ動画のような動画共有サイト——を使って勢力を拡大してきた。**第3章**でみたように，社会運動は何らかの基盤なくして発生することはない。日本の社会運動も例外ではなく，近隣組織，同業者団体，消費者団体，宗教団体，趣味のサークルといったソーシャル・キャピタル（**第6章**）の上に形成されてきた。在特会の特徴は，そう

したソーシャル・キャピタルがないのに発生し，急速に拡大したことにある。インターネットを効果的に活用した結果であるが，これはインターネット空間が反社会的な活動をも促進することを示す。こうしたインターネットの負の側面について，**3**で詳述していきたい。

2 なぜ排外主義が台頭するのか：保守政治の変容と東アジア地政学

（1） 誰が排外主義を支持するのか：常識的見解とその批判

「敗者」の反乱？ 　排外主義を支持する者については，ある種の固定的なイメージがついてまわる。すなわち，社会生活がうまくいかず現状や将来への不満や不安を抱いている者が，鬱屈した思いのはけ口として外国人排斥を叫ぶのだ，と。その意味で，排外主義は市民社会の「正常な」一部とはみなされてこなかった。社会や経済の変化に取り残され，市民社会の周縁に弾き飛ばされた人が担い手となる，「病理的な」現象である，というのが古典的で常識的な見解となる（Mudde 2010）。

「敗者」の不満が排外主義の源泉であるという見方は，日本でも以下のようなかたちで強固に根を張っている。すなわち，日本は冷戦終焉後のグローバル化の敗者となり，勝者たる中国にGDPで逆転されてしまった。世界経済での存在感も低下し，長期不況下での非正規雇用の増加が示すように，若者が生きづらい社会となっている。そうした困難を生きる若者を引き付けるのがナショナリズムであり，問題の根は外国人に対する排斥感情よりも若者の茫漠とした不安にある，と（高原 2006；安田 2012）。

排外主義者をめぐる神話と現実 　だが，こうした主張にはあまり現実的な根拠がない。アメリカのティーパーティーも，学歴の低い白人男性が支持者だといわれていたが，むしろ生活に余裕がある層が担っていることを，実証的な研究は明らかにしている（Parker and Barreto 2013；Skocpol and Williamson 2012）。日本でも，「敗者の不満」を排外主義運動の発生要因とみることはできない。排外主義運動の担い手は普通に社会生活を営む人が多いし，若年層や低学歴層に偏っているわけではないからである（樋口 2014）。

運動から少し広げてみれば，韓国や中国をひたすら中傷する本や雑誌が街中の書店で平積みになっており，在特会の創設者である桜井誠の本は10万部も売

表16-1　外国人との接点とその影響

外国人との接点		接触の影響		接点のもち方
あり	15	あり	3	集落に在日コリアンがいた
				地域に外国人労働者が増加
				アルバイト先に中国人がいた
		なし	12	
なし	19			
合計	34			

出所：筆者作成。

れているという。それらを買うのは，多くが50代以上の中高年であり，若者の生きづらさとはどうも関係なさそうである。つまり，「病理的な人」がその苦しみゆえに排外主義に引き付けられるわけではなく，特殊な人が引き起こす特殊な現象として排外主義を片づけることはできない。必要なのは，「病理的でない人」が外国人排斥という「病理的な行動」に至る要因の解明であり，それが排外主義研究の主たる課題となったのである。

（2）　保守から排外主義へ

保守層の変異　階層（学歴や職業）の低さでは説明できない一方で，排外主義者の政治的イデオロギーには共通点があり，大多数の者がもともと保守系を自認していた（樋口2014）。日本では，排外主義者のイデオロギー的な側面がなぜか軽視されてきたが，主張の内容を考えれば保守的な者が多いのはいわば当然の結果ともいえる。しかし，これだけでは排外主義が台頭したことの説明にはならない。過去にも保守的な者は少なからず存在していたが，排外主義が噴出していたわけではないからである。

したがって，近年になって保守の一部が排外主義へと引き寄せられるメカニズムこそが，明らかにされるべき課題となろう。そこで**表16-1**をみてもらいたい。これは，排外主義運動の活動家に対して外国人との接触経験について尋ねた調査の結果を示す（樋口2014）。常識的に考えると，外国人の増加を意識したり，接触して悪印象をもったことが，排外主義と関連しているようにみえる。しかし，実際に接点があったのは34名中15名と半数に満たない。接触があったと答えた15名のうち，それが排外主義的な意識に影響したというのは3

表16-2　排外主義運動につながるきっかけとなった出来事

区　分	具体的なきっかけ	人　数	
外国人問題	外国人労働者	2	6
	フィリピン人一家の在留特別許可	2	
	外国人参政権	1	
	在日コリアンの集住地区問題	1	
中　国	尖閣問題	1	5
	中国の反日デモ	1	
	天安門事件	1	
	北京オリンピック聖火リレー	2	
韓　国	スポーツ（ワールドカップ，WBC）	2	2
北朝鮮	拉致問題	4	4
歴史問題			8
その他			9
合　計			34

出所：筆者作成。

名にすぎなかった。

　つまり，外国人排斥を叫ぶ運動の活動家たちは，生身の外国人との接触をもたないか，あってもそれが否定的な感情には結びついていないことになる。1980年代後半以降，日本の移民・外国人人口は増加し，日本人が接触する機会も増加した。しかし，活動家に対する調査結果をみると，彼ら彼女らは実体験にもとづいて外国人を憎悪するようになったわけではない（樋口 2014）。欧米では，移民の増加が仕事や社会保障の競合を生み出し，排外主義を誘発するといわれてきた。日本の排外主義運動に関していえば，移民の流入が排外感情を生み出したとはいい難く，別の要因で説明する必要がある。

　では，それ以外にどのような要因が考えられるのか。調査結果に戻ると，排外主義運動に関心をもつようになったきっかけは表16-2のようになっている。やはり，外国人排斥を叫ぶ活動に関わっているにもかかわらず，「外国人問題」を挙げる者は34名中6名しかいなかった。しかも，近年になって増加したニューカマー外国人（ここでは中国人，フィリピン人，イラン人）に対する嫌悪感を語っていたのが6名中4名だった。「在日特権を許さない市民の会」という

名称が示すように，排外主義運動が主たる標的にするのは，戦前から日本に居住していたオールドカマーたる在日コリアンである。しかし，在日コリアンに関わることがらをきっかけに挙げるのは，34名中2名にすぎなかった。

> 近隣諸国への敵意

それに対して，中国，韓国，北朝鮮という近隣諸国を挙げる者が11名，歴史問題を挙げる者が8名いた。近隣諸国関連は，表16-2にあるように日本との間で摩擦が生じた事件を主に指すが，サッカーのワールドカップやワールドベースボールクラシック（WBC）のようなスポーツイベントまで含まれる。歴史問題としては，日本による朝鮮半島の植民地化や太平洋戦争の評価，「慰安婦」問題などが挙げられていた。これらは日本史に関わる事柄だが，すべて近隣諸国との間で問題となってきた。その意味で，近隣諸国関連のことを挙げる者が34名中19名となり，排外主義に引き寄せられる最大の要因になっていることがわかる。

ここまでの議論を整理しよう。まず，保守的なイデオロギーをもっているが，外国人に対して特に敵対心があるわけではない人がいる。その人は，たとえば尖閣諸島沖での中国漁船と巡視船の衝突事件に接して，「毅然とした対応をしない日本政府」と「中国」に対して怒りを覚えるようになる。ここまでは，保守を自認する者なら一定の確率で起きることである。排外主義に取り込まれる者の場合，そこからさらにインターネットでいろいろと調べるようになり，テレビに出てこない情報に接してのめりこんでいくことが多い。尖閣問題への関心から出発したのが，ネット上には中国だけでなく韓国を中傷するサイトもたくさんあり，その一部は「在日特権」を糾弾するものだった。そうした怪しげな情報を「発見」して興奮を覚え，その発信源たる在特会などの団体を知って自分も参加しようと思うようになる。

こうして，保守的だが特に排外意識が強いわけではなかった者が，近隣諸国への敵意をきっかけとして外国人排斥に関心をもち，さらに街頭で訴えるようになっていく。近年の日本における排外主義の台頭は，まずはこうした人たちが増加した結果として説明できる。では，彼ら彼女らは従来の保守とどのような関係にあるのか。保守から「逸脱」した突然変異のような存在で，急に近隣諸国を憎悪し外国人排斥の主張に共鳴するようになったのだろうか。この点について，次項で考えてみたい。

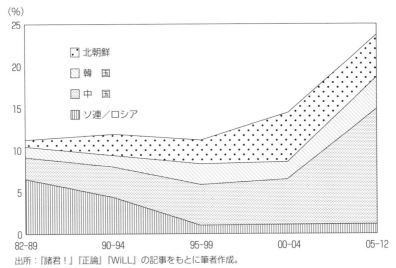

図16-1　右派雑誌における各国の登場頻度

出所：『諸君！』『正論』『WiLL』の記事をもとに筆者作成。

(3) 冷戦終焉後の保守の変容と排外主義

冷戦時代の保守　第二次大戦後の日本は，日米安全保障条約に体現されるアメリカの傘の下で，冷戦体制下での西側陣営の一員として近隣諸国との外交関係を築いてきた。1952年のサンフランシスコ講和条約によって日本は主権を回復したとされるが，韓国，北朝鮮，中国，ソ連といった近隣諸国は，条約の相手国には含まれていない。その後，日ソ（1956年），日韓（1965年），日中（1972年）といったかたちで漸次的に国交を回復してきたが，いずれの国とも未解決の領土問題が関係改善を阻んでいる（日朝間はいまだ国交がない）。残念ながら，日本は近隣諸国のいずれとも係争課題を抱えており，それが排外主義台頭の背景ともなっている。

ただし，冷戦時代の日本の保守にとって最大の仮想敵は，中国でも北朝鮮でもないソ連（現・ロシア）だった。若い世代には理解しにくいかもしれないが，ソ連とは東西対立（反共産主義）と北方領土問題（ナショナリズム）という二重の意味で対立していたのである。これをデータからみていこう。図16-1は，日本の代表的な右派雑誌（『諸君！』『正論』『WiLL』）が，それぞれの国を取り上げた記事の比率を示す。これらの雑誌には，右派の政治家が寄稿することも多

く，右派エリートがどの国を敵とみなしているかがわかる。これをみると，1980年代には全記事中6.5％でソ連が取り上げられており，中国，韓国，北朝鮮の合計4.7％を上回っていた。これが冷戦時代の右派がもっていた世界像だといってよい。

冷戦後の変容

ところが，冷戦後にこうした世界観は大きく変化していく。ロシアは，ソ連崩壊後の90年代前半こそ4.3％と一定の存在感を示しているが，それ以降は1％前後で低迷し，右派にとって主要敵とはみなされなくなった。それに代わって敵視されるようになったのは中国，韓国，北朝鮮であり，その比率は90年代には9.6％，2000～12年には18.8％とほぼ倍増している。80年代においても，右派雑誌は東アジアの近隣諸国をおおむね否定的に描いていた。歴史教科書や南京大虐殺をめぐる問題など，現在に至る歴史問題も，このころから勃発している。しかし，右派は韓国や北朝鮮に対してさしたる関心をもっていなかったし，中国に対してでさえ歴史問題を除けば特別な関心はなかった。

そうした状況を変えたのは，韓国については「慰安婦」問題をはじめとする歴史問題だった。1991年に元「慰安婦」が名乗り出てから，1993年に河野洋平官房長官が謝罪の談話を発表し，1995年には被害者への補償を目的としたアジア女性基金が設立された。しかし，それで問題が解決したわけではなく，「慰安婦」問題は日韓関係をめぐる最大の懸案の1つであり続けている。そもそも，元「慰安婦」が名乗り出たのは，軍事政権だった韓国が1987年に民主化したからである。民主化により国家と市民社会の力関係が変化し，「慰安婦」が告発できるようになったことで，封印されていた歴史問題が噴出した。

韓国の市民社会が活性化することで新たな紛争を生み出したわけだが，民主化による歴史問題の噴出は冷戦後の世界各地で起きており，日韓関係に限ったことではない。また民主主義国家においては，市民社会で提起された問題を政府が無視し続けることは，長期的には困難である。その意味で「慰安婦」問題は，韓国の民主化が生み出したものであり，日韓関係が避けて通れない試練であった。2015年末には，安倍晋三首相と韓国の朴槿恵大統領が，「慰安婦」問題の解決に関して合意に達している。右派と呼ばれる安倍首相でも，日韓関係を現実的に考えて対応せざるをえなかったわけである。

> **右派エリートに呼応する排外主義者**

それに対して、日本の市民社会の一部は右派エリートの変化に反応し、排外主義運動を生み出した。前掲の表16-2に戻って考えてみよう。活動家たちの半数以上は、歴史問題か近隣諸国への敵意をきっかけとして排外主義に取り込まれている。活動家の多くが、もともと保守層であることはすでに述べたが、特に近隣諸国に関心があったわけではなく、冷戦時代ならばそのまま敵意をもたずに生きてきた可能性が高い。それを変えたのは右派エリートの側であり、近隣諸国を敵視した右派の政治的影響力が強まったことが、排外主義を生み出した最大の要因だと考えられる。そうした論説は、中国、韓国、北朝鮮のような「反日勢力」に日本は囲まれており、強い態度に出なければ日本は滅ぼされると煽り立てる（上丸 2011）。これは、排外主義運動の主張と驚くほど類似している。

日本の排外主義運動は、ヘイトスピーチを拡散する反社会的な存在とみなされるようになっており、そうした見方はもちろん正しい。ただし、運動を担う活動家たちの動機を単なるうっぷん晴らしとみなすのは誤りで、彼ら彼女らは自らの活動を「愛国」「護国」のためだと大真面目に捉えている。活動家たちは右派エリートがつくり出した敵意に影響され、「反日勢力」たる近隣諸国（および外国人）への対抗手段が必要と考えるようになった。ヘイトスピーチは、排外主義者となった一般市民がとりうる手段を過激に実践しているにすぎない。

❸ 排外主義台頭の舞台裏：インターネットという自由空間の暗転

（1） インターネット上の排外主義

> **インターネットという基盤**

前節では、排外主義を生み出した最大の要因は右派エリートの変化だと述べた。だが、それだけでは以下の2つの点で排外主義の台頭に対する十分な説明にはならない。第1に、右派エリートが近隣諸国を敵視したからといって、活動家たちがそれを鵜呑みにして排外主義運動を始めると考えるのは単純すぎる。運動が発生するには、排外的な意識を具体的な行動に結びつける社会的基盤が必要である。第2に、右派エリートが近隣諸国を敵視していたのは事実だが、ヨーロッパの極右政党とは異なり在日外国人を標的として支持を得ようとしてきたわけではない。つまり、右派エリートの影響に加えて排外主義を育てる独自の社会的基盤に目を向ける

必要がある。

日本でそうした基盤となったのは，圧倒的にインターネットだったといってよい。欧米でも，排外主義運動はインターネットを活用して勢力を伸ばしてきたが，もともと排外主義の基盤となってきたのはフーリガンやスキンヘッドといった若者集団や一部の宗教だった。その意味で，社会に根づいたサブカルチャーから外国人排斥の組織的行動が生まれたわけだが，日本にはそうした集団がこれまでなかった。インターネットは，日本で排外主義を醸成する新たな基盤となり，ネット右翼と呼ばれる一群の人々を生み出したのである。

ネット右翼というと，2ちゃんねるのような掲示板やニュースのコメント欄に異様な情熱で韓国や中国を中傷する書き込みを重ねる様子が目に浮かぶ。あまりにマメに書き込むのをみると，さぞかし暇でほかにやることがないのだろうなと思わせる。その意味で，排外主義運動の活動家と同様にネット右翼も，学歴が低く定職につけない若者が担っていると思われることが多い。

ネット右翼の実像 だが，これまでなされた研究を総合すると，やはり底辺層の若者が担い手であるという見方には根拠がない。たとえば，前節で触れた「慰安婦」問題をめぐる日韓合意に際して，安倍首相のフェイスブックに抗議のコメントが殺到した。年末になされた合意であるため，首相の年納めのあいさつに対して2,500以上の書き込みがなされ，そのほとんどが首相の「弱腰」を非難するものだった。こうした書き込みをする人をネット右翼と呼ぶが，どのような特徴をもつのだろうか。

好意的なコメントと，複数回コメントした人の重複を除くと，安倍首相を非難したネット右翼は1,400人にのぼる。そのうち学歴を公開している人が500人強，年齢を公開している人が300人弱であり，表16-3のような分布になっている。これをみると，6割近くが大卒ないし大学在学中で，学歴は社会全体より

表16-3 安倍首相のフェイスブックに書き込んだ者の属性

学歴	N	%	年齢	N	%
大学在学・卒	300	58.6	10代	3	1.1
高専・短大	22	4.3	20代	28	10.3
専門学校卒	54	10.5	30代	52	19.2
高校卒	132	25.8	40代	95	35.1
高校在学・中退	3	0.6	50代	57	21.0
予備校生	1	0.2	60代	36	13.3
合計	512	100.0		271	100.0

出所：筆者作成。

高い傾向にある。フェイスブックユーザーの年齢は他のSNSより高いといわれるが，書き込んだのは40代を中心に30～50代の働き盛りがほとんどを占めている。他の研究をみても，むしろ一定の余裕がある層がネットで攻撃的な書き込みをする傾向が強い（田中・山口 2016；辻 2011）。その意味で，不遇な若者がうっぷん晴らしのためにネット右翼になるという通俗的な見方も，実証的には当たっていないといわざるをえない。

ネット右翼による占領　特に問題を抱えているわけでもない人たちが，ネット右翼として誹謗中傷のコメントをせわしなく書き込む——これは，1990年代にインターネットのもつ可能性を議論していた人たちからすれば，悪夢のような事態といってよい。インターネットが普及し始めたころには，ネットを使いこなす「ネティズン」（ネット＋シティズンを意味する造語）が，情報発信の民主化を進めて市民社会の質を高めることが期待されていた。ところが，インターネットは同じ意見をもつ仲間内での閉鎖的なコミュニケーションを助長し，対話不可能な意見の分極化を進めるとみなされるようになった（Sunstein 2001 = 2003）。その結果，インターネットのニュース掲示板はネット右翼に占領されるようになる。

　もっとも，積極的に書き込むようなネット右翼は，実際にはほんの少数でしかない。関連する研究の結果をみると，ネットで攻撃的な書き込みをするのはユーザーのなかでも0.1％程度にすぎないし，書き込みの半分は1割のヘビーユーザーの手によるものである（菅原 2009；田中・山口 2016）。しかし，一部の熱心なネット右翼が書き込みを繰り返すことで，インターネットでは実態以上に右派が存在感を示している。

　インターネットが意見の分極化を進めるのならば，ネット右翼だけでなくネット左翼も同程度にいておかしくないのではないか。このように思う方もいるだろうが，実際のネット空間では圧倒的にネット右翼が優勢だった。これはおそらく，左派と右派の社会運動の組織化の方法がかなり異なることによっている。「市民運動」というと，通常は左派の手によるものを思い浮かべることが示すように，現実社会で一般市民が参加できる運動では左派が優勢だった。右派の運動というと，黒塗りの街宣車が大音量で軍歌を流すような右翼団体が主であり，一般市民にとって参加の敷居はきわめて高い。

(2) 排外主義者の自由空間

排外主義者への道　では，なぜそのような一般社会から隔絶された世界に入るのだろうか。日本の状況に関する調査は存在しないが，欧米の研究をみると人種差別団体に入る経路は大きく2つある。

第1は家族であり，人種差別団体に加入している親をもつ子どもは，人種差別思想を幼いころから叩き込まれる (Klandermans and Mayer 2006)。あるいは，イタリアのようにファシズムの過去をもつ国では，ファシスト団体に入っていた父親や祖父の影響を受けた者が人種差別団体に加わっていく。これは日本でも部分的に生じていることで，在特会メンバーの一定割合は祖父母の影響を受けて排外的なイデオロギーをもつようになっている (樋口2014)。

第2は，人種差別思想を強くもつわけではない者が，知人から集会やパーティーに勧誘され参加したところが人種差別団体で，徐々に活動にのめりこんで本当に人種主義者になるパターンである (Blee 2002)。ヨーロッパのネオナチ団体は，見栄えのする紋章を使った服装や音楽など，外形的な要素で一定層の若者を引き付けてきた。加入後の「教育」により，反社会的で極端な思想を植え付けて活動家へと育てていくわけで，カルト教団への勧誘にも通じるものがある。

排外主義者の自由空間　しかし，欧米にあっても人種差別思想を奉じて関係団体に加入する者の比率は，統計的にみれば1%にも満たない程度に低い。そうした少人数の活動を続けて人種差別思想が生き延びるには，社会から一定程度隔絶された「自由空間」が必要になる。ここでいう自由空間とは，人種主義団体のような過激な集団が自らの意見を自由に表明できるような環境を指す (Simi and Futrell 2010)。アメリカの人種主義団体のなかには，裕福な人種主義者が大きな家や農地を買い取って，「白人以外お断り」の農場をつくって仲間を住まわせたりすることすらある。

これは極端な例だが，仲間が集まるレストラン，たまり場となる個人宅，定期的なキャンプなどは典型的な自由空間である。そうした場で人種差別的な音楽やビデオをみたり，互いに話し合って気持ちを高め合うことで，人種差別的なアイデンティティが強まっていく。フーリガンやスキンヘッドのようなサブカルチャー集団は，人種差別団体の基盤であるとしばしば指摘されるのも，これらの集団が人種主義的な思想を育てる自由空間をもっていることによる。

このような，リラックスして思ったことを話せる場をもつことの重要性は，人種差別団体に限ったことではなく，読者の方々にも心当たりがあるだろう。だが，極端な思想をもつ者の場合，周囲に意見が合う人がいることはほとんどなく，少数の自由空間に集まることで理解されない自己をさらけ出すことができる。同じ意見をもつ者が集まることにより，極端な見方に対する抵抗が薄れ，街頭での暴力や人種差別デモに手を染めるようになる。その意味で，他の組織とは比較にならないくらい，人種差別団体にとって自由空間は重要である。

（3） 日本の場合：ネットで育った排外主義

> 左派と右派の違い

では，日本で排外主義運動を育てた自由空間として何を挙げることができるのか。結論を先取りすればインターネットだったという答えになるが，それまで排外主義的な思想を育てる自由空間は，長らく存在しなかった。右翼団体は排外主義を掲げていたとはいえないし，一般市民が参加できるような勧誘のネットワークがあったわけでもない。第3章でみたように，日本で左派の市民運動は決して強力とはいえないが，環境，平和，人権，女性などテーマも組織も多岐にわたるし，組織の数も右派とは比較にならないくらい多い。その基盤になる自由空間も，大学や生協，職場，カフェなど社会に強く根を張っている。

にもかかわらず，インターネットが左派よりも右派にとっての自由空間となったのはなぜか。これは1つには，左派がインターネットという技術革新に乗り遅れたことによると思われる。左派の市民運動は，労働組合やサークル，生協といった既存のソーシャル・キャピタルの上に成立してきた。また，中心的な担い手となってきたのは戦後直後に生まれた団塊世代であり，インターネットを使い慣れているとはいい難い。パソコンにそれほどなじみがなく，インターネットを駆使しなくても活動できる程度の組織的基盤があるため，左派の市民運動は新しい技術を使う必要性が低かったともいえる。

それに対して在特会をはじめとする右派の市民運動は，既存の組織の上に成立したものではない。組織どころか，運動の基盤となる人間関係もほとんどなく，排外主義的な意識をもつ人が仲間を探してもみつけられるような状況ではなかった。これについては，右派の社会運動のさきがけとなった「新しい歴史

教科書をつくる会(以下,つくる会)」の事例が参考になる。従来の歴史教科書は日本の加害者性を強調する「自虐史観」にもとづいているから,それに代わる教科書をつくって広めよう,という呼びかけによりつくる会は結成された。明治から敗戦に至る日本の歴史を美化・正当化する考えは,歴史修正主義と呼ばれるが,これはつくる会に限らず,現在に至るまで右派にとって最大の争点となっている。

つくる会は,大学教員や評論家,漫画家など有名人が呼びかけ人となり,産経新聞社の強い後押しの下で派手に宣伝して会員を集めていた。会に集まるのは一般市民であり,プライベートでも付き合うほどの密な関係はない。とはいえ,勉強会やその後の懇親会は,自らの右派イデオロギーをさらけ出せる貴重な自由空間として機能したと考えられる(小熊・上野 2003)。逆にいえば,つくる会のように華々しくデビューする組織でなければ一般市民は参加できず,右派にとっての自由空間は限定的にしか存在しなかったともいえるだろう。

> ネットに集う排外主義者

そうした状況を変えたのがインターネットである。現在では,インターネットといえば常時接続が当たり前になっているが,今世紀初頭にブロードバンドが普及するまでは,時間単位で課金されていた。常時接続になって初めて,暇つぶしにネットをみたり,掲示板に際限なく書き込んだり,ホームページをつくったりする人が増えたのである。それと軌を一にして,排外主義的なコンテンツがネット空間で増殖していった。シリーズ累計で100万部を売った『マンガ嫌韓流』の作者である山野車輪は,排外的な情報が流通する代表的なサイトたる2ちゃんねるを,初期のうちから閲覧していた。そこでアイデアを得て,2002年末には最初の漫画を書き上げて出版社に持ち込んだという。在特会の桜井誠も,2003年9月にホームページを開設している。この時期には韓国主要紙の日本語版サイトが整備され,韓国に関する情報を入手しやすくなった。

こうしてインターネットに集ったネット右翼により,排外主義の体系化が進んでいく。「在日特権」というデマも,その過程で生み出された。現実世界では排外主義者が自由空間をみつけるのは難しかったが,インターネットは排外主義者にとって居心地の良い自由空間となったわけである。この自由空間での活動は,在特会というかたちで現実世界に持ち込まれ,街頭宣伝やデモの映像をインターネットで閲覧できるようにすることで,支持者を増やしていく。実

際，在特会の幹部はほぼ全員がインターネットを通じて知り合っており，唯一絶対といってもよい勧誘の手段となっている。

　これは，前項でみた欧米の人種差別団体とかなり異なる組織化の方法といってよい。こうしたかたちをとったのは，排外主義者が現実世界で自由空間をもてなかったという「劣位性」によっており，それゆえインターネットを活用せざるをえなかった。しかしネット空間は，排外主義のような反社会的な少数派のもつ思想の流布に適した場所だったといえる。ネットでの活動は基本的に匿名ないし偽名でなされており，差別的な発言の責任をとらなくてもよい。また，現実世界で出会うのが難しい排外主義者同士が，ネットでの書き込みを通じて知り合いになる。こうした特性ゆえに，インターネット上の排外主義的なコンテンツは増殖し，それを通じてつながった一般市民が在特会のような社会運動を起こすに至ったのである。

4　排外主義と市民社会

排外主義のもつ意味　主流派の市民社会論は，社会には多様な利害やイデオロギーが存在し，それに即して市民が組織化して競争することで，政治や民主主義の質が上がると考えてきた。このような多元主義と呼ばれる立場からすると，在日コリアンは選挙権こそもたないものの，民族団体や市民運動を組織して権利を獲得することで，市民社会の活性化に寄与してきた。それに対して排外主義は，移民や外国人を排除して少数派の意思表出を認めないことにより，多様な利害を調整する市民社会の発展を阻害してしまう。その意味で，排外主義は攻撃対象となる少数派にとってだけでなく，市民社会全体にとっての脅威でもある。

　しかし，日本でも排外主義の台頭が現実のものとなり，市民社会論に対して排外主義がもつ意味を考えるべき段階に入りつつある。それに対して，この章では排外主義が台頭するメカニズムをみることで，問題を生み出す要因を明らかにする方針をとってきた。その際，2000年代後半になって排外主義が台頭したこと，在日コリアンを標的とすることに注目した。在日コリアンは，戦後ずっと差別されてきたし，今でも差別はなくなっていない。にもかかわらず，在日コリアンを主たる標的とするような社会運動があったわけではなく，今世

紀に入って生じた技術と政治の変化により排外主義は台頭した。

そのうち技術的要因としては，インターネットが普及する過程でネット右翼が自らを組織化していったことが大きい。排外主義は，現実社会で自由空間をもてなかったがゆえに，具体的な運動として表に出るまで成長することはなかった。しかし，インターネットは少数の熱心なネット右翼にとっての自由空間となり，所構わず書き込みを繰り返すことで，一般ユーザーの目に触れる程度まで排外主義的なコンテンツは増えていった。それが野放しにされた結果，排外主義的な書き込みに感化されてネット右翼になる者が集まり，ついには街頭でヘイトスピーチを繰り返し逮捕者が出るような事態にまで至ったのである。インターネットが市民社会に及ぼす影響はさまざまだが，排外主義運動の生みの親になったことは否定しようもない。

政治的要因に関しては，冷戦後に右派の標的がソ連から近隣諸国に変化したことが，最大の背景となっている。今では，「反日」という言葉が日常的に使われるが，これは近年になって近隣諸国を指すものとして定着した。この反日という言葉は，日本の排外主義が在日ブラジル人やフィリピン人ではなく在日コリアンを集中的に攻撃する要因を理解する鍵となる。排外主義といえば，普通は「問題を起こす移民」の権利剥奪や追放を訴えるものだが，在日コリアンは経済的地位を確立し社会進出も果たしてきた。にもかかわらず攻撃されるのは，在日コリアンが「反日国家」たる韓国や北朝鮮の手先とされ，「反日外国人」とみなされるからにほかならない。

> 市民社会論の課題

このように，日本の排外主義は国家間関係に規定されつつ，市民社会のなかでもインターネットによって増幅する性格を強くもつ。こうした苦い現実から，市民社会論に対して以下の2つの課題を提起することでこの章を結びたい。

第1は，排外主義が国家間関係に影響されつつも，市民社会内部で増殖したことの評価に関わる。ソーシャル・キャピタル論と大衆社会論には相いれない面もあるが，社会的孤立が排外主義のような負の側面を生み出すとみなす点では共通している（Kornhauser 1959＝1961；Putnam 1993＝2001）。つまり，さまざまな組織に属する個人は怪しげな情報によって操作されにくい一方で，孤立した個人は容易に踊らされてしまうというわけである。

しかし，社会的孤立が排外主義を生み出すという説に対して，近年の実証研

究では疑問が呈されるようになった（Zhirkov 2014；Rydgren 2009）。日本の排外主義に即していえば，これは市民社会におけるインターネットの位置づけと密接な関係をもつ。❸でみたように，排外主義はインターネットという自由空間を得ることで増殖し，排外主義運動はネット上のコミュニティというつながりの上に成立している。インターネットは，市民参加を促進させ民主主義を強化する役割が強調される一方で，従来は相見えなかった排外主義者同士を引き合わせる機能も併せもつ。インターネットを市民社会の「番外地」として切り捨てるのではなく，重要な一部と認めたうえで排外主義を抑制する構想が求められている。

第2は，排外主義という暴力に対峙する市民社会のあり方に関わる。日本の排外主義を規定する構造的な要因は，市民社会の内部で接する移民・外国人との対立などではなく，冷戦構造や歴史問題，領土問題を抱える東アジアの国家間関係であった。しかし，そこから「在日特権」というデマをつくり出し，在日コリアンの排斥を唱える在特会を生み出したのは市民社会である。同時に，在特会を市民社会への脅威とみなして抗議する運動をつくり出し，ヘイトスピーチ解消法の制定という対応を引き出したのは，国家ではなく市民社会のイニシアチブによるものだった。

国家から自立した市民社会の構築は，市民社会論の中心的なテーマの1つであり続けてきたが，排外主義の経験はその重要性を改めて確認させるものといえる。近隣諸国との関係に翻弄され排外主義に取り込まれる者は，国家に従属する市民社会の弊害を体現している。逆に，国家間関係ではなく市民社会の現実から出発した者は，在特会を害悪とみなして対峙し，日本政府に対応を迫って法制定という成果を収めている。これは，市民社会内部で論争の公共圏が育つことで，排外主義という市民社会の負の側面に自ら取り組む可能性を示したともいいうる（Keane 1998：156）。

📖 文献案内

▶ 樋口直人，2014，『日本型排外主義――在特会・外国人参政権・東アジア地政学』名古屋大学出版会.
▶ 高橋進・石田徹編，2013，『ポピュリズム時代のデモクラシー――ヨーロッパからの考察』法律文化社.

▶ 山口智美・斉藤正美・荻上チキ，2012，『社会運動の戸惑い──フェミニズムの「失われた時代」と草の根保守運動』勁草書房．

【樋口直人】

参考文献一覧 REFERENCES

A

Adirondack, Sandy, 1998, *Just About Managing? : Effective Management for Voluntary Organisations and Community Groups*, London Voluntary Service Council.

Aiken, Mike and Ingo Bode, 2009, Killing the Golden Goose? Third Sector Organizations and Back-to-work Programmes in Germany and the UK, *Social Policy & Administration*, 43：209-225.

Aldrich, Daniel P., 2012, *Building Resilience: Social Capital in Post-Disaster Recovery*, University of Chicago Press. (=2015，石田祐・藤澤由和訳『災害復興におけるソーシャル・キャピタルの役割とは何か――地域再建とレジリエンスの構築』ミネルヴァ書房．)

Almond, Gabriel A. and Sidney Verba, 1963, *The Civic Culture: Political Attitudes and Democracy in Five Nations*, Little, Brown and Company. (=1974，石川一雄ほか訳『現代市民の政治文化――五ヵ国における政治的態度と民主主義』勁草書房．)

Almond, Gabriel A. and Sidney Verba eds., 1980, *The Civic Culture Revisited*, Little, Brown and Company.

Andrews, Rhys and Tom Entwistle, 2008, Does Cross-Sectoral Partnership Deliver? An Empirical Exploration of Public Service Effectiveness, Efficiency, and Equity, *Journal of Public Administration Research and Theory*, 20：679-701.

Anheier, Helmut K., 2005, *Nonprofit Organizations: Theory, Management, Policy*, Routledge.

Anheier, Helmut K., 2014, *Nonprofit Organizations: Theory, Management, Policy*, Second edition, Routledge.

Anik, Lalin, Lara B. Aknin, Michael I. Norton and Elizabeth W. Dunn, 2009, Feeling Good about Giving: The Benefits (and Costs) of Self-interested Charitable Behavior, Harvard Business School Marketing Unit Working Paper, 10-012.

Archer, Margaret S., 1995, *Realist Social Theory: the Morphogenetic Approach*, Cambridge University Press. (=2007，佐藤春吉訳『実在論的社会理論――形態生成論的アプローチ』青木書店．)

Atkinson, Rob, 2014, Tax Favors for Philanthropy: Should Our Republic Underwrite de Tocqueville's Demoracy, *William and Mary Policy Review*, 6 (1)：1-111.

Austin, James E., 2000, *The Collaboration Challenge: How Nonprofits and Businesses Succeed Through Strategic Alliances*, Jossey-Bass.

Avner, Marcia, 2013, *The Lobbying and Advocacy Handbook for Nonprofit Organizations: Shaping Public Policy at the State and Local Level*, Second edition, Fieldstone Alliance.

Avtomomov, Alexey, 2014, An Overview of Issues Related to NPOs and Other Associations, *International Journal of Civil Society Law*, 12 (1)：7-56.

B

Bächtiger, André, Simon Niemeyer, Michael Neblo, Marco R. Steenbergen and Jürg Steiner, 2010, Disentangling Diversity in Deliberative Democracy: Competing Theories, Their Blind Spots and Complementarities, *Journal of Political Philosophy*, 18 (1)：32-63.

Bail, Christopher, 2015, *Terrified: How Anti-Muslim Fringe Organizations Became Mainstream*, Princeton University Press.

Bailis, Rob, Amanda Cowan, Victor Berrueta and Omar Masera, 2009, Arresting the Killer in the Kitchen: The Promises and Pitfalls of Commercializing Improved Cookstoves, *World Development*, 37：1694-1705.

Baines, D., I. Cunningham and H. Fraser, 2011, Constrained by Managerialism: Caring as Participation in the Voluntary Social Services, *Economic and Industrial Democracy: An International Journal*, 32（2）：329-352.

Bateman, Milford, 2010, *Why Doesn't Microfinance Work?: The Destructive Rise of Local Neoliberalism*, Zed Book.

Batsler, Julian and Rob Paton, 1997, Managing Voluntary Organizations in the Contract Culture: Continuity or Change?, Perri 6 and Jeremy Kendall ed., *The Contract Culture in Public Service*, Ashgate Publishing Company.

Baumgartner, Frank R. and Bryan D. Jones, 1991, Agenda Dynamics and Policy Subsystems, *The Journal of Politics*, (53) 4：1044-1074.

Beck, Ulrich, Anthony Giddens and Scott Lash, 1994, *Reflexive Modernization: Politics, Tradition and Aesthetics in the Modern Social Order*, Stanford University Press.（=1997，松尾精文・小幡正敏・叶堂隆三訳『再帰的近代化──近現代における政治，伝統，美の原理』而立書房.）

Bekkers, René and Pamala Wiepking, 2011, A Literature Review of Empirical Studies of Philanthropy: Eight Mechanisms That Drive Charitable Giving, *Nonprofit and Voluntary Sector Quarterly*, 40（5）：924-973.

Bellah, H. et al., 1985, *Habits of the Herart : Individualism and Commitment in American Life*, University of California Press.（=1991，島薗進・中村圭志訳『心の習慣──アメリカ 個人主義のゆくえ』みすず書房.）

Berman, Sheri, 1997, Civil Society and Political Institutionalization, *American Behavioral Scientist*, 40（5）：562-574.

Berry, Jeffrey M., 1977, *Lobbying for the People: The Political Behavior of Public Interest Groups*, Princeton University Press.

Berry, Jeffrey M., 1999, *The New Liberalism: The Rising Power of Citizen Groups*, Brookings Institution Press.（=2009, 松野弘監訳『新しいリベラリズム──台頭する市民活動パワー』ミネルヴァ書房.）

Bevir, Mark, 2012, *Governance: A Very Short Introduction*, Oxford University Press.（=2013，野田牧人訳『ガバナンスとは何か』NTT出版.）

Bevir, Mark and Rod Rhodes, 2003, *Interpreting British Governance*, Routledge.

Beyers, Jan, Rainer Eising and William A. Maloney eds., 2010, *Interest Group Politics in Europe: Lessons from EU Studies and Comparative Politics*, Routledge.

Biezen, Ingrid Van and Thomas Poguntke, 2014, The Decline of Membership-based Politics, *Party Politics*, 20（2）：205-216.

Bittker, Boris I. and George K. Rahdert, 1976, The Exemption of Nonprofit Organizations from Federal Income Taxation, *The Yale Law Journal*, 85（3）：299-358.

Blanco, Ismael, 2014, Between Democratic Network Governance and Neoliberalism: A Regime-theoretical Analysis of Collaboration in Barcelona, *Cities*, 44：123-130.

Blee, Kathleen M., 2002, *Inside Organized Racism: Women in the Hate Movement*, University of California Press.

Boix, Carles and Daniel N. Posner, 1998, Social Capital: Explaining Its Origins and Effects on Government Performance, *British Journal of Political Science*, 28（4）：686-693.

Bolton, Margaret, Dave Leggett and Mike Thorne, 1994, *Shifting the Balance: Changing Face of Local Authority Funding*, NCVO Publications.

Boulding, Kenneth E., 1973, *Preface to Grants Economics: Economy of Love and Fear*, Praeger Publishers Inc.（=1974, 公文俊平訳『愛と恐怖の経済──贈与の経済学序説』佑学社.）

Brenner, Neil and Nik Theodore, 2002, Cities and the Geographies of Actually Existing Neoliberalism, *Antipode*, 34（3）：349-379.

Brody, Evelyn, 2006, The Legal Framework for Nonprofit Organizasions, Walter W. Powell and Richard Steinberg, *The Nonprofit Sector: A Research Handbook*, Yale University Press.

C

Caprara, Gian V., Shalom H. Schwartz, Michele Vecchione and Claudio Barbaranelli, 2008, The Personalization of Politics: Lessons from the Italian Case Response, *European Psychologist*, 13（3）: 157-172.

Carroll, Toby and Darryl S. L. Jarvis, 2015, Markets and Development: Civil Society, Citizens, and the Politics of Neoliberalism, *Globalizations*, 12（3）: 277-280.

Cave, Martin, 2001, Voucher Programmes and their Role in Distributing Public Services, OECD Journal on Budgeting, 1（1）,（http://dx.doi.org/10.1787/budget-v 1 -art 5 -en）.

Chabal, Patrick and Jean-Pascal Daloz, 1999, *Africa Works: Disorder as Political Instrument*, Indiana University Press.

Chambers, Simone, 2009, Rhetoric and the Public Sphere: Has Deliberative Democracy Abandoned Mass Democracy?, *Political Theory*, 37（3）: 323-350.

Charities Aid Foundation, 2015, UK GIVING 2014' April 2015,（https://www.cafonline.org/docs/default-source/about-us-publications/caf-ukgiving2014）.

Charity Commission for England and Wales, 2016, Charity fundraising: a guide to trustee duties（CC20）.

Charity Commission of England and Wales, 2008, The Advancement of Religion for the Public Benefit.

Chaves, Mark, Laura Stephens and Joseph Galaskiewicz, 2004, Does Government Funding Suppress Nonprofits' Political Activity?, *American Sociological Review*, 69（2）: 292-316.

Chia, Joyce, Matthew Harding and Ann O'Connell, 2012, Navigating the Politics of Charity: Reflections on Aid/Watch Inc v. Federal Commissioner of Taxation, *Melbourne University Law Review*, 35（2）: 353-393.

Choi, Sangmi, 2012, Learning Orientation and Market Orientation as Catalysts for Innovation in Nonprofit Organizations, *Nonprofit and Voluntary Sector Quarterly*, 43: 393-413.

Clark, Terry Nichols and Vincent Hoffmann-martinot, 1998, *The New Political Culture*, Westview Press.

Clarke, Karen, 2006, Childhood, Parenting and Early Intervention: A Critical Examination of the Sure Start National Programme, *Critical Social Policy*, 26（4）: 699-721.

Clary, Gil E. and Mark Snyder, 1991, A Functional Analysis of Altruism and Prosocial Behavior: The Case of Volunteerism, Margaret S. Clark ed., *Review of Personality and Social Psychology*, Sage.

Clary, Gil E., Mark Snyder, Robert D. Ridge, John Copeland, Arthur A. Stukas, Julie Haugen and Peter Miene, 1998, Understanding and Assessing the Motivations of Volunteers: A Functional Approach, *Journal of Personality and Social Psychology*, 74（6）: 1516-1530.

Cohen, Jean and Andrew Arato, 1992, *Civil Society and Political Theory*, MIT Press.

Cohen, Joshua, 1989, Deliberation and Democratic Legitimacy, Alan Hamlin and Phillip Pettit eds., *The Good Polity: Normative Analysis of the State*, Blackwell.

Coons, Johne E. and Stephen D. Sugarman, 1978, *Education by Choice: The Case for Family Control*, University of California Press.（=1998, 白石裕監訳『学校の選択』玉川大学出版会.）

Cortés, Michael and Kevin M. Rafter eds., 2007, *Nonprofits and Technology: Emerging Research for Usable Knowledge*, Lyceum Books.

Cranmer, Frank, 2015, The Charity Commission and information on religious charities, in Law & Religion UK, 7 March 2015,（http://www.lawandreligionuk.com/2015/03/07/the-charity-commission-and-information-on-religious-charities/）.

Crossley, Nick, 2002, *Making Sense of Social Movements*, Open University Press.（=2009, 西原和久・郭基煥・阿部純一郎訳『社会運動とは何か——理論の源流から反グローバリズム運動まで』新泉社.）

D

Dahl, Robert A., 1961, *Who Governs?: Democracy and Power in an American City*, Yale University Press.（=1988，河村望監訳『統治するのは誰か――アメリカの一都市における民主主義と権力』行人社.）

Dahl, Robert A., 1971, *Polyarchy: Participation and Opposition*, Yale University Press.（=1981，高畠通敏・前田脩訳『ポリアーキー』三一書房.）

Dalton, Russell J. and Christian Welzel eds., 2014, *The Civic Culture Transformed: From Allegiant to Assertive Citizens*, Cambridge University Press.

Dalton, Russell J. and Martin P. Wattenberg eds., 2000, *Parties without Partisans: Political Change in Advanced Industrial Democracies*, Oxford University Press.

Danermark, Berth et al., 2002, *Explaining Society: An Introduction to Critical Realism in the Social Sciences*, Studentlitterature.（=2015，佐藤春吉監訳『社会を説明する――批判的実在論による社会科学論』ナカニシヤ出版.）

Daniels, Ronald J. and Michael J. Trebilcock, 2005, *Rethinking the Welfare State, The Prospect for Government by Voucher*, Routledge.

De Luca, Giacomo and Marijke Verpoorten, 2015, Civil War, Social Capital and Resilience in Uganda, *Oxford Economic Papers*, 67（3）: 661-686.

Dean, Jon, 2015, Volunteering, the Market, and Neoliberalism, *People, Place and Policy Online*, 9（2）: 139-148.

Della Porta, Donatella and Dieter Rucht eds., 2013, *Meeting Democracy: Power and Deliberation in Global Justice Movements*, Cambridge University Press.

Diamond, Larry, 1999, *Developing Democracy: Toward Consolidation*, Johns Hopkins University Press.

Drucker, Peter F., 1990, *Managing the Nonprofit Organization*, Haper Collins.（=1991，上田惇生・田代正美訳『非営利組織の経営――原理と実践』ダイヤモンド社.）

Dryzek, John S., 2000, *Deliberative Democracy and Beyond: Liberals, Critics, Contestations*, Oxford University Press.

Dryzek, John S., 2010, *Foundations and Frontiers of Deliberative Governance*, Oxford University Press.

Dryzek, John S. and Simon Niemeyer, 2006, Reconciling Pluralism and Consensus as Political Ideals, *American Journal of Political Science*, 50（3）: 634-649.

Dussaillant, Francisca and Eugenio Guzman, 2015, Disasters as an Opportunity to Build Social Capital, *International Journal of Emergency Mental Health and Human Resilience*, 17（3）: 661-663.

Dworkin, Ronald, 2013, *Religion without God*, Harvard University Press.（=2014, 森村進訳『神なき宗教――「自由と平等」をいかに守るか』筑摩書房.）

E

Edwards, Michael, 2004, *Civil Society*, Polity Press.（=2008，堀内一史訳『「市民社会」とは何か――21世紀のより善い世界を求めて』麗澤大学出版会.）

Edwards, Michael ed., 2011, *The Oxford Handbook of Civil Society*, Oxford University Press.

Ehrenberg, John, 1999, *Civil Society: The Critical History of an Idea*, New York University Press.（=2001，吉田傑俊監訳『市民社会論――歴史的・批判的考察』青木書店.）

Eikenberry, Angela M. and Jodie Drapal Kluver, 2004, The Marketization of the Nonprofit Sector: Civil Society at Risk?, *Public Administration Review*, 64（2）: 132-140.

Einolf, Christopher and Susan M. Chambré, 2011, Who Volunteers? Constructing a Hybrid Theory, *International Journal of Nonprofit and Voluntary Sector Marketing*, 16（4）: 298-310.

Eisinger, Peter K., 1973, The Conditions of Protest Behaviour in American Cities, *American Political Science Review*,

67：11-28.

Eizenberg, Efrat, 2012, The Changing Meaning of Community Space: Two Models of NGO Management of Community Gardens in New York City, *International Journal of Urban and Regional Research*, 36：106-120.

Elster, Jon ed., 1998, *Deliberative Democracy*, Cambridge University Press.

Enlow, Robert C. and Lenore T. Ealy eds., 2006, *Liberty and Learning: Milton Friedman's Voucher idea at Fifty*, Cato Institute.

Evans, Katerina Hadzi-Miceva, 2015, Regulating Political Activities of Non-Governmental Organisations（OING Conf/Exp（2015）3）prepared by Ms Katerina Hadzi-Miceva Evans on behalf of the Expert Council on NGO Law, Updated in December 2015.

Eysenck, Hans J., 1954, *The Psychology of Politics*, Routledge & Kegan Paul.

F

Feezell, Jessica T., Meredith Conroy and Mario Guerrero, 2016, Internet Use and Political Participation: Engaging Citizenship Norms through Online Activities, *Journal of Information Technology & Politics*, 13（2）：95-107.

Fine, Ben, 2001, *Social Capital versus Social Theory: Political Economy and Social Science at the Turn of the Millennium*, Routledge.

Finnemore, Martha and Kathryn Sikkink, 1998, International Norm Dynamics and Political Change, *International Organization*, 52（4）：887-917.

Fireman, Bruce and William A. Gamson, 1979, Utilitarian Logic in the Resource Mobilization Perspective, Meyer N. Zald and John D. McCarthy eds., *The Dynamics of Social Movements: Resource Mobilization, Social Control, and Tactics*, Winthrop Publishers.（=1989，牟田和恵訳「功利主義理論の再検討」塩原勉編『資源動員と組織戦略』新曜社．）

Fishkin, James, 1991, *Democracy and Deliberation: New Directions for Democratic Reform*, Yale University Press.

Fishkin, James, 2009, *When the People Speak: Deliberative Democracy and Public Consultation*, Oxford University Press.（=2011，曽根泰教監修，岩木貴子訳『人々の声が響き合うとき——熟議空間と民主主義』早川書房．）

Friedman, Milton, 1955, The Role of Government in Education, R. Solo ed., *Economics and the Public Interest*, Rutgers University Press.

Friedman, Milton, 1962, *Capitalism and Freedom: Fortieth Anniversary Edition*, University of Chicago Press.（=2008，村井章子訳『資本主義と自由』日経BP社．）

Friedman Foundation for Educational Choice, School choice in America,（http://www.edchoice.org/school-choice/school-choice-in-america/）．

Froelich, Karen A., 1999, Diversification of Revenue Strategies: Evolving Resource Dependence in Nonprofit Organizations, *Nonprofit and Voluntary Sector Quarterly*, 28（3）：246-268.

Fukuyama, Francis, 1999, *The Great Disruption: Human Nature and the Reconstitution of Social Order*, Free Press.（=2000，鈴木主税訳『「大崩壊」の時代——人間の本質と社会秩序の再構築』早川書房．）

Fung, Archon, 2003, Associations and Democracy: Between Theories, Hopes, and Realities, *Annual Review of Sociology*, 29：515-539.

Fung, Archon and Erik Olin Wright eds., 2003, *Deeping Democracy: Institutional Innovations in Empowered Participatory Governance*, Verso.

G

Gastil, John and Peter Levine eds., 2005, *The Deliberative Democracy Handbook: Strategies for Effective Civic Engagement in the 21st Century*, Jossey-ass.（=2013, 津富宏・井上弘貴・木村正人監訳『熟議民主主義ハンドブック』

現代人文社.）

Gaventa, John, 2004, Strengthening Participatory Approaches to Local Governance: Learning the Lessons from Abroad, *National Civic Review*, 93（4）：16-27.

Geissel, Brigitte, 2008, Do Critical Citizens Foster Better Governance?: A Comparative Study, *West European Politics*, 31（5）：855-873.

Gellner, Ernest, 1996, *Conditions of Liberty: Civil Society and Its Rivals*, Penguin Books.

Geoghegan, Martin and Fred Powell, 2006, Community Development, Partnership Governance and Dilemmas of Professionalization: Profiling and Assessing the Case of Ireland, *British Journal of Social Work*, 36：845-861.

Giving USA Foundation, 2016, Giving USA: The Annual Report on Philanthropy,（http://givingusa.org/）.

Glanville, Jennifer L., Pamela Paxton and Yan Wang, 2016, Social Capital and Generosity: A Multilevel Analysis, *Nonprofit and Voluntary Sector Quarterly*, 45（3）：526-547.

Godderris, John H. and Burton Weisbrod, 1999, Why Not For-Profit? Conversions and Public Policy, Elizabeth T. Boris and C. Eugene Steuerle eds., *Nonprofits and Government: Collaboration and Conflict*, Urban Institute Press.（＝2007，上野真城子・山内直人訳『NPOと政府』ミネルヴァ書房．）

Goodin, Robert E. and John S. Dryzek, 2006, Deliberative Impacts: The Macro-Political Uptake of Mini-Publics, *Politics and Society*, 34（2）：219-244.

Graddy, Elizabeth A. and Donald L. Morgan, 2006, Community Foundations, Organizational Strategy, and Public Policy, *Nonprofit and Voluntary Sector Quarterly*, 35：605-630.

Grammich, Clifford, Kirk Hadaway, Richard Houseal, Dale E. Jones, Alexei Krindatch, Richie Stanley and Richard H. Taylor, 2012, 2010 U.S. Religion Census: Religious Congregations & Membership Study, Association of Statisticians of American Religious Bodies,（https://www.socialexplorer.com/data/RCMS_2010/documentation/69caef86-5be0-4d07-8037-41ffbcedcf1b）.

Gray, Anthony, 2013, Government Funding of Non-governmental Organisations and the Implied Freedom of Political Communication: The Constitutionality of Gag Clauses, *Australian Journal of Political Science*, 48（4）：456-469.

Gray, John, 2000, *The Two Faces of Liberalism*, Polity.（＝2006，松野弘監訳『自由主義の二つの顔——価値多元主義と共生の政治哲学』ミネルヴァ書房．）

Gronbjerg, Kirsten A., 1990, Managing Nonprofit Funding Relations: Case Studies of Six Human Service Organizations, PONPO Working Paper, 156, Yale University.

Guo, Baorang, 2006, Charity for Profit? Exploring Factors Associated with the Commercialization of Human Service Nonprofits, *Nonprofit and Voluntary Sector Quarterly*, 35：123-138.

Gutch, Richard, 1992, *Contracting Lessons From The US*, NCVO Publications.

H

Haas, Peter M., 1989, Do Regimes Matter? Epistemic Communities and Mediterranean Pollution Control, *International Organization*, 43（3）：377-403.

Haas, Peter M., 1992, Banning Chlorofluorocarbons: Epistemic Community Efforts to Protect Stratospheric Ozone, *International Organization*, 46（1）：187-224.

Habermas, Jürugen, 1982, *Theorie des Kommunikativen Handelns*, Suhrkamp.（＝1985-87，河上倫逸ほか訳『コミュニケイション的行為の理論〈上〉〈中〉〈下〉』未來社．）

Habermas, Jürgen, 1989, *The Structural Transformation of the Public Sphere: An Inquiry into a Category of Bourgeois Society*, MIT Press.（＝1994，細谷貞雄・山田正行訳『公共性の構造転換——市民社会の一カテゴリーについての探求』未來社．）

Habermas, Jürgen, 1992, *Faktizität und Geltung: Beiträge zur Diskurstheorie des Rechts und des demokratischen Rechtsstaats*, Suhrkamp.（＝2002/2003, 河上倫逸・耳野健二訳『事実性と妥当性――法と民主的法治国家の討議理論にかんする研究〈上〉〈下〉』未來社.）

Haddad, Mary A., 2007, *Politics and Volunteering in Japan*, Cambridge University Press.

Hainmueller, J., Daniel J. Hopkins and Teppei Yamamoto, 2014, Causal Inference in Conjoint Analysis: Understanding Multidimensional Choices via Stated Preference Experiments, *Political Analysis*, 22（1）：1 -30.

Hall, Peter A., 1999, Social Capital in Britain, *British Journal of Political Science*, 29（3）：417-461.

Hansmann, Henry B., 1980, The Role of Nonprofit Enterprise, *The Yale Law Journal*, 89（5）：835-901.

Hansmann, Henry B., 1996, *The Ownership of Enterprise*, Harvard University Press.

Harding, Matthew, 2014, *Charity Law and the Liberal State*, Cambridge University Press.

Harmer, Andrew, Neil Spicer, Julia Aleshkina, Daryna Bogdan, Ketevan Chkhatarashvili, Gulgun Murzalieva, Natia Rukhadze, Arnol Samiev and Gill Walt, 2013, Has Global Fund Support for Civil Society Advocacy in the Former Soviet Union Established Meaningful Engagement or "A Lot of Jabber about Nothing"?, *Health Policy and Planning*, 28：299-308.

Harris, Margaret, 1997, Voluntary Management Committees: the Impact of Contracting in the UK, Perri 6 and Jeremy Kendall eds., *The Contract Culture in Public Services: Studies from Britain, Europe and the USA*, Arena.

Harrison, Jane L., Claire A. Montgomery and John C. Bliss, 2016, Beyond the Monolith: The Role of Bonding, Bridging, and Linking Social Capital in the Cycle of Adaptive Capacity, *Society and Natural Resources: An International Journal*, 29（5）：525-539.

Harvey, David, 2005, *A Brief History of Neoliberalism*, Oxford University Press.（＝2007, 渡辺治監訳『新自由主義――その歴史的展開と現在』作品社.）

Healy, Andrew and Neil Malhotra, 2013, Childhood Socialization and Political Attitudes: Evidence from a Natural Experiment, *Journal of Politics*, 71（3）：782-799.

Heclo, Hugh, 1978, Issue Networks and the Executive Establishment, Anthony King ed., *The New American Political System*, American Enterprise Institute.

Hedley, R. and C. Rochester, 1991, *Contracts at the Cross-roads: Association of Crossroads Care Attendant Schemes*, Rugb.

Hemment, J., 2004, The Riddle of the Third Sector: Civil Society, International Aid, and NGOs in Russia, *Anthropological Quarterly*, 77：215-241.

Hendriks, Carolyn M., 2006, Integrated Deliberation: Reconciling Civil Society's Dual Role in Deliberative Democracy, *Political Studies*, 54（3）：486-508.

Hirst, Paul, 1997a, *From Statism to Pluralism: Democracy, Civil Society and Global Politics*, Routledge.

Hirst, Paul, 1997b, The Global Economy: Myths and Realities, *International Affairs*, 73（3）：409-425.

Honneth, Axel, 1992, *Kampf um Anerkennung : Zur moralischen Grammatik sozialer Konflikte*, Suhrkamp.（=2003, 山本啓・直江清隆訳『承認をめぐる闘争――社会的コンフリクトの道徳的文法』法政大学出版局.）

Hooghe, Marc, 2003, Participation in Voluntary Associations and Value Indicators: The Effect of Current and Previous Participation Experiences, *Nonprofit and Voluntary Sector Quarterly*, 32（1）：47-69.

Hvenmark, Johan, 2013, Business as Usual? On Managerialization and the Adoption of the Balanced Scorecard in a Democratically Governed Civil Society Organization, *Administrative Theory & Praxis*, 35（2）：223-247.

I

Ignazi, Piero, 1992, The Silent Counter-revolution: Hypotheses on the Emergence of Extreme Right Parties in Europe, *European Journal of Political Research*, 22：3 -34.

Independent Sector, 1996, *Nonprofit Almanac 1996-1997*, Jossey Bass.
Inglehart, Ronald, 1977, *The Silent Revolution: Changing Values and Political Styles among Western Publics*, Princeton University Press.（=1978，三宅一郎ほか訳『静かなる革命――政治意識と行動様式の変化』東洋経済新報社.）
Inglehart, Ronald, 1990, *Culture Shift in Advanced Industrial Society*, Princeton University Press.（=1993，村山皓・富沢克・武重雅文訳『カルチャーシフトと政治変動』東洋経済新報社.）
Inglehart, Ronald, 1997, *Modernization and Postmodernization: Cultural, Economic, and Political Change in 43 Societies*, Princeton University Press.
Inglehart, Ronald and Christian Welzel, 2005, *Modernization, Cultural Change and Democracy: The Human Development Sequence*, Cambridge University Press.
Internal Revenue Service, 2015, Tax Guide for Churches & Religious Organizations（Publication 1828）.
International Center for Not-for-Profit Law, 2009, Political Activities of NGOs: International Law and Best Practices, *The International Journal of Not-for-Profit Law*, 12（1）: 5-43.
Isham, Jonathan, Jane Kolodinsky and Garrett Kimberly, 2006, The Effects of Volunteering for Nonprofit Organizations on Social Capital Formation: Evidence from a Statewide Survey, *Nonprofit and Voluntary Sector Quarterly*, 35（3）: 367-383.

J

Jackson, Elton F., Mark D. Bachmeier, James R. Wood and Elizabeth A. Craft, 1995, Volunteering and Charitable Giving: Do Religious and Associational Ties Promote Helping Behavior?, *Nonprofit and Voluntary Sector Quarterly*, 24: 59-78.
Jacobs, Brian, 2000, Partnerships in Pittsburgh: the Evaluation of Complex Local Initiatives, Stephen P. Osborne ed., *Public-Private Partnerships: Theory and Practice in International Perspective*, Routledge.
Jakobsen, Tor Georg and Ola Listhaug, 2014, Social Change and the Politics of Protest, Russell J. Dalton and Christian Welzel eds., *The Civic Culture Transformed: From Allegiant to Assertive Citizens*, Cambridge University Press.
Jenkins, J. Craig, 2006, Nonprofit Organizations and Policy Advocacy, Walter W. Powell and Richard Steinberg eds., *The Nonprofit Sector: A Research Handbook*, Second edition, Yale University Press.
Jennings, M. Kent, Laura Stoker and Jake Bowers, 2009, Politics across Generations: Family Transmission Reexamined, *Journal of Politics*, 71（3）: 782-799.
Johnson, G. Langley, L. A. Melin and R. Whittington, 2007, *Strategy as Practice: Research Directions and Resources*, Cambridge University Press.（=2010，高橋正泰・宇田川元一・高井俊次・間嶋崇・歌代豊訳『実践としての戦略――新たなパースペクティブの展開』文眞堂.）
Johnson, Norman, 1999, *Mixed Economies of Welfare: Comparative Perspective*, Prentice Hall Europe.（=2002，青木郁夫・山本勉監訳『グローバリゼーションと福祉国家の変容』法律文化社.）
Jones, John Paul, Susan M. Roberts and Oliver Fröhling, 2011, Managerialism in Motion: Lessons from Oaxaca, *Journal of Latin American Studies*, 43: 633-662.
Jordan, Grant and William A. Maloney, 1997, *The Protest Business?: Mobilizing Campaigning Groups*, Manchester University Press.
Jottier, Dimi and Bruno Heyndels, 2012, Does Social Capital Increase Political Accountability?: An Empirical Test for Flemish Municipalities, *Public Choice*, 150（3）: 731-744.

K

Kage, Rieko, 2011, *Civic Engagement in Postwar Japan: The Revival of a Defeated Society*, Cambridge University Press.

Kaldor, Mary, 2003, *Global Civil Society: An Answer to War*, Polity.

Kam, Cindy D. and Carl L. Palmer, 2008, Reconsidering the Effects of Education on Political Participation, *Journal of Politics*, 70（3）：612-631.

Kawachi, Ichiro, Yukinobu Ichida, Gindo Tampubolon and Takeo Fujiwara, 2013, Causal Inference in Social Capital Research, Ichiro Kawachi, Takao Soshi and S.V. Subramanian eds., *In Global Perspectives on Social Capital and Health*, Springer.（=2013，藤原武男・市田行信訳「ソーシャル・キャピタル研究における因果推論」近藤克則ほか監訳『ソーシャル・キャピタルと健康政策――地域で活用するために』日本評論社.）

Keane, John, 1998, *Civil Society: Old Images, New Visions*, Polity Press.

Keck, Margaret and Kathryn Sikkink, 1998, *Activist Beyond Borders: Advocacy Networks in International politics*, Cornel University Press.

Keevers, Lynne, Lesley Treleaven, Christopher Sykes and Michael Darcy, 2012, Made to Measure: Taming Practices with Results-based Accountability, *Organization Studies*, 33：97-120.

Kendall, Jeremy and Martin Knapp, 1996, *The Voluntary Sector in the UK*, Manchester University Press.

Key, R., 1996, Contract Management for Voluntary Organizations, Stephen P. Osborne ed., *Managing in the Voluntary Sector: a Handbook for Managers in Charitable and Non-profit Organizations*, International Thomson Business Press.（=1999，ニノミヤ・アキイエ・H 監訳『NPOマネージメント――ボランタリー組織のマネージメント』中央法規.）

Klandermans, Bert and Nonna Mayer eds., 2006, *Extreme Right Activists in Europe: Through the Magnifying Glass*, Routledge.

Klein, Naomi, 2007, *The Shock Doctrine: The Rise of Disaster Capitalism*, Metropolitan Books.（=2011，幾島幸子・村上由見子訳『ショック・ドクトリン――惨事便乗型資本主義の正体を暴く〈上〉〈下〉』岩波書店.）

Knack, Stephen and Philip Keefer, 1997, Does Social Capital Have an Economic Payoff?: A Cross Country Investigation, *Quarterly Journal of Economics*, 112（4）：1251-1288.

Knight, Jack and James Johnson, 1994, Aggregation and Deliberation on the Possibility of Democratic Legitimacy, *Political Theory*, 22（2）：277-296.

Kooiman, Jan ed., 1993, *Modern Governance: New Government-Society Interactions*, Sage.

Kornhauser, William, 1959, *The Politics of Mass Society*, Free Press.（=1961，辻村明訳『大衆社会の政治』東京創元社.）

Kramer, Ralph M., 1981, *Voluntary Agencies in the Welfare State*, University of California Press.

Krause, Sharon, 2008, *Civil Passions: Moral Sentiment and Democratic Deliberation*, Princeton University Press.

Kriesi, Hanspeter, Ruud Koopmans, Jan W. Duyvendak and Marco G. Giugni, 1995, *New Social Movements in Western Europe: A Comparative Analysis*, University of Minnesota Press.

Krishna, Anirudh, 2002, *Active Social Capital: Tracing the Roots of Development and Democracy*, Columbia University Press.

Krugman, Paul, 1994, *Peddling Prosperity: Economic Sense and Nonsense in the Age of Diminished Expectations*, W. W. Norton & Co Inc.（=1995，伊藤隆敏監訳『経済政策を売り歩く人々――エコノミストのセンスとナンセンス』日本経済新聞社.）

Kumlin, Staffan and Bo Rothstein, 2005, Making and Breaking Social Capital: The Impact of Welfare-State Institutions, *Comparative Political Studies*, 38（4）：339-365.

L

Lang, Sabine, 2013, *NGOs, Civil Society, and the Public Sphere*, Cambridge University Press.
Lappi-Seppälä, Tapio, 2008, Explaining National Differences in the Use of Imprisonment,『犯罪社会学研究』33：93-121.
Lazzarato, Maurizio, 2009, Neoliberalism in Action: Inequality, Insecurity and the Reconstitution of the Social Theory, *Culture & Society*, 26（6）：109-133.
Le Grand, Julian, 1991, Quasi-Market and Social Policy, *The Economic Journal*, 101.
Le Grand, Julian, 2003, *Motivation, Agency and Public Policy: Of Knights and Knaves, Pawns and Queens*, Oxford University Press.（=2008，郡司篤晃監訳『公共政策と人間――社会保障制度の準市場改革』聖学院大学出版会.）
Le Grand, Julian, 2007, *The Other Invisible Hand: Delivering Public Services Through Choice and Competition*, Princeton University Press.（=2010，後房雄訳『準市場 もう一つの見えざる手――選択と競争による公共サービス』法律文化社.）
Le Grand, Julian and Will Bartlett eds., 1993, *Quasi-Markets and Social Policy*, Macmillan.
Le Grand, Julian, Carol Propper and Ray Robinson, 1992, *The Economics of Social Problems*, Third edition, Palgrave Macmillan.
Le Grand, Julian, Carol Propper and Sarah Smith, 2008, *The Economics of Social Problems*, Fourth edition, Palgrave Macmillan.
Leech, Beth L., 2010, Lobbying and Influence, L. Sandy Maisel et al. eds., *The Oxford Handbook of American Political Parties and Interest Groups*, Oxford University Press.
Levine, Helisse and Anne G. Zahradnik, 2012, Online Media, Market Orientation, and Financial Performance in Nonprofits, *Journal of Nonprofit & Public Sector Marketing*, 24：26-42.
Logan, Shannon and Gerda R. Wekerle, 2008, Neoliberalizing Environmental Governance?: Land Trusts, Private Conservation and Nature on the Oak Ridges Moraine, *Geoforum*, 39（6）：2097-2108.
Lowery, David and Holly Brasher, 2004, *Organized Interests and American Government*, McGraw-Hill.
Lowi, Theodore J., 1964, American Business, Public Policy, Case-Studies, and Political Theory, *World politics*, 16（4）：677-715.
Lowi, Theodore J., 1979, *The End of Liberalism: The Second Republic of the United States*, W.W. Norton.（=1981，村松岐夫監訳『自由主義の終焉――現代政府の問題性』木鐸社.）

M

Maier, Florentine, Michael Meyer and Martin Steinbereithner, 2016, Nonprofit Organizations Becoming Business-Like: A Systematic Review, *Nonprofit and Voluntary Sector Quarterly*, 45（1）：64-86.
Mansbridge, Jane, 1999, Everyday Talk in the Deliberative System, Stephen Macedo ed., *Deliberative Politics: Essays on Democracy and Disagreement*, Oxford University Press.
Marsh, David, 2008, Understanding British Government: Analysing Competing Models, *The British Journal of Politics and International Relations*, 10（2）：251-268.
Marsh, David ed., 1983, *Pressure Politics: Interest Groups in Britain*, Junction Books.
Mayer, Alexander K., 2011, Does Education Increase Political Participation?, *Journal of Politics*, 73（3）：633-645.
McAdam, Doug, 1996, Conceptual Origins, Current Problems, Future Directions, Doug McAdam, John D. McCarthy and Meyer N. Zald eds., *Comparative Perspective on Social Movements: Political Opportunities, Mobilizing Structures, and Cultural Framings*, Cambridge University Press.

McAdam, Doug, 1999, *Political Process and the Development of Black Insurgency, 1930-1970*, Second edition, University of Chicago Press.

McAdam, Doug, Sidney Tarrow and Charles Tilly, 2001, *Dynamics of Contention*, Cambridge University Press.

McCarthy, John D. and Mayer N. Zald, 1977, Resource Mobilization and Social Movements: A Partial Theory, *American Journal of Sociology*, 82（6）：1212-1241.（=1989, 片桐新自訳「社会運動の合理的理論」塩原勉編『資源動員と組織戦略――運動論の新パラダイム』新曜社.）

McGregor-Lowndes, Myles and Kerry O'Halloran eds., 2010, *Modernising Charity Law: Recent Developments and Future Directions*, Edward Elger.

Mckeever, Brice, 2015, The Nonprofit Sector in Brief 2015: Public Charities, Giving, and Volunteering,（http://www.urban.org/research/publication/nonprofit-sector-brief-2015-public-charities-giving-and-volunteering）.

McQuarrie, Michael, 2013, Community Organizations in the Foreclosure Crisis: The Failure of Neoliberal Civil Society, *Politics & Society*, 41（1）：73-101.

Mellucci, Albert, 1989, *Nomads of the Present: Social Movements and Individual Needs in Contemporary Society*, Temple University Press.（=1997, 山之内靖・貴堂嘉之・宮崎かすみ訳『現在に生きる遊牧民――新しい公共空間の創出に向けて』岩波書店.）

Merz, Sibille, 2012, Missionaries of the New Era: Neoliberalism and NGOs in Palestine, *Race and Class*, 54（1）：50-66.

Meyer David and Sidney Tarrow, 1998, A Social Movement Society: Contentious Politics for a New Century, David Meyer and Sidney Tarrow eds., *The Social Movement Society: Contentious Politics for a New Century*, Rowman and Littlefield.

Mintzberg, H. et al., 2008, *Strategy Safari: The Complete Guide Through the Wilds of Strategic Management*, Second edition, Pearson Education Canada.（=2012, 齋藤嘉則監訳『戦略サファリ 第2版――戦略マネジメント・コンプリート・ガイドブック』東洋経済新報社.）

Mizen, Phil, 2003, The Best Days of Your Life? Youth, Policy and Blair's New Labour, *Critical Social Policy*, 23（4）：453-476.

Mouffe, Chantal, 2000, *The Democratic Paradox*, Verso.（=2006, 葛西弘隆訳『民主主義の逆説』以文社.）

Moulton, Lynne and Helmut K. Anheier, 2000, Public-Private Partnership in the United States: Historical Patterns and Current Trends, Stephen P. Osborne ed., *Public-Private Partnerships: Theory and Practice in International Perspective*, Routledge.

Moulton, Stephanie and Adam Eckerd, 2012, Preserving the Publicness of the Nonprofit Sector: Resources, Roles and Public Values, *Nonprofit and Voluntary Sector Quarterly*, 41（4）：656-685.

Mudde, Cas, 2007, *Populist Radical Right Parties in Europe*, Cambridge University Press.

Mudde, Cas, 2010, The Populist Radical Right: A Pathological Normalcy, *West European Politics*, 33（6）：1167-1186.

Murayama, Hiroshi, Katsunori Kondo and Yoshinori Fujiwara, 2013, Social Capital Interventions to Promote Healthy Aging, Ichiro Kawachi, Takao Soshi and S.V. Subramanian eds, *In Global Perspectives on Social Capital and Health*, Springer.（=2013, 村山洋史訳「健康長寿をめざしたソーシャル・キャピタル介入」近藤克則ほか監訳『ソーシャル・キャピタルと健康政策――地域で活用するために』日本評論社.）

Mutz, Diana Carole, 2002, The Consequences of Cross-Cutting Networks for Political Participation, *American Journal of Political Science*, 46（4）：838-855.

Mutz, Diana Carole, 2006, *Hearing the Other Side: Deliberative versus Participatory Democracy*, Cambridge University Press.

N

Nagler, Matthew G., 2013, Does Social Capital Promote Safety on the Roads?, *Economic Inquiry*, 51（2）：1218-1231.

Nolte, M. Isabella and Silke Boenigk, 2011, Public-Nonprofit Partnership Performance in a Disaster Context: The Case of Haiti, *Public Administration*, 89（4）：1385-1402.

O

Öberg, PerOla and Torsten Svensson, 2012, Civil Society and Deliberative Democracy: Have Voluntary Organisations Faded from National Public Politics?, *Scandinavian Political Studies*, 35（3）：246-271.

Oberschall, Anthony, 1978, Theories of Social Conflict, *Annual Review of Sociology*, 4：291-315.（=1989, 鵜飼孝造訳「崩壊理論から連帯理論へ」塩原勉編『資源動員と組織戦略──運動論の新パラダイム』新曜社.）

O'Halloran, Kerry, 2011, *The Politics of Charity*, Routledge.

Ohmae, Kenichi, 1997, *The End of the Nation State: The Rise of Regional Economies*, Free Press.

Olson, Mancur, 1965, *The Logic of Collective Action: Public Goods and the Theory of Groups*, Harvard University Press.（=1983, 依田博・森脇俊雅訳『集合行為論──公共財と集団理論』ミネルヴァ書房.）

Olson, Mancur, 1982, *The Rise and Decline of Nations: Economic Growth, Stagflation, and Social Rigidities*, Yale University Press.（=1991, 加藤寛監訳『国家興亡論──「集合行為論」からみた盛衰の科学』PHP研究所.）

O'Neill, Michael, 2002, *Nonprofit Nation: A New Look at the Third America*, Jossey-Bass.

Osborne, David and Ted Gaebler, 1992, *Reinventing Government: How the Entrepreneurial Spirit is Transforming the Public Sector*, Addison-Wesley Publishing Company.（=1995, 高地高司ほか訳『行政革命』日本能率協会マネジメントセンター.）

P・Q

Padanyi, Paulette and Brenda Gainer, 2004, Market Orientation in the Nonprofit Sector: Taking Multiple Constituencies into Consideration, *Journal of Marketing Theory and Practice*, 12：43-58.

Palier, Bruno, 2008, *La reforme des systemes de sante*, Presses Universitaires de france.（=2010, 近藤純五郎監修, 林昌宏訳『医療制度改革──先進国の実情とその課題』白水社.）

Parker, Christopher S. and Matt A. Barreto, 2013, *Change They Can't Believe In: The Tea Party and Reactionary Politics in America*, Princeton University Press.

Parkinson, John, 2006, *Deliberating in the Real World: Problems of Legitimacy in Deliberative Democracy*, Oxford University Press.

Parkinson, John and Jane Mansbridge eds., 2012, *Deliberative Systems: Deliberative Democracy at the Large Scale*, Cambridge University Press.

Peck, Jamie and Adam Tickell, 2002, Neoliberalizing Space, *Antipode*, 34（3）：452-472.

Peck, Jamie and Adam Tickell, 2007, Conceptualizing Neoliberalism, Thinking Thatcherism, H. Leitner, J. Peck and E. S. Sheppard eds., *Contesting Neoliberalism: Urban Frontiers*, Guilford Press.

Pekkanen, Robert, 2006, *Japan's Dual Civil Society: Members Without Advocates*, Stanford University Press.（=2008, 佐々田博教訳『日本における市民社会の二重構造──政策提言なきメンバー達』木鐸社.）

Pekkanen, Robert, 2013, Introduction: Nonprofit Advocacy: Definitions and Concepts, Robert J. Pekkanen et al. eds., *Nonprofit and Advocacy: Engaging Community and Government in an Era of Retrenchment*, Johns Hopkins

University Press.
Pelling, Mark, 1998, Participation, Social Capital and Vulnerability to Urban Flooding in Guyana, *Journal of International Development*, 10：469-486.
Pestoff, Victor A., 1998, *Beyond the Market and State: Social Enterprises and Civil Democracy in a Welfare Society*, Ashgate. （=2000，藤田暁男ほか訳『福祉社会と市民民主主義——協同組合と社会的企業の役割』日本経済評論社.）
Petras, James, 1999, NGOs: In the Service of Imperialism, *Journal of Contemporary Asia*, 29（4）：429-440.
Picarda, Hubert, 2010, *The Law and Practice Relating to Charities*, Fourth Edition, Bloomsbury Professional.
Pierson, Christopher, 1991, *Beyond the Welfare State? The New Political Economy of Welfare*, Polity Press.（=1996，田中浩・神谷直樹訳『曲がり角にきた福祉国家』未來社.）
Piurko, Yuval, Shalom H. Schwartz and Eldad Davidov, 2011, Basic Personal Values and the Meaning of Left-Right Political Orientations in 20 Countries, *Political Psychology*, 32（4）：537-561.
Powell, Frederick, 2007, *The Politics of Civil Society: Neoliberalism or Social Left?*, Policy Press.
Powell, Walter W. and Richard Steinberg ed., 2006, *The Nonprofit Sector: A Research Handbook*, Second edition, Yale University Press.
Putnam, Robert D., 1993, *Making Democracy Work: Civic Traditions in Modern Italy*, Princeton University Press. （=2001，河田潤一訳『哲学する民主主義——伝統と改革の市民的構造』NTT出版.）
Putnam, Robert D., 2000, *Bowling Alone: The Collapse and Revival of American Community*, Simon and Schuster. （=2006，柴内康文訳『孤独なボウリング——米国コミュニティの崩壊と再生』柏書房.）
Putnam, Robert D. ed., 2002, *Democracies in Flux: The Evolution of Social Capital in Contemporary Society*, Oxford University Press.（=2013，猪口孝訳『流動化する民主主義——先進8ヵ国におけるソーシャル・キャピタル』ミネルヴァ書房.）
Putnam, Robert D. and David E. Campbell, 2010, *American Grace: How Religion Divides and Unites Us*, Simon & Schuster.

R

Raddon, Mary-Beth, 2008, Neoliberal Legacies: Planned Giving and the New Philanthropy, *Studies in Political Economy*, 81（1）：27-48.
Ramphal, Shiridath S. and Ingvar Carlsson, 1995, *Our Global Neighborhood: The Report of the Commission on Global Governance*, Oxford University Press.
Read, Benjamin L. and Robert Pekkanen eds., 2009, *Local Organizations and Urban Governance in East and Southeast Asia: Straddling State and Society*, Routledge.
Reich, Robert B., 2007, *Supercapitalism: the Transformation of Business, Democracy, and Everyday life*, Alfred A. Knopf. （=2008，雨宮寛・今井章子訳『暴走する資本主義』東洋経済新報社.）
Reid, Elizabeth J., 1999, Nonprofit Advocacy and Political Participation, Elizabeth T. Boris and C. Eugene Steuerle eds., *Nonprofits and Government: Collaboration and Conflict*, Urban Institute Press.（=2007，上野真城子・山内直人訳『NPOと政府』ミネルヴァ書房.）
Reiser, Dana Brakman, 2003, Dismembering Civil Society: the Social Cost of Internally Undemocratic Nonprofits, *Oregon Law Review*, 82：829.
Rhodes, R. A. W., 1997, *Understanding Governance: Policy Networks, Governance, Reflexivity and Accountability*, Open University Press.
Richardson, James, 1993, *Reinventing Contracts: Transatlantic Perspectives on the Future of Contracting*, NCVO Publications.
Rietschlin, John, 1998, Voluntary Association Membership and Psychological Distress, *Journal of Health and Social*

Behavior, 39 (4): 348-355.
Ritzen, Jozef M. M., Jan Van Dommelen and Frans J. De Vulder, 1997, School Finance and School Choice in Netherlands, *Economics of Education Review*, 16 (3): 329-335.
Rose, Nikolas, 1996, Governing 'Advanced' Liberal Democracies, A. Barry, T. Osborne and N. Rose eds., *Foucault and Political Reason*, UCL Press.
Rose, Nikolas, 1999, *Powers of Freedom: Reframing Political Thought*, Polity.
Rosenau, James N. and Ernst-Otto Czempiel eds., 1992, *Governance without Government: Order and Change on World Politics*, Cambridge University Press.
Rydgren, Jens, 2009, Social Isolation? Social Capital and Radical Right-wing Voting in Western Europe, *Journal of Civil Society*, 5 (2): 129-150.

S

Sabatini, Fabio and Francesco Sarracino, 2014, E-Participation: Social Capital and the Internet, FEEM Working Paper, 081.
Saidel, Judith R., 1991, Resource Interdependence: The Relationship between State Agencies and Nonprofit Organizations, *Public Administration Review*, 51 (6): 543-553.
Salamon, Lester M., 1992, *America's Nonprofit Sector: A Primer*, Foundation Center.
Salamon, Lester M., 1994, The Rise of the Nonprofit Sector, *Foreign Affairs*, 73 (4): 109-122. (=1994, 竹下興喜訳「福祉国家の衰退と非営利団体の台頭」『中央公論』109 (11): 401-412.)
Salamon, Lester M., 1995, *Partners in Public Service: Government-Nonprofit Relations in the Modern Welfare State*, Johns Hopkins University Press. (=2007, 江上哲監訳『NPOと公共サービス――政府と民間のパートナーシップ』ミネルヴァ書房.)
Salamon, Lester M., 1997, *Holding the Center: America's Nonprofit Sector at a Crossroads*, Foundation Center. (=1999, 山内直人訳『NPO最前線――岐路に立つアメリカ市民社会』岩波書店.)
Salamon, Lester M., 2012, *The State of Nonprofit America*, Second edition, Brookings Institution Press.
Salamon, Lester M., 2014, *Leverage for Good: An Introduction to the New Frontiers of Philanthropy and Social Investment*, Oxford University Press. (=2016, 小林立明訳『フィランソロピーのニューフロンティア――社会的インパクト投資の新たな手法と課題』ミネルヴァ書房.)
Salamon, Lester M., 2015, *The Resilient Sector Revisited: The New Challenge to Nonprofit America*, Brookings Institution Press.
Salamon, Lester M. ed., 2002, *The Tools of Government*, Oxford University Press.
Salamon, Lester M. and Helmut K. Anheier, 1996, *The Emerging Nonprofit Sector: An Overview*, Manchester University Press. (=1996, 今田忠監訳『台頭する非営利セクター――12ヵ国の規模・構成・制度・資金源の現状と展望』ダイヤモンド社.)
Salamon, Lester M. and Helmut K. Anheier, 1997, Toward a Common Definition, Lester M. Salamon and Helmut K. Anheier eds., *Defining the Nonprofit Sector: A Cross-national Analysis*, Manchester University Press.
Salamon, Lester M. and S. Wojciech Sokolowski, 2016, Beyond Nonprofits: Re-conceptualizing the Third Sector, *Voluntas: International Journal of Voluntary and Nonprofit Organizations*, 27 (4): 1515-1545.
Salamon, Lester M., Helmut K. Anheier, Regina List, Stefan Toepler, S. Wojciech Sokolowski and Associates, 1999, *Global Civil Society: Dimensions of the Nonprofit Sector*, Johns Hopkins Center for Civil Society Studies.
Salamon, Lester M., S. Wojciech Sokolowski and Regina List, 2004, Global Civil Society: An Overview, Lester M. Salamon, S. Wojciech Sokolowski and Associates, *Global Civil Society: Dimensions of the Nonprofit Sector*, volume 2, Kumarian Press.

Salisbury, Robert H., 1969, An Exchange Theory of Interest Groups, *Midwest Journal of Political Science*, 13（1）： 1 -32.

Sanyal, Paromita, 2009, From Credit to Collective Action: The Role of Microfinance in Promoting Women's Social Capital and Normative Influence, *American Sociological Review*, 74（4）： 529-550.

Sass, Jensen and John S. Dryzek, 2014, Deliberative Cultures, *Political Theory*, 42（1）： 3 -25.

Schattschneider, Elmer E., 1960, *The Semi-sovereign People: A Realist's View of Democracy in America*, Holt, Reinhart and Winston.（=1972，内山秀夫訳『半主権人民』而立書房.）

Schlozman, Kay Lehman, Sidney Verba and Henry E. Brady, 2012, *The Unheavenly Chorus: Unequal Political Voice and the Broken Promise of American Democracy*, Princeton University Press.

Schmitter, Philippe C. and Gerhard Lehmbruch eds., 1979, *Trends toward Corporatist Intermediation*, Sage.（=1984，山口定監訳『現代コーポラティズム 1 団体統合主義の政治とその理論』木鐸社.）

Schwartz, Frank, 2003, Introduction: Recognizing Civil Society in Japan, F. J. Schwartz and S. J. Pharr eds., *The State of Civil Society in Japan*, Cambridge University Press.

Schwartz, Shalom H. et al., 2014, Basic Personal Values Underlie and Give Coherence to Political Values: A Cross National Study in 15 Countries, *Political Behavior*, 36（4）： 899-930.

Scott, D. and L. Russell, 2001, Contracting: The Experience of Service Delivery Agencies, Margaret Harris and Colin Rochester eds., *Voluntary Organisation and Social Policy in Britain: Perspectives on Change and Choice*, Palgrave Macmillan.

Scott, William G., Terence R. Mitchell and Newman S. Peery, 1981, Organizational Governance, Paul C. Nystrom and William H. Starbuck eds., *Handbook of Organizational Design*, 2 ： 135-151.

Simi, Pete and Robert Futrell, 2010, *American Swastika: Inside the White Power Movement's Hidden Spaces of Hate*, Rowman and Littlefield.

Sinha, Subir, 2005, Neoliberalism and Civil Society: Project and Possibilities, Alfredo Saad-Filho and Deborah Johnston eds., *Neoliberalism : A Critical Reader*, Pluto.

Skelcher, Chris and Jacob Torfing, 2010, Improving Democratic Governance through Institutional Design: Civic Participation and Democratic Ownership in Europe, *Regulation and Governance*, 4（1）： 71-91.

Skocpol, Theda, 2002, Will 9 /11 and the War on Terror Revitalize American Civic Democracy?, *PS: Political Science & Politics*, 35（3）： 537-540.

Skocpol, Theda, 2003, *Diminished Democracy: From Membership to Management in American Civic Life*, University of Oklahoma Press.（=2007，河田潤一訳『失われた民主主義──メンバーシップからマネージメントへ』慶應義塾大学出版会.）

Skocpol, Theda and Vanessa Williamson, 2012, *The Tea Party and the Remaking of Republican Conservatism*, Oxford University Press.

Smith, Adam, 1789, *An Inquiry into the Nature and Causes of The Wealth of Nations*, Fifth edition.（=2000-01，水田洋監訳，杉山忠平訳『国富論 1 ～ 4』岩波書店.）

Smith, Steven R. and Michael Lipsky, 1993, *Nonprofits for Hire: The Welfare State in the Age of Contracting*, Harvard University Press.

Snow, David A. and Robert D. Benford, 1988, Ideology, Frame Resonance, and Participant Mobilization, *International Social Movement Research*, 1 ： 197-219.

Snow, David A. and Robert D. Benford, 1992, Master Frames and Cycles of Protest, Aldon Morris and Carol M. Muller eds., *Frontiers in Social Movement Theory*, Yale University Press.

Snow, David A., E. Burke Roshford Jr., Steven K. Worden and Robert D. Benford, 1986, Frame Alignment Processes, Micromobilization, and Movement Participation, *American Sociological Review*, 51 ： 464-481.

Sobel, Joel, 2002, Can We Trust Social Capital?, *Journal of Economic Literature*, 40（1）： 139-154.

Social Exclusion Unit, 2008, Bringing Britain Together: A National Strategy for Neibourhood Renewal, David Byrne ed., *Social Exclusion: the History and Use of a Concept* (*Social Exclusion I*), Routledge.
Somerville, Peter, 2005, Community Governance and Democracy, *Policy & Politics*, 33 (1): 117-144.
Steger, Manfred B., 2009, *Globalization: A Very Short Introduction*, Second edition, Oxford University Press. (=2010, 櫻井公人・櫻井純理・髙嶋正晴訳『新版グローバリゼーション』岩波書店.)
Steiner, Jürg, 2012, *The Foundations of Deliberative Democracy: Empirical Research and Normative Implications*, Cambridge University Press.
Steiner, Jürg, André Bächtiger, Markus Spörndli and Marco R. Steenbergen, 2004, *Deliberative Politics in Action: Analysing Parliamentary Discourse*, Cambridge University Press.
Steuerle, C. Eugene, Van Doorn Ooms, Geoerge Peterson and Robert D. Reischauer ed., 2000, *Vouchers and the Provision of Public Sevices*, Brookings Institution, Urban Institute.
Stevenson, Hayley and John S. Dryzek, 2014, *Democratizing Global Climate Governance*, Cambridge University Press.
Strange, Susan, 1986, *Casino Capitalism*, B. Blackwell. (=2007, 小林襄治訳『カジノ資本主義』岩波書店.)
Strange, Susan, 1996, *The Retreat of the State: The Diffusion of Power in the World Economy*, Cambridge University Press.
Sunstein, Cass R., 2001, *Republic.com*, Princeton University Press. (=2003, 石川幸憲訳『インターネットは民主主義の敵か』毎日新聞社.)
Swift, Adam, 2006, *Political Philosophy: A Beginners' Guide for Students and Politicians*, Second edition, Polity. (=2011, 有賀誠・武藤功訳『政治哲学への招待――自由や平等のいったい何が問題なのか?』風行社.)
Swyngedouw, Eric, 2005, Governance Innovation and the Citizen: The Janus Face of Governance-beyond-the-state, *Urban Studies*, 42 (11): 1991-2006.

T

Tamura, Tetsuki, 2014, Rethinking Grassroots Participation in Nested Deliberative Systems, *Japanese Political Science Review* (online), 2: 63-87.
Tang, Fengyan, Nancy Morrow-Howell and Song-Lee Hong, 2009, Institutional Facilitation in Sustained Volunteering among Older Adult Volunteers, *Social Work Research*, 33: 172-182.
Tanzi, Vito and Ludger Schuknecht, 2000, *Public Spending in the 20th Century: A Global Perspective*, Cambridge University Press.
Tarrow, Sidney, 1989, *Democracy and Disorder: Protest and Politics in Italy, 1965-75*, Clarendon Press.
Tarrow, Sidney, 1998, *Power in Movement: Collective Action and Politics*, Second edition, Cambridge University Press. (=2006, 大畑裕嗣監訳『社会運動の力――集合行為の比較社会学』彩流社.)
Taylor, Marilyn, 1992, The Changing Role of the Nonprofit Sector in Britain, Gidron Benjamin, Ralph M. Kramer and Lester M. Salamon eds., *Government and the Third Sector: Emerging Relationships in Welfare States*, Jossey-Bass.
Taylor, Marilyn, 2003, *Public Policy in the Community*, Palgrave Macmillan.
Taylor, Marilyn and J. Lewis, 1997, Contracting: What Dose it Do to Voluntary and Nonprofit Organizations?, Perri 6 and Jeremy Kendall eds., *The Contract Culture in Public Services: Studies from Britain, Europe and the USA*, Arena.
Thane, Pat, 1996, *Foundations of the Welfare State*, Routledge. (=2000, 深澤和子・深澤敦監訳『イギリス福祉国家の社会史』ミネルヴァ書房.)
Thoits, Peggy A. and Lyndi N. Hewitt, 2001, Volunteer Work and Well-being, *Journal of Health and Social Behavior*, 42 (2): 115-131.
Thompson, James D., 1967, *Organizations in Action: Social Science Bases of Administrative Theory*, McGrow-Hill. (=2012, 大月博司・廣田俊郎訳『行為する組織――組織と管理の理論についての社会科学的基盤』同文館.)

Timebanking UK, 2016, What are the Benefits?, (http://www.timebanking.org/ what-is-timebanking/what-are-the-benefits-of-timebanks).
Tocqueville, Alexis de, 1835, *De la democratie en Amerique*, Paris.（=2015．松本礼二訳『アメリカのデモクラシー 第1巻〈上〉〈下〉，第2巻〈上〉〈下〉』岩波書店．)
Toole, Andrew A. and Drink Czarnitzki, 2010, Commercializing Science: Is There a University "Brain Drain" from Academic Entrepreneurship?, *Management Science*, 56：1599-1614.
Truman, David B., 1951, *The Governmental Process: Political Interests and Public Opinion*, Alfred Knopf.
Tsujinaka, Yutaka and Robert Pekkanen, 2007, Civil Society and Interest Groups in Contemporary Japan, *Pacific Affairs*, 80（3）：419-437.
Tsukamoto, Takashi, 2012, Neoliberalization of the Developmental State: Tokyo's Bottom-Up Politics and State Rescaling in Japan, *International Journal of Urban and Regional Research*, 36（1）：71-89.

U

U.S.Census Bureau, 2012, *Statistical Abstract of the United States: 2012*,（*131st edition*）．

V

Van Dyke, Nella and David S. Meyer eds., 2014, *Understanding the Tea Party Movement*, Ashgate.
Vantilborgh, Tim, Jemima Bidee, Roland Pepermans, Jurgen Willems, Gert Huybrechts and Marc Jegers, 2011, New Deal for NPO Governance and Management: Implications for Volunteers Using Psychological Contract Theory, *Voluntas*, 22：639-657.
Vecchione, Michele et al., 2015, Personal Values and Political Activism: A Cross-national Study, *British Journal of Psychology*, 106（1）：84-106.
Verba, Sidney, Kay Lehman Schlozman and Henry E. Brady, 1995, *Voice and Equality: Civic Voluntarism in American Politics*, Harvard University Press.
Vinken, Henk et al. eds., 2010, *Civic Engagement in Contemporary Japan: Established and Emerging Repertoires*, Springer Science & Business Media.

W・X

Wacquant, Loïc, 1999, *Les prisons de la misere*, Raison D'agir.（=2008．森千香子・菊池恵介監訳『貧困という監獄——グローバル化と刑罰国家の到来』新曜社．）
Walker, Jack L., 1991, *Mobilizing Interest Groups in America: Patrons, Professions, and Social Movements*, University of Michigan Press.
Warren, Mark E., 2002, Deliberative Democracy, April Carter and Geoffrey Stokes eds., *Democratic Theory Today: Challenges for the 21st Century*, Polity.
Watanuki, Joji, 1967, Pattern of Politics in Present-day Japan, S. M. Lipset and S. Rokkan eds., *Party Systems and Voter Alignment*, Free Press.
Webb, Janette, 2007, Seduced or Sceptical Consumers? Organised Action and the Case of Fair Trade Coffee, *Sociological Research Online*, 12（3）．
Weisbrod, Burton A., 1977, *The Voluntary Nonprofit Sector: An Economic Analysis*, Lexington Books.
Welzel, Christian, 2013, *Freedom Rising: Human Empowerment and the Quest for Emancipation*, Cambridge University.
Welzel, Christian and Russell J. Dalton, 2014, From Allegiant to Assertive Citizens, Russell J. Dalton and Christian Welzel eds., *The Civic Culture Transformed: From Allegiant to Assertive Citizens*, Cambridge University Press.

Wilson, Graham K., 2011, Interest Groups and Lobbies, George Thomas Kurian et al. eds., *The Encyclopedia of Political Science*, 3 : 799-802.
Witte, F. John, 2000, *The Market Approach to Education: An Analysis of America's First Voucher Program*, Princeton University Press.
Wohlstetter, Priscilla, Joanna Smith and Courtney L. Malloy, 2005, Strategic Alliances in Action: Toward a Theory of Evolution, *The Policy Studies Journal*, 33 (3): 419-442.

Y

Young, Dennis R., 1998, Commercialism in Nonprofit Social Service Associations: Its Character, Significance, and Rationale, *Journal of Policy Analysis and Management*, 17: 278-297.
Young, Dennis R., 1999, Complementary, Supplementary, or Adversarial? : A Theoretical and Historical Examination of Nonprofit-Government Relations in the United States, Elizabeth T. Boris and C. Eugene Steuerle eds., *Nonprofits and Government: Collaboration and Conflict*, Urban Institute Press. (=2007, 上野真城子・山内直人訳『NPOと政府』ミネルヴァ書房.)
Young, Iris Marion, 1996, Communication and the Other: Beyond Deliberative Democracy, Seyla Benhabib ed., *Democracy and Difference: Contesting the Boundaries of the Political*, Princeton University Press.

Z

Zhirkov, Kirill, 2014, Nativist But Not Alienated: A Comparative Perspective on the Radical Right Vote in Western Europe, *Party Politics*, 20 (2): 286-296.

あ

青木千賀子, 2012, 「ネパールの社会開発におけるマイクロファイナンスの活動とソーシャル・キャピタル」『国際関係研究』33 (1): 35-43.
明石欽司, 2009, 『ウェストファリア条約――その実像と神話』慶應義塾大学出版会.
秋葉武, 2004, 「地方自治体のNPO支援施策・事業委託とガバナンス」『地方自治職員研修』37: 240-246.
明智カイト, 2015, 『誰でもできるロビイング入門――社会を変える技術』光文社.
朝岡誠, 2014, 「誰がデモに参加するのか」田辺俊介編『民主主義の「危機」――国際比較調査からみる市民意識』勁草書房.
浅野有紀, 2002a, 「『契約の自由』と『結社の自由』」日本法哲学会編『法哲学年報2001』有斐閣.
浅野有紀, 2002b, 『法と社会的権力』岩波書店.
足立研幾, 2004, 『オタワプロセス――対人地雷禁止レジームの形成』有信堂高文社.
足立研幾, 2009, 『レジーム間相互作用とグローバル・ガヴァナンス――通常兵器ガヴァナンスの発展と変容』有信堂高文社.
足立研幾, 2010, 「グローバル化の進展と世界志向団体」辻中豊・森裕城編『現代社会集団の政治的機能――利益団体と市民社会』木鐸社.
足立研幾, 2015, 『国際政治と規範――国際社会の発展と兵器使用をめぐる規範の変容』有信堂高文社.

阿満利麿，1996，『日本人はなぜ無宗教なのか』筑摩書房．
雨宮孝子，2002，「NPOと法」山本啓・雨宮孝子・新川達郎編『NPOと法・行政』ミネルヴァ書房．
雨宮孝子，2004，「日本の非営利法人制度の現状」塚本一郎・古川俊一・雨宮孝子編『NPOと新しい社会デザイン』同文舘出版．
新井勝紘，2006，「自由民権と結社」福田アジオ編『結衆・結社の日本史』山川出版社．
新井誠，2014，『信託法 第4版』有斐閣．
荒木昭次郎，1990，『参加と協働——新しい市民＝行政関係の創造』ぎょうせい．
安藤丈将，2013，『ニューレフト運動と市民社会——「六〇年代」の思想のゆくえ』世界思想社．
飯野賢一，2012，「宗教法人法改正とその後の法状況」『愛知学院大学宗教法制研究所紀要』52：1-43．
池田謙一編，2016，『日本人の考え方 世界の人の考え方——世界価値観調査から見えるもの』勁草書房．
池田守男，2011，「公益認定等委員会における審査の実際」『ジュリスト』1421：13-16．
石井研士，2007，『データブック 現代日本人の宗教 増補改訂版』新曜社．
石井研士，2008，『テレビと宗教——オウム以後を問い直す』中央公論新社．
石井研士，2010，「日本人はどれくらい宗教団体を信頼しているのか——宗教団体に関する世論調査から」『東洋学術研究』49（2）：254-274．
石井研士，2011，『世論調査による日本人の宗教性の調査研究』研究課題番号20320014研究成果報告書．
石垣智宏，2014-16，「公教育におけるバウチャー制度導入の効果（1）〜（8・完）」『名古屋大学法政論集』259：175-211，261：115-152，262：229-263，263：185-226，264：289-336，265：121-163，266：219-240，267：193-246．
石川准，1988，「社会運動の戦略的ディレンマ——制度変革と自己変革の狭間で」『社会学評論』154：153-167．
石田雄，1961，『現代組織論』岩波書店．
石村耕治，1992，『日米の公益法人課税法の構造』成文堂．
石村耕治，2003，「不透明な公益法人制度改革基本方針に異議あり！」『サイバー税務研究』6：5-36．
石村耕治，2005，「公益法人制度改革と宗教法人への影響——『営利法人並み課税』への転換と宗教法人への波及問題」『宗教法』宗教法学会，24：21-56．
石村耕治，2011，「イギリスのチャリティ制度改革（2）——『社会的企業』構想実現のための各種共済組合の刷新と地域社会益会社（CIC）制度の創設」『白鴎法學』18（1）：1-207．
石村耕治，2015，「アメリカにおける営利／非営利ハイブリッド事業体をめぐる会社法と税法上の論点——社会貢献活動にかかる事業体選択の法的課題」『白鴎法学』22（1）：1-86．
石村耕治編，2006，『宗教法人法制と税制のあり方——信教の自由と法人運営の透明性の確立』法律文化社．
磯前順一，2012，『宗教概念あるいは宗教学の死』東京大学出版会．
市田行信・吉川郷主・平井寛・近藤克則・小林愼太郎，2005，「マルチレベル分析による高齢者の健康とソーシャルキャピタルに関する研究——知多半島28校区に居住する高齢者9,248人のデータから」『農村計画論文集』7：277-282．
一般社団法人日本フランチャイズチェーン協会，2016，「コンビニエンスストア統計月報」，（http://www.jfa-fc.or.jp/particle/320.html）．
井手弘子，2010，「市民同士の熟議／対話——日本における市民討議会の実証研究」田村哲樹編『政治の発見 5 熟議／対話の政治学』風行社．

伊藤周平，2011，『保険化する社会福祉と対抗構想——「改正」された障害者・高齢者の法と社会保障・税一体改革』山吹書店．
伊藤昌亮，2012，『デモのメディア論——社会運動社会のゆくえ』筑摩書房．
伊藤守・渡辺登・松井克浩・杉原名穂子，2005，『デモクラシー・リフレクション——巻町住民投票の社会学』リベルタ出版．
伊藤るり，1993，「〈新しい社会運動〉論の諸相と運動の現在」山之内靖ほか編集委員『岩波講座 社会科学の方法Ⅷ システムと生活世界』岩波書店．
稲継裕昭，2003，「NPMと日本への浸透」村松岐夫・稲継裕昭編『包括的地方自治ガバナンス改革』東洋経済新報社．
稲場圭信，2012，「宗教の救援活動・応答——宗教者災害救援ネットワークから」『宗教研究』85（4）：935-936．
稲場圭信，2013，「総説 震災復興に宗教は何ができたのか」稲場圭信・黒崎浩行編『震災復興と宗教』明石書店．
稲場圭信・黒崎浩行，2011，「東日本大震災における宗教者・宗教研究者の連携」『宗教と社会貢献』1（2）：99-105．
稲場圭信・黒崎浩行編，2013，『叢書 宗教とソーシャル・キャピタル 4 震災復興と宗教』明石書店．
稲場圭信・櫻井義秀編，2009，『社会貢献する宗教』世界思想社．
井上拓也，1999，「ネオ・プルーラリズムと消費者政治」『茨城大学地域総合研究所年報』32：21-40．
井上武史，2010，「憲法から見た一般社団法人制度——結社の自由の視点からの検討」大石眞・土井真一・毛利透編『各国憲法の差異と接点——初宿正典先生還暦記念論文集』成文堂．
井上武史，2014，『結社の自由の法理』信山社．
稲生信男，2010，『協働の行政学——公共領域の組織過程論』勁草書房．
今井照，2006，「参加，協働と自治——『新しい公共空間』論の批判的検討」『都市問題研究』58（11）：29-45．
今田忠，2014，『概説市民社会論』関西学院大学出版会．
今田忠編，2006，『日本のNPO史』ぎょうせい．
入山映，2012，『市民社会があぶない——改正公益法人制度が日本をほろぼす』幻冬舎ルネッサンス．
岩井克人，2002，「株式会社の本質——その法律的構造と経済的機能」大塚啓二郎ほか編『現代経済学の潮流2002』東洋経済新報社．
岩井克人，2005，『会社はだれのものか』平凡社．
宇井純，1968，『公害の政治学——水俣病を追って』三省堂．
植村邦彦，2010，『市民社会とは何か——基本概念の系譜』平凡社．
鵜飼秀徳，2015，『寺院消滅』日経BP社．
牛山久仁彦，2006，「社会運動と公共政策——政策形成における社会運動のインパクトと「協働」政策の課題」『社会学評論』57（2）：259-274．
後房雄，1988，「公的保障と集団的自助のダイナミズム——保育所づくり運動の展開を手がかりとして」日本政治学会編『年報政治学1988 転換期の福祉国家と政治学』岩波書店．
後房雄，1990，『グラムシと現代日本政治』世界書院．
後房雄，2002，「行政の任務」福田耕治・真渕勝・縣公一郎編『行政の新展開』法律文化社．
後房雄，2006，「福祉国家の再編成と新自由主義——ワークフェアと準市場」日本行政学会編『年報行政研究44 変貌する行政』ぎょうせい．
後房雄，2009，『NPOは公共サービスを担えるか——次の10年への課題と戦略』法律文化社．
後房雄，2012，「NPOからサードセクターへ」『東海社会学会年報』4：7-21．
後房雄，2014，「『準市場』論から見た子ども・子育てシステム改革」日本教育政策学会編『教育ガバ

ナンスの形態』八月書館.
後房雄, 2015a,「日本における準市場の起源と展開——医療から福祉へ, さらに教育へ」『RIETI Discussion Paper Series』15-J-022:1-30.
後房雄, 2015b,「公共サービス改革の進展とサードセクター組織——社団法人, 財団法人の新たな展開」『RIETI Discussion Paper Series』15-J-023:1-122.
後房雄, 2017,「バウチャー制度——準市場の概略と日本における起源と展開」『名古屋大学法政論集』269:ページ数未定.
後房雄・藤岡喜美子, 2016,『稼ぐNPO』カナリアコミュニケーションズ.
内田千秋, 2009,「会社法としての一般社団(・財団)法人法」藤岡康弘編『早稲田大学21世紀COE叢書 企業社会の変容と法創造 第3巻 民法理論と企業法制』日本評論社.
内田満, 1988,『現代アメリカ圧力団体』三嶺書房.
宇野重規, 2013,『民主主義のつくり方』筑摩書房.
宇野重規, 2016,『政治哲学的考察——リベラルとソーシャルの間』岩波書店.
鵜浦裕, 2001,『チャーター・スクール——アメリカ公教育における独立運動』勁草書房.
NHKクローズアップ現代取材班, 2014,『公益法人改革の深い闇』宝島社.
NHK放送文化研究所編, 2015,『現代日本人の意識構造 第8版』NHK出版.
大石眞, 1996,『憲法と宗教制度』有斐閣.
大石眞, 2002,「日本国憲法と宗教法人税制」『宗教法』宗教法学会, 22:19-30.
大石眞・桐ヶ谷章・平野武編, 2000,『憲法20条——その今日的意義を問う』第三文明社.
大久保規子, 2011,「協働の進展と行政法学の課題」磯部力・小早川光郎・芝池義一編『行政法の新構想I——行政法の基礎理論』有斐閣.
大隈義和, 2011,「『公益性』概念と結社の自由 (1) ——『公益法人』制度改革を素材として」『京女法学』1:181-199.
大隈義和, 2013,「『公益性』概念と結社の自由 (2・完) ——『公益法人』制度改革を素材として」『京女法学』5:1-22.
大隈義和, 2014,「結社の自由の射程——公益法人監督制度に関わって」『京女法学』7:95-120.
大澤剛士・赤坂宗光, 2012,「外来植物の駆除現場におけるボランティア活動と事業活動の特性比較」『保全生態学研究』17:271-277.
太田達男, 2012,『非営利法人設立・運営ガイドブック——社会貢献を志す人たちへ』公益財団法人公益法人協会.
大嶽秀夫, 2007,『新左翼の遺産——ニューレフトからポストモダンへ』東京大学出版会.
大谷強, 1984,「行政改革と福祉の将来」『社会主義と労働運動』2月号.
大谷強, 1985,『新・友愛宣言』第一書林.
大津留(北川)智恵子, 2010,「議会における熟議」田村哲樹編『政治の発見 5 語る——熟議/対話の政治学』風行社.
大村敦志, 2003,「『結社の自由』の民法学的再検討・序説」『エヌ・ビー・エル』767:54-63.
大村敦志, 2009,『学術としての民法II 新しい民法学へ』東京大学出版会.
大山七穂, 2001,「価値と政治意識」池田謙一編『政治行動の社会心理学』北大路書房.
岡田順太, 2015,『関係性の憲法理論——現代市民社会と結社の自由』丸善プラネット.
岡田陽介, 2007,「投票参加と社会関係資本——日本における社会関係資本の二面性」『日本政治研究』4 (1):91-116.
岡本仁宏, 2002,「政治学とボランティア」『ボランティア活動研究——特集 理論はボランティア活動をどう語ってきたか』11:50-66.
岡本仁宏, 2004,「市民社会」古賀敬太編『政治概念の歴史的展開 1』晃洋書房.

岡本仁宏，2011，「NPOの政治活動の活性化に向けて」『ボランタリズム研究——特集 政治とボランタリズム』1：3-12.
岡本仁宏，2014，「東日本大震災における18宗教教団の被災者・地支援活動調査について——調査報告に，若干の考察を加えて」，（http://janpora.org/dparchive/pdf/2014003J.pdf）．
岡本仁宏，2015，「次の非営利セクターの課題のために——論点整理と提言」岡本仁宏編『市民社会セクターの可能性——110年ぶりの大改革の成果と課題』関西学院大学出版会．
岡本仁宏編，2015，『市民社会セクターの可能性——110年ぶりの大改革の成果と課題』関西学院大学出版会．
小川有美編，2007，『ポスト代表制の比較政治——熟議と参加のデモクラシー』早稲田大学出版部．
荻野達史，2006，「新たな社会問題群と社会運動」『社会学評論』57（2）：311-329.
小熊英二，2009，『1968（上）——若者たちの叛乱とその背景』新曜社．
小熊英二，2013，「盲点をさぐりあてた試行」小熊英二編『原発を止める人々——3・11から官邸前まで』文藝春秋．
小熊英二編，2013，『原発を止める人々——3・11から官邸前まで』文藝春秋．
小熊英二・上野陽子，2003，『〈癒し〉のナショナリズム——草の根保守運動の実証研究』慶應義塾大学出版会．
小栗実，2005，「公益法人と政治団体の峻別をめぐって 『日歯・連盟』訴訟を素材に」『鹿児島大学法学論集』39（2）：1-52.
小野善康，2003，「結社の憲法上の権利の享有について」『Artes liberales』72：79-98.

か

カーチス，ジェラルド，2009，山岡清二・大野一訳『代議士の誕生』日経BP社．
戒能通厚・楜澤能生編，2008，『企業・市場・市民社会の基礎法学的考察』日本評論社．
賀来健輔・丸山仁編，2000，『政治変容のパースペクティブ——ニュー・ポリティクスの政治学』ミネルヴァ書房．
賀来健輔・丸山仁編，2005，『政治変容のパースペクティブ——ニュー・ポリティクスの政治学Ⅱ』ミネルヴァ書房．
鹿毛利枝子，2002，「『ソーシャル・キャピタル』をめぐる研究動向（2・完）」『法学論叢』152（1）：71-87.
梶田孝道，1988，『テクノクラシーと社会運動——対抗的相補性の社会学』東京大学出版会．
柏木恵，2014，『英国の国営医療改革——ブレア＝ブラウン政権の福祉国家再編政策』日本評論社．
片桐新自，1995，『社会運動の中範囲理論——資源動員論からの展開』東京大学出版会．
香取照幸，1999，「我が国の介護保険制度の特質と成立過程」『保険医療科学』48（1）：2-6.
金川幸司，2006，「自治体とNPOの協働とその評価」立岡浩編『公民パートナーシップの政策とマネジメント』ひつじ書房．
金川幸司，2008，『協働型ガバナンスとNPO——イギリスのパートナーシップ政策を事例として』晃洋書房．
金澤周作，2008，『チャリティとイギリス近代』京都大学学術出版会．
兼平裕子，2012，「法人論の現代的機能——民法上の法人論から公益法人課税の根拠論へ」『愛媛法学会雑誌』38（1）：43-88.
川上直哉，2013，「災害時における諸宗教間連携を通して見えてきた現状と課題」『宗教法』宗教法学会，32：105-128.
川北稔編，2005，『結社のイギリス史——クラブから帝国まで』山川出版社．

河島伸子，2005，「NPOガバナンスの日米比較」『ノンプロフィット・レビュー』5（1）：1-11.
川野祐二，2004，「わが国の『ボランティア』，『NPO』，『NGO』」田尾雅夫・川野祐二編『ボランティア・NPOの組織論』学陽書房．
河原晶子，2010，「行政と市民・住民組織の接触点に関する一試論——市民・住民組織の自律性とはどのようなことか」『立命館産業社会論集』46（1）：247-262.
川脇康生，2014，「地域のソーシャル・キャピタルは災害時の共助を促進するか——東日本大震災被災地調査に基づく実証分析」『ノンプロフィット・レビュー』14（1・2）：1-13.
神作裕之，2003，「非営利法人のガバナンス——コーポレート・ガバナンス論との比較を中心に」『エヌ・ビー・エル』767：23-33.
神作裕之，2007a，「非営利法人と営利法人」内田貴・大村敦志編『民法の争点』有斐閣．
神作裕之，2007b，「一般社団法人と会社」『ジュリスト』1328：36-45.
北川洋一，2003，「地方分権がもたらす行政のマネジメント化とパートナーシップ化」村松岐夫・稲継裕昭編『包括的地方自治ガバナンス改革』東洋経済新報社．
北沢栄，2001，『公益法人 隠された官の聖域』岩波書店．
北村敏泰，2013，『苦縁——東日本大震災 寄り添う宗教者たち』徳間書店．
橘川武郎・久保文克編，2010，『グローバル化と日本型企業システムの変容 1985～2008』ミネルヴァ書房．
紀藤正樹，1995，「宗教法人法の改正とその課題」『法と民主主義』日本民主法律家協会，303（11）：29-31.
木下智史，1990，「アメリカにおける『結社の自由』の概念」佐藤幸治ほか編『人権の現代的諸相』有斐閣．
木下智史，2002，「アメリカ合衆国における『結社』観」『立命館大学人文科学研究所紀要』80：121-133.
木村文輝，2014，「現代日本における『宗教』の意味」『愛知学院大学文学部紀要』44：274-266.
キャンベル，ジョン・クレイトン，2012，「日本とドイツにおける介護保険制度成立の政策過程」『社会科学研究』60（2）：249-277.
久保田滋・樋口直人・矢部拓也・高木竜輔編，2008，『再帰的近代の政治社会学——吉野川可動堰問題と民主主義の実験』ミネルヴァ書房．
久米郁男，2005，『労働政治——戦後政治のなかの労働組合』中央公論社．
倉沢進，1998，『コミュニティ論』放送大学教育振興会．
栗本裕見，2005，「政治アクターとしての非営利組織（1）——アメリカ・クリーブランド市のコミュニティ開発法人（CDCs）を事例として」『大阪市立大學法學雜誌』51（3）：679-716.
訓覇法子，2002，『アプローチとしての福祉社会システム論』法律文化社．
公益財団法人日本漢字能力検定協会，2016，「今年の漢字」公益財団法人日本漢字能力検定協会ホームページ，（http://www.kanken.or.jp/project/edification/years_kanji/history.html）．
公益財団法人庭野平和財団，2013，『宗教団体の社会的貢献活動に関する調査報告書』．
公益認定等委員会事務局編，2013，「公益法人制度の国際比較概略——英米独仏を中心にして」，（https://www.koeki-info.go.jp/pictis_portal/other/pdf/20130801_kokusai_hikaku.pdf）．
公益法人協会編，2015，『英国のチャリティ——その変容と日本への示唆』弘文堂．
国際宗教研究所編，1996a，『宗教法人法はどこが問題か』弘文堂．
国際宗教研究所編，1996b，『阪神大震災と宗教』東方出版．
国際宗教研究所編，2012-16，「現代宗教」，（http://www.iisr.jp/journal/）．
國分功一郎，2013，『来るべき民主主義——小平市都道328号線と近代政治哲学の諸問題』幻冬舎．
小島廣光，2003，『政策形成とNPO法——問題，政策，そして政治』有斐閣．

小島廣光・平本健太編, 2011,『戦略的協働の本質——NPO, 政府, 企業の価値創造』有斐閣.
小田切康彦, 2014,『行政 − 市民間協働の効用——実証的接近』法律文化社.
五野井郁夫, 2012,『「デモ」とは何か——変貌する直接民主主義』NHK出版.
駒村康平, 1995,「英国における社会サービスへの市場メカニズム導入政策の研究体系——Quasi-markets研究の紹介」『海外社会保障情報』112：75-82.
駒村康平, 1999,「介護保険, 社会福祉基礎構造改革と準市場原理」『季刊社会保障研究』35（3）：276-284.
駒村康平, 2004,「疑似市場論——社会福祉基礎構造改革と介護保険に与えた影響」渋谷博史・平岡公一編『福祉の市場化をみる眼』ミネルヴァ書房.
コミュニティ政策学会, 2014,「今なぜコミュニティ政策か」『コミュニティ政策』12：5-55.
児山正史, 1999,「公共サービスにおける利用者の選択——準市場の分析枠組」『名古屋大学法政論集』177：189-222.
児山正史, 2004,「準市場の概念」日本行政学会編『年報行政研究39 ガバナンス論と行政学』ぎょうせい.
児山正史, 2011,「イギリスにおける準市場の優劣論——ルグランの主張と批判・応答」『季刊行政管理研究』133：17-31.
児山正史, 2014a,「準市場の優劣論とイギリスの学校選択の質・応答性への効果」『人文社会論叢（社会科学篇）』31：67-91.
児山正史, 2014b,「準市場の優劣論とイギリスの学校選択の公平性・社会的包摂への影響（1）」『人文社会論叢（社会科学篇）』32：95-110.
児山正史, 2015,「準市場の優劣論とイギリスの学校選択の公平性・社会的包摂への影響（2・完）」『人文社会論叢（社会科学篇）』33：47-67.
近藤克則・平井寛・竹田徳則・市田行信・相田潤, 2010,「ソーシャル・キャピタルと健康」『行動計量学』37：27-37.

さ

財団法人日本宗教連盟, 2006,「『公益法人制度改革（新制度の概要）』における問題点」,（http://jaoro.or.jp/statements/reformation）.
財団法人庭野平和財団, 2009,『宗教団体の社会的貢献活動に関する調査報告書』.
斎藤明聖, 2007,「公益法人制度改革における日本宗教連盟の対応と課題」『宗教法』宗教法学会, 26：1-3.
齋藤かおり・原啓介, 2010,「タイムバンキング制度による新たな"結い社会"の仕組みづくりの実証的研究」『平成22年度国土政策関係研究支援事業研究成果報告書』,（http://www.mlit.go.jp/common/000999550.pdf）.
齋藤純一, 2000,『公共性』岩波書店.
齋藤純一, 2012,「デモクラシーにおける理性と感情」齋藤純一・田村哲樹編『アクセス デモクラシー論』日本経済評論社.
齋藤純一, 2013,「コミュニティ再生の両義性——その政治的文脈」伊豫谷登士翁ほか編『コミュニティを再考する』平凡社.
齋藤崇徳, 2013,「日本における宗教系大学の比較分析——制度的変数を中心として」『東京大学大学院教育学研究科紀要』53：55-66.
坂井宏介, 2005,「政府・非営利組織間の協働関係——その理論的考察」『九大法学』91：45-114.
酒井隆史, 2001,『自由論——現在性の系譜学』青土社.

坂井素思・岩永雅也編，2011，『格差社会と新自由主義』放送大学教育振興会．
坂口正治，2008，「ローカル・ガバナンスと自治体内分権」山本啓編『ローカル・ガバメントとローカル・ガバナンス』法政大学出版局．
坂野達郎，2012，「討議型世論調査（DP）――民意の変容を世論調査で確かめる」篠原一編『討議デモクラシーの挑戦――ミニ・パブリックスが拓く新しい政治』岩波書店．
阪本是丸，2010，「近代宗教法制度と国家神道――明治期を中心に」『宗教法』29：55-69．
坂本治也，2010，『ソーシャル・キャピタルと活動する市民――新時代日本の市民政治』有斐閣．
坂本治也，2012，「NPO-行政間の協働の規定要因分析――市区町村データからの検討」日本政治学会編『年報政治学2012-Ⅱ――現代日本の団体政治』木鐸社．
坂本治也，2015，「サードセクターと政治・行政の相互作用の実態分析――平成26年度サードセクター調査からの検討」『RIETI Discussion Paper Series』15-J-025：1-34．
坂本治也，2016，「政府への財政的依存が市民社会のアドボカシーに与える影響――政府の自律性と逆U字型関係に着目した新しい理論枠組み」『RIETI Discussion Paper Series』16-J-036：1-34．
坂本治也・辻中豊，2012，「NPO政治の分析視角」辻中豊・坂本治也・山本英弘編『現代日本のNPO政治――市民社会の新局面』木鐸社．
佐久間毅，2008a，『民法の基礎1 総則 第3版』有斐閣．
佐久間毅，2008b，「非営利法人法のいま」『法律時報』80（11）：12-17．
佐久間毅，2012，「非営利法人に関する法の現状と課題」『私法』74：151-153．
桜井政成，2007，『ボランティアマネジメント』ミネルヴァ書房．
桜井政成，2013，「東日本大震災における大学生の被災地・被災者支援行動」『立命館人間科学研究』28：55-65．
桜井政成・津止正敏編，2009，『ボランティア教育の新地平――サービスラーニングの原理と実践』ミネルヴァ書房．
櫻井義秀，2011，「ソーシャル・キャピタル論の射程と宗教」『宗教と社会貢献』1（1）：27-51．
佐々木浩規，2008，「宗教団体課税制度に関する一考察――宗教団体免税制度における審査基準の構築を中心に（1）」『専修法研論集』43：241-289．
佐々木浩規，2009，「宗教団体課税制度に関する一考察――宗教団体免税制度における審査基準の構築を中心に（2・完）」『専修法研論集』44：83-145．
佐藤竺・渡辺保男編，1975，『住民参加の実践――住民主体の行政はどう試みられているか』学陽書房．
佐藤岩夫，2007，「総論」比較法学会編『比較法研究2007 アソシエーション法の比較研究――〈国家-社会-個人〉をつなぐ法のすがた』有斐閣．
佐藤卓利，2008，『介護サービス市場の管理と調整』ミネルヴァ書房．
佐藤徹，2006，「協働の評価」山口道昭編『協働と市民活動の実務』ぎょうせい．
佐藤誠，2003，「社会資本とソーシャル・キャピタル」『立命館国際研究』16（1）：1-30．
佐藤慶幸，1988，『女性たちの生活ネットワーク――生活クラブに集う人びと』文眞堂．
佐藤慶幸，2002，「NPOセクターと市民民主主義」奥林康司・稲葉元吉・貫隆夫編『NPOと経営学』中央経済社．
佐藤慶幸・天野正子・那須壽編，1995，『女性たちの生活者運動――生活クラブを支える人びと』マルジュ社．
佐橋克彦，2006，『福祉サービスの準市場化――保育・介護・支援費制度の比較から』ミネルヴァ書房．
塩野宏，2009，「行政法における『公益』について――公益法人制度改革を機縁として」『日本學士院紀要』64（1）：25-50．
塩原勉編，1989，『資源動員と組織戦略――運動論の新パラダイム』新曜社．
重冨真一，2002，「NGOのスペースと現象形態――第3セクター分析におけるアジアからの視角」『レ

ヴァイアサン』31：38-62.
自治大学校研究部, 1977,『戦後自治史Ⅰ 第1巻』文生書院.
篠藤明徳, 2012,「市民討議会――日本の政治文化を拓く」篠原一編『討議デモクラシーの挑戦――ミニ・パブリックスが拓く新しい政治』岩波書店.
篠藤明徳・吉田純夫・小針憲一, 2009,『自治を拓く市民討議会――広がる参画・事例と方法』イマジン出版.
篠原一, 1977,『市民参加』岩波書店.
篠原一編, 2012,『討議デモクラシーの挑戦――ミニ・パブリックスが拓く新しい政治』岩波書店.
渋谷望, 2003,『魂の労働――ネオリベラリズムの権力論』青土社.
島崎謙治, 2011,『日本の医療――制度と政策』東京大学出版会.
島薗進, 1996,「宗教界に突き付けられた今後の課題」国際宗教研究所編『宗教法人法はどこが問題か』弘文堂.
島薗進, 2008,「宗教法人の公益性とは何か」日蓮宗現代宗教研究所編『現代宗教研究』日蓮宗宗務院.
島薗進, 2010,『国家神道と日本人』岩波書店.
島薗進・磯前順一編, 2014,『宗教と公共空間――見直される宗教の役割』東京大学出版会.
島田裕巳, 2009,『無宗教こそ日本人の宗教である』角川グループパブリッシング.
島田裕巳, 2016,『宗教消滅――資本主義は宗教と心中する』SBクリエイティブ.
清水直樹, 2012,「地方政府の政策実施にかかる時間に影響を与える要因――定額給付金データを用いた生存分析」『政策科学』19（3）：111-121.
社会福祉法人の在り方研究会, 2007,『社会福祉法人の在り方研究会報告書』社会福祉法人大阪府社会福祉協議会.
社会福祉法人の在り方等に関する検討会, 2014,「社会福祉法人制度の在り方について」,（http://www.mhlw.go.jp/file/05-Shingikai-12201000-Shakaiengokyokushougaihokenfukushibu-Kikakuka/0000050215.pdf）.
宗教者災害支援連絡会編, 2016,『災害支援ハンドブック――宗教者の実践とその協働』春秋社.
宗教情報リサーチセンター, 2015,「宗教系学校リンク集」,（http://www.rirc.or.jp/）.
ショー, マーチン, 1997, 高屋定國・松尾眞訳『グローバル社会と国際政治』ミネルヴァ書房.
上丸洋一, 2011,『『諸君！』『正論』の研究――保守言論はどう変容してきたか』岩波書店.
神社本庁, 2016,「神道には教義や教典や教祖といったものはなく、八百万と言われるほど多くの神々を信仰の対象としています」,（http://www.jinjahoncho.or.jp/en/publications/nature/jp03.html）.
新藤宗幸, 2003,「『協働』論を超えて――政府形成の原点から」『地方自治職員研修』72：9-10.
菅充行, 2008,「宗教法人と情報公開――日香寺（鳥取県）事件判決について」『宗教法』宗教法学会, 27：65-76.
菅谷章, 1976,『日本医療制度史』三陽社.
菅谷章, 1987,『日本社会政策史論 増補改訂』日本評論社.
菅原琢, 2009,『世論の曲解――なぜ自民党は大敗したのか』光文社.
須田木綿子, 2011,『対人サービスの民営化――行政-営利-非営利の境界線』東信堂.
炭谷茂編, 2003,『社会福祉基礎構造改革の視座』ぎょうせい.
政府広報オンライン, 2012,「協同組合がよりよい社会を築きます～2012年は国連の定めた国際協同組合年～」,（http://www.gov-online.go.jp/topics/kyodokumiai/）.
善教将大, 2013,『日本における政治への信頼と不信』木鐸社.
善教将大, 2016,「社会期待迎合バイアスと投票参加――リスト実験による過大推計バイアスの軽減」『法と政治』66（4）：1-21.
全国社会福祉法人経営者協議会, 2016,『社会福祉法改正のポイント』全国社会福祉協議会.

曽我謙悟，2002，「アーバン・ガバナンスの意義・要素・態様」『TOMMOROW』16（2）：19-26．
宋財泫・善教将大，2016，「コンジョイント実験の方法論的検討」『法と政治』67（2）：67-108．

た

第二東京弁護士会・消費者問題対策委員会編，1995，『論争宗教法人法改正』緑風出版．
高木鉦作，1961，「再編されつつある町内会・部落会」木村禧八郎・都丸泰助編『地方自治体と住民』三一書房．
高木正朗，1999，『阪神・淡路大震災と宗教教団の対応――資料』立命館大学災害社会学研究会．
髙佐宣長，2008，「現宗研だより 教団論セミナー」『宗報』平成20年10月号（第247号 改訂 第79号）．
高畠通敏，1979，「大衆運動の多様化と変質」日本政治学会編『年報政治学 55年体制の形成と崩壊――続・現代日本の政治過程』岩波書店．
高原基彰，2006，『不安型ナショナリズムの時代』洋泉社．
高村学人，2007，『アソシアシオンへの自由――〈共和国〉の論理』勁草書房．
高寄昇三，1980，『住民投票と市民参加』勁草書房．
高寄昇三，1996，『現代イギリスの都市政策』勁草書房．
田口富久治，1969，『社会集団の政治機能』未來社．
武内和久・竹之下泰志，2009，『公平・無料・国営を貫く英国の医療改革』集英社．
田近肇，1999，「アメリカ合衆国における宗教団体制度（1）――憲法的視点からの検討」『法学論叢』145（5）：55-76．
田近肇，2000，「アメリカ合衆国における宗教団体制度（2・完）――憲法的視点からの検討」『法学論叢』147（5）：27-46．
田近肇，2002，「アメリカの宗教法人税制の検討――憲法の視点から（第43回宗教法学会）」『宗教法』宗教法学会，21：231-250．
田近肇，2008，「宗教の公益性と憲法」初宿正典ほか編集委員『国民主権と法の支配――佐藤幸治先生古稀記念（下）』成文堂．
田近肇，2014，「大規模自然災害の政教問題」『臨床法務研究』13：15-39．
田近肇，2015，「日本における憲法と宗教法人法――比較法的検討」『宗教法』宗教法学会，34：109-134．
田中明彦，1996，『新しい「中世」――21世紀の世界システム』日本経済新聞社．
田中治，2006，「公益法人制度の改革と宗教法人」『宗教法』宗教法学会，25：1-17．
田中辰雄・山口真一，2016，『ネット炎上の研究――誰があおり，どう対処するのか』勁草書房．
田中弥生，2006，『NPOが自立する日――行政の下請け化に未来はない』日本評論社．
谷本寛治，2002，『企業社会のリコンストラクション』千倉書房．
田村哲樹，2008，『熟議の理由――民主主義の政治理論』勁草書房．
田村哲樹，2010a，「親密圏における熟議／対話の可能性」田村哲樹編『政治の発見 5 語る――熟議／対話の政治学』風行社．
田村哲樹，2010b，「熟議民主主義における『理性と情念』の位置」『思想』1033：152-171．
田村哲樹，2012，「福祉国家の変容とデモクラシー」齋藤純一・田村哲樹編『アクセス デモクラシー論』日本経済評論社．
田村哲樹，2013，「熟議民主主義は自由民主主義的か？――『熟議システム』概念の射程」『政治思想研究』13：135-161．
中外日報社，2011-12，「東日本大震災教団アンケート（2011.09.08，2011.09.24，2011.09.27，2011.09.29，2012.09.08，2012.09.11，2012.09.13）」，（http://www.chugainippoh.co.jp/higashinihon/index.html）．

塚田穂高，2015，『宗教と政治の転換点——保守合同と政教一致の宗教社会学』花伝社．
塚本一郎，2002，「公共政策の変化とNPO・政府のパートナーシップ（上）」『経営論集』50：147-159．
塚本一郎，2004，「NPOの経済・政治理論」塚本一郎・古川俊一・雨宮孝子編『NPOと新しい社会デザイン』同文館出版．
辻大介，2011，「『ネット右翼』的なるものの虚実——調査データからの実証的検討」小谷敏ほか編『若者の現在』日本図書センター．
辻中豊，1988，『利益集団』東京大学出版会．
辻中豊編，2002，『現代日本の市民社会・利益団体』木鐸社．
辻中豊・坂本治也・山本英弘編，2012，『現代日本のNPO政治——市民社会の新局面』木鐸社．
辻中豊・森裕城編，2010，『現代社会集団の政治的機能——利益団体と市民社会』木鐸社．
辻中豊／ロバート・ペッカネン／山本英弘編，2009，『現代日本の自治会・町内会——第1回全国調査にみる自活力・ネットワーク・ガバナンス』木鐸社．
筒井淳也，2016，『結婚と家族のこれから——共働き社会の限界』光文社．
堤未果，2008，『ルポ 貧困大国アメリカ』岩波書店．
堤未果，2010，『ルポ 貧困大国アメリカⅡ』岩波書店．
寺沢重法，2011，「現代日本における宗教とボランティア活動——JGSS（日本版General Social Surveys）の計量分析から」『日韓次世代学術フォーラム国際学術大会 発表予稿集』8：197-200，(http://hdl.handle.net/2115/47178)．
テンニエス，1957，杉之原寿一訳『ゲマインシャフトとゲゼルシャフト——純粋社会学の基本概念』岩波書店．
東郷寛，2008，「知識創造の条件整備としての公民パートナーシップ——コープロダクションの視点から」『非営利法人研究学会誌』10：117-128．
鳥取県，2007，「宗教法人から提出された書類の情報公開に係る訴訟の判決の確定について」，(http://www.pref.tottori.lg.jp/80839.htm)．
富永京子，2015，「社会運動の変容と新たな『戦略』——カウンター運動の可能性」山崎望編『奇妙なナショナリズムの時代——排外主義に抗して』岩波書店．

な

内閣府子ども・子育て支援新制度施行準備室，2015，「子ども・子育て支援新制度について」，(http://www8.cao.go.jp/shoushi/shinseido/outline/pdf/setsumei.pdf)．
永井伸美，2005，「イギリスにおける政府とボランタリーセクターの協働——ナショナル・コンパクトの挑戦」『同志社法学』57（3）：147-182．
中川正晴，2012，「宗教団体課税制度をめぐる一考察——米国の免税資格取消訴訟を参考に」『商大論集』64（2）：15-42．
中澤秀雄，2004，『住民投票運動とローカルレジーム——新潟県巻町と根源的民主主義の細道，1994-2004』ハーベスト社．
中澤秀雄・野澤慎太朗・陳威志，2015，「シビック・パワーの場としての世田谷——活動する市民の『社会関係資本』を探る」『都市社会研究』7：136-152．
中田裕康，2003，「公益法人制度の問題の構造」『エヌ・ビー・エル』767：12-22．
中田実編，2000，『世界の住民組織——アジアと欧米の国際比較』自治体研究社．
永田祐，2011，『ローカル・ガバナンスと参加——イギリスにおける市民主体の地域再生』中央法規．
中谷美穂，2005，『日本における新しい市民意識——ニュー・ポリティカル・カルチャーの台頭』慶

應義塾大学出版会.
中野敏男, 1999, 「ボランティア動員型市民社会論の陥穽」『現代思想』27 (5): 72-93.
中野敏男, 2001, 『大塚久雄と丸山眞男——動員, 主体, 戦争責任』青土社.
中野智之・高木秀明, 2009, 「適応指導教室における学生ボランティアの通室生に対するかかわり方について——教職員との差異を中心に」『横浜国立大学教育人間科学部紀要』8: 73-87.
長畑周史, 2014, 「非営利法人のガバナンスの問題点についての試論 倉持和雄教授退職記念号」『横浜市立大学論叢 社会科学系列』65 (1): 235-248.
長畑周史, 2016, 「非営利法人における利害関係者の利益と責任追及の動機不均衡」『法学研究』89 (1): 1.
中村一成, 2014, 『ルポ 京都朝鮮学校襲撃事件——〈ヘイトクライム〉に抗して』岩波書店.
名和田愉是彦, 2009, 「現代コミュニティ制度論の視角」名和田是彦編『コミュニティの自治——自治体内分権と協働の国際比較』日本評論社.
新川達郎, 2004, 「パートナーシップの失敗——ガバナンス論の展開可能性」『年報行政研究』39: 26-47.
新川達郎, 2005, 「NPOと利益集団・圧力団体」川口清史・田尾雅夫・新川達郎編『よくわかるNPO・ボランティア』ミネルヴァ書房.
新川達郎編, 2011, 『公的ガバナンスの動態研究——政府の作動様式の変容』ミネルヴァ書房.
西久美子, 2009, 「"宗教的なもの"にひかれる日本人~ISSP国際比較調査 (宗教) から~」『放送研究と調査』59 (5): 66-81.
西尾勝, 1975, 『権力と参加——現代アメリカの都市行政』東京大学出版会.
西尾勝, 2001, 『行政学 新版』有斐閣.
西澤由隆, 2004, 「政治の二重構造と『関わりたくない』意識——Who said I wanted to participate?」『同志社法學』55 (5): 1215-1243.
似田貝香門, 1991, 「現代社会の地域集団」青井和夫編『地域社会学』サイエンス社.
似田貝香門編, 2008, 『自立支援の実践知——阪神・淡路大震災と共同・市民社会』東信堂.
日蓮宗現代宗教研究所編, 2008, 『現代宗教研究』日蓮宗宗務院.
日宗連事務局長, 2006, 『公益法人制度改革について (質問と要請)』(日宗連事務局長より内閣官房行政改革推進事務局へ), 2006年12月.
日宗連理事長, 2006, 『『公益法人制度改革 (新制度の概要)』に関する意見書』, 2006年2月24日.
仁平典宏, 2005, 「ボランティア活動とネオリベラリズムの共振問題を再考する」『社会学評論』56 (2): 485-499.
仁平典宏, 2011, 『『ボランティア』の誕生と終焉——〈贈与のパラドックス〉の知識社会学』名古屋大学出版会.
仁平典宏, 2014a, 「福祉国家と市民社会の『相互排除パラダイム』を再考する」『福祉社会学研究』11: 46-59.
仁平典宏, 2014b, 「社会保障——ネオリベラル化と普遍主義化のはざまで」小熊英二編『平成史 増補新版』河出書房新社.
日本政策金融公庫総合研究所編, 2015, 『日本のソーシャルビジネス』同友館.
日本ファンドレイジング協会編, 2015, 『寄付白書2015』.
能見善久, 2003, 「法人の法的意義の再検討」『エヌ・ビー・エル』767: 43-53.
野崎隆一ほか, 2014, 「座談会——コミュニティ施策の方向性」『都市政策』155: 54-64.
野間易通, 2015, 『在日特権の虚構 増補版』河出書房新社.
野宮大志郎編, 2002, 『社会運動と文化』ミネルヴァ書房.
野宮大志郎・西城戸誠編, 2016, 『サミット・プロテスト——グローバル化時代の社会運動』新泉社.

は

ハーバーマス，ユルゲン，2014，庄司信ほか訳『自然主義と宗教の間——哲学論集』法政大学出版局．
ハーバーマス，ユルゲンほか，2014，箱田徹・金城美幸訳『公共圏に挑戦する宗教——ポスト世俗化時代における共棲のために』岩波書店．
ハイエク，F・H，1988，渡部茂訳『新装版ハイエク全集第10巻 自由人の政治的秩序——法と立法と自由Ⅲ』春秋社．
萩原久美子，2006，『迷走する両立支援——いま，子どもをもって働くということ』太郎次郎社エディタス．
長谷川公一，1985，「社会運動の政治社会学——資源動員論の意義と課題」『思想』737：126-157．
長谷川正浩，2008，「公益法人制度改革の現状と展望」日蓮宗現代宗教研究所編『現代宗教研究』日蓮宗宗務院，1：39-62．
秦正樹，2015，「若年層の政治関心に与える政治的社会化の効果——学校と家庭における政治教育に注目して」『六甲台論集』60（1）：15-36．
埴淵知哉，2007，「NPO法人の地理的不平等分布——都市システム論の観点から」『ノンプロフィット・レビュー』7（1）：35-46．
馬場英朗，2013，「非営利組織のガバナンス——市民主体によるモニタリングの理念と現実」『地域社会デザイン研究』1：9-19．
早瀬昇・松原明，2004，『NPOがわかるQ&A』岩波書店．
原田晃樹・藤井敦史・松井真理子，2010，『NPO再構築への道——パートナーシップを支える仕組み』勁草書房．
原田直樹・梶原由紀子・吉川未桜・樋口善之・江上千代美・四戸智昭・杉野浩幸・松浦賢長，2011，「大学生ボランティアによる学校児童生徒への支援ニーズに関する研究」『福岡県立大学看護学部紀要』8（1）：1-9．
比較法学会編，2007，『比較法研究2007 アソシエーション法の比較研究——〈国家-社会-個人〉をつなぐ法のすがた』有斐閣．
樋口直人，2014，『日本型排外主義——在特会・外国人参政権・東アジア地政学』名古屋大学出版会．
樋口直人，2015，「ソーシャル・キャピタルと社会運動」坪郷實編『ソーシャル・キャピタル』ミネルヴァ書房．
樋口直人・中澤秀雄・水澤弘光，1998，「住民運動の組織戦略——政治的機会構造と誘因構造に注目して」『社会学評論』49（4）：498-512．
樋口美佐子，2004，「宗教条項の議論を巡って——アメリカ憲法」『宗教法』23：53-93．
樋口陽一，1996，『一語の辞典——人権』三省堂．
樋口陽一，2007，『憲法 第3版』創文社．
日野愛郎，2005，「ニュー・ポリティクス理論の展開と現代的意義——イングルハートの議論を中心に」賀来健輔・丸山仁編『政治変容のパースペクティブ——ニュー・ポリティクスの政治学Ⅱ』ミネルヴァ書房．
平林祐子，2013，「何が『デモのある社会』をつくるのか——ポスト3.11のアクティヴィズムとメディア」田中重好・舩橋晴俊・正村俊之編『東日本大震災と社会学——大災害を生み出した社会』ミネルヴァ書房．
平山順子・柏木惠子，2001，「中年期夫婦のコミュニケーション態度——夫と妻は異なるのか？」『発達心理学研究』12（3）：216-227．
福田アジオ編，2006，『結衆・結社の日本史』山川出版社．

藤井敦史・原田晃樹・大高研道編, 2013, 『闘う社会的企業――コミュニティ・エンパワーメントの担い手』勁草書房.
藤田幸一郎, 1988, 『都市と市民社会――近代ドイツ都市史』青木書店.
藤谷武史, 2004-05, 「非営利公益団体課税の機能的分析（1）～（4・完）――政策税制の租税法学的考察」『国家学会雑誌』117（11・12）: 1021-1129, 118（1・2）: 1-110,（3・4）: 220-322,（5・6）: 487-599.
藤谷武史, 2008, 「アメリカのアソシエーション法――多元的社会におけるアソシエーションと法の動態」『比較法研究』69: 16-32.
藤山みどり, 2011, 「宗教界の震災支援が報道されない理由～阪神・東日本大震災の比較より～（1）（2）」,（http://www.circam.jp/reports/02/detail/id=2007）（http://www.circam.jp/reports/02/detail/id=2008）.
藤原究, 2009, 「公益法人制度改革と宗教法人税制のあり方に関する一考察」『早稲田法学会誌』60（1）: 493-521.
藤原究, 2013, 「宗教団体の公益性と公益活動」『早稲田大学社会安全政策研究所紀要』6: 29-47.
藤原広美, 2013, 「ネット時代の積極的市民参加（civic engagement）――日韓比較調査」『立命館産業社会論集』49（2）: 119-136.
舟橋徹, 2008, 「宗務行政の原状について（添付資料含）」『宗教法』2009年11月号.
舩橋晴俊・長谷川公一・畠中宗一・勝田晴美, 1985, 『新幹線公害――高速文明の社会問題』有斐閣.
舩橋晴俊・畠中宗一・長谷川公一・梶田孝道, 1988, 『高速文明の地域問題――東北新幹線の建設・紛争と社会的影響』有斐閣.
古川考順, 1991, 『児童福祉改革』誠信書房.
古川考順, 1997, 『社会福祉のパラダイム転換』有斐閣.
古川考順, 1998, 『社会福祉基礎構造改革』誠信書房.
文化庁, 2008, 『海外の宗教事情に関する調査報告書』, 2008年3月.
文化庁, 2010a, 『海外の宗教事情に関する調査報告書 資料編1 イギリス宗教関係法令集』, 2010年3月.
文化庁, 2010b, 『海外の宗教事情に関する調査報告書 資料編5 アメリカ宗教関係法令集』, 2010年3月.
文化庁, 2016, 『宗教年鑑平成27年版』.
文化庁次長, 1994, 「文化庁次長通達 行政手続法の施行及びこれに伴う宗教法人法の一部改正について」庁文宗第105号.
文化庁文化部宗教課, 2015, 『宗教関連統計に関する資料（文化庁「平成26年度宗教法人等の運営に係る調査」委託業務）』.
ペイン, トマス, 1971, 西川正身訳『人間の権利』岩波書店.
星野英一, 1998, 『民法のすすめ』岩波書店.
堀田力, 2011, 「制度設計の歪みが起こす問題点」『ジュリスト』1421: 32-38.
堀勝洋, 2009, 『社会保障・社会福祉の原理・法・政策』ミネルヴァ書房.
本川裕, 2014, 「社会実情データ図録」,（http://www2.ttcn.ne.jp/honkawa/5215.html）.
本郷正武, 2007, 『HIV/AIDSをめぐる集合行為の社会学』ミネルヴァ書房.

ま

前山総一郎, 2015, 「米国の都市内分権の形成とコミュニティ人材育成――ロングビーチ市『Neighborhood Leadership Program』」『福山市立大学都市経営』8: 25-39.

松下圭一，1971，『シビル・ミニマムの思想』東京大学出版会.
松下圭一，1985，『市民文化は可能か』岩波書店.
松下圭一，2005，『自治体再構築』公人の友社.
松原治郎・似田貝香門編，1976，『住民運動の論理――運動の展開過程・課題と展望』学陽書房.
松元暢子，2014，「非営利法人の役員の信認義務――営利法人の役員の信認義務との比較考察」商事法務.
丸山真央，2010，「ネオリベラリズムの時代における東京の都市リストラクチュアリング研究に向けて」『日本都市社会学会年報』28：219-235.
丸山真央，2015，『「平成の大合併」の政治社会学――国家のリスケーリングと地域社会』御茶の水書房.
丸山真央・仁平典宏・村瀬博志，2008，「ネオリベラリズムと市民活動／社会運動――東京圏の市民社会組織とネオリベラル・ガバナンスをめぐる実証分析」『大原社会問題研究所雑誌』602：51-68.
三浦麻子・小林哲郎，2015，「オンライン調査モニタのSatisficeに関する実験的研究」『社会心理学研究』31（1）：1-12.
三木英，2015，『宗教と震災――阪神・淡路，東日本のそれから』森話社.
三木英編，2001，『復興と宗教――震災後の人と社会を癒すもの』東方出版.
三木秀夫，2015，「非営利法人における『政治活動』――NPOへの誤解と公益不認定問題」『公益・一般法人』2015年6月15日号：4-15.
水谷利亮，1995，「福祉多元主義と『第三者政府』――社会サービス供給システムにおける民間非営利セクターの機能をめぐって」『法学雑誌』42（2）：361-386.
三谷はるよ，2014，「日本人の宗教性とボランティア行動」『ソシオロジ』58（3）：3-18.
道場親信，2008，『抵抗の同時代史――軍事化とネオリベラリズムに抗して』人文書院.
宮澤佳贋，2006，「宗教法人と情報公開――鳥取県の宗教法人情報開示事件を巡って」『宗教法』宗教法学会，25：19-28.
宮永健太郎，2011，『環境ガバナンスとNPO――持続可能な地域社会へのパートナーシップ』昭和堂.
宮本憲一，1970，『公害と住民運動』自治体研究社.
ミル，J・S，1971，塩尻公明・木村健康訳『自由論』岩波書店.
棟久敬，2015，「信教の自由の保護範囲と国家の宗教的・世界観的中立性（2）」『一橋法学』14（2）：677-696.
村田文世，2009，『福祉多元化における障害当事者組織と「委託関係」――自律性維持のための戦略的組織行動』ミネルヴァ書房.
村松岐夫，1981，『戦後日本の官僚制』東洋経済新報社.
村松岐夫，1999，「新公共管理法（NPM）時代の説明責任」『都市問題研究』51（11）：3-15.
村松岐夫・伊藤光利・辻中豊，1986，『戦後日本の圧力団体』東洋経済新報社.
村松岐夫・久米郁男編，2006，『日本政治変動の30年――政治家・官僚・団体調査に見る構造変容』東洋経済新報社.
村山皓，2003，『日本の民主政の文化的特徴』晃洋書房.
目加田説子，2003，『国境を超える市民ネットワーク――トランスナショナル・シビルソサエティ』東洋経済新報社.
毛利嘉孝，2009，『ストリートの思想――転換期としての1990年代』NHK出版.
森裕亮，2014，「地方府と自治会間のパートナーシップ形成における課題――「行政委嘱員制度」がもたらす影響』渓水社.
森裕亮，2015，「地域における自治会の役割とその担い手――可能性と課題」『都市問題』106（5）：

11-16.

森裕城・久保慶明, 2014, 「データからみた利益団体の民意表出——有権者調査・利益団体調査・圧力団体調査の分析」日本政治学会編『年報政治学2014-Ⅰ——民意』木鐸社.

森泉章, 1983, 「団体に関する法技術」芦部信喜ほか編『岩波講座基本法学 2』岩波書店.

や

八代尚宏, 2003, 『規制改革——「法と経済学」からの提言』有斐閣.
八代尚宏, 2011, 『新自由主義の復権——日本経済はなぜ停滞しているのか』中央公論新社.
八代尚宏, 2013, 『規制改革で何が変わるのか』筑摩書房.
安田浩一, 2012, 『ネットと愛国——在特会の「闇」を追いかけて』講談社.
柳瀬昇, 2015, 『熟慮と討議の民主主義理論——直接民主制は代議制を乗り越えられるか』ミネルヴァ書房.
山内直人, 2004, 『NPO入門 第2版』日本経済新聞社.
山内直人, 2007, 「やさしい経済学——非営利部門と統計整備」, 日本経済新聞11月9日朝刊記事.
山影進編, 2012, 『主権国家体系の生成——「国際社会」認識の再検証』ミネルヴァ書房.
山口定, 2004, 『市民社会論——歴史的遺産と新展開』有斐閣.
山崎聖子, 2016, 「世界価値観調査とは」池田謙一編『日本人の考え方 世界の人の考え方——世界価値観調査から見えるもの』勁草書房.
山下祐介・菅磨志保, 2002, 『震災ボランティアの社会学——〈ボランティア=NPO〉社会の可能性』ミネルヴァ書房.
山城章編, 1980, 『ノン・ビジネス経営の構築』ビジネス教育出版社.
山田創一, 1998, 「公益法人の目的の範囲」『山梨学院大学法学論集』39：172-195.
山田創一, 1999a, 「政治献金と法人の目的の範囲——アメリカにおける政治資金規制を素材として（1）」『山梨学院大学法学論集』42：241-271.
山田創一, 1999b, 「政治献金と法人の目的の範囲——アメリカにおける政治資金規制を素材として（2・完）」『山梨学院大学法学論集』43：29-76.
山田創一, 2000, 「政治活動と公益法人の目的の範囲——日本弁護士連合会総会決議無効訴訟を素材として 宮坂廣作教授退職記念号」『山梨学院大学法学論集』45：131-191.
山田創一, 2006, 「法人の目的の範囲と構成員の協力義務の限界論との関係」『専修大学法学研究所紀要』31：1-42.
山田久, 2012, 『市場主義3.0』東洋経済新報社.
山田正人, 2010, 『経産省の山田課長補佐, ただいま育休中』文藝春秋.
山田真裕, 2008, 「日本人の政治参加と市民社会——1976年から2005年」『法と政治』58（3・4）：1042-1014.
山田真裕, 2016, 『政治参加と民主政治』東京大学出版会.
山本啓, 2014, 『パブリック・ガバナンスの政治学』勁草書房.
山本隆編, 2014, 『社会的企業論——もうひとつの経済』法律文化社.
山本英弘, 2010, 「利益団体のロビイング——3つのルートと政治的機会構造」辻中豊・森裕城編『現代社会集団の政治機能——利益団体と市民社会』木鐸社.
山本英弘, 2017, 「社会運動を許容する政治文化の可能性——ブール代数分析を用いた国際比較による検討」『山形大学紀要（社会科学）』47（2）：ページ数未定.
山本英弘・西城戸誠, 2004, 「イベント分析の展開——政治的機会構造論との関連を中心に」曽良中清司・長谷川公一・町村敬志・樋口直人編『社会運動という公共空間——理論と方法のフロンティ

ア』成文堂.
山本吉宣,2008,『国際レジームとガバナンス』有斐閣.
横大道聡,2011,「チャリティの憲法学——『チャリティ』団体に対する免税と憲法89条後段の解釈」『企業と法創造』7(5):52-69.
横浜市市民活動推進検討委員会,1999,『横浜市市民活動推進検討委員会報告書』.
吉岡喜吉,2005,「人口・世帯・居住の形態から計量される内部結束型ソーシャル・キャピタル」山内直人・伊吹英子編『日本のソーシャル・キャピタル』大阪大学大学院国際公共政策研究科NPO研究情報センター.
吉川滋,2009,「公益法人等の金融資産収益に対する課税」『社会科学研究』29:147-185.
吉田忠彦,2015,「2つの白書から読み解く 110年ぶりの公益法人制度改革は成功したか?」『一般・公益法人』888:4-12.
吉原健二・和田勝,2008,『日本医療保険制度 増補改訂版』東洋経済新報社.

ら

リピエッツ,アラン,2011,井上泰夫訳『サードセクター 新しい公共と新しい経済』藤原書店.
ロイター,2016,「中国,共産党によるNGO管理を強化 ガイドライン公表」,2016年8月22日.

わ

渡戸一郎,2007,「動員される市民活動?——ネオリベラリズム批判を超えて」『年報社会学論集』20:25-36.
綿貫譲治,1997,「出生コーホートと伝統的価値」綿貫譲治・三宅一郎『環境変動と態度変動』木鐸社.

索　引　INDEX

あ

新しい社会運動 ……………………………… 23, 43
圧力団体 …………………………………………… 75, 85
アドボカシー ……… 12, 15, 67, 76, 146, 147, 148, 149, 170, 175, 188, 195, 230, 237, 249, 274
――なきメンバーたち ……………………… 51, 237
イングルハート, R. ……………… 11, 130, 131, 279
インターネット …………………… 288, 289, 291, 292
NGO ……………………… 167, 246, 247, 248, 249, 252, 255
NPM（新公共管理）……………………………… 145, 152
NPO（民間非営利組織）…………………………………… 4
エリート挑戦型の政治参加 …………………… 130

か

カウンター運動 …………………………………… 36
革新自治体 ………………………………………… 48
家　族 ……………………………………………………… 8
価値観 …………………………………………… 125, 126, 127
――マップ …………………………………… 131, 132
ガバナンス ……………… 63, 184, 216, 226, 227
官僚主義 …………………………………………… 147
企　業 ……………………………………………………… 8
規範起業家 ……………………………………… 246
寄　付 ………………………………… 110, 115, 165, 206
行政改革 …………………………………………… 259
競争戦略 ……………………………………………… 65
協調戦略 ……………………………………………… 65
協　働 …… 143, 156, 165, 166, 228, 229, 238, 239, 247, 255
極右政党 …………………………………………… 279
クラウディングアウト …………………………… 116
グローバル化 ……………………… 8, 161, 244, 245
グローバル・ガバナンス論 ……………………… 245
グローバル市民社会論 ……………………………… 245
経営管理 ……………………………………………… 57
経営戦略 ………………………………………… 57, 63
結社の自由 …………………………………… 178, 180
結束型ソーシャル・キャピタル …… 96, 104, 105

公益認定 …………………………………………… 187
公益法人制度改革 …………………………… 179, 190
抗議サイクル ……………………………………… 45
抗議ビジネス ……………………………………… 255
公共圏 ………………………………………………… 13
公共利益団体 ……………………………………… 73
国際NGO ………………………………………… 166
国際政治 …………………………… 241, 242, 243
個人化 ……………………………………………… 8, 24
古典的な自由主義（リベラリズム）………… 159
コンジョイント実験 ……………………………… 140

さ

サードセクター ……………………………… 5, 182
サービス供給 ……… 13, 16, 145, 147, 148, 170
災害復興 ………………………………………… 98, 103
再帰的近代化 ……………………………………… 8, 24
財　団 ……………………………………………… 183
在日特権を許さない市民の会（在特会）…… 279, 280
左派政党 ……………………………………………… 6
サラモン, L. M. ………… 4, 9, 11, 164, 263, 264
参加型予算 ……………………………………… 28, 230
参加の衰退 ………………………………………… 10
参加民主主義 …………………………………… 144
SEALDs（自由と民主主義のための学生緊急行動）……………………………………… 3, 51, 141
時間銀行 …………………………………………… 94
資源動員論 ……………………………………… 41, 42
自己実現 ………… 10, 44, 127, 128, 130, 131, 133
市　場 …………………… 2, 16, 56, 158, 159, 259
自治会・町内会 ……………………… 112, 231, 232, 239
市民社会 ……………………………… 1, 2, 16, 74, 159
――セクターの経済規模 ……………………… 9
――組織 ………………………… 2, 72, 73, 147, 149, 254
――の逆機能 ……………………………………… 16
市民団体 …………………………………… 5, 85, 239
市民討議会 ………………………………………… 28, 33
市民文化 ………………………………………… 130, 134

331

社会運動 3, 30, 35, 36, 39, 40, 280, 291
社会的企業 5, 70, 169, 182
社会的期待迎合バイアス 139
社会的包摂 163
社会保障 173
社団 183
宗教 203, 210
──法人法 214
集合行為論 80
集団的自助 262
住民投票 49, 53
熟議システム 30, 31
熟議民主主義 20, 21, 22
主務官庁制 270, 272
準市場 161, 265, 266, 269, 270, 272, 275, 276
情報通信技術 10, 246
情報の非対称性 14
自律性 146, 151, 152, 155
侵攻型新自由主義 123
新自由主義（ネオリベラリズム）............ 8, 122, 123, 158, 161, 164, 264
信託 184
伸展型新自由主義 162
親密圏 2, 68
ストラドラー組織 234
政治活動（の）規制 188, 195, 196
政治の機会構造 44, 53
政治的企業家 82
政治的社会化 128
政治の集団理論 78
税制 185
政府 2, 8, 16, 56, 143, 158, 226, 241, 245, 255, 259, 264, 267, 274, 275
──なき統治 241
──の失敗 13
世界価値観調査 51, 132, 201
セルフヘルプ・グループ（自助組織）・40, 68, 69
選択的誘因 42, 80
操作変数法 98, 103
贈与の経済 59
ソーシャル・キャピタル 14, 90, 92, 128, 133, 206, 291
──の負の側面 96
ソーシャルメディア 52, 99, 103

た

代議制民主主義 23
第三者による政府 264, 270
第三の道 162, 265
大衆社会論 41, 294
多元主義 79, 293
たたかいの政治 39, 45
脱物質主義 130, 131, 136, 279
団体の噴出 10
地域自治組織 237, 238
地域組織の国際比較 233
知識共同体 247
チャリティ 179, 188, 218, 261
撤退型新自由主義 161
鉄の三角形 81
デモ 50, 51, 52, 130, 141, 175, 280
伝統的価値観 135
討論型世論調査 28, 33, 34, 35
トクヴィル, A. 7, 180, 260
特定非営利活動促進法 179, 190
特定非営利活動法人（NPO法人）............ 5
ドラッカー, P. F. 69

な

二重構造 172, 197
日本人の価値観 135
日本における協働 150
日本における準市場 270
日本の寄付 120
日本の社会運動 46, 51, 52
日本のソーシャル・キャピタル 99
日本のボランティア活動 117
日本の利益団体 84
ニューリベラリズム（社会的リベラリズム）............ 160
ネオ・コーポラティズム 83
ネオ・プルラリズム（新しい多元主義）............ 81
ネット右翼 288, 289
ネットワーキング 44
ネティズン 289

は

ハーバーマス, J. 11, 13, 25, 43
排外主義 36, 278, 279, 280, 293

バウチャー ……………………… 266, 267, 268, 269
橋渡し型ソーシャル・キャピタル …… 96, 104, 105
パットナム, R. D. …………… 11, 92, 95, 128, 133
反グローバリズム運動 ……………………… 50
阪神・淡路大震災 …… 49, 118, 120, 144, 158, 207
PDCAサイクル ……………………… 60, 61
非営利 ……………………… 2, 56, 182
――組織 ……………………… 55, 58
――組織のビジネスライク化 ……………………… 167
東日本大震災 …………… 103, 118, 120, 207
ファンドレイジング ……………… 59, 117, 122
フィランソロピー ……………………… 209, 261
フェアトレード ……………………… 171, 252
福祉国家 …… 160, 161, 174, 261, 262, 263, 264
福祉多元主義 ……………………… 174
プライベート・レジーム …… 250, 251, 252, 253
フリードマン, M. ……………… 161, 267, 268
フリーライダー ……………………… 42, 80
フレーム ……………………… 68
――分析 ……………………… 45
ヘイトスピーチ ……………………… 280, 287
ペッカネン, R. …………… 51, 112, 234, 237
法人格 ……………………… 181, 182
法制度 ……………………… 10, 178

ボランティア ……………… 110, 147, 206
――活動 ……………………… 49, 113
――マネジメント ……………………… 115

ま

マイクロファイナンス ………… 93, 94, 167
マスメディア ……………………… 12
松下圭一 ……………………… 6
マルチレベル分析 ……………… 98, 103
ミッション …………… 58, 146, 170, 274
ミニ・パブリックス ……………… 24, 28, 30
民主化運動 ……………………… 6

や

山口定 ……………………… 6
善き市民 ……………………… 14

ら・わ

利益団体 ……………… 24, 30, 72, 73, 74, 78
利潤の非分配制約 ……………………… 4
理性 ……………………… 20, 25, 26, 27
レントシーキング ……………………… 15
ローカル・ガバナンス ……………………… 228
ロビイング ……………… 12, 76, 86, 87, 188

編者・執筆者紹介　ABOUT AUTHORS

（① 現職，学位，専攻，② 主要業績）

【編　者】

坂本　治也（さかもと　はるや）　　　　　　　　　　　　　はじめに，第 1 章

① 関西大学法学部教授，博士（法学），政治過程論／市民社会論
② 『ポリティカル・サイエンス入門』（共編著，法律文化社，2020年）
　『現代日本の市民社会──サードセクター調査による実証分析』（共編著，法律文化社，2019年）
　『ソーシャル・キャピタルと活動する市民──新時代日本の市民政治』（有斐閣，2010年）

【執筆者】

田村　哲樹（たむら　てつき）　　　　　　　　　　　　　　　　　　第 2 章

① 名古屋大学大学院法学研究科教授，博士（法学），政治学／政治理論
② 『ハーバーマスを読む』（共編，ナカニシヤ出版，2020年）
　『政治学』（共著，勁草書房，2020年）
　『熟議民主主義の困難』（ナカニシヤ出版，2017年）

山本　英弘（やまもと　ひでひろ）　　　　　　　　　　　　　　　　第 3 章

① 筑波大学人文社会系准教授，博士（文学），政治社会学／社会運動論
② 「サミット・プロテストの受容可能性──質問紙調査からみる傍観者の態度」（『サミット・プロテスト』新泉社，2016年所収）
　「ロビイングと影響力の構造──政権交代前後の持続と変容」（『政権変動期の圧力団体』有斐閣，2016年所収）
　"Civil Society in Japan"（Co-authored, in：*The Sage Handbook of Modern Japanese Studies*, Sage, 2014）

吉田　忠彦（よしだ　ただひこ）　　　　　　　　　　　　　　　　　第 4 章

① 近畿大学経営学部教授，非営利組織経営論
② 『非営利組織論』（共著，有斐閣，2009年）
　『地域とNPOのマネジメント』（編著，晃洋書房，2005年）
　"Framing Processes for an Institutional Change of a Japan's Porcelain Production Area"（in：

Entrepreneurship and Cluster Dynamics, Routledge, 2016）

丹羽　功（にわ　いさお）　　　　　　　　　　　　　　　　　　第 5 章

① 近畿大学法学部教授，政治過程論
② 「政党中心選挙の中での個人投票」（『二〇一二年衆院選 政権奪還選挙』ミネルヴァ書房，2016年所収）
　「都道府県知事選挙の構図」（『現代日本政治の争点』法律文化社，2013年所収）

藤田　俊介（ふじた　しゅんすけ）　　　　　　　　　　　　　　　第 6 章

① 私立高校英語科教諭，市民社会論／政治参加論／災害と政治
② 「ソーシャル・キャピタルと財政パフォーマンス——都道府県レベルにおけるパネルデータ分析」（東京大学大学院提出修士論文，2013年）

桜井　政成（さくらい　まさなり）　　　　　　　　　　　　　　　第 7 章

① 立命館大学政策科学部教授，博士（政策科学），社会学／非営利組織論
② "Chapter 6 : Emerging Nonprofit Corporations in Japan"（in: *Social Economy in Asia: Realities and Perspective*, Lexington Books, 2021）
　『コミュニティの幸福論——助け合うことの社会学』（明石書店，2020年）
　『東日本大震災とNPO・ボランティア』（編著，ミネルヴァ書房，2013年）

善教　将大（ぜんきょう　まさひろ）　　　　　　　　　　　　　　第 8 章

① 関西学院大学法学部准教授，博士（政策科学），政治行動論／政治意識論
② 『維新支持の分析——ポピュリズムか，有権者の合理性か』（有斐閣，2018年）
　「都構想はなぜ否決されたのか」（『レヴァイアサン』59号，2016年所収）
　『日本における政治への信頼と不信』（木鐸社，2013年）

小田切康彦（こたぎり　やすひこ）　　　　　　　　　　　　　　　第 9 章

① 徳島大学大学院社会産業理工学研究部准教授，博士（政策科学），公共政策学／市民社会論
② 「サードセクター組織の自律性——財政的自律性の評価の試み」（『RIETI Discussion Paper Series』16-J-040，2016年所収）
　『行政-市民間協働の効用——実証的接近』（法律文化社，2014年）
　「協働運営のための知識とノウハウ」（『京都の地域力再生と協働の実践』法律文化社，2013年所収）

仁平　典宏（にへい　のりひろ）　　　　　　　　　　　　　　　　　　第10章

① 東京大学大学院教育学研究科准教授，博士（教育学），市民社会論／社会学
② 『「ボランティア」の誕生と終焉――〈贈与のパラドックス〉の知識社会学』（名古屋大学出版会，2011年）
　「社会保障――ネオリベラル化と普遍主義化のはざまで」（『平成史 増補新版』河出書房新社，2014年所収）
　『労働再審〈5〉 ケア・協働・アンペイドワーク――揺らぐ労働の輪郭』（共編著，大月書店，2011年）

岡本　仁宏（おかもと　まさひろ）　　　　　　　　　　　　　　第11章，第12章

① 関西学院大学法学部教授，西洋政治思想史／政治哲学／NPO・NGO論
② 『市民社会セクターの可能性――110年ぶりの大改革の成果と課題』（編著，関西学院大学出版会，2015年）
　『新しい政治主体像を求めて――市民社会・ナショナリズム・グローバリズム』（編著，法政大学出版局，2014年）
　「チャリティの政治活動の規制」（『英国のチャリティ――その変容と日本への示唆』弘文堂，2015年所収）

森　　裕亮（もり　ひろあき）　　　　　　　　　　　　　　　　　　　第13章

① 北九州市立大学法学部准教授，博士（政策科学），行政学／地方自治論
② 『地方政府と自治会間のパートナーシップ形成における課題――「行政委嘱員制度」がもたらす影響』（渓水社，2014年）

足立　研幾（あだち　けんき）　　　　　　　　　　　　　　　　　　　第14章

① 立命館大学国際関係学部教授，博士（国際政治経済学），国際政治学
② *Norm Antipreneurs：The Politics of Resistance to Global Normative Change*（Co-authored, Routledge, 2016）
　『国際政治と規範――国際社会の発展と兵器使用をめぐる規範の変容』（有信堂高文社，2015年）
　『オタワプロセス――対人地雷禁止レジームの形成』（有信堂高文社，2004年）

後　　房雄（うしろ　ふさお）　　　　　　　　　　　　　　　　　　　第15章

① 愛知大学地域政策学部教授，行政学／サードセクター論
② 『稼ぐNPO――利益をあげて社会的使命へ突き進む』（共著，カナリアコミュニケーションズ，2016年）

『NPOは公共サービスを担えるか――次の10年への課題と戦略』（法律文化社，2009年）
『政権交代への軌跡――小選挙区制型民主主義と政党戦略』（花伝社，2009年）

樋口　直人（ひぐち　なおと）　　　　　　　　　　　　　　　　　　第**16**章
① 早稲田大学人間科学学術院教授，博士（社会学），社会学
② 『日本は「右傾化」したのか』（共編著，慶應義塾大学出版会，2020年）
『3・11後の社会運動――8万人のデータから分かったこと』（共編著，筑摩書房，2020年）
『ネット右翼とは何か』（共著，青弓社，2019年）

Horitsu Bunka Sha

市 民 社 会 論
——理論と実証の最前線

2017年2月10日　初版第1刷発行
2021年3月20日　初版第3刷発行

編　者　坂本　治也
発行者　田靡　純子
発行所　株式会社　法律文化社
　　　　〒603-8053
　　　　京都市北区上賀茂岩ヶ垣内町71
　　　　電話 075(791)7131　FAX 075(721)8400
　　　　https://www.hou-bun.com/

印刷：西濃印刷㈱／製本：㈱藤沢製本
装幀：白沢　正

ISBN 978-4-589-03813-5
©2017 Haruya Sakamoto Printed in Japan

乱丁など不良本がありましたら、ご連絡下さい。送料小社負担にて
お取り替えいたします。
本書についてのご意見・ご感想は、小社ウェブサイト、トップページの
「読者カード」にてお聞かせ下さい。

JCOPY　〈出版者著作権管理機構　委託出版物〉

本書の無断複写は著作権法上での例外を除き禁じられています。複写される
場合は、そのつど事前に、出版者著作権管理機構（電話 03-5244-5088、
FAX 03-5244-5089、e-mail: info@jcopy.or.jp）の許諾を得て下さい。

坂本治也・石橋章市朗編
ポリティカル・サイエンス入門
Ａ５判・240頁・2400円

現代政治の実態を考える政治学の入門書。政治に関する世間一般の誤解や偏見を打ち破り，政治学のおもしろさを伝え，政治を分析する際の視座を提示する。コラムや政治学を学ぶためのおススメ文献ガイドも収録。

後 房雄・坂本治也編
現代日本の市民社会
―サードセクター調査による実証分析―
Ａ５判・286頁・4100円

市民社会の実態をデータに依拠して総合的に把握・分析。社会運動や「組織離れ」についての考察も加えた市民社会研究の決定版。さまざまな理論と先行研究を体系的に整理したテキスト『市民社会論』(2017年)の成果をふまえつつ，130点を超える図表を掲載して実態を解明。

原田 久著
行政学
Ａ５判・200頁・2200円

制度・管理・政策の次元から行政現象をとらえたコンパクトな入門書。「どうなっているか?」と「なぜそうなのか?」という２つの問いを中心に各章を構成し，身近な事例と豊富な図表を通して現代日本の行政をつかむ。

河田潤一著
政治学基本講義
Ａ５判・224頁・2500円

欧米の主要な理論家たちを取り上げ，民主主義論・政治権力論・政治文化論・政治参加論の観点から現代政治学の生成と発展過程を解説。基礎知識や主要な理論，概念，学説に加え，アクチュアルな論点も扱うコンパクトな基本書。

新川達郎編
政策学入門
―私たちの政策を考える―
Ａ５判・240頁・2500円

問題解決のための取り組みを体系化した「政策学」を学ぶための基本テキスト。具体的な政策事例から理論的・論理的な思考方法をつかめるよう，要約・事例・事例分析・理論紹介・学修案内の順に論述。

市川喜崇著
日本の中央－地方関係
―現代型集権体制の起源と福祉国家―
Ａ５判・278頁・5400円

明治以来の集権体制は，いつ，いかなる要因で，現代福祉国家型の集権体制に変容したのか。その形成時期と形成要因を緻密に探り，いまにつながる日本の中央－地方関係を包括的に解釈し直す。〔日本公共政策学会2013年度著作賞受賞〕

―法律文化社―

表示価格は本体(税別)価格です